KB206595

추천사

바버라 워커가 거의 30년의 세월을 들여 연구하여 펼쳐낸 이 사전은 여성들이 자신의 가장 온전한 영성이라는 보물을 찾아가는 지도, 내비게이션이 되어줄 것이다. 일생 신학자이자 종교학자로 살아온 나도 바버라 워커의 사전에서 놀랍고 새로운 정보를 많이 얻었다. 타로 연구, 꿈 분석, 신화 연구, 영적인 글쓰기, 자아초월 심리 상담을 하는 분들께 이 책을 권하고 싶다. 이 책은 한국의 많은 여성들, 자신 안의 여성성과 만나고 싶은 남성들, 삶의 통과의례에 관심 있는 모든 남녀노소에게 큰 도움이 될 것이다.

——현경 | 여성신학자

다른 어떤 설명보다 상징 자체에 대한 설명이 가장 해방적이었다. 신, 영혼, 악마를 포함해 어떤 대상이나 상징도 그 자체의 고유한 성질 때문에 신성하거나 불길한 것이 아니라는 것. 오직 사람들이 그것을 대하는 태도로 인해 의미가 만들어진다는 것. 그러자 불결하다고, 위험하다고, 상스럽다고 여겼던 많은 것들이 가능성을 지닌 존재로 보이기 시작했다. 바버라 워커는 가부장제로 인해 오염된 여성 상징에 새로운 생명력을 불어넣는다. 그 세계에는 죄책감과 엄숙함, 공포 대신 기쁨과 관능, 위트가 흘러넘친다. 그곳에 나의 영혼을 보내 안식을 취하게 하고 싶다.

——하미나 | 작가

1권 | 잊힌 것 기억하기, 정상권력 불태우기

가부장의 폭력에 면죄부를 주는 상징 권력이 지배하는 세상에서 이 책은 상징의 뿌리를 점거하고 권력에 시위한다. 독점된 상징(국기와 대기업의 심벌과 아버지 하나님과 그 아들의 십자가)을 모두의 신비로 되돌려 놓는다. 이 책은 가부장 권력의 허상을 불태우는 의례이고 경전이다. 상징에 덕지덕지 달라붙은 권력의 허상을 낱낱이 불태우고 새로운 우주관으로 안내한다. 잊힌 유산을 끝내 기록하고 공유해 준 모든 분에게 감사하다.

2권 | 만물의 신성 사전, 샤머니즘 경전

매듭, 쌀, 곡선, 직선, 실, 밥 등 상징은 어느 장면에나 존재한다. 상징은 만물에 깃든 신성의 형태고 신호다. 신비롭지 않은 하루가 없듯 상징은 어디에나 있다. 만물의 신성을 모시는 샤머니즘에는 하나의 계율과 경전이 없다. 무당인 나는 이 책을 샤머니즘 경전이라고 부르고 싶다. 이름 모르는 상징이 떠오를 때 찾을 수 있는 사전이 생겨 기쁘다. 머릿속에 떠오르는 숫자의 페이지를 펼쳐 타로카드를 보듯 매일 책을 펼쳐 상징을 하나씩 소리 내어 읽고 싶다.

——홍칼리 | 작가, 무당

선사시대 암각화들을 보면 다양한 상징들이 그들의 삶을 형성했던 것 같다. 상징은 단순한 의미나 개념이 아니다. 상징은 다의적이고 확장적이며 감정을 환기시킬 뿐 아니라 마음을 집중시킨다. 각박한 세상에서 상징적 사고의 비옥한 문을 열고 싶은 분들에게 이 책을 추천한다. 오래전 크레타의 한 박물관에서 선사시대 여신상에 새겨진 삼각형이 여성 성기의 신성함을 표상하는 상징이라는 사실을 알았을 때 느꼈던 충격은 지금도 생생하다. 그 이후 내 몸에 대한 인식이 질적으로 바뀌었고 삼각형은 내 존재의 상징이 되었다. 이 책에는 귀한 상징들이 다채롭게 수록되어 있다. 자신에게 힘을 주는 특별한 상징을 발견하고 경험하고 싶은 여성들에게 이 책을 추천한다.

——김신명숙 | 여신학자

여성상징
사전

바버라 G. 워커 글·그림
여성 상징 번역 모임 옮김

여성 상징 사전

2

신적인 존재와 의례

울력

우리 모두의 '일상의 성화'를 꿈꾸며, 무엇이 우리의 삶을 성스럽게 하는가?

그대는 우리가 '우주의 고아'처럼 외롭고 슬픈 존재가 아니라고 느껴본 적이 있는가? 우리가 우리보다 훨씬 크고 지혜롭고 사랑이 넘치는 그 무엇에 연결된, 소중하고 의미 있는 존재라고 느껴본 때가 언제였나? 무엇을 보았을 때, 무슨 소리를 들었을 때, 무슨 경험을 했을 때 당신은 자신의 삶이 성스러움을 알아챘나?

어떤 이는 자신이 다니는 교회에서, 절에서, 혹은 종교 단체에서 이런 경험을 했을 수 있다. 또 어떤 이는 그러한 종교 기관에서 상처받고 거룩함에서 더 멀어지고 신과 영성에 대한 믿음과 호기심마저도 잃어버렸을 수 있다. 또 어떤 이는 종교와는 아무 상관없지만 자신의 일상에서 나타나는 신비롭고 알 수 없는 현상으로 성스러움을 경험했을 수도 있다.

누군가는 첫사랑이 보낸 연애편지를 잘 밀봉하여 성물처럼 보물상자에 보관했을 수 있고, 자신의 첫 아이가 자궁에서 쑥 빠져나와 처음 눈을 맞췄을 때 어떤 예배에서보다 깊이 신께 감사드렸을 수도 있다. 신에 전혀 관심 없는 어떤 이는 추운 겨울에 100만 명이 모여 민주화를 위한 촛불을 들고 행진할 때 그 외침과 흐름 속에서 자신보다 큰 힘이 자신과 이 나라를 이끌어간다는 확장을 경험했을 수도 있다.

내 개인적인 삶을 돌아보면 처음으로 여성 신학을 배우게 되었을 때 머리가 뻥 뚫리고 가슴에 묵었던 오랜 체증이 사라졌던 기억이 있다. 나의 종교 생활에서 느꼈던 이해 못할 답답함이 연기처럼 사라지고 가부장적 그리스도교 가르침을 넘어서는 삶의 거룩함을 느끼게 되었다. 명상을 하기 위해 히말라야에 들어갔을 때 안나푸르나산을 보며 명상 없이도 명상의 핵심에 닿았고, 심리 상담사의 상담실을 찾아갔을 때 그녀의 집 마당을 딛는 내 발 앞에 살포시 떨어지는 하얀 새의 깃털 속에서 우주의 사랑을 경험했다. 박사논문이 전혀 진전되지 않고 결혼 생활이 무너져갈 때 명상 속으로 꿈속으로 찾아와 나를 안내해 주셨던 여신의 존재는 내 의지·지성·노력으로는 열어갈 수 없는 새로운 차원의 문을 활짝 열며 나의 인생을 바꾸어놓았다.

뉴욕에서 교수로 생활하면서 학내 문제로 총장과 법적 투쟁까지 하며 나의 존엄과 학교의 비전을 지키고 싶어하던 시절, 피도 돈도 정신도 말라가던 나에게 계속 나타나서 지혜와 힘을 주었던 독수리는 신학자·영성가·운동가라는 나의 모든 정체성을 뒤흔들어 버렸다. 나는 독수리의 현현을 통해 '나는 누구인가? 나는 무엇 때문에 이생에 왔는가? 나는 이제부터 어떻게 살아야 하는가?'라는 근본적인 질문을 깊이 묵상하며 인생의 중요한 결단을 내리게 되었다.

　가부장적 종교와 영성의 패러다임 속에서 살면서 이해하기 어려운 신비를 체험하고 거룩함을 경험할 때 우리는 그 경험을 해석할 만한 도구와 문해력을 갖고 있지 못한 경우가 많다. 우리는 수천 년 가부장제의 종교적 상상력과 신학적, 철학적 도그마와 도덕적 편견에 사로잡혀 지금 여기, 내 눈앞에 나타나고 내 귀에 들리며 내 몸으로 체험하는 거룩한 순간들을 놓쳐버릴 수 있다. 세계 전역에서 일어난 여성운동과 여성해방의 가르침은 여성들의 삶을 법적·제도적 차원에서 크게 변화시켰다. 그러나 여성의 가장 깊은 무의식을 건드리는 종교적 영적 메시지는 아직도 수없이 왜곡된 해석으로 여성들의 삶에 피해를 입히고 여성의 존재를 축소시킨다.

　여성 철학과 신학의 원조라고 할 수 있는 메리 데일리는 여성들이 겪는 우리 시대 종교의 불편한 경험에 대해 한마디로 정리한다. "신이 남성이면 남성이 신이 된다." 우리의 최고 진·

선·미의 경험이 남성 젠더로만 표현될 때 여성은 영적인 세계에서도 시몬 드 보부아르가 말한 '제2의 성'이 된다. 이 상징계에서는 남성은 무의식적으로 신의 속성인 최고 최선의 자유·사랑·창조성을 자신의 젠더를 통해 실현할 수 있다고 믿는다. 그러나 여성은 한 번도 여성 신을 상상한 적이 없기 때문에 자신의 젠더화된 몸을 가지고 신의 속성을 실현할 수 없다고 무의식에서부터 믿게 된다. 이러한 종교적·영성적 상상력의 왜곡은 여성이 이 삶에서 얼마만큼 자신을 성장시킬 수 있느냐를 제한한다. 여신의 부재는 여성들을 영적 분재盆栽로 만들어버린다. 이런 이유로 캐럴 크리스트 같은 여신학자는 "만약 여신의 존재가 역사적으로 증명되지 않는다면 우리는 여신을 만들어야 한다."라고까지 주장한다.

　가부장적인 종교적 상상력 안에서는 고고학 발굴에서 나온 수많은 여신상을 고대의 포르노그래피나 성적 노리개로 해석한다. 그래서 마리야 김부타스 같은 여성 고고학자가 우리에겐 소중하다. 그녀는 남성학자들이 성적 장난감으로 보는 풍만한 가슴과 엉덩이를 가진 수많은 조각상이 여신상임을 모든 학문적 노력을 다해 증명하려 했다. 미셸 푸코의 말처럼 역사는 누가 진실을 규정하느냐, 누구의 해석(내러티브)이 승리하는가, 누가 그 선택된 진리를 전승하는가에 대한 진리 투쟁의 역사다. 예를 들면 예수의 가장 가까운 제자였고 초대 예수운동과 그리스도교 공동체의 리더이자 사제역을 했던 막달라 마리아는 그리스도교가 가부장적 제국주의를 취하면서 교황에 의해 창녀라고 이름 지어졌다. 최고의 여사제를 창녀로 전락시킨 해석이 그리스도교 가부장화의 역사였고 막달라 마리아의 창녀라는 타이틀은 2000년대에 들어서야 교황청의 사과와 함께 수정되었다. 그리스도교의 제일 큰 스승이자 사제가 창녀가 되었고 1000년보다 더 긴 세월이 지나서야 그 누명을 벗고 자기 자리를 되찾아 갔다는 사실. 이것이 여성의, 또 여성사의 현실이다. 마녀Witch라고 이름 지어지며 산 채로 불타서 죽어간 현명한 여성들. 시대를 앞서 자기 사상을 드러내고 자기표현을 하다 매장되고 지워지고 결국은 죽임을 당하거나 아니면 죽어갔던 여성들. 바로 한국 역사 속 허난설헌, 나혜석, 윤심덕, 일엽스님도 가부장적 상징·도덕·가치 체계의 희생자들이다.

그러나 "진실은 침몰하지 않는다!" 영원히 진리의 목소리

를 지울 수는 없다. 그들은 원혼이나 집단무의식으로 나타나
거나 아니면 치열한 비판적 연구자들에 의해 찾아지고 복원
되어, 마침내 부활한다. 여성운동과 함께 성장해 온 많은 여성
사상가·학자·예술가들에 의해 5000년 가부장제 속에서 살
해되었던 많은 여신의 상징과 신화들, 여성들의 이야기들이
20세기에 들어 돌아오기 시작했다.

　　바버라 워커가 거의 30년의 세월을 들여 연구하여 펼쳐낸
이 사전은 여성들이 자신의 가장 온전한 영성이라는 보물을
찾아가는 지도, 내비게이션이 되어줄 것이다. 그녀의 해석은
제도권 학문 세계에서 길들여진 학자의 것이 아니라서 더욱
자유롭고 신선하다. 이 큰 사전을 번역한다는 것 자체가 대자
비와 사랑, 정의에 대한 열망의 표현이다. 이러한 대과업을 꿈
꾸고 마침내 실행해 낸 돌고래 출판사에 깊은 고마움을 느낀
다. 일생 신학자이자 종교학자로 살아온 나도 바버라 워커의
사전에서 놀랍고 새로운 정보를 많이 얻었다. 타로 연구, 꿈 분
석, 신화 연구, 영적인 글쓰기, 자아초월 심리 상담을 하는 분
들께 이 책을 권하고 싶다. 이 책은 한국의 많은 여성들, 자신
안의 여성성과 만나고 싶은 남성들, 삶의 통과의례에 관심 있

는 모든 남녀노소에게 많은 도움이 될 것이다.

　이 책이 담고 있는 방대한 정보와 지혜로 우리의 일상이 더 깊은 의미와 영적 체험으로 성화되고 거룩해지기를 기도한다.

2024년 11월

부암동 숲속에서

'살림'의 힘으로

현경 모심

『여성 상징 사전』은 인류가 오랜 시간 동안 특별한 의미를 담
아온 여러 상징들, 그러니까 각종 동식물, 사물, 모양(문양), 의
례, 신적인 존재, 초자연적 존재 등의 심층적 의미를 알려주는
책입니다. 사실 세상에 존재하는 모든 사물들, 생명들, 존재들
의 무의식적인 의미(태곳적부터 오늘날의 인류에게까지 무의식을 통
해 공유되어 온 의미)를 알려주는 책들은 이전에도 없지 않았습
니다. '상징 사전' 같은 형태도 있었고요. 하지만 이 책은 그동
안 감추어져 온 '여성적' 의미를 낱낱이, 근본적으로 밝혀준
다는 차별성이 있습니다.

　가령 우리 출판사의 이름인 돌고래를 예로 들어볼까요? 다
른 상징 사전도 돌고래가 인간을 이상향이나 사후세계로 데
려다주는 동물이라고 설명합니다. 돌고래 등에 올라타고 멀
리 떠나는 사람들의 이야기는 전 세계 민담과 전설에 등장하
는 익숙한 이야기입니다. 하지만 이 책은 더 나아가 어떻게 그
런 상징적 의미가 생겨나 변화해 왔는지 전말을 알려줍니다.
돌고래의 영어 이름은 자궁을 의미하는 그리스어 '델피노스'
에서 유래했고, 뜻밖에도 대지모신인 데메테르와 연관이 있
다고 합니다. 암피트리테(그리스 신화에서 돌고래가 포세이돈에게

데려가 결혼시키는 바로 그분. 그 대가로 돌고래는 별자리가 되었지요.) 는 원래 데메테르의 바다 버전으로 매우 오래된, 강력한 여신이었다고 합니다. 뱀이 데메테르를 따르듯 돌고래는 암피트리테를 따랐고요. 그런데 이 위대한 여신은 가부장제 역사가 발달하면서 쪼그라들고 쪼그라들어 단순한 네레이데스(바다의 님프들) 중 하나로 전락합니다. 하지만 오래전 돌고래는 위대한 바다 여신의 동반자로서 사람들을 죽음의 세계로 인도하는 동물이었던 겁니다. 정말로 태곳적까지 거슬러 올라가 상징들의 시작을 살피려면, 꽤 여러 단계의 복잡한 필터링을 거쳐야 한다는 것을 무척 잘 보여주는 설명이지요.

이런 상징적인 의미는 주로 신화나 민담, 종교적인 전승을 통해 전해 내려오는데, 현대에 보편적으로 알려진 상징들 중에는 그리스도교적인 것들이 많습니다. 십자가, 선악과, 뱀, 성령의 비둘기, 백합, 새벽별, 크리스마스, 어린 양, 예수의 죽음과 부활, 부활절 달걀뿐 아니라 성당, 장미무늬창, 성찬식 때의 빵과 포도주 등등. 그중에서도 특히 흥미로운 것은 비둘기입니다. 그리스도교에서 성령을 의미하고 세속화된 현대 문화에서 평화를 나타내는 비둘기는 거슬러 올라가면 베누스나 아프로디테의 상징이었고, 자연스럽게 여성의 섹슈얼리티를 나타냈다고 합니다. 그런데 다시 여신 숭배가 보편적이었던 태곳적 종교까지 더 거슬러 올라가 보면 이는 여신의 영혼(여신의 지혜) 그 자체였다는 의미가 드러납니다. 「창세기」의 첫 단어를 "태초에"가 아니라 "지혜의 여주인"이라고 해석한 타르굼을 인용하는 대목이나 이와 연결해 비둘기가 "창조의 수면을 날개로 감싸듯 품고 있는 여신의 영혼"을 나타낸다고 설명하는 대목은 그리스도교 여성들이 종교심을 유지하는 데 분명 큰 도움이 될 겁니다.

이렇듯 책은 여러 층으로 이루어진 문화의 겹들을 다룹니다. 근현대의 세속화된 자본주의 문화, 중세 서양의 그리스도교 문화, 그리스로마의 고전 문화, 또 기록(역사)의 시작으로 일컫는 메소포타미아 문화, 고대의 찬란한 문명들, 또 그보다 더 이전 고대 유럽과 세계 곳곳의 신석기 혹은 구석기 문화……. 저자의 안내를 따라 그 겹을 하나씩 들춰내다 보면 자연스럽게 모든 인류의 조상들이 믿었던 '위대한 여신'의 존재를 발견하게 됩니다. 고대의 인류가 현대의 인류와 반대로 신을 여성의 모습으로 그리고 있다는 사실은 흥미롭기는 하지만 놀랍지는 않습니다. 종교의 탄생이 재생산(생식)에서 부계의 역할이 명확히 밝혀지지 않았던 시절까지로 거슬러 올라간다면, 여성이 아이를 낳는 것처럼 여신이 인간을 창조했으리라 믿는 것이 자연스러웠을 테니까요. 우리는 오늘날까지 남아 있는 세계 곳곳의 토속종교 전통에서 이러한 믿음의 전승을 발견할 수 있습니다.

이 책의 저자 바버라 워커 할머니는 흥미롭게도 무신론자입니다. 94세의 연세로 여전히 정정하게 활동을 이어가고 계시는, 살아 있는 마녀 같은 분이시죠. 비교종교학과 민담 해석의 전문가인 이분의 업적 중 가장 유명한 것은 여러 독창적이고 아름다운 뜨개질 패턴을 만들어낸 일이라고 합니다. 뜨개질 계에서 전설적인 존재라고도 해요. 또 댄서이기도 힐러이기도 화가이기도 그리고 광물 연구자이기도 하지요. 책에 실린 상징 그림들도 모두 바버라 할머니가 그린 것입니다. 상징 공부를 이렇게 많이 했으니 내친김에 직접 타로 덱도 만드셨습니다. 바버라 할머니의 그림은 거칠지만 생명력 넘치는 고대 종교의 분위기와 1980년대 미국 대중문화의 분위기가 혼합된 독특한 매력을 풍깁니다.

　바버라 워커는 미국의 1970~1980년대 극단적 보수주의 그리스도교, 축자주의적·성경무오류설 같은 편협하고 맹목적인 신앙의 태도를 비판하는 일에 일생 동안 노력을 쏟아오셨고, 이 책에도 그리스도교의 과오에 대한 지적과 비판이 많이 등장합니다. 하지만(혹은 그렇기 때문에) 저는 그리스도교인들이야말로 이 책을 꼭 봐야 한다고 생각합니다. 바버라 할머니는 그리스도교가 가부장적 종교로 제도화하는 과정에서 토속종교의 상징물들을 잔뜩 훔쳐가 왜곡했다고 비판하지만, 어떤 의미에서 우리는 그리스도교 덕분에 아직까지 그 상징들을 배우고 가르치는 게 아닌가 싶습니다. 그리스도교야말로 항상 당대 사람들의 종교적·영적 열정을 흡수하면서 발전해 온 종교니까요.(그래서 이렇게 오래 살아남은 것이겠지요.) 250년 전 이 땅에서도 그리스도교는 조선의 여러 신앙과 만나 폭발함으로써 지금까지 이어져 온 것이라 생각합니다. 한편으로는 지금이야말로 그리스도교가 여성의 종교적 힘을 인정하고 가부장적 오류와 과오들을 털어내야 할 때라고 믿습니다. 그렇지 않으면 정말로 그리스도교는 한국을 포함해 그 어느 곳에서도 생명력을 잃고 말 테니까요.

저는 그리스도교인입니다. 아니, 정확히 표현하면 저의 종교적 모어가 그리스도교입니다. 신성을 몸과 마음으로 감각하고 느끼는 데 그리스도교의 여러 장치들을 가장 편하게 사용한다는 뜻입니다. 물론 저의 종교심을 구성하는 요소에는 제 핏속에 강력하게 흐르는 토속신앙(무속)도 있고, 서로 융합하며 이 땅에 자리 잡고 제가 누리는 문화들을 뒷받침해 온 여러 종교들이 포함되어 있을 겁니다. 어쨌든 저는 혼자 기도하는 시간을 통해 언어적으로, 비언어적으로 신과 만나 영혼의 위로와 영혼의 양식을 얻습니다. 경전 중에 『성경』이 가장 익숙하고 또 찬양을 듣거나 부를 때 행복해지기도 합니다. 곧잘 성령님의 존재를 느끼기도 하고요.

하지만 저는 기도할 때 "하나님 할머니"라고 부릅니다. 제가 여성이고 페미니스트이기 때문이겠지만, 어려서 저를 돌봐준 할머니의 손길이 신과 만날 때의 감각과 유사하다고 느끼기 때문입니다. 내 몸과 마음에 각인된 감각과 감정과 생각들은 모두 내가 신을 만나는 가장 직접적인 통로인데, 신이 남성이라면서 그것들을 부정하게 만들면 도대체 신을 어떻게 만나라는 걸까요? 좋은 아버지를 경험하지 못한 사람들은, 아니아예 부모를 경험하지 못한 사람들이야말로 신이 정말로 필요한 사람들일 텐데 말입니다.

사실 신은 여성도 남성도 아니고 양성도 무성도 아닐 테지만(혹은 신은 동시에 그 모든 성일 수도 있겠습니다만), 신을 나타내는 모든 표현은 남성으로 느끼고 생각하며 살아가는 이들에게 편하고 익숙한 쪽으로 수천 년 동안 갈고닦여 왔습니다. 그리스도교만 그런 건 아닐 겁니다. 거의 모든 종교들은 가부장제의 수천 년 역사를 거치며 모두 남성 사제와 신도들 중심으로 제도화되어 왔으니까요. 그럼에도 불구하고 종교를 지탱해온 것이 여성들의 신앙이었음을 우리 모두 잘 알고 있습니다. 언제 어디서나 자신과 남을 위해 가장 많이 기도하는 사람들, 정성껏 제단이나 성소를 보살피는 사람들은 대체로 여성이었으니까요.

저는 종교심이 인간의 보편적인 욕구이자 욕망이자 능력이라고 믿습니다. 그래서 저에게 중요한 자원이 될 수 있는, 저의 종교적 모어를 버릴 생각이 없습니다. 그보다는 여성들이 종교심을 오래 유지할 수 있도록 돕고 싶습니다. 이 책도 그런 취지에서 기획되었습니다. 모쪼록 이 책이 그리스도교인이든 다른 종교인이든 혹은 특정한 종교에 속해 있지 않은 사람이든 신이 남자라는 착각을 내다 버리는 데 도움이 되기를 바랍니다. 그렇게 해서 여성들이 이 책의 다양한 재료들을 이용해 자신의 영혼을 돌볼 도구들을 마음껏 발굴해 내기를 바랍니다. 종교심과 영성은 결국 가장 창조적인 힘인 동시에 윤리적인 힘이라는 사실을 우리 모두가 깨닫게 되기를 바랍니다.

물론 이 책에 관심을 가져야 할 분들이 종교인들뿐인 것은 아닙니다. 이 책은 인류의 마음(정신)의 기원과 역사에 대해 지적인 호기심을 지닌 모든 독자들에게도 무척 유용합니다. 우리 안에 여전히 살아 있는 고대인들의 감정과 생각을 이해하고 존중하도록 도와주는 책이기 때문입니다. 누구보다 신화와 상징을 재료로 수많은 이야기와 이미지들을 만들어내야 하는 모든 예술가들과 창작자들이 이 책에서 영감을 듬뿍 받으시기를 바랍니다. 특정한 상징이 어떤 맥락에서 사용될 때 우리의 무의식이 반응하는지(기뻐하는지) 이해한다면, 우리는 상징

의 힘을 더 잘 활용할 수 있으리라 생각합니다. 인간의 가장 근
본적인 감정들, 인류의 모든 마음의 역사가 그 안에 담겨 있기
때문입니다.

2024년 11월

편집자 김희진

1 이 책은 Barbara G. Walker의 *The Woman's Dictionary of Symbols and Sacred Objects*를 4권으로 나누어 번역한 것의 두 번째 권으로 21장으로 이루어진 책 전체에서 사물들, 의례들, 신적인 존재들을 다루는 6~10장의 내용을 담고 있다. 1권은 모양(문양)을 다루는 1~5장을, 3권은 인체, 자연, 동물 상징을 다루는 11~16장을, 4권은 꽃과 풀, 나무, 광물 등을 다루는 17~21장을 묶은 것이다. 나머지 권의 상세 목차는 책 뒤에 실었다.

2 6장 앞부분은 김희진이, 6장 뒷부분과 7장은 황선애가, 8장과 9장은 김희진과 이미숙이 10장은 최리외가 초역을 맡았다. 전체 원고는 김희진이 검토 후 용어와 문장을 통일하고 황선애, 박재연의 확인을 거쳤다.

3 원서의 주는 번호를 달아 미주로 정리했다. 본문의 각주는 모두 편집자의 것이다.

4 이 책에서 인용하는 성경 구절은 가독성이 좋은 『공동번역성서(개정판)』(대한성서공회)를 기준으로 했으며, 공동번역본의 번역에서 단어의 의미가 잘 드러나지 않는 경우에는 『개정개역판 성경』(대한성서공회)을 사용했다.

5 그리스도교 맥락에서 'God'의 번역은 문맥에 따라 신 혹은 하나님으로, 성경 구절에서는 인용하는 판본을 따라 하느님으로 썼다.

6 인명, 신명, 지명 등 외국어 고유명사의 표기는 국립국어원의 원칙을 따랐다. 다만 국립국어원에 세칙이 마련되지 않은 경우(히브리어, 산스크리트어, 켈트어 계열의 고대 영어, 고대작센어 등)에는 국제발음기호를 따르는 방식과 흔히 쓰이는(원 발음에 가까운) 방식 두 가지를 혼용해 책 안에서 통일했다. 그리스로마 신화와 고전에 등장하는 인명과 신명, 지명의 경우 『그리스 로마 신화 사전』(피에르 그리말 지음, 최애리 옮김, 열린책들)을 따랐다.

7 원문의 이탤릭 강조는 이 책에서도 이탤릭으로 표시했고, 원문에서 첫 글자가 대문자로 시작하는 호칭(고유명사)의 경우, 또 단어(문자나 소리) 자체를 지칭하는 경우에는 홑따옴표(' ')로 표시했다.

8 원서에서 상호참조를 나타내기 위해 볼드 처리한 단어들은 본문에서도 별색 볼드 서체로 표시했다. 이는 이 책에 수록된 표제어(항목)를 나타낸 것으로 말미에 실린 각 권 목차에서 위치를 확인할 수 있다.

6
신성한 물건들

7
일상에서 사용된 신성한 물건들

8
의례

9
신들의 기호

10
초자연적인 존재들

상징Symbolism●이라는 주제는 까다로운 주제다. 어떤 상징이건 해석하는 사람의 신념에 따라 수백 가지 의미로 해석될 수 있다. 전 세계 모든 문명과 문화권에서 가장 기본적인 상징인 삼각형이나 원, 십자형, 정사각형, 별과 같은 것들은 시대와 장소에 따라 다양한 의미를 나타낸다. 오늘날 정통성을 인정받는 종교적 상징들은 가부장제 이전 사회에서 전혀 다른 의미로 사용되었다가 후에 지금의 의미로 진화한 것이다. 가령 지극히 남성 중심적인 이슬람교의 초승달 상징은 고대archaic 아랍의 여성 중심적인 '달 어머니Moon Mother' 숭배에서 유래했다.

이처럼 원래 의미를 퇴색시킨 해석이 인기를 얻었던 대표적인 사례가 만자swastika 상징이다. 제2차 세계대전 이래로 만자는 전체주의와 잔인함의 상징으로 받아들여졌다. 하지만 그 전까지 만자는 평화와 창조성을 나타내는 고대 동양의 상징이었다. 이 상징은 태양의 수레바퀴와 관련이 있었고, '그렇게 될지어다let it be' 혹은 '아멘'이라는 의미가 있었다. 심지어 만자는 1만 2000년 전 구석기 시대에는 재탄생rebirth을 상징하는 신성한 기호sign이기도 했다.

● 우리가 흔히 알고 있는 상징주의라는 미술/문예 사조와는 구분해야 하기 때문에 상징주의라고 쓰지 않고 문맥에 따라 상징체계, 상징으로 옮겼다.

어떤 상징들은 인간 내면의 깊숙한 곳에 자리하고 있는 원형적 이미지를 자극하기도 한다. 상징에 대한 인간의 반응은 문화적으로 인위적으로 학습되는 것이지만, 한편으로 매우 주관적인 것이기도 하다. 우리가 순전히 자의적 기호인, 문자 언어라는 상징에 대응하는 방식을 생각해보자. 알파벳 글자는 그것이 재현해야 하는 소리와는 아무 상관이 없다. 그런데도 우리는 알파벳을 읽을 때 마음으로 그 소리를 즉각적이고 정확하게 듣는다. 게다가 그 소리는 알파벳이 나타내야 하는 개념과도 아무런 상관이 없다. 그런데도 우리는 그 개념 또한 즉각적으로 파악한다. 인쇄된 글자에서 단어와 개념으로 옮겨가는 것은 우리가 책 한 페이지를 읽을 때 1분에 수천 번이나 실행해야 하는 엄청나게 복잡한 정신적 여정이다. 일단 글을 읽는 법을 배우고 나면 우리는 알파벳 상징들을 아주 쉽고 빠르게 식별해서 독서를 휴식처럼 즐길 수 있을 정도가 된다. 인간의 정신은 상징 체계를 분류하고 기억하고 식별하고 연결시키는 이러한 복잡한 과정을 통과하면서 *휴식을 취하는 것이다!*

인간은 상징에 너무나 쉽고 강렬하게 반응하기 때문

에, 특정한 상징들이 다양한 인간의 문화에서 신격화되고 신성화되는 건 그리 놀라운 일이 아니다. 사람들은 자신들이 만들어낸 작품에 경외감을 느끼게 되어 있다. 특히 그 작품이 미적 특성을 지닐 때, 가령 질서정연한 대칭성을 지닐 때 그렇다. 사람들은 또 외부의 사물들이 자신들의 미적 상상력을 자극하거나 그와 비슷한 다른 기능을 할 때 그 사물들을 경외하는 마음을 품게 된다. 자신의 경험에서 특별하게 인식되었던 것은 무엇이든 숭배의 대상이 될 수 있다. 신성한 나무, 신성한 돌, 신성한 산, 강, 동물, 그 밖의 자연환경적 요소들뿐만 아니라, 온갖 종류의 개인적 또는 집단적 주물(페티시)들이 인류의 모든 전통들 속에 산재한 것은 이 때문이다. 경외심이란 애초에 경외감을 불러일으키는 최초의 주의집중에서 발생하는 인체의 피드백 메커니즘이다. 인간은 그 대상에 반복적으로 주의를 집중시키게 되어 있다.

더욱이 그림 언어graphic는 말 이전의 본질적인 언어라고 해도 과언이 아닐 것이다. 갓난아이는 말로 생각하는 법을 배우기 전에 이미지로 생각한다. 말보다 먼저 존재했던 이 전前언어는 평생 꿈과 무의식의 언어로 유지될 만큼 생명력이 강하다. 갓난아이는 엄마나 다른 양육자와 얼마나 매끄럽게 의사소통 하는가에 자기 생존이 달려 있음을 잘 알고 있다. 이미지를 감각하고 그것에 투사하고 반응하는 능력이 없다면 인간은 인간다움이라는 본질을 잃어버리게 될 것이다.

인간 정신의 일차적인 기능은 관념들을 연결시키는 것이기 때문에 사람들은 외부 세계에서 실제로 연결고리가 있건 없건(거의 없더라도) 자연스럽게 많은 것들을 서로 연결시킨다. (무언가를 표현한) 하나의 그림을 그 실체와 연결하기 위해서는 아주 희미한 유사성만으로도 충분하다. 그래서 막대기 하나를 그린 형상이 사람으로 여겨질 수도 있다. 알파벳 문자 M은 두 개의 산일 수도 있고 어머니 대지의 모유가 흐르는 가슴일 수도 있다. 평범한 하나의 동그라미가 달이거나 해이거나 바퀴이거나 시간이거나 우주거나 전체성이라는 우주적인 원리일 수도 있다. 상징이 간단할수록 더 많은 의미를 축적할 수 있다. 세대를 거듭하면서 숙고되고 논의되는 과정을 거치기 때문이다.

그럼에도 불구하고 동일한 상징들에 반복적으로 덧입혀진 의미들이 그려내는 특정한 별자리 같은 것이 있기 마련이다. 이럴 때 하나의 상징은 어느 정도의 일관성을 유지하면서 이것 혹은 저것을 뜻한다고 말할 수 있게 되는 것이다. 때로는 해석의 역사적 변화가 밝혀지게 되어 우리가 고대의 의미와 후대에 받아들여졌던 의미 둘 다를 알게 되는 경우도 종종 있다.(이런 경우 대체로 그 의미가 상반된 것일 가능성이 높다. 종교적인 상징들의 경우에는 특히 더 그렇다.)

대표적인 예가 비둘기다. 그리스도교에서 평화와 순수와 창조적 로고스, 성령의 상징으로 채택되었지만 고대 힌두교의 파르바티●와 '어머니 아프로디테' 토템 신앙에서 비둘기는 여성의 성적 욕망을 나타냈다. 이것이 모든 창조적 행위의 선결 조건이라고 옛 사람들은 생각했던 것이다. 가부장제가 도래하면서 여성의 섹슈얼리티를 부정하는 문화가 생기자 이 상징은 악마화되거나, 혹은 성적인 의미를 박탈당한 채 새로운 의미를 담고 새로운 기능을 하게 되었다. 때로는 이 두 가지 과정이 동시에 일어나기도 했는데, 터무니없이 비합리적이지만 끈질기게 집요한 이런 특

●
파괴신 시바의 아내로서 트리데비의 한 축을 이룬다. 동시에 시바의 전처 사티의 환생이기에 사실상 사티와 동일인으로 볼 수도 있다. 히말라야의 신 히마바트와 그의 부인 마이나바티의 딸이며 갠지스강의 여신 강가의 여동생이다. 이름은 아버지 히마바트의 별명 '파르바트'에서 따왔는데, 이는 산을 의미한다. 즉 파르바티는 '산의 그녀' 등으로 해석할 수 있다.

성이 바로 상징화하려는 욕구, 충동의 본질이라고 할 수 있을 것이다. 뱀을 그 예로 들 수 있을 텐데 그리스도교 전통에서 뱀은 악마를 표상하게 되었지만 그럼에도 불구하고 한편으로는 고대 토속종교에서의 '치유 마법'의 의미를 여전히 간직해 왔다. 그래서 헤르메스의 지팡이(카두케우스)에서처럼 오늘날까지도 치료약medicine을 상징하고 있다. 중세 시대에 다양한 영지주의 종파들은 예수를 뱀의 형태로 표현하기도 했다.

많은 상징들이 섹슈얼리티와 연관되어 있다는 것은 별로 놀라운 일이 아니다. 긍정적이든 부정적이든 성은 항상 인간의 강렬한 관심을 끌어모으는 주제였기 때문이다. 다른 일반적인 상징들은 건강, 부, 다산, 권력, 환경을 통제할 수 있는 힘, 식량 공급을 조절할 수 있는 능력 같은 의미를 뚜렷하게 나타내는데, 이는 인간이 영원히 근심하고 몰두해야 하는 주제들이다. 언어가 생존을 위해 사람들과 원활히 소통하려는 어린아이의 욕구에서 만들어지는 것처럼, 궁극적으로 상징은 인간의 욕구와 소망에서 끓어오르는 것이다.

바로 여기에 상징의 진정한 매력이 있다. 상징의 (현실과의) 연관성이 아무리 자의적이고 임의적이라 해도 상징에는 항상 의미가 있다. 주어진 상징에 대해 숙고할수록 그 의미는 더 커지는데, 숙고하는 과정에서 더 많은 해석이 덧붙여지기 때문이다. 상징은 개인적이거나 집단적인 관점에서 연구될 수 있다. 상징의 옛 의미를 배우는 동시에 그에 대한 자신만의 상상력을 발휘해 볼 수도 있다. 이렇게 상징체계는 언어를 배우는 것과 맞먹을 만큼 복잡한, 창의적인 배움의 경험을 제공한다.

특히 여성은 상징 언어를 더 많이 배워야 한다. 통상의 종교 상징이 태곳적 여성 중심 사회 시스템에서 도난당해 가부장적인 맥락 속에서 재해석된 것들이기 때문이다. 수백 년, 수천 년 이어져온 가부장제적 억압에서 벗어나기 위해 싸우기 시작하면서 여성들은 여성적인 상징들을 회복하고 이를 여성들의 관심사에 알맞게 재사용하는 것이 매우 중요하다는 사실을 알게 되었다. 가령 삼각형은 그리스도교의 성부, 성자, 성신의 삼위일체처럼 태초의 처녀, 어머니, 노파(지혜로운 할머니)의 삼위일체를 대표한다고 할 수 있는데, 연대적으로 훨씬 더 앞선다는 점에서 후자의 해석이 좀 더 매력적이다.

상징은 만들고자 하는 모든 것이 될 수 있지만, 서구 문명의 상징체계가 여성적 원리를 무시하거나 경시하는 방향으로 경도된 것도 사실이다. 가령 여성들은 대부분의 역사 동안 남근의 상징이었던 십자가를 숭배하도록 장려되어 왔다. 자기 내면의 본질과 접촉하고자 하는 여성들이 묵상하기에 그보다 적합한 수십 가지의 유서 깊은 여성 상징이 있는데도 말이다.

이 책의 한 가지 목적은 이런 유형의 다양한 상징들을 여성들에게 제공하는 것이다. 또 다른 목적은 상징들 그 자체에 대해 더 많이 알리려는 것이다. 우리 조상들에게 특별한 의미를 지녔던 시각적 자극들이 어떤 것이었는지 더 명확히 알게 될수록 우리 자신이 바라보는 것, 나아가 현대의 상징체계에 대해 더 많이 알 수 있을 것이기 때문이다. 이는 모두에게 유용한 배움이 될 것이다.

6

신성한 물건들

SACRED OBJECTS

어떤 대상object이나 상징도 그 자체의 고유한 성질 때문에 신성한 것이 아니다. 성스러움(신성함)은 그 대상을 향한 사람들의 태도에서 비롯된다. 하나의 물건은 사람들이 다루고 이야기하는 방식에 의해 거룩해지는데, 사람들은 서로에게, 그리고 아이들에게 그 사물을 만날 때 적절한 경외감을 느끼도록 가르친다. 물건의 신령한numinous 영혼은 그 자체의 일부가 아니라 인간 문화의 일부다. 게다가 신성한 물건과 상징은 인간 문화 밖에서는 거의 존재하지 않는다. 자연 현상이 때로 신성한 것으로 여겨지기도 하지만, 거룩한 물건들은 대체로 인간의 발명품이다. 이 장에서 설명하는 다양한 물건들은 모두 이렇게 만들어졌다. 그것들은 오직 그 목적을 위해 의도적으로 제작되었기 때문에 성스러워졌고, 일부는 아직까지도 성스러움을 유지하고 있다.

중국 속담에 "형상image을 만드는 사람은 신이 어떤 재료로 만들어졌는지 알기 때문에 어떤 신도 숭배하지 않는다."는 말이 있다. 하지만 신이 무엇으로 만들어졌는지 금세 잊어버리고 신에게 초자연적인 마나●를 부여하는 것도 인간의 오랜 습관이자 경향이다. 일단 신성화되면 사물이나 상징은 그 자체로 생명을 갖는 것처럼 보인다. 마법, 점술, 명상, 기도에 사용할 수 있게 되는 것이다.

신성화하려는 인간의 욕구는 어디에서나 똑같다. 나무와 깃털로 만든 우상을 찬양하기 위해 춤추는 아프리카 부족민은 석고로 만든 성모상 앞에서 묵주를 열심히 딸깍거리는 유럽 가톨릭 신자와 본

●
산스크리트어로 마음을 뜻하는 '마나스'에서 온 마나는 보통 마력, 초월적 힘으로 여겨지지만 이 책에서 저자는 달여신 마나, 나아가 고대의 어머니 마와 연결된 여성적 영의 힘으로 보고 있다.

질적으로 같다. 가톨릭 신자들은 전자를 우상 숭배로 후자를 경건한 행위로 규정하겠지만, 어떤 말을 사용한다고 해도 본질적인 동일성을 숨길 수 없다. 두 경우 모두 만들어진 물건을 마치 볼 수 있는 눈과 들을 수 있는 귀가 있는 것처럼 대함으로써 신성화하는 것이다.

숭배자가 자신의 성물이 더 추상적인 신의 "상징일 뿐"이라고 우기는 것은 선결 문제 요구의 오류다. 분명히 대상 자체에 신성한 특징이 부여되어 있기 때문이다. 예를 들어 애국자는 적이 자국 국기를 짓밟으면 분노한다. 이런 상징적인 행위가 국가에 해를 끼치지 않는다는 것은 분명하지만, 국기 자체가 신성화되어 그 천이 여타 천과 다르게 보이는 것이다. 인간의 감정은 이러한 상황에 특정한 방식으로 반응하도록 훈련되어 왔다.

어떤 물건은 한 사람에 의해서만 성화될 수도 있고(가령 사랑했던 고인의 기념품) 여러 사람에 의해 성화될 수도 있다(가령 그리스도교의 십자가). 얼마나 많은 사람이 동의해야 특정 물건이 거룩해지는지 같은 기준은 중요하지 않다. 욕구는 동일하다. 그럼에도 불구하고 성스러운 것과 세속적인 것 사이의 경계는 항상 모호하다. 사물들은 그 경계를 넘어 여기에 속했다 저기에 속했다 할 수 있다. 애초에 예술(기술)적이거나 자연적인 목적으로 제작된 세속적인 물건이 성물이 될 수도 있고, 반대로 성스러운 대상도 시간이 지나면서 종교적 의미가 희미해져 세속화될 수 있다. 석고로 만든 성모상을 숭배하는 문명인은 로마의 베누스 동상에 대해 똑같이 경건한 태도를 취하지 않는다. 베누스가 예술 작품으로서 훨씬 더 가치 있는 것임에도 불구하고 말이다. 성스러운 나체의 베누스를 숭배하던 사람들은 이제 모두 죽었고, 베누스 동상은 세속적인 대상이 되었기 때문이다. 뿐만 아니라 우리 조상들이 간절히 숭배했던 일부 사물과 상징은 수 세기에 걸친 지배 종교의 반대로 악마화되어 이제는 거룩하기보다는 사악한 것이라고 선언되기도 한다. 이 역시 인간 문화의 산물이며, 학습된 반응으로 어떤 느낌을 만들어내는 것이다.

과거와 현재의 성스러운 물건들에 대해 공부하면 그것들을 창조하고 그에 반응하는 마음에 대해 통찰력이 생긴다. 사고의 지평을 넓혀 자신은 물론 다양한 인류를 더 잘 이해하도록 돕는다.

아이기스

아이기스   Aegis

아이기스●는 그리스 신들 사이에서 신성한 주권(통치권)의 엠블럼으로, 붉은 색으로 염색한 염소 가죽에 신탁을 전하는 **뱀**과 고르곤의 머리를 새긴 흉갑이다. 제우스에게 빼앗겼지만 가장 오랜 전통에 따르면 **아테나**의 소유가 맞다. 아테나의 지혜가 뱀과 뱀 머리를 한 고르곤으로 구현되곤 embodied 했기 때문이다. 파르테논 신전에 있는 유명한 피데스의 아테나 여신상은 제우스가 아닌 아테나가 아이기스를 입고 있는 모습을 보여준다.

아테나는 원래 아테나이 출신이 아니라 리비아 출신이었다. 아테나의 아이기스에 있는 메두사 머리는 그리스 신화가 말하듯 페르세우스가 선물한 것이 아니고, 아테나가 리비아의 여신 메두사(메티스)로서 자신의 모습을 드러내 표현한 것이다. 리비아 여신 메두사의 뱀 머리 **가면**에는 쳐다보는 이를 돌로 만드는 힘이 있었다. 아이기스는 원래 "뱀이 담긴, 고르곤 가면의 보호를 받는 마법의 염소 가죽 가방"이었다.[1] 헤로도토스는 아이기스가 리비아의 여인들의 염소 가죽 옷에서 유래했다고 밝히고 있다.[2]

●
이 이름을 빌린 미 해군의 함대방공시스템이 이지스 시스템이다.

제단 **Altar**

제단의 피라미드 모양 상징은 성산^{聖山, Holy Mountain}을 표현했던 고대인에게까지 거슬러 올라가는데, 하늘로 높이 솟아 천국과 가까운 관계를 맺을 수 있다고 생각한 것이다. **뿔**은 고대 제단 어느 곳에서나 흔하게 볼 수 있다. 이는 뿔 달린 신들의 신성을 표현하거나, 희생제물로 쓰였던 뿔 달린 동물들과의 합일^{assimilation}을 표현하는 것이었다. 또 신성한 구조^{structure}뿐 아니라 신성한 사람도 거룩함의 표시로 뿔을 달아야 한다는 전통적 관념을 표현하기도 한다. 성경에는 뿔 달린 제단들이나 성산에서 내려오는 모세가 머리에 뿔을 달고 있었던 일이 기록되어 있다. 히브리어 원문에는 그렇지만, 성경 번역가들은 대체로 이를 "빛나는"이라고 옮겼다.[3]

어떤 연구자들은 제단이 원래 무덤이고, 후손들이 조상을 신격화해 그 무덤에 제물을 바쳤으리라고 믿는다. **성인**의 유물을 제단 아래에 묻어두는 그리스도교 관습은 이러한 원시의 관습에서 비롯된 것이다. 그러나 "나는 하느님의 말씀 때문에 그리고 그 말씀을 증언했기 때문에 죽임을

당한 사람들의 영혼이 제단 아래 자리 잡고 있는 것을 보았습니다."(「요한의 묵시록」 6:9)라는 성경의 비전은 막 죽은 자들의 영혼이 제단자리라고 불리는 별자리 아래, 곧 하늘의 경계에 모이게 된다는 토착신앙에서 비롯된 것이다.[4]

닻 십자가   Anchor Cross

닻 십자가는 이집트 앙크의 변형물로서, 4~5세기경 그리스도교 공동체가 받아들인 것이다. 물고기나 배와 같은 다른 해양 상징뿐만 아니라 "사람을 낚는 어부"라고 자칭하는 성직자들과도 관련이 있었다. 닻 십자가는 카타콤의 무덤들에 새겨져 있었지만 신앙의 상징이었는지 아니면 항해의 상징이었는지는 알 수 없다. 닻 십자가가 폭풍우에 배가 가라앉는 것을 막아주는 마법의 부적이라는 주장도 있었기 때문이다.

앙크   Ankh

이집트 상형문자 앙크는 '생명'과 '손거울'을 의미했다.[5] 하토르의 거울, 베누스의 거울과 비슷한 의미에서 앙크는 원

앙크

래 리비아와 페니키아의 태곳적 **여신** 이미지에서 유래한 여성 상징인데, 좁은 삼각형 모양의 그 여성 상징은 위에 가로선 모양의 팔과 또 그 위에 타원형 머리를 얹고 있다.**6** 이집트에서는 여신의 **피**가 허락했다는 뜻에서, 성적 합일의 상징이자 신들의 불멸성을 상징하는 것으로 알려지게 되었다. 이를 상징하기 위해 통상 이 상징의 제작자들은 요니 모양의 고리 부분은 보통 **빨간색**으로 칠하고 남근 십자가는 흰색으로 남겨두었다.**7** 왕이나 제사장에게 약속된, 영생이라는 선물의 상징인 이 앙크를 들고 있는 모습을 이집트의 모든 신들에게서 다 볼 수 있다.**8**

앙크가 (이집트의 생명이 달려 있는) 연례 나일강 범람을 일으키는 **이시스**와 **오시리스**의 신비로운 결합을 상징하기 때문에 나일강의 열쇠라고도 불렀다.

안사타 십자가   Ansated Cross / Crux Ansata

이집트 앙크에서 유래한 안사타 십자가는 그리스 알파벳의 열아홉 번째 글자인 '타우'와 지구earth의 상징을 결합한 것이다. 때로는 사람의 형상으로 여겨지기도 했다. 다른 모

든 종류의 십자가와 마찬가지로 중세 초기의 그리스도교
에 동화(흡수)되었다.

아펙스 Apex

아펙스는 로마의 대제사장이었던 폰티펙스 막시무스가 야
외에 나갈 때마다 항상 두르고 다녔던 원뿔형 고깔로 하늘
에서 내려오는 그의 영적 힘을 상징했다.[9] 그 외에도 수많
은 신과 신적인 존재들이 고깔을 썼다. 페르시아의 미트라
신은 항상 뾰족한 모자를 쓰고 등장했다. 북유럽의 신 프레
이르는 로마의 사제가 쓰는 것 같은 원뿔형 모자를 썼다.[10]
이집트에서는 헬리오폴리스(이집트어로는 이우누)의 최고 신
아툼(이후에 태양신 라)이 원시 바다 누(물의 자궁)에서 원뿔
형의 뾰족한 벤벤(피라미디온)●으로 솟아올랐다고 하는데,
오벨리스크의 뾰족한 꼭대기와 파라오의 크고 뾰족한 왕
관 모양이 여기서 디자인된 것이다. 19세기 후반까지도 이
집트 카니발(사육제)의 왕들은 광대 역할을 하는 중에 크고
뾰족한 "바보 모자"를 쓴 인형effigy의 모습으로 희생되었
는데, 광대는 고대 신왕god-kings을 평범하고 하찮은 모습으

● 피라미드 맨 위의 뾰족한 돌을
말한다.

프레이르 신이 쓴 아펙스

로 표현한 일반적인 형태 중 하나다.[11]

중세 유럽 전설에서는 바보와 광대뿐만 아니라 토착종교의 정령들, 엘프, 개구쟁이 요정 픽시pixies, **노옴**, **요정** 등에도 뾰족한 모자를 씌웠다. 종교재판소의 공포 통치 기간 동안, 이런 토속종교의 뾰족한 모자들은 유죄 판결을 받은 이단자(이교도)들의 머리에 씌워 화형장으로 향하는 길에 사용함으로써 강조되었다. 19세기에 ① 신성한 왕권, ② 사제직, ③ 이교도(토속신앙을 따르는 사람들), ④ 이단의 상징이었던 이 뾰족 모자는 학교 교실에서 평범화trivialization의 마지막 단계를 거치게 되는데, 말썽을 피우는 아이들의 머리에 부끄러우라고 달아주는 '멍청이 모자'라는 부속물로 전락하고 만 것이다.

궤 ● Ark

궤라는 단어는 라틴어 '아르카'에서 유래한 것으로, 특히 비밀스러운 종교적 물건을 숨겨서 운반하던 함chest이나 궤box를 가리킨다. 그리스인들은 그런 상자를 시스타cista라고 불렀다. 성경에 언급되고 있는 언약궤의 원어는 두 가지 다

● '노아의 방주'에서처럼 방주라는 말도 쓰지만 원래 이 말은 본문에 나오는 것처럼 함, 궤같은 상자를 뜻한다.

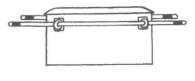

궤

른 히브리어인 '테바'와 '아론'이다. 아론은 나무 상자 또는 관을 의미하고, 테바는 상자를 뜻하거나 또는 높이나 너비보다 길이가 두 배 정도 긴 직사각형 모양의 평평한 지붕이 있는 건물을 뜻한다. 이 말은 또 물에 떠 있는 상자나 배를 의미하기도 하는데, 아기 모세를 담아 나일강에 띄웠던 함을 표현할 때도 똑같은 단어가 사용되었다.

언약궤의 개념은 이집트, 아카드, 칼데아 지역의 궤-성소ark-shrine에서 가져온 것인데, 이 함은 안에는 성적인 성격을 띤 신성한 주물(페티시)을 보관하고 양쪽에 고리를 달아 그 고리 사이로 기둥을 넣어 양쪽에서 들 수 있도록 한 것이다.(그림 참고) 그리스도교의 신이 "이 채를 궤 양쪽에 붙은 고리에 끼워 궤를 들게 하고"(「출애굽기」 25:14)라고 지시한 것도 이 모양을 말한 것이다. 또 다른 성물인 속죄소kapporeth, mercy seat는 궤와 관련이 있었지만 궤의 일부가 아니었다.(「출애굽기」 31:7, 35:12)•• 이것은 양 옆에 케루빔(거룹, 지천사)이 새겨진 금색 방석인데 아마도 심판을 내린다는 뜻으로 궤의 뚜껑 위에 놓였던 것 같다.

궤의 내용물은 여러 가지로 추측되어 왔다. 어떤 사람들

••
"만남의 장막과 증거궤와 그 위에 덮을 속죄판과 장막에 딸린 모든 기구."
"또 증거궤와 거기에 딸리는 채와 속죄판과 그것을 가리울 휘장."

은 궤 안에 두 개의 우상, 즉 남자와 여자, 뻔뻔스러운 뱀 네후슈탄, 율법을 새긴 돌판(십계명), 야훼와 그의 배우자 마리-아나트Mari-Anath의 상징이 들어 있었다고 말한다. 어쨌든 이 석상은 마나로 가득 찬 것으로 여겨져 그리스도교의 신은 그것을 만지는 사람은 누구든지 죽게 했고(「사무엘하」 6:7),• 심지어는 그것을 들여다보았다는 이유로 5만 70명의 숭배자들을 죽이기도 했다.(「사무엘상」 6:19, 공동번역성서에서는 70명)•• 그러나 신은 곧 예레미야 시대에 이 신상을 버리고 잊어버리기로 결정했다. "그날이 오면 너희는 이 땅에서 불어나 번성하리라. 이는 내 말이라, 어김이 없다. 그때 다시는 야훼의 계약궤를 말할 필요도 없을 것이며, 마음에 두고 생각할 필요도 없게 되리라. 아쉬워 찾거나 새로 만들 필요도 없으리라."(「예레미야」 3:16) 이를 통해 방주의 상징이 불편할 정도로 여성적이거나 부분적으로 여성적이었다는 것을 짐작할 수 있다.

실제로 산스크리트어로 '아르가'는 임신한 달님 배moon-boat를 상징하는 여성적인 상징이었다. 이 달님 배는 세계 파괴와 재창조 사이의 혼돈의 대홍수 기간 동안 한 우주에

• "야훼 하느님께서 우짜의 잘못을 보시고 진노하여 그를 치셨다. 우짜는 하느님의 궤 옆에서 죽었다."

•• "벧세메스 사람들이 여호와의 궤를 들여다본 까닭에 그들을 치사 (5만) 70명을 죽이신지라. 여호와께서 백성을 쳐서 크게 살륙하셨으므로 백성이 슬피 울었더라."

48

서 다음 우주로 모든 생명의 씨앗을 운반한다.[12] 떠다니는 배라는 방주의 다른 의미는 바빌로니아 기록에서 따온 것이다. 노아가 아담의 열 번째 후손이 된 것도 바빌로니아의 '홍수 영웅flood hero'이 열 번째 왕이었기 때문일 것이다.[13] 칼데아 기록에 따르면, 신은 홍수 영웅에게 "홍수로 인해 내가 물질과 생명을 파괴할 것이다. 너는 생명이 있는 모든 것의 물질을 그릇에 담으라."고 경고했다.[14]

가장 완고한 축자주의적 성경학자들조차도 노아의 방주 신화의 터무니없는 모순에 움찔할 수밖에 없었다. 민물이나 바닷물에서 살 수 있는 종을 제외하고 방주에는 7000종의 기어다니는 벌레들, 8만 종의 무척추동물, 3만 종의 갑각류, 5만 종의 절지류, 9만 종의 곤충류, 2500종의 양서류, 6000종의 파충류, 8600종의 조류, 3500종의 포유류, 그리고 모두를 위한 음식이 들어 있어야 했는데 이 모든 것을 담을 수 있는 유일한 배는 우주선 '어스(지구)'뿐이기 때문이다.

노아의 방주 이야기에 대한 한 가지 주석으로, 영지주의 경전에서는 이브의 딸 '노리아Norea'가 노아가 만든 첫 번

카두케우스

수메르, BC 2000년경

●
Ningishzida. "올바른 나무의 군주"라는 이름으로 나무를 잘 자라게 하는 신이라는 뜻이다. 식물, 뱀, 지하세계의 신으로 형벌, 역병, 질병과도 관련이 있으며 저승의 군주라고 불린다.

●●
야훼가 불뱀을 보내 이스라엘 사람들을 물어 죽이게 했다가 모세가 기도를 하자 모세에게 청동뱀을 만들어 지팡이 위에 올리라 하고 사람들에게 그것을 보게 하니 다 나았다는 성경의 이야기.

●●●
사망한 영혼을 사후세계로 호송하는 역할을 하는 많은 종교의 생물, 영혼, 천사 또는 신. 이들의 역할은 사망자를 판단하는 것이 아니라 안전한 통행을 제공하는 것이다. 다양한 문화권의 장례식 예술에 자주 묘사되는 프시코폼포스는 말, 까마귀, 개, 올빼미, 참새, 뻐꾸기, 수사슴 등이다. 융 심리학에서는 무의식적인 영역과

째 방주를 뜨거운 입김(숨)으로 불어서 태워버렸다고 기록했다. 그래서 노아가 처음부터 다시 시작해야 했다는 것이다.[15] 노리아가 불의 정령이거나 하와이의 펠레 같은 화산의 여신일 수도 있음을 암시하는 흥미로운 이야기다.

카두케우스   Caduceus

그리스어로는 케리케리온. 얽힌 뱀은 메소포타미아에서 **이슈타르** 여신의 연인 중 하나인 치유신 닌기쉬지다●를 나타냈다. 이 신의 상징물(엠블럼)은 "사찬이라는 암수 양성과 두 머리를 지닌 뱀이 감긴 둥근 지팡이"였다.[16] 성경의 저자들은 치유 능력이 있는 이 뱀의 이름을 네후스탄으로 바꾸어, 초기 모세 신의 형태로 숭배했다.(「민수기」 21:9, 「열왕기하」 18:4)●● 그리스인들 역시 의술의 신 아스클레피오스를 위해 이와 비슷한 이중 뱀 상징을 채택했다.[17] 뿐만 아니라 고대 인도와 아메리카 대륙의 아즈텍 및 북미 인디언들 사이에서도 동일한 치유 상징이 발견되었다.[18]

고전기 그리스의 작가들은 **헤르메스**가 영혼의 지휘자 **프시코폼포스**(죽은 자에게 길을 안내하고 인도하는 자)●●●라는

캐릭터로 카두케우스를 물려받았다고 주장했다. 헤르메스의 마술 지팡이는 죽은 자까지도 부활시켜 하데스로부터 빛의 세계로 데려올 수 있을 만큼 치유력이 뛰어났다는 것이다. 초기 버전의 헤르메스 카두케우스는 지팡이 위에 현재의 헤르메스-메르쿠리우스 휘장처럼 뱀 머리 **뿔**이 달린 태양원반을 얹은 모양이었다.[19] 어떤 사람들은 테베의 양성을 지닌 현자 테이레시아스****가 카두케우스를 만들어냈다고도 한다. 짝짓기 중인 두 마리 뱀 사이에 지팡이를 꽂고 그 주위의 질서정연한 배열을 발견한 것이 우주 기하학에 대한 신비한 단서를 제공했다는 이야기를 만들어낸 것이다.[20] 그러나 이 상징은 테이레시아스의 전설보다 훨씬 오래전부터 존재했다.

이 고대 상징은 오늘날까지도 이어져 의료계의 보편적인 엠블럼으로 보존되고 있다.

갈보리 십자가   Calvary Cross

이 십자가는 예수가 십자가에 못 박힌 장소로 추정되는 갈보리산의 이름을 따서 명명되었으며, 산은 세 개의 단으로

의식적인 영역 사이의 중재자이다. 현명한 남자, 여자, 도움을 주는 동물로서 상징적으로 인격화 된 꿈의 형상들이다. 많은 문화권에서 샤먼도 그 역할을 수행하는데, 죽은 자의 영혼을 운반할 뿐만 아니라 출생 시 도움을 주고 신생아의 영혼을 세상에 소개하는 역할도 담당한다.

****
테이레시아스는 펠로폰네소스의 킬레네 산에서 교미하는 한 쌍의 뱀을 보고 지팡이를 휘둘러 두 뱀을 떼어놓았다. 이것을 본 헤라가 노했고 그를 여자로 변신시켜 벌을 내렸다. 여자가 된 테이레시아스는 헤라의 여사제(여신관)가 되어서 결혼하고 아이까지 낳으며 7년을 살았다. 그러다 또다시 교미하는 뱀들과 마주쳤는데 이번에는 가만히 두고 지나갔다고도 하고, 어떤 기록에서는 짓밟아 버렸다고 한다. 어느 쪽이든 그 결과 테이레시아스는 남자로 돌아갔다.

표현된다. 그러나 그리스도교 이전에도 비슷한 계단형 십자가가 **헤르메스** 신에게 바쳐지곤 했다. 아버지 제우스의 로고스에 상응할 만한 헤르메스의 밀교적 측면을 기념하기 위한 것이었다.● 때때로 십자가의 머리는 이집트의 앙크를 따라 둥근 모양으로 만들어지기도 했다.[21]

카리아티드 Caryatid

아테나이의 아크로폴리스에서 볼 수 있는 여성 모양으로 조각된 신전 **기둥**이다. 그 이름은 아르테미스 카리아티스에서 따온 것인데, 이는 펠로폰네소스 반도의 남쪽 지방 라코니아의 카리아이에서 섬겨졌던 '달 여신'의 여사제들을 모델로 삼았다고 전해진다.[22] 이 이름은 견과류 나무를 의미하기 때문에 아몬드 나무로 변한 **님프 필리스** 신화와도 연결되는데, 아몬드는 고전적인 여성 생식기의 상징이다.(만돌라 참고)

실제로도 여성들은 원래부터 "교회의 기둥"이었으며 「잠언」 9장 1절에 나오는 **소피아**의 일곱 기둥처럼 지혜의 기둥들이라고도 불렸다. 카리아티드의 머리는 말 그대로

● 헤르메스교 혹은 헤르메스주의는 이집트 신인 토트와 그리스 신인 헤르메스가 결합된 신앙이다. 신 또는 반신적 존재인 헤르메스 트리스메기스투스의 저작이라고 하는, 헬레니즘 이집트 시대와 1~3세기에 주로 쓰여진 외경적인 저작들(『코르푸스 헤르메티쿰』 등)에 기초하는 일군의 철학적·종교적 믿음들 또는 지식들(그노시스)이다. 서양의 밀교 전통에 심대한 영향을 미쳤으며, 르네상스 시대 동안 특히 그랬다.

카리아티드

성전 지붕을 받치고 있었다. 이집트의 복제 파라오상들이나 아시아 불교 사원에서 똑같은 모양으로 잔뜩 복제된 불상들처럼, 여인 모양의 기둥은 여신의 초상을 표현하는 복제품이었을 수도 있다.

대성당   Cathedral

고딕 양식의 성당은 일반적으로 '천국 여왕의 궁전Palace of the Queen of Heaven' 또는 '성모님Our Ladies'으로 알려져 있는데, 이는 이 성당들이 이전의 위대한 여신들의 표상들을 대체하는 성모 마리아에게만 거의 독점적으로 헌정되기 때문이다. 또 이 성당들이 대체로 그 자리에 있다가 사라진 여신들의 신전 자리에 그대로 지어졌기 때문이기도 하다. 마리아의 다른 이름 중 하나인 '에클레시아Ecclesia'는 '교회'라는 뜻으로, 교회 조직이라는 의미뿐 아니라 실제로 남근 모양을 상징하는 종탑이나 첨탑과 대조적인 의미에서 교회 건물 전체를 의미하기도 한다. 고대 이집트에서는 사원과 기둥을 각각 여성과 남성으로 간주했다. 고대 멤피스에서는 신전 구조 전체를 '생명의 여주인Mistress of Life'이라

는 여신 칭호로 불렀다.[23]

교회의 공식 명칭인 에클레시아는 원래 아테나이의 연례 스키라 축제● 기간에 처음 조직된 여성들의 정치 집회 혹은 여성 의회를 의미했다.[24] 이 의미는 여성의 영적 권위를 완전히 부정하는 그리스도교 아래에서 곧 잊혀졌지만, 남성으로만 구성된 교회를 다스리는 남성들조차도 계속해서 교회를 '마리아-에클레시아' 또는 '그리스도의 신부'라는 이름으로 혹은 '그녀'라는 여성형 대명사로 부르는 것을 멈추지 않았다. 그들은 또한 유사-여성적인pseudofemale 성당의 모든 부분을 '상징화'했다. 세 개의 문은 믿음, 희망(소망), 자선(사랑)을 의미한다. 중앙의 장미는 하늘과 땅이 만나는 '생명의 호수'다. 외관을 세분화한 네 개의 교각은 낙원paradise의 네 강을 의미했다. 단상은 낙원 그 자체를 상징하고, (단상 아래쪽에 조각된 괴수상 가고일이 형상화해서 보여주는) 지옥이 그 아래에 놓여 있다. 교회 벽은 구원을, 플라잉 버트리스●●는 도덕적 힘을, 지붕은 베풂을, 기둥은 신앙의 교리를, 리브볼트●●●는 구원의 통로를, 첨탑은 하나님의 손가락을 상징한다.[25] 동쪽 후원이 남성의 태양 정신을 상징

●
스키로포리아라고도 부르는 이 축제는 고대 아테나이의 달력에서 10~11월 무렵 분노에 휩싸인 데메테르를 축제로 재연하기 위해 도시의 모든 유부녀들이 가정을 버리고 모였던 테스모포리아 축제와 밀접한 관련이 있으며, 5~6월에 묵은 해를 보내는 것을 기념했다.

●●
공중 부벽. 고딕 양식에서 높이 솟은 네이브 천장을 지탱하기 위해 네이브를 떠받치는 벽 옆으로 측벽을 하나 더 만들고 두 벽을 연결하는 아치 모양의 부벽을 만들어 추력을 감당하도록 한 구조물.

●●●
rib vault. 역시 네이브 천장의 하중을 줄이기 위해 고안된 것으로 볼트가 교차하는 대각선 부분을 두꺼운 부재rib로 만들고 이 리브를 따라 힘이 피어로 전달되도록 유도했다. 천장의 나머지 면은 가벼운 재료로 채워 무게를 줄였다.

54

한다면, '장미'가 있는 서쪽 정면은 여성과 달을 상징하며 보통 마리아의 엠블럼이 여기에 있다.(장미무늬창 참고)

성당은 초기 그리스도교 시대부터 이시스, 유노, 디아나, 미네르바의 사원을 빼앗아 마리아를 기리는 이름으로 바꾸어 부르며 토착종교의 성지에 지어졌다. 이전의 성소 신전들을 그대로 그리스도교용으로 바꾸어 활용하기 위해서, 수백의 토착종교 및 다신교의 신들이 새로운 성인의 모습으로 옷을 갈아입었다. 토착종교 영웅들의 유명한 무덤 위에 교회가 세워지거나, 간혹 누구인지 확인되지 않은 유골을 그 안에 묻고 이를 시성하기 위해 전설을 만들어내기도 했다. "유명한 성인이 없는 성당은 중요한 수입원을 잃는 것이나 다름없었다. 그래서 무덤에 묻힌 사람들을 성인으로 만들어 로마로부터 안전하게 지키려는 노력이 이루어졌고, 그러면 로마는 속을 수밖에 없었다."**26**

그리스도교에서는 여성들의 이름을 따서 교회의 이름으로 쓰고 또 그 여성들이 섬기던 여신들을 살짝 수정해서 계속 활용해 왔음에도 불구하고, 공의회에 여성의 참여를 금지시키고 심지어 때로는 교회에 들어가는 것조차 금지시켰다. 중세 시대 내내 여성은 월경 중이거나 출산 후 40일 동안 교회 건물에 출입할 수 없었다. 남성들은 이러한 원초적인 여성의 신비가 신성한 경내를 마술처럼 오염시킨다고 주장했다. 1886년 가톨릭 교회의 개정 법령은 남편과 떨어져 사는 여성의 교회 출입을 금지했지만, 메인주 포틀랜드의 힐리 주교는 극도로 추운 날씨에 뒷자리에 앉는다는 조건하에 이들이 교회에 들어갈 수 있다고 승인했다.[27]

성유(향유)   Chrism

그리스도교 예술가들은 막달라 마리아를 그리스도('기름 부음 받은 자')에게 값비싼 기름을 부은 마르다의 여동생 마리아와 동일시하여 막달라 마리아의 보편적 상징으로 작은 향유함을 만들었다.[28] 이 이미지에는 눈에 보이는 것보다 훨씬 더 많은 것이 담겨 있다. 예수는 이 여인에게 기름 부음을 받는 바로 그 과정을 통해 그리스도('기름 부음 받은 자'라는 뜻)가 되었다. 이 여인은 예수님의 머리(「마태오의 복음서」 26:7) 혹은 발에(「요한의 복음서」 12:3) 기름을 부었다. 두 경우 모두 '기름 부음 받은 자Christos'의 역할에서 승리의 행

성유(향유)

진•이 시작되기 직전의 기름 부음이었으며, 예수 스스로 말씀하신 것처럼 임박한 장례를 위한 것이었다.(「마태오의 복음서」26:12, 「요한의 복음서」12:7) 이는 '신성한 왕'이 희생양으로 바쳐지기immolation 직전에 바르는 그 기름이다. 이때 기름을 붓는 것은 제사장의 공식적인 행위였다.

막달라 마리아와 여성들은 이에서 더 나아가 신성한 전통 연극에서 여사제 스타일로 '신성한 왕'의 부활을 주례했다. 철야에 무덤 옆을 지킬 수 없었던(고대에 남성들은 이 자리에 참여가 금지되었던 것과 유사하다.) 남성 추종자들에게 신성한 왕의 부활을 선포한 것이다. 남자들은 심지어 기록된 전통에 대해 무지하기까지 했다. "그들은 그때까지도 예수께서 죽었다가 반드시 살아나실 것이라는 성서의 말씀을 깨닫지 못하고 있었던 것이다."(「요한의 복음서」20:9) 마리아만이 이 기적을 최초로 목격하고 보고했다. 토속종교의 여사제들은 수 세기 동안 매년 오르페우스, 디오니소스, 아티스, 오시리스와 같은 구세주 신의 부활을 선포해 왔다.

막달라 마리아는 창녀로 묘사되었지만, 당시에는 창녀와 여사제가 같은 의미로 사용되기도 했다. 『길가메시 서사

•
예수가 새끼 나귀를 타고 예루살렘에 입성한 것을 말한다. 예루살렘 사람들은 승리의 상징인 종려나무 가지를 흔들며 예수를 환영했다.

시』에서 신성한 창녀는 비슷한 방식으로 영웅-희생자hero-victim와 연결되었다. "당신에게 향기로운 기름을 부은 창녀가 이제 당신을 위해 애도합니다."[29] 기름 부음 의식은 침례를 받아 새로 태어남(왕으로서의 삶을 시작함)을 상징하기 때문에 예전에는 여성의 직분이었다. 인도에서는 사라스바티 여신을 위한 봉헌 의식에서 왕이 사라스바티 여신의 성혈(여신의 강인 사라스바티 강물이 이를 상징했다.)로 부음을 받는 의식을 거행했는데, 이는 아기의 탄생 과정을 모방하는 행위였다. 이후 남성들이 사제직을 맡게 된 후에도 주례 사제가 왕을 탄생시키는 이 의례는 계속되었다고 한다.[30]

그런데 그리스도교 사제들은 곧 여성들이 수행하던 모든 의례를 빼앗아갔고 여성은 어떤 종교 의식도 주도할 권리가 없다고 선언했다. 교회의 초기 분열 중 하나는 알몸으로 남성에게 세례를 받아야 했던, 남성의 손으로 "기름 부음을 받아야" 했던 여성들의 저항에서 비롯되었다. 그리스도교 여성들은 같은 여성에게 세례 받기를 요구했지만 사제들은 "격렬하게" 반대했다.[31]

신성한 색깔 Colors Sacred

원래 세 가지 신성한 색은 흰색, 빨간색, 검은색으로 처녀 Virgin, 어머니Mother, 노파Crone로서 **여신**의 삼위일체를 상징한다. 인도에서는 이 색을 구나스(가닥, 올이라는 뜻)로 불렀는데, 이는 살아 있는 자연의 실이 얽혀 있는 것으로, 자연력의 총체로서 칼리의 칭호인 프라크리티 여신을 상징한다. 사트바(흰색), 라자스(빨간색), 타마스(검은색)의 가닥은 운명(카르마)에 의해 정해진 대로 모든 생명을 관통한다. **운명의 세 여신**(운명)은 동일한 여성 삼위일체의 또 다른 표현이기도 하다.

이러한 색의 상징성은 서양 문명에서도 똑같이 널리 퍼져 있었다. 오비디우스, 테오크리투스, 호라티우스 같은 작가들도 흰색, 빨간색, 검은색으로 이루어진 신성한 생명의 실에 대해 이야기했다.[32] 민담과 설화에서도 동일한 색깔이 자주 등장해 고대 토속신앙 전통을 암시한다. 티무르 제국의 창시자인 테무르는 3색 원칙에 따라 전투를 지휘했다. 마을을 포위한 첫날에는 주민들이 항복하면 목숨을 살려주겠다는 의미로 '자비의 처녀Virgin of Mercy'를 위한 흰

색 천막을 설치했다. 둘째 날에는 지도자만 죽인다는 의미로 붉은 천막을 쳤다. 셋째 날에는 모든 관용이 사라진다는 의미로 '파괴자 노파Destroying Crone'의 색깔인 검은색으로 천막을 칠했다.[33]

그리스도교 역시 이미 사람들이 너무 익숙해져 버린 이 세 가지 신성한 색을 그대로 사용했다. 크리스마스 아침 미사 때 3일 동안 흰색, 빨간색, 검은색으로 된 베일이 제단에 놓였다.[34] 19세기에 씌어진 『그리스도교 상징 핸드북』은 용감하게도 이 관계를 솔직하게 드러내고 있는데, 이 고대 여신을 상징하는 색깔들 중에서 흰색이 "교회법상 정해진 색들 중 첫 번째"이며 순결, 처녀성, 믿음, 생명, 빛을 상징하고, 빨간색은 "믿음을 위한 고난과 순교, 그리스도의 희생"을 상징하며, 검은색은 성 금요일에 교회에서 사용하는 죽음과 애도의 상징으로 "역시 교회법상으로 승인된 색"이라고 기록했다.[35]

코르누코피아   Cornucopia

코르누코피아는 '풍요의 뿔'이라는 뜻이다. 원래 이 뿔은 암소나 암염소라는 토템 형태로 육화incarnation한 '위대한 어머니'의 뿔이었다. 이오, 케레스(데메테르의 로마식 이름), 헤라, 하토르 등의 신성한 소, 혹은 제우스의 유모인 아말테이아 같은 암염소 말이다. 속이 텅 빈 뿔에서 모든 좋은 것들이 쏟아져 나온다는 구절은, 대지의 지속적인 비옥함과 풍성한 열매를 위해 여신에게 드리는 상징적인 기도문이 되었다. 풍요의 뿔은 집, 사원, 창고에 모든 것을 베푸시는 어머니의 축복을 불러일으키는 장식물로 아낌없이 사용되었다. 비록 그 신성한 의미는 잊혀졌지만 풍요의 뿔은 여전히 인기 있는 장식 모티브이다.

동방 십자가   Eastern Cross

이 십자가는 동방 교회 또는 비잔틴 교회(러시아 및 그리스 정교회)의 엠블럼이었다. 아래쪽 십자가가 비스듬하게 기울여진 이유는 여러 가지 사후적 해석이 제시되었지만 여전히 미스터리로 남아 있다.

성배   Grail, Holy

성배 로망스*의 토속종교적 속성은 그리스도교적 재해석의 얇은 껍질 아래 숨겨져 있었지만, 학자들은 이제 그리스도교인들이 성배라고 부르는 것, 그러니까 잃어버린 '최후의 만찬 성배'라는 전통이 근거가 없다는 사실에 대체로 동의한다. 이 그릇은 켈트족의 재생의 **가마솥**, 즉 여성의 몸을 나타내는 상징으로서 생명을 불어넣는 피를 담는 사발bowl을 변형한 것으로, 완전히 토속적이면서 여성적인 전통이다. 성배가 성창Holy Lance과 함께 나타난 것처럼 토속종교에서의 이 상징도 종종 남성 상징과 함께 등장한다. 웨스턴에 따르면 창과 잔(컵)은 "고대부터 전 세계적으로 널리 퍼진 성 상징으로, 창Lance, Spear은 남성의 재생산 에너지를, 잔(컵) 또는 (장례용) 항아리Vase는 여성의 재생산 에너지를 표현하는 것으로 알려져 있다."**36**

성배는 로망스의 모든 장면에서 토속적이고 여성적인 지향을 보여준다. 성배의 신성한 행렬은 교회가 아닌 요정 여왕의 성에서 이루어지고, 성배는 항상 사제가 아닌 처녀가 운반한다.**37** "과장된 그리스도교적 외피를 입고 있지만,

<hr>

●
여기서는 특정 서정시가 장르가 아니라, 성배 전설을 다루는 여러 장르를 통칭하는 듯하다.

성배를 찾아 떠나는 탐험 이야기는 사실 고대 신앙의 서사
이다. 시토 수도회 같은 엄격함의 잣대를 통과하느라 변색
된 것일 뿐이다. 모든 세부사항과 모든 일화들이, 켈트 설
화에서 (성배로 상징되는) 여인을 찾아 나서는 익살스러운 모
험 이야기를 흉내 내고 있다."[38]

그리스도교화 된 이야기에서조차도 성배의 기원은 뭔
가 미심쩍은 것으로 설명된다. 성배는 사탄이 지하세계로
내려올 때 사탄의 왕관에서 떨어진 보석으로 만들어졌다
고 하는데, 이 보석은 피닉스 스톤, 라피스 엑실리스, 라피
스 주다이쿠스, 테오리투스(신의 돌) 등 다양한 이름으로 불
린다. 이 돌의 마법적인 효능은 젊음을 되찾아주고 먹거리
를 끝없이 제공하는 것으로 알려져 있다.[39] 볼프람 폰 에셴
바흐는 이렇게 썼다. "불사조가 죽어서 재가 되었다가 거기
서부터 다시 생명을 얻어 태어나는 것도 이 돌 덕분이다. 이
돌을 통해 불사조는 깃털을 갈아입고 예전의 찬란한 모습
으로 다시 태어난다. 누군가 이 돌을 보면 그 후 일주일 동
안은 어떤 상처를 입거나 병에 걸려도 죽음을 피할 수 있다.
이 돌은 본 사람은 늙지 않았고, 돌이 나타난 직후부터 모

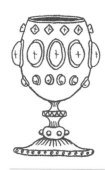

성배

든 남자와 여자가 최전성기의 모습을 되찾았고, 200년 동안 이 돌 앞에 섰던 이들은 머리카락이 하얗게 새는 것 외에는 아무 변화가 없었다. 이 돌이 인간에게 활력을 주어 피부와 뼈를 즉시 재생시켰기 때문이다. 이 돌의 이름이 '그레일'이다."[40]

이런 기록들은 성배가 돌로 만들어졌다고 상상되었음을 알려준다. 일부 교인들은 성배 전통을 받아들여 신자들의 교화(및 경건한 제물)를 위한 물건을 만들기도 했는데, 제노바에 보존된 녹색 그릇으로 유명한 사크로 카티노•는 거대한 에메랄드 한 개로 조각한 성배로 수 세기 동안 숭배되다가, 이후에 조사를 통해 녹색 유리라는 사실이 밝혀지면서 성배의 지위를 내려놓게 되었다.[41] 크레티앙 드 트로예는 성배를 보석이 박힌 금속으로 만든 그릇으로 상상했다. "가장 순수한 금으로 만들어졌고, 땅이나 바다에서 찾을 수 있는 가장 풍부하고 다양한 보석이 세팅되어 있었다. 그어떤 보석도 성배와 비교할 수 없었다."[42]

성배의 여성적 의미가 다양한 방식으로 드러나기 시작하기 전까지 유럽은 수 세기 동안 성배 이야기에 열광적인

•
산로렌초 대성당의 보물 박물관에 있는 제노바의 유물. 현대 연구자들은 그것을 9~10세기의 이슬람 유물로 본다.

관심을 보였다. 그러다 거의 하룻밤 사이에 이야기가 끊긴 것이다. 15세기 브라운슈바이크에서는 '성배The Grail'라고 불리는 중요한 축제가 7년마다 열렸는데 1481년에 불법화되었다.[43]

헤르마 Herm

헤르마(혜름)는 고전기 그리스 양식의 남근 기둥으로, 꼭대기에 헤르메스의 두상이 놓이고 기둥 중간에 남근 모양이 달려 있는 것이 특징이다. 마술의 신이자 교차로의 신 헤르메스에게 바쳐진 물건이었다. 헤르마는 보통 기둥 중간의 사실적인 남근 조각을 제외하고는 돌출부가 없는 평평한 기둥이었지만, 일부는 짧은 대들보를 지닌 경우도 있었는데, 이는 아마도 헤르메스와 이집트 신 토트(헤르메스에 대응하는 남쪽 세계의 신)에서 영향을 받아 토트의 상징인 앙크(생명의 열쇠)를 표현하고자 한 것으로 추정된다.

　이 기둥은 그리스와 로마 제국의 거의 모든 중요한 교차로(십자로)를 지켰으며, 로마에서는 헤르메스의 로마식 이름인 메르쿠리우스라고 불렸다. 헤르메스와 헤카테는 교

헤르마

차로의 남주인과 여주인으로 함께 숭배되었는데, 그 이유는 교차로가 항상 선택을 상징하는 마법의 장소였기 때문이다. 때때로 헤르메스는 교차로 정령이라는 뜻으로 '라레스 콤피탈레스'라고 불렸으며, 이들에게 제물을 바치기 위해 콤피탈리아라는 특별한 축제가 열렸다.[44] 그리스도교 시대에는 유럽 전역의 교차로에 있던 이 수많은 헤르메스가 돌 십자가로 대체되었다.

가부장제가 한창 전성기를 구가하던 BC 415년, 수백의 헤르마가 공공 도로를 지키던 도시 아테나이에서 신비한 사건이 발생했다. 아테나이군이 시칠리아로 원정을 떠나기 전날 밤의 일인데 이 날은 이후에 '헤르메스 거세의 밤'으로 알려지게 되었다. 아침이 되자 도시의 거의 모든 헤르마들이 성기가 잘린 채로 발견되었다. 범인은 밝혀지지 않았지만, 전투적인 아테나이 여성들이 전쟁에 항의하기 위해 이 위협적인 마술적 제스처를 사용한 것 아닐까 추정해 볼 수 있다.[45]

호스트 Host

밀가루 반죽으로 만든 작고 둥근 웨이퍼wafer이다. 그 이름
은 라틴어로 희생물, 희생자를 뜻하는 호스티아에서 유래
했다. 신의 영혼을 담은 호스트(희생물)로 황소, 사슴, 염소
또는 다른 동물의 고기를 제의에 참여한 사람들이 서로 공
유하던 토착종교 시대의 풍성한 만찬을 그리스도교의 이
웨이퍼가 대체했다. 희생물로 바쳐지고 먹힌 동물에 대해
서 토속신앙 안에 있던 사람들은 자신들이 먹은 것이 문자
그대로 신의 살이라고 주장한 적이 없다. 3세기의 신플라
톤주의자 포르피리오스는 그리스도교인들의 상징적인 카
니발리즘이 "사람이 사람의 살을 맛보고 같은 종의 피를
마셔야 하며, 그렇게 함으로써 영생을 얻어야 한다는 것은
모든 부조리를 넘어서는 부조리이며 모든 종류의 잔인성
을 넘어서는 잔인성"이라고 쓴 바 있다. 그럼에도 불구하고
이러한 상징체계는 그리스도교만의 것이 아니라 신비주의
그룹에서 매우 흔한 것이었다. 마법 파피루스에 따르면 신
성한 마술사는 "자신의 살과 피를 주는데, 그것을 먹는 사
람은 사랑으로 그와 하나가 된다."고 썼다.[46]

밀가루 반죽이 문자 그대로 예수의 실제 살로 변했다는 성변화•교리는 가톨릭 교회의 역사적 걸림돌이자 개신교 종교개혁의 주요 신학적 계기 중 하나였다. 그럼에도 불구하고 이 교리는 1965년 교황 회칙에 의해 공식적으로 다시 한 번 재확인되었다. 이 교리에 비추어 볼 때, 교회가 멕시코 인디언들이 저지른 "큰 이단이자 가증스러운 죄"라고 불렸던 일, 곧 "아즈텍 사제들이 신의 반죽 상을 만들어 나누어 먹은 일"을 이해할 수 없었던 것은 이상하다.⁴⁷ 그들은 반죽 상dough man을 부싯돌로 "죽인" 다음 작은 조각으로 나누어 모든 사람들에게 나누어주었다. 이 의식은 '신을 먹는다'는 뜻의 토칼로라고 불렸다.⁴⁸

우상　　　　　　　　　　　　　　　Idol

엄밀히 정의하면 우상은 신의 현재 모습, 과거 모습, 혹은 그럴 것이라고 생각되는 모습을 모방하여 만든 종교적 물건이거나 인간이 만든 물건 중에서 신의 영혼이 깃들어 있다고 여겨지는 모든 물건을 말한다. 가톨릭처럼 우상 숭배를 반대한다고 공언하는 종파에서도 사람들은 항상 우상을

•
transubstantiation. 성찬에서 밀빵과 포도주가 각기 예수의 몸과 피로 바뀌는 일 또는 그에 대한 믿음을 가리킨다. 실체변화, 변화지례라고도 하며, 화체설로도 알려져 있다.

생명의 주인으로서 케찰코아틀●●의 상

숭배해 왔고 지금도 숭배하고 있다. 그리스도교 성인, 예수
나 성모의 상도 우상이다. 이교도heathen 신의 동상과 같은
똑같은 방식으로 언급되고 숭배되기 때문이다.

랩족은 산스크리트어로 마법의 영을 뜻하는 '시디siddhi'
를 떠올리며 '세이디seidi'라고 부르는 영혼이 담긴 나무 우
상을 만들었다.⁴⁹ 아프리카 사람들은 여전히 죽은 조상의
영혼이 그 형상effigy에 깃들 수 있다고 믿기 때문에 그것에
기도하는 것은 조상과의 직접적인 소통을 뜻한다.⁵⁰ 그리
스도교인들도 거룩한 상에 대해 토속신앙을 지닌 사람들
과 똑같은 믿음을 가졌다. 토마스 아퀴나스는 그리스도의
형상도 신과 똑같이 존중해야 한다고 말했다. "우리가 거룩
한 상(성상)에 행동할 수 있는 진정한 힘을 부여하는 순간,
우리는 그것으로 신감을 받은inspired 존재를 만들어낼 수
있다. 성상이 신앙의 수단, 상징, 기도자에게 행동할 수 있
는 더 높은 차원의 힘을 준다는 것을 부정하는 세상의 모든
궤변은 쓰레기가 된다."⁵¹

●●
메소아메리카 신화의 신으로,
이름은 나와틀어로 "(케찰새
의) 깃털이 달린 뱀"을 뜻한다.
아즈텍에서 기록된 바에 따르
면 바람, 금성, 새벽, 상인, 예
술, 공예, 지식의 신이며, 아즈
텍 사제 계급의 수호신이었다.

향을 피우는 도구

향

향은 항상 중요한 종교적 상징이었다. 향은 연기를 만들어 내고, 하늘을 향해 올라가는 불이나 연기는 신들이 지상으로부터 제물을 받는 경로로 여겨졌기 때문이다. 제단에서 요리하는 고기에 대해 성경은 "이렇게 그 수양을 제단에서 통째로 살라라. 이것이 주께 드리는 번제이다. 이것이 불에 타며 향기를 풍겨 야훼를 기쁘게 해드리는 제사이다."(「출애굽기」 29:18)라고 말하지만, 고대 제단과 그 주변은 도살의 장소이기도 했기 때문에 냄새가 향기로웠을 리가 없다. 향을 태우는 것은 냄새를 가리는 데에도 도움이 되었다.

성서 시대에 향의 주요 생산지는 풍요로운 모계 중심 사회의 여왕 셰바가 통치하던 남부 아라비아였다. 특정 근동 지역의 부족은 특히 향을 파는 상인(캐러밴)들과 관련이 있었다. 성경에 등장하는 "크투라(Keturah, 케투라, 그두라)의 아들들", 즉 지므란, 욕산, 므단, 미디안은 실제로는 개인의 이름들이 아니라 향을 거래하는 집단의 이름이다.(「역대기상」 1:32)● 성경의 이야기 속에서 크투라는 히브리 민족의 시조 아브라함을 수익성 높은 향 사업과 연결하기 위해 아

"아브라함이 소실 크투라에게서 얻은 아들은 지므란, 욕산, 므단, 미디안, 이스박, 수아. 욕산의 아들은 셰바와 드단."

브라함의 첩이 된 것이다. 그런데 크투라 역시 실제로 개인의 이름이 아니다. 이 이름은 단순히 '향'이라는 뜻이다.**52**

이시스 석판   Isiac Table

이 신비한 유물은 신비주의자와 마술사들에 의해 자주 언급되었는데, 이들은 이 청동 석판 위에 에나멜과 은상감으로 이루어진 정교한 상징적 장식이 고대 이집트의 위대한 종교적 비밀을 드러낸다고 주장했다.** 원래 이동식 제단 형태로 이시스 여신에게 바쳐졌던 이 석판은 르네상스 시대의 유명한 골동품 수집가였던 벰보 추기경이 1527년 로마 멸망 이후 구입했고, 1547년 벰보 추기경의 사망 후에 만토바 공작이었던 곤차가 가문의 소유로 넘어갔다.*** 그렇게 전통이 이어졌다.

옴 마니 밧메 훔(연꽃 속의 보석)   Jewel in the Lotus

"옴 마니 밧메 훔"은 인도의 신성한 링감-요니lingam-yoni를 설명하는 말로, 남성과 여성의 성기가 결합된 것뿐만 아니라 불과 물, 빛과 어둠, 창조와 파괴, 어머니 속의 아이, 여성

**
이후에 BC 1세기경 로마에서 이집트 스타일을 모방해 만든 것으로 밝혀졌다. 많은 연구자들이 석판을 해독하려고 애썼으나 애초에 상형문자를 전혀 모르는 사람이 그리스로마(고전고대) 문서의 일부를 그대로 모사하느라 오류가 있던 것이다. 로마에서는 이시스 여신 숭배가 널리 퍼져 있었기 때문에, 지역 신앙의 흔적을 담고 있는 물건이다.

***
이후 1630년 페르디난트 2세의 군대가 만토바를 점령해 또 소유자가 바뀌었다가 1797년 프랑스가 이탈리아를 점령할 때까지 여러 번 소유자가 바뀌었다고 한다. 나폴레옹이 몰락한 후 이 석판은 이탈리아로 반환되어 현재 토리노에 있는 에지치오 박물관에 소장되어 있다고 한다.

속의 남성, 무덤 속의 시체처럼 여성성에 포함된 남성성을 상징한다. 만능의 신비로운 문구였다.

보석은 '바즈라'라고도 불리는데 이는 남근, 보석, 번개라는 뜻으로 모두 남성의 원리를 상징한다. 연꽃은 태초에 모든 생명을 탄생시킨 우주 **요니**의 가장 중요한 아시아적 상징이다.[53] 중국에서는 이와 똑같은 이미지를 '황금 꽃에서 태어난 다이아몬드 몸체'라고 불렀다. 서양의 신비주의자들도 이를 계승해 '장미 속의 **이슬방울**'이라는 나름의 버전을 만들었는데, 이는 어쩔 수 없이 그리스도와 마리아의 관계에 비유되었다.[54]

양날도끼(라브리스)   Labrys

양날도끼 라브리스는 아마조네스(아마존의 복수형, 아마존 여전사들)와 그들의 **여신**을 상징한다. 이 여신은 경우에 따라 아르테미스, 가이아, 레이아, 데메테르●로 불리기도 했다. 원래 전투용 도끼였다가, 크레타섬과 이 여신의 가장 오래된 그리스 신전인 델피에서 의식용 홀로 사용되기 시작한 것으로 보인다. 여신의 사제들은 '라브리아다이(labryadae,

●
그리스의 고전 서사에 따르면 레이아는 가이아와 우라노스의 딸들인 티타니데스 중 한 명이고 또 다른 티탄족 크로노스와 결혼하여 함께 헤스티아, 데메테르, 헤라, 하데스, 포세이돈, 막내인 제우스를 낳았다. 또 크로노스가 자식들이 태어나는 족족 잡아먹자 제우스를 숨기고 대신 돌을 먹여 그를 구했다. 하지만 더 거슬러 올라가면 가이아-레이아-데메테르로 이어지는 대지 모신의 계보는 태고의 어머니 여신을 나타낸다. 그래서 이 책에서는 가이아, 레이아, 데메테르, 또 나아가 키벨레까지 모두 비슷한 신격으로 쓰인다.(낮 참고)

양날도끼

도끼를 지닌 자들)'라는 명칭을 채택했다. 라브리스는 '미로 (labyrinth, 양날도끼의 집)'에 사는 크레타 왕들의 수식어가 되었고, 아마도 신성한 **황소**를 죽이는 의례에 사용되었을 것이다.

양날도끼는 인도에도 있었는데, 바로 시바의 손에 들려 있었다.[55] 이집트 창조와 건설의 신 프타●● 역시 도끼로 표현되었고, 비와 천둥, 번개 등 자연 현상의 신인 마야의 착 ^chaac 신도 그랬다. 탄트라 불교에서는 신들이 불신자들을 벌할 때 도끼를 무기로 썼다고 설명한다. 프랑스 브르타뉴 지역에서는 굴뚝에 돌도끼를 만들어 넣었는데, 토속종교에서 신이 인간을 지배하기 위해 번개를 내릴 때 이 돌도끼가 막아줄 거라는 믿음에서였다.[56] 번개 신의 오랜 상징이 여전히 기억되고 사용되는 모습을 보여줌으로써 그 신들의 기분을 누그러뜨릴 수 있으리라는 가설에 바탕을 둔 관습이었을 것이다.

현대에 양날도끼는 아마조네스와 관련된 의미로 전승되고 있다. 그래서 레즈비언들은 이를 일종의 액막이처럼 사용해 왔다.

●●
건설자라는 뜻으로 장인들의 신이기도 하다. 미라 모양을 하고 있으며 배우자는 파괴와 재생의 신 세크메트다. 대장 장이의 신 헤파이스토스(불카 누스)와 동일시되는 신이다.

미로

미로

미로 모양은 보통 석기 시대 기념물이나 묘지에서 발견된다. 분명 이는 자궁이라는 지하세계 중심부로 들어가는 영혼의 여정과 재생을 통한 영혼의 귀환을 표현한 것이다. (한국어로는 둘 다 미로지만) 'labyrinth'는 'maze'와 달리, 막다른 곳으로 빠지는 샛길 없이 하나의 구불구불한 길로 이루어져 있고 필연적으로 목적지를 향한다. 이런 형태는 고대의 동전, 타일, 바닥무늬, 특히 무덤과 성스러운 동굴에서 흔히 볼 수 있었다.

미로는 '양날도끼의 집'이라는 뜻인데, 이는 크레타의 신성한 도끼의 이름(라브리스)에서 유래했다. 미로라는 단어는 원래 **미노타우로스**('달-황소')의 집인 크노소스의 미노스 궁전을 칭했다. 힌두교 죽음의 신 야마가 황소 가면을 쓰고 자신의 지하세계를 지켰듯 미노타우로스도 지하세계 한복판에 위치한 방을 지켰다. 그의 방으로 들어가는 여정은 죽음과 재생의 의례였던 것으로 보인다. 테세우스에 관한 고전 신화는 그 여정을 영웅의 고난으로 바꾸었지만 말이다.

토속신앙 전통에서 미로를 걷는 행위는 입문 절차였지만 수 세기를 지나 '트로이타운'과 같은 어린이용 게임으로 이어졌다.[57] 그리스도교 권위자들도 그것을 이어받아 교회와 성당에 많은 미로 형태의 바닥 패턴을 만들었다. 이 패턴을 따라 걷는 의례는 성지 순례를 재현했다고 한다.[58] 하지만 역설적이게도 미로는 지옥의 상징이기도 했다. 베르길리우스의 『아이네이스』는 미로가 쿠마이(고대 그리스의 도시)에 있는 **시빌라** 사원으로 들어가는 문을 표시했다고 했다.[59] 이 사원은 토속신앙과 그리스도교 전통 모두에서 줄곧 지하세계로 들어가는 입구 중 하나로 여겨졌다.

멤알레프 Mem-Aleph

히브리 문자에서 '물'을 의미하는 '멤(n)'과 '시작'을 의미하는 '알레프(א)'는 최초의 '어머니 음절'인 '마'의 또 다른 예였다. 마는 세계 대부분의 언어에서 신적인 모성, 우주의 탄생, 양육(돌봄), 여성적 지혜의 원리를 상징했다.[60] 우선 마는 '코마나●의 위대한 여신'의 이름이었다. 마는 양분을 지닌 물을 내뿜는 이시스 여신의 분수를 나타내는 부적

● 터키 남부의 세이한(사루스)강 상류에 있는 고대 도시 카파도키아 코마나. 폰투스의 코마나와 구별하기 위해 크리세라고도 부른다. 서아시아의 '위대한 어머니' 여신인 마엔요 Ma-Enyo 숭배 의식이 거행되던 곳이다.

멤알레프

이기도 했다. 또 마는 '태고의 여성적 구멍', 즉 세상의 자궁이기도 했다. 심지어 페르시아인들이 죽음과 재생을 말할 때 발음하는 음절도 '마'였다. 힌두교에서 마는 '지성의 영 spirit of Intelligence'을 뜻했는데, 이는 세상에 존재하는 모든 원소들을 결합해 일정한 형태들을 만들어낸 존재였다.[61] 전 세계 모든 문화권에서 창조의 여신을 나타내는 이름과 칭호로 마마, 마Mah, 마아Maa, 마타, 마나 등 비슷한 발음의 수많은 변형들이 발견된다.

이 음절은 애초부터 커다란 힘을 가진 마법으로 널리 알려져 있었기 때문에, 히브리인들도 이를 받아들여 '어머니 영'에 호소하는 액막이에 이 글자를 써 넣곤 했다. BC 9세기 이스라엘에서 사용되던 오래된 봉인들에서도 여신을 불러내는 이 상징이 발견됐다.[62]

메나트   Menat

메나트는 **링감-요니**의 이집트 버전으로, 남성과 여성의 성기를 함께 표현한 것이다.• "신비롭게 여겨지는 남성과 여성 생식기의 힘이 그 안에서 통합된다고 생각했다."[63] 메나

•
이 책의 그림에서는 잘 표현되어 있지 않지만, 하토르의 목걸이로 흔히 알려져 있고 매우 아름다운 형태를 띠고 있다.

트를 부적으로 미라 위에 놓으면 사후세계에서 재생의 힘이 복원되리라 여겨졌다. 또 신, 왕, 여성과 남성 사제들이 강력한 마법의 부적charm으로 이를 몸에 지니고 다녔다(그렇게 묘사되었다).

고대 이집트의 천문학(점성술)에서는 메나트를 천공의 거대한 별자리로 배치했는데, 목동자리의 대각성에서 전갈자리의 안타레스까지 하늘의 절반을 차지할 정도였다.[64] 점성술에서 메나트는 생식력과 이성과의 즐거운 관계에 영향을 미친다고 알려져 있었다.

메노라   Menorah

기록이 남아 있는 이 상징의 최초 흔적은 예루살렘 점령을 기념하기 위해 82년 로마에 세워진 티투스 개선문과 로마 황제의 승리 행진 때 일반에 공개된 예수살렘 신전의 가구에서 발견되었다.[65] 성경에는 금 메노라의 제작 방법이 아주 자세하게 적혀 있다. "가지 여섯을 등잔대 곁에서 나오게 하되 다른 세 가지는 이쪽으로 나오고 다른 세 가지는 저쪽으로 나오게 하며, 이쪽 가지에 살구꽃 형상의 잔 셋과

메노라

꽃받침과 꽃이 있게 하고 저쪽 가지에도 살구꽃 형상의 잔 셋과 꽃받침과 꽃이 있게 하여 등잔대에서 나온 가지 여섯을 같게 할지며 [……] 등잔 일곱을 만들어 그 위에 두어 앞을 비추게 하며"(「출애굽기」 25:32, 33, 37, 개역개정판)•일곱 개의 등잔은 아마도 창조의 "날들"을 재현하려는 의도였을 것이다. 7일 동안 매일 하나씩 차례로 켜졌기 때문이다. 하지만 금으로 된 꽃과 꽃받침, 아몬드(살구꽃)가 성경 이전 시대에 근동 지역을 통틀어 여성 상징으로 잘 알려져 있었던 것을 생각하면 매우 이상한 의도이기는 하다.

　이후에 오컬트 전통에서는 메노라를 일곱 행성구의 대천사들과 연결시켰다. 이는 이집트 신화에서 죽은 자의 영혼이 행성구를 지날 때 만나는 일곱 하토르들처럼 원래 여성 영이었다. 이 메노라의 대천사들 목록은 다음과 같다. 미카엘(태양, 신의 모습), 가브리엘(달, 힘), 마디미엘(화성, 피, 홍조), 라파엘(수은, 치유), 자드키엘(차드키엘, 목성, 정의), 하니엘(아나엘, 비너스, 화려함), 그리고 카시엘(토성, 비밀의 수호자). 이들의 총체는 신의 여성적 현현인 셰키나를 나타냈다.[66]

•
공동번역본에서 감복숭아로 번역한 살구꽃은 '샤케드'를 번역한 것으로 아몬드를 뜻한다. 이에 대해서는 1권 **만돌라** 항목의 편집자주 참고.

메주자 Mezuzah

유대인들이 성경 구절을 적은 종이를 넣어 집 문설주에 매달았던 작은 금속 통인데, 오늘날까지도 사용되어 사악한 기운을 몰아내는 문자의 주술적 힘에 대한 오래된 믿음을 증명한다. 메주자 안에 들어 있는 글은 「신명기」 6장 4~9절과 11장 13~21절이다. 유대교 전통에서 이 관습을 만든 성경의 경고는 「신명기」 6장 9절이었다. "문설주와 대문에 써 붙여라." 로텐부르크의 랍비 메이르는 공식적으로 메주자가 잘 걸려 있는 집에는 어떤 마귀demon도 힘을 쓸 수 없다고 천명했다.[67]

원래 이집트의 관습이었다. 이집트인들은 악령 퇴치를 위해 '호루스의 기둥'이라 불린 마법의 상형문자가 적힌 작고 동그란 판을 집 벽과 문에 걸어두었다.[68]

성벽관 Mural Crown

고대인들은 레이아나 키벨레 같은 여신들이 특별히 도시 성벽murae을 보호한다고 생각해 이들 여신의 머리 위에 성벽처럼 생긴 관을 씌웠다. 도시는 늘 여성으로 여겨졌고(그

성벽관

래서 여성대명사 '그녀'를 사용한다.) 거주민들을 위한 자궁을 상징한다. 또 도시는 종종 "거주민들을 자식처럼 보호하는 여성"으로 묘사되었다.[69] 가부장적인 성경에서도 도시는 여성적인 특징을 간직하고 있었다. 도시의 이름은 종종 지역에서 숭배했던 여신의 이름과 동일했다.

프랑스 동남부 도시 빈에서 나온 테라코타 메달은 운명의 여신을 도시의 수호여신(튜텔라)으로 보여준다. 그녀는 **월계수** 화환과 성벽관을 쓰고 있다.[70]

성벽관이 도시의 벽을 재현했기 때문에 도시를 포위한 군대의 지휘자는 포위된 도시의 벽을 가장 먼저 오른 병사에게 상징적으로 성벽관을 포상했다.[71] 이와 비슷하게 왕이나 장군들은 성벽관을 도시를 점령했다는 의미로 여겼을 수 있다.

옴 Om

『우파니샤드』는 옴이 "최고의 음절, 모든 소리의 어머니"라고 했고, 소리는 '위대한 여신'의 창조를 위한 도구였다. 여신은 산스크리트 문자의 마트리카('어머니들'이라는 뜻)를

발명했다. 옴은 '만트라 마트리카', 즉 세상을 창조하기 위해 여신이 낭송한 창조의 말들 가운데 가장 처음으로 입 밖에 나온 철자였다.[72] 여신이 마법의 언어로 만물의 이름을 호명하며 창조하자, "어머니가 생명을 불러오듯 마트리카, 즉 소리로부터 세상이 생겨났다."[73]

옴의 의미는 '임신한 배'라고 할 수 있는데, 상징적이고 모성적인 창조를 위해서는 당연히 먼저 임신으로 배가 불러야 하기 때문이다. 옴과 비교할 수 있는 것이 근동 지방의 창세 신화에 등장하는 '(태고의) 여성적 구멍'인데, 이는 히브리어로 아예 '어머니(테홈)'라고 불렸다. 옴과 어원이 같은 아랍어 움Umm은 어머니, 자궁matrix, 원천, 원리, 표준prototype 등을 의미했는데, 이 모든 개념은 태고의 **자궁**에서 유래했다.[74]

그리스도교 교리에서는 하느님의 말씀인 로고스가 세상을 만들었고, 예수의 몸으로 구현되었다고 가르친다. 이런 그리스도교 **로고스**의 진짜 뿌리는 '창조하는 말씀' 옴에 관한 동양의 가르침이다. 그리스도교의 교리로 자리 잡기 전에는 그리스에서 이와 비슷한 교리가 전해진 흔적이 있고(헤르메스는 제우스의 로고스였다.), 또 그보다 전에는 메소포타미아 신들에게서도 같은 특성이 보였다. 마르둑이나 엔릴 같은 신들은 그들이 뱉는 말의 힘으로 창조를 행한다고 전해졌기 때문이다.[75] 또 이집트에서는 '권력의 말(헤카우)'이라는 교리가 있었다. 하지만 그것은 지혜로운 노파(크론) 여신 헤카테(헤키트, 헤카트, 헤케트)의 관할 아래에 있었다. 남성 신들을 숭배하는 사제들은 말에 의한 창조라는 생각에 집착했는데, 그런 관념이 출산을 하지 못하는 존재에게 창조성의 능력을 부여하는 일의 어려움을 해결하도록 도와주었기 때문이다. 그렇게 로고스는 거의 모든 가부장적 종교의 중요한 요소가 되었다.

옴팔로스 Omphalos

수천년 동안 학자들은 델피 사원의 신성한 돌baetyl의 이름으로 '배꼽'을 의미하는 옴팔로스라는 명칭(라틴어로는 움빌리쿠스)을 받아들였다. 고대 그리스에서 신탁의 중심지였던 델피 사원은 한때 우주의 중심점으로 여겨졌고 이름도 실제로 '자궁'을 의미했다. 이 사원 자체는 그리스의 신 아폴론 풍으로 지어져 있지만 이는 아폴론이 태고의 여신으로부터 이 신탁소를 훔쳤다는 것을 거의 기억하지 못하기 때문이다. 이 여신의 이름은 델피네,* 포이베,** 모든 테미스테스('신탁들'이라는 뜻)의 어머니인 테미스 등 다양했다.

수백 수천 년 동안 사람들은 델피의 옴팔로스를 바라보고, 그 주변을 돌고, 스케치를 하고, 사진을 찍고 토론했지만, 아무도 이것이 배꼽과 전혀 닮지 않았다는 사실을 지적하지 않았던 것 같다. 소수의 학자들이 세상의 중심에 있는 화로 바닥돌 위에 재를 쌓아놓은 모습이 아닌가 조심스럽게 다른 의견을 낸 것이 전부다. 하지만 실제로 그것은 귀두와 닮았다. 전 세계적으로 남근 조각상을 설치하는 고대 사원의 관습에 익숙한 골동품 수집가라면 쉽게 이런 생각을 했을 것이다. 남근phallus은 신의 본질적인 힘을 나타낸다고 embody 여겨졌고, 남성 숭배자들은 자신에게 똑같은 신체 기관이 있었기 때문에 그런 믿음을 직접 몸으로 감지할 수 있었다.

하지만 잘라졌거나 부분적인 음경은 가부장적 도상학 iconography에서 낯선 형상이었을 것이다. 이것은 남근phallus

* 반은 뱀이고 반은 여자인 괴물 용, 아폴론이 차지한 옛 신탁소 부근의 샘을 지키던 용이다. 피톤의 이야기와 비슷하지만 시기상 그보다 앞서 만들어진 이야기다.

** 이름은 '빛나는 여자'라는 뜻이고 우라노스와 가이아의 딸로 여자 티탄들 중 하나다. 테미스의 시녀로 델포이의 신탁소를 창설해 아폴론에게 생일 선물로 주었다는 전승이 있다. 아폴론은 포이베의 딸 레토의 아들이다.

옴팔로스

이 아니라 옴팔로스^{om-phallos}이다. 즉 배^{om} 또는 자궁의 작은 남근이다. 전설에 따르면 이는 원래 여성의 상징이었다.

여기에서 우리는 불가피하게 클리토리스를 언급하지 않을 수 없다. 이 단어는 '성스러운, 여신 같은'을 뜻하는 그리스어에서 왔는데, 남성들이 남근을 숭배한 것과 같은 이유에서 여성들이 이 기관을 숭배했을 거라는 암시를 풍긴다.

실제로 이 신비로운 돌을 비롯해 이와 비슷한 많은 돌들이 여신 숭배의 전통과 연관되었을 것이다. 여성의 몸 구조에서 가장 여신다운 부분을 상징적으로 표현하고 있으니 말이다. '신들의 위대한 어머니'인 아르테미스, 테미스, 키벨레 같은 여신을 상징하지만^{embody} 특별히 그 여신들의 형상을 따라 만든 것 같지 않은^{aniconic} 이 유명한 돌들은 원래 원뿔 형태나 피라미드 같은 거대하게 솟은 종교적 상징물들과 비슷한 형태였을 것으로 여겨진다. 그것들은 모두 문자 그대로 '어머니 지구'의 지리적 중심이자 중심 생식기로 여겨졌으리라는 말이다.

고대의 동전이나 부조 작품에 두 마리 **비둘기**를 양쪽에 둔 옴팔로스가 자주 나타나는 사실은 옴팔로스에 대한 이 같은 해석을 더욱 뒷받침한다.[76] 비둘기는 훗날 그리스도교에서 성령의 상징이 되었지만 그 전에는 특히 여신의 성적 측면을 나타냈다. 우리는 상상력을 쥐어짜지 않더라도 두 비둘기 사이의 옴팔로스가 "깃털 같은[feathery]" 음순 사이에 있는 클리토리스임을 알 수 있다. 이 여성의 신비는 처녀들이 여신 사원의 비밀에 입문할 때 자세히 가르침을 받게 될 것이었다. 옴팔로스의 함의를 이렇게 해명하는 것은 충분히 타당해 보인다. 훗날 가부장적인 부족장들이 남근을 숭배했던 것과 똑같은 열심으로, 고대의 여신 숭배자들이 여성의 성적 상징을 숭배했을 것이기 때문이다.

그리고 남성 신이 사원을 강탈했을 때 이런 함의가 주도면밀하게 은폐되었다고 추측하는 것도 타당하다. 여성의 섹슈얼리티를 억압하고 숨기는 것은 언제나 가부장제의 주요한 목표였기 때문이다. 그리스도교화된 유럽에서는 클리토리스의 존재조차 공식적으로 부정하며 그 용어를 망각하는 편을 택했다. 고대 그리스에서 쓰이던 용어가 오늘날까지 여전히 사용되는 이유도 그 때문이다. 교회는 여성이 성적 쾌락을 느끼면 안 된다고 가르쳤고, 그래서 성적

쾌락을 위한 여성의 신체 기관은 차마 언급할 수 없는 주제
가 되었다.**77** 프로이트조차 그것의 실제 기능을 부인했다.
하지만 그런 가부장적 눈가리개를 벗겨내면 우리는 고대의
위대한 자궁-사원들의 옴팔로스를 다른 관점에서 새롭게
볼 수 있을지 모른다.

신탁소 Oracle

고대인들에게 신탁소는 상담 센터, 성소(거룩한 장소), 점쟁
이, 오피니언 리더, 예언자들을 위한 학교, 의료적·정치적
조언자, 그리고 인간과 신이 접촉하는 자리를 다 합친 것과
같은 의미였다. 당연하게도 신탁소를 통제한다는 것은 공
공 정책을 집행하기 위한 필수조건이었다. 가부장제가 출
현하자마자 남성 신들이 가장 먼저, 이전에 여신 숭배의 신
전이었던 신탁소를 탈취한 것도 이런 이유 때문이었다.**78**

그중 가장 잘 알려진 사례는 이름부터 (지구의) '자궁'을
의미했던 델피의 유명한 신탁소일 것이다.**79** 이 신탁소는
원래 "가장 오래된 신성"인 '어머니 지구' 가이아에 바쳐졌
던 것이고, 이후에 올림피아의 신들까지도 이 이름을 경배

했었다. 하지만 아폴론은 '어머니 영'의 육화된 존재인 최고 여사제 델피네를 죽이고 그 사체를 넘어 사원으로 들어가 신탁을 탈취했다.[80] 아폴론의 사제들은 지하의 **뱀 피톤**도 아폴론이 죽였다고 주장했다. 피톤은 여사제들인 피토네스를 통해 신탁을 전했던 존재다. 하지만 이 지하의 뱀은 고전 시대에도 내내 신탁을 내렸으니, 그것(그녀, 혹은 그)이 완전히 죽었던 것은 아니었다. 실제로 태고로부터의 전통에 따라 예언의 말은 여성만이 전할 수 있었고, 이는 그리스도교 황제인 아르카디우스가 신전을 완전히 파괴할 때까지 계속 이어졌다.

팔라디온(팔라디움) Palladium

유명한 팔라디온이 실제로 무엇인지 정확히 아는 이는 없다. 하지만 그것이 아테나이, 트로이, 로마의 고대 사원과 관련된 특별한 신성을 상징한다는 데에는 이견이 없다. 팔라디온을 잘 보전하는 일에 한 국가 전체의 안녕이 달려 있는 것처럼 보였다. 트로이의 용사이자 로마를 건설했다고 하는 아이네이아스는 팔라디온을 트로이의 자루에 담아

교황 십자가

로마로 가져와 **베스타** 사원에 설치했다. 그 후 수 세기에 걸쳐 베스타 신녀들Vestal Virgins이 이를 돌봤다. 그리스인들은 그것이 **아테나**의 모습을 그린 이미지이거나 혹은 아테나를 상징하는, 하늘에서 떨어진 신성한 돌이었다고 주장했다. 그게 아니라면 아마도 '팔라스'라는 이름의 처녀 전사(혹은 남자 거인)의 유물이었을지도 모른다. 아테나가 팔라스를 죽인 후 그 이름('처녀' 또는 '젊음'이라는 뜻)을 취했기 때문이다.[81]

가장 그럴 듯한 추측은 팔라디온이 남성 신과 여성 신의 영원한 결합을 의미하는 일종의 **링감-요니**였으리라는 것이다. 이 결합은 국가의 안녕에 중요한 것으로 여겨졌다. 아마도 이 주물(페티시)의 여성 부분은 유실되거나 파괴되었을 것이다. 로마의 전통에서는 베스타 신전의 팔라디온이 트로이의 프리아모스 왕의 홀이고, "남자의 성기를 닮았다"고 여겨졌다. 한 로마 전설에 따르면 카이킬리우스 메텔루스라라는 집정관은 화재 속에서 팔라디온을 구하기 위해 신전에 들어갔다가 어쩔 수 없이 그것을 쳐다보게 되었고, 그 순간 눈이 멀어버렸다고 한다. 준비되지 않은 채로

신성한 것을 보면 눈이 멀어버린다는 것이 당시의 관습적
인 생각이었다. 하지만 '눈먼 작은 자'를 뜻하는 카이킬리
우스라는 이름 자체가 이미 음경(페니스)을 가리키는 말이
었다.[82]

교황 십자가   Papal Cross

교황 십자가의 세 개의 팔은 삼위일체를 재현하기 위한 것
일 수도 있지만, 때로는 하늘에 이르는 **사다리**라는 오래된
토속신앙과 연관되기도 했다. 위를 향해 올라가는(그리고
아래로 다시금 돌아오는) 여정은 권위를 자기 스스로 만들어
낸 영적 지도자들에게 필수적인 일로 여겨졌다.

총대사제 십자가   Patriarchal Cross

총대사제 십자가란 부자父子 십자가로, 때때로 위쪽에
INRI(Iesus Nazarenus, Rex Iudaeorum, 나사렛 예수, 유대의 왕)
두루마리를 펼친 형태를 띤다. 동방 교회에서 지역마다 총
대사제들을 나타내기 위해 이 십자가를 사용했다.

성구함　　　　　　　　　　　　　　　　　Phylacteries

어느 그리스어 문서에 필락테리온('보증 부적'이라는 뜻)이라는 물건을 만드는 방법이 기록되어 있는데, 그에 따르면 로드스톤(자철석)을 하트 모양으로 잘라 헤카테 여신의 모습을 새기면 된다.[83] 유대교 남자들은 이마와 왼팔에 이를 (혹은 비슷한 의미인 '텔리핀'을) 착용했다. 고대 액막이 중에 비슷한 형태가 있는데 거기서 발전한 것으로, 원래는 **악마**를 몰아내기 위해 고안되었다.[84] 말(글자, 문장)의 예방적 prophylactic 힘에 대한 고대인의 믿음을 입증하는 증거이기도 한 성구함은 작은 양피지 조각에 성경 문구를 써서 가죽 주머니 안에 담은 것이었다. 이런 부적들 중에는 **메주자** 등이 포함되었다.

　유대인들은 상像(이미지)을 금했기 때문에 성구함을 착용하는 관습을 이어가기 위해 성경 구절을 사용했다. "네 손에 매어 표를 삼고 이마에 붙여 기호로 삼아라."(「신명기」 6:8; 「출애굽기」 13:9, 16)● 팔에 묶는 가죽 끈은 일곱 번 돌려 묶은 후 손에 쥐어야 했다. 이전에 상을 조각해 넣었던 것을 말을 써서 넣음으로써 우상을 만들지 말라는 계율을 지킬

●
"이것을 너희 손에 새긴 표나 이마에 붙이고 다니는 표지처럼 여겨라. 야훼께서 그 강하신 손으로 우리를 이집트에서 이끌어 내시지 않았느냐?"

수 있었다.

세피로스 Sephiroth

세피로스는 '신비의 나무'의 열 가지 특징을 지칭하는 말이다. 카발라 전통을 담고 있는 『광휘의 책Sefer ha-Zohar』의 주요 교리에서 따온 것이다. 이 책은 1280년에 처음 출간되었지만, 전설에서는 그보다 훨씬 더 먼저 나왔다고 주장한다. 신비의 나무는 '합일의 세상World of Union'을 의미하며 생명이 신성에서 시작해 모든 창조물로 흘러갔다가 순환하는 과정을 보여준다.

나무에 번호가 매겨진 순서대로 보면 세피로스는 다음과 같다. ① 케테르 엘리온; 최고 왕관 ② 호크마; 지혜, 시작 ③ 비나; 지능, 이해성, 우주 자궁의 '높으신 어머니Supernal Mother' ④ 헤세드; 사랑, 자비 ⑤ 게부라; 힘, 엄중함 ⑥ 라하민; 연민 또는 티페레트; 아름다움 ⑦ 네차크; 지구력, 승리 ⑧ 호드; 화려함, 장엄함 ⑨ 예소드; 토대 ⑩ 말쿠트; 왕국, 지구, 하나님의 배우자인 셰키나. 때때로 셰키나는 세피로스 전체의 어머니로 묘사되었다. 신비주의자들은 이 열 가

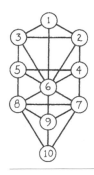

세피로스

지 특질을 합쳐서 메카바, 즉 '하나님의 병거(전차)'라고 불렀다. 이를 통해 신이 하늘에서 내려와 인간의 영혼으로 들어갈 수 있었다.

어떤 비밀의 전통들은 여기에 열한 번째 세피라, 즉 심연을 뜻하는 '다트'를 더했는데, 이는 지식을 나타냈다. 특히 그중에서도 하나님이 금지하는 종류의, 아담을 타락시켰던 지식을 가리켰지만 이는 구원의 신비를 위해 필수적인 것으로 여겨졌다. 다트는 처음의 세 세피로스가 이루는 (여성 상징인) **삼각형**에 숨겨져 있었는데 셰키나의 어둠의 쌍둥이 자매인 여신으로 인격화되었다. 다트는 '지상 세계의 영혼Soul of the Earthly World'인 네페시와 유령의 조상 영인 네피림*을 보살폈다. 이것의 그리스 버전은 헤라의 어둠의 쌍둥이 자매 네펠레였고, 북유럽 버전은 '죽은 자의 여왕' 니피였다.

실라나기그
Sheila-Na-Gig

물고기 부레(베시카 피스키스)처럼 **요니**를 눈에 띄게 드러내는 여성의 형상은 16세기 이전에 지어진 아일랜드 교회 장

●
성경에서 엄청난 힘을 지닌 거인, 혹은 막대한 권력을 지녔던 것으로 언급되는 존재. 노아의 홍수 이전에 이미 존재했다고 한다. 이들은 때로 타락한 천사들과 인간들 사이에서 태어났다고도 하고(『에녹 1서』) 또 카인과 셋의 자손으로 언급되기도 한다. 가나안에 살았던 거인족이라고도 한다. 네피림은 『구약 성경』의 「창세기」 6장 4절과 「민수기」 13장 33절에서 나타나며 그 외에 외경에서도 언급되고 있다.(**거인** 참고)

실라나기그

식물에서 흔하게 찾아볼 수 있었다. 보통은 창문이나 아치형 현관의 쐐기돌에 새겨졌고, 의심의 여지없이 그리스도교 이전 **여신** 숭배의 흔적으로 보호의 표시였다. 비슷한 형상들이 유럽 전역의 성당에서 발견되었는데, 주로 기둥 머리 부분, 천장 보 끝 부분 등을 장식하고 있다. 실라나기그와 거의 동일한 모습인, 쪼그리고 앉은 여신들이 인도의 사원 문을 지키고 있다. 사원으로 들어가는 모든 사람이 스스로를 축복한다는 뜻으로 크게 벌어진 생식기를 만지곤 했을 것이다.[85]

시체의 측면을 강조하는 인도의 칼리 여신의 몸통이 갈빗대가 다 드러나 있는 것처럼 많은 실라나기그 형상들도 비슷한 모습을 보여주었다. 칼리라는 이름은 어쩔 수 없이 세상을 창조하는 자이자 삼켜버리는 자인 아일랜드의 신성한 노파(크론) 컬리어흐[**]를 연상시킨다. 눈에 띄게 드러난 성기는 탄생과 소멸의 원칙을 재현했다.

아일랜드 교회 성직자들은 실라나기그 형상을 최대한 없애버렸지만, 몇몇 상들이 본래의 자리나 근처에 여전히 남아 있다. 그 밖의 것들은 더블린 박물관 내에 안식처(혹은

[**] 게일 신화에서 풍경의 창조와 날씨, 폭풍, 겨울과 관련된 신성한 노파이자 조상신이다. 아일랜드에서는 베어 라의 노파, 스코틀랜드에서는 겨울의 여왕 베이라로 알려지기도 했다. '베이라'라는 이름은 날카로운, 비인간적인이라는 뜻의 '비오르'에서 유래했으며 이는 겨울과 황야, 뿔 달린 짐승이나 소와 연관되어 있음을 의미한다고 한다.

양치기 십자가

은신처)를 마련했다.[86]

양치기 십자가　　　　　　　　Shepherd's Cross

양치기 십자가, 구부러진 지팡이Crook, 주교장●은 원래 사후세계의 선한 목자인 오시리스에게 헌정된 물건이었다. 이집트 장례 미술에서 알 수 있듯이, (보호와 풍요로운 수확을 의미하는) 지팡이와 도리깨는 오시리스 미라 외에 파라오와 여타 고위 관리들의 미라 손에도 놓여 있었다. 아시리아와 바빌로니아의 신-왕god-king들도 이와 비슷한 상징물(엠블렘)을 몸에 지니고 있었고 '백성의 양치기'로 불렸다.

　영혼의 양치기의 또 다른 버전인 그리스의 헤르메스가 이 상징을 이어받았고, 다음으로는 그리스도교의 신이, 그리고 마침내 그리스도교 주교가 이를 이어받아 주교의 직위를 나타내는 홀이 되었다. 좀더 세련되고 공들여 장식한 주교장은 지팡이를 칭칭 감고 있는 용이나 뱀의 머리 모양에, 입에서 신적인 어린 양을 뱉어냄으로써 재탄생시키는 모양을 취한다.

●
Crozier. 종교 의식 때 주교가 드는, 한 쪽 끝이 구부러진 모양의 지팡이.

십볼레스   Shibboleth

십볼레스●●는 히브리어로 거룩한 땅●●● 전역에 퍼져 있던 **아스타르테**(성경의 아스다롯) 사원에 전시된 신성한 곡식 이삭이라는 뜻으로, 토속신앙에 속한다. 십볼레스를 전시하는 것은 여신의 생식력을 찬양하는 의식에서 최고 정점을 차지하기도 했다. 엘레우시스 밀교의 최고 단계에 입문하면 "그곳에도 신비 명상의 가장 위대하고 감탄할 만하고 가장 완벽한 물건이 전시되어 있다. 즉 침묵 속에서 익은 곡식('corn'은 여기서 밀, 보리를 의미한다.) 이삭이었다."**87** 이 곡식 이삭은 돌고래와 더불어 빵과 물고기를 몇 배로 불리는 데 메테르, 곧 '땅과 바다의 여주인'을 나타냈다. 여신이 해마다 행했던 이러한 기적은 후에 복음서 저자들이 예수의 이적을 묘사할 때 차용하기도 했다. 더 훗날 프리메이슨도 여신에 대한 이 두 가지 수사를 합쳐서 자기들 나름의 신성한 십볼레스, 즉 "폭포수 근처의 곡식 이삭"이라는 이미지를 만들어냈다.**88**

●●
우리가 더 잘 아는 일상적인 용법에서는 한 집단이 외부인을 구별하기 위해 시험하는 문구, 차별적이고 배타적인 장치를 의미한다. 요셉의 두 지파 길르앗과 에브라임의 치열한 전투 끝에 길르앗 사람들이 패배하고 요단강을 건너 도망가려 할 때 에브라임 사람들이 강어귀를 막고 이 발음을 시켜 정확하게 하지 못하는 이들을 모두 죽였다는 성경의 기록에서 이런 용법이 유래했다.

●●●
Holy Land. 이스라엘, 팔레스타인 지역에서 종교적 또는 전승적으로 특별한 의미를 지닌 장소를 가리킬 때 쓰인 용어이다. 유대인들은 약속의 땅 가나안을 거룩한 땅이라고도 불렀다.

시스트룸   Sistrum

시스트룸은 이집트의 '위대한 여신(이시스, 네프티스, 하토르)'을 숭배할 때 사용한 신성한 딸랑이였다. 찰랑거리는 금속 줄 소리가 악령을 몰아낸다고 믿었는데, 이는 훗날 중세 유럽에서 **종**이 발휘했던 것과 비슷한 마법이었다. 때로 여신의 얼굴 또는 그 배우자를 표현하는 작은 **남근** 등의 모양으로 다양하게 장식되었다.

이집트 회화에서 시스트룸은 여신뿐 아니라 여사제나 지위가 높은 여자들 손에도 들려 있다.[89] 플루타르코스는 시스트룸의 신비로운 의미들에 대해 이야기한다. 위쪽의 곡선은 달의 궤도를 의미했고 고양이 모습을 한 여신(바스트)이 주재했다. 네 개의 딸랑이는 여신이 우주를 창조할 때 필요로 했던 4**원소**를 재현했다. 찰랑거리는 소리는 창조 과정에서 원소들이 뒤섞이는 소리를 나타냈다.[90]

스리 얀트라   Sri Yantra

힌두교와 불교에서 얀트라는 명상을 위해 의도된 도형 디자인이다. 디자인의 구조composition를 통해 영적 교리를 가

르치려는 목적을 갖는다. **만다라**처럼 얀트라는 마음을 집
중하는 데 사용된다.

모든 얀트라 중 가장 숭배되는 것은 스리('위대한') 얀트
라인데, 이는 여성적 창조성의 상징인 요니 얀트라(역삼각
형)를 기본으로 삼각형들이 서로 교차되는 형태다. 그 삼각
형, 곧 여신에게서 시작해 모든 남성과 여성 삶의 형태가 전
개된다. 위나 아래를 향하는 삼각형들이 동심원 형태로 물
결처럼 확산되는 모양이다. 힌두교 경전은 이렇게 적고 있
다. "아래를 향하는 삼각형은 요니에 해당하는 여성 상징
으로 '샤크티'라고 불린다. 위로 향한 삼각형은 남근상(링
감)이다."**91**

전체 형태는 먼저 여덟 개의 우주 **연꽃잎**, 그다음에는
열여섯 개의 연꽃잎에 둘러싸여 있는 것이 일반적이다. 그
리고 그 둘레를 에워싼 것은 사방(네 방향)과 4원소들, 신성
한 산의 네 봉우리와 낙원의 네 강들이다. 궁극의 중심은
보이지 않는데, 보는 사람이 스스로의 정신 속에서 찾아야
한다. 스리 얀트라는 확장 중인 형태라고 불리는데 이는 창
조 과정을 신비롭게 표현한 것이다.**92**

타트바스 Tattvas

타트바스는 4원소들을 분류하는 몇 가지 힌두교 체계 중
하나를 나타낸다. 물은 은색 초승달(아파스), 공기는 파란
원(바유), 불은 붉은 삼각형(테자스), 흙은 노란색 마름모 혹
은 사각형(프리티비) 모양이다. 그리스어 에테르에 상응하
는 영인 다섯째 원소는 빈 공간을 뜻하는 아카사로 흑색 혹
은 남색 달걀 모양이다. 또 다른 체계에서는 물과 공기의 색
이 바뀌어 있기도 하다.(빨강과 노랑인 불과 흙의 색은 그대로
다.) 타트바스의 이름들은 신들의 이름이기도 하며 어떤 간
절한 필요에 따라 따로따로 그 이름을 부를 수 있었다.

  이 신성한 색깔들은 정확히 우리가 원색이라고 배웠던
것임을 알 수 있다. 원소들의 빨강, 노랑, 파랑, 하양, 검정이
섞여 모든 다른 색들이 만들어질 수 있기 때문이다. 모든 다
채로운 색들로 이루어진 세상을 창조하기 위해 원소들이
서로 모두 뒤섞여야 한다는 믿음과 일맥상통한다.

왕좌 Throne

통상 신성을 육화해embodied 보여주는 선택된 자들이 사용

했기 때문에, 왕좌는 늘 신성한 물건이었다. 왕좌를 나타내는 이 도형 상징(다이어그램)은 이집트 상형문자에서 지지와 높임, 안전을 의미했다.[93] 이시스(혹은 마아트) 여신의 머리 위에도 이 상징이 항상 그려졌는데, 이는 여신이 파라오의 주권좌임을 암시했다. 통치권magisterium 자체가 파라오가 여신의 무릎에 잘 앉아 있는지 여부에 달려 있었다는 뜻이다. 파라오들이 곧잘 여신의 무릎에 앉아 그 긴 날개에 의해 보호받는 모습으로 나타났던 것도 이 때문이다.

이와 비슷한 '무아트'라는 상징은 "왕좌의 기초(근간)"를 의미했고, 진리, 정의, 공정을 의미하는 여신의 또 다른 이름이었다.[94] 성경 저자들의 다음과 같은 문장은 왕을 부르는 이집트식 표현, 즉 여신과 관련된 왕권의 표현을 빌려온 것이다. "정의와 공정이 당신의 옥좌를 받들고."(「시편」 89:14)

티젯   Tjet

이집트의 가장 신성한 부적 중 하나다. 앙크의 오래된 형태로 여겨졌고, 작은 천사가 서 있는 모양처럼 보이지만, 이것

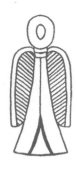

티젯

은 천사가 아니다. "콥트 교회에서는 이 부적이 이시스의 질vulva 또는 자궁matrix을 표현한다고 분명히 밝힌다." "산 자든 죽은 자든 이 부적을 지닌 자들에게 이시스의 피", 즉 여신의 생식기에서 나오는 생명의 신성한 물질인 월경혈의 효력(축복)을 발휘한다는 것이다.[95] 이 부적은 붉은 벽옥, 붉은 마노 또는 홍옥수, 붉은 반암, 붉은 나무 또는 붉은 유리 등 보통 붉은 것들을 재료로 했다.

무덤　　　　　　　　　　　　　　Tomb

죽은 자에게 바쳐지는 것이 유일한 목적인 건축물로서 무덤은 고대에 여성과 모성의 상징이었다. 당시에는 통상 죽음이 재생이라는 생각과 연결되었기 때문이다.[96] 무덤을 뜻하는 영어 'tomb'은 라틴어 'tumulus'에서 왔는데 이것은 임신한 배 혹은 부풀어 오른 배 'tummy'를 의미하기도 했다.[97] 미케네의 톨로스(벌집 무덤)●는 켈트족의 고분처럼 어머니 지구의 임신한 배를 흉내 냈다. 죽은 자가 종종 삼각형 문이 있는 짧은 '질' 통로를 통과해 다시 태어나도록 만들었던 것이다. 로마의 무덤은 콜롬바리움(비둘기집이라는

● 원뿔형 또는 아치형 지붕이 있는 원형 건물, 일반적으로 고대 그리스의 무덤이나 사원이다. 텔포이의 톨로스나 아트레우스의 보물창고가 톨로스 형태다.

뜻)**이라고 불리는데, 베누스 콜룸바Venus Columba 여신에게 바쳐졌다. 여신의 상징인 '거룩한 비둘기Holy Dove'는 나중에 그리스도교가 가져왔다. 그리스도교화된 무덤이 널리 퍼지면서 거룩한 비둘기는 '성령Holy Ghost'으로 이름이 바뀌었다.

1581년 루앙 공의회 이후 교회 내부의 더 신성한 일등급 무덤들은 남성 엘리트만 구할 수 있다는 원칙이 결정되었다. 어떤 사람이 "성령의 도구"인지 아닌지를 "세상에서 거둔 영예와 성공"이라는 성취를 통해 입증할 수 있다는 믿음 덕분에, 부유한 남자들은 축복받은 무덤에 안치될 권리를 사들였다. 교회 무덤이라는 특권은 여성에게까지 확장되지는 않았다. "어쩔 수 없는 일necessity"이라고 일컬어진 지극히 드문 경우를 제외하면 아무리 경건한 수녀여도 상황은 다르지 않았다.[98]

토라 　　　　　　　　　　　Torah

유대교 회당의 성스러운 **두루마리**인 토라(율법 책)는 『모세 5경』으로 구성되어 있다. 이 두루마리는 그 자체로 종

**

columbaria. 실제로 콜룸바리움에는 납골당이라는 뜻과 비둘기장이라는 뜻이 모두 있다. 건축적으로는 헛간 끝, 집 끝에 지어져 비둘기들이 둥지를 틀 수 있는 구멍이 나 있는 작은 건물 형태로, 고대 이집트에서부터 페르시아, 고대 그리스와 로마에서 모두 널리 지어졌고 중세 유럽과 근동 지역에서도 널리 지어졌다. 비둘기가 농경과 관련이 있고 그 배설물의 용도가 다양했기 때문이라고 한다. 로마에서는 특히 지하에 건설되어 화장한 유골을 보관하는 용도로 쓰이게 되었다. 오늘날에도 유럽의 시골에서 비둘기집, 비둘기장을 볼 수 있다.

종 마법적 치유를 위한 부적으로 사용되었다. 토라를 회당에서 가져와 환자의 몸 위에 놓으면 출산의 고통이나 아이의 병이 낫는다는 믿음이 있었다. 하지만 여성이 "부정 uncleaness"하다는 믿음은 토라를 다루는 데도 마찬가지로 적용되었다. 랍비 규율에 따르면 아내나 아이에게 입맞춤을 한 후 바로 두루마리에 입을 맞춰선 안 되었다. 영적 오염을 두려워했기 때문이다.[99]

이 같은 생각은 유대-그리스도교의 시작부터 중요한 부분을 차지했다. 영지주의 서적인 『도전자 토마스의 책Book of Thomas the Contender』에 따르면 예수도 여성이 부정하다는 사실을 분명히 밝혔다고 한다. "여자와의 친밀함과 더러운 성관계를 사랑하는 너희에게 화 있을진저!"[100]

삼지창   Trident

"악마가 들고 다니는 갈퀴 창"은 토속종교의 다양한 신들과 삼지창 사이의 오래된 역사가 만들어낸 최종 결과물이다. 오래전에 그것은 삼중여신과의 성적 결합을 상징하는 '삼중 남근'이었던 것 같다. 인도에서 시바는 '삼중 칼리'의

배우자로서 '삼지창을 지닌 자'였다. 그의 삼지창은 바즈라 (남근-번개-보석)를 의미했다. 칼데아 문화에서 신들이 들고 있는 삼지창은 번개와 동일시되었다.[101] (벼락, 번개 참고)

하늘에서부터 떨어져 심연을 비옥하게 하는 번개는 결국 그리스로마 신화의 포세이돈과 **넵투누스**와 같은 심해의 신들에게 쥐어졌다. 이런 이유로 연금술에서 삼지창은 물을 나타내는 표시가 되었다.[102] 지구의 깊은 곳과 연관되고 또 (번개처럼) 하늘에서 떨어진 신(성경의 루시퍼)과 연관된 삼지창은 자연스럽게 그리스도교에서 악마의 소유물이 되었다. 오늘날 악마는 삼지창이 없이 나타나는 경우가 드물다.

트리술라   Trisula

신비로운 트리술라는 인도에서 아주 중요한 표시이다. 시바 숭배자들은 그것이 자기네 신이 들고 다니는 **삼지창**이라고 말한다. 부처 숭배자들은 그것이 자기네 신을 나타내는 모노그램(합일문자), 혹은 진리(다르마)의 상징이라고 말한다. 비슈누 숭배자들은 그것이 자기네 신의 발자국이라

트리술라

고 말한다. 또 다른 이들은 그것을 연꽃 속 불꽃 혹은 바퀴 위의 삼지창, 혹은 달들 아래의 태양이라고 부른다. 트리술라라는 말은 '세 개의 점'이라는 뜻이다. 서양에서는 **메르쿠리우스**(헤르메스)의 영향을 받은 기호들과 연관되었다는 사실이 밝혀지기도 했다.[103]

우라에우스 Uraeus

우라에우스는 이집트에서 창조자 **여신**을 상징하는 코브라였다. 이 상징은 신이나 통치자들의 이마 위, 통찰하는 '세번째 눈' 자리에 있었다. 그것은 고귀한 영혼, 치유, 그리고 지혜를 의미했다.

　우라에우스는 여신을 뜻하는 상형문자로, 이집트의 가장 오래된 신성 중 하나인 '뱀 어머니'에서 유래한 기호다. 이 뱀 어머니는 우앗체트^{Uatchet}, 우아치트, 우아지트 등으로 다양하게 불렸다. 그리스인들에게는 '부토^{Buto}'라고 불렸는데 이는 여신의 신성한 도시 페르우토^{Per Uto}에서 온 이름이다. 독수리 여신 네크베트와 함께 우라에우스는 탄생과 죽음, 시작과 끝의 순환을 재현했다. 이 태고의 여신들

은 '두 여주인'으로 알려졌는데 이들의 권위에 따라 모든
파라오의 지배와 자연 순환의 지속적 재생이 가능했다.**104**

코브라 여신은 차츰 '만물을 보는 눈'인 마아트 여신과
태양의 어머니인 **이시스** 여신과 합쳐졌다.

우림과 둠밈   Urim and Thummim

히브리어로 『구약 성경』의 대제사장들이 점술을 위해 사
용했던 물건을 가리킨다. 이 물건들은 작은 돌 혹은 손가락
마디 뼈였던 것으로 보이는데, 그리스 사원에서 사용된 (헤
르메스가 발명했다고 전해지는) 점술 주사위 같은 것이었다. 주
사위는 아시아에서도 수천 년 동안 점술을 위해 흔히 사용
되었다. 이와 비슷하게 '우림과 둠밈'은 예언과 조언을 주는
것이었다.

오늘날 많은 사람들이 우림과 둠밈에 대한 모르몬교의
공식 해석에 대해 들어봤을 것이다. 모르몬교 창시자인 조
지프 스미스의 소박한 무지에서 비롯된 이 해석에 대해서
는 조금 더 길게 설명할 필요가 있다. 스미스는 '우림과 둠
밈'이 무슨 뜻인지 전혀 모른 채 순전히 상상을 통해 "한 쌍

의 렌즈"라고 설명했다. 또 이것이 지닌 마법적 힘 덕분에 그가 금판의 신비한 언어를 보는 즉시 번역할 수 있었다고 주장했다. 이 금판은 그가 천사에게 계시를 받고 땅에서 발굴한 것으로 『몰몬경』의 원본이라고 한다. 스미스는 금판의 언어를 "개량 이집트어"라고 불렀는데 이런 것은 존재한 적이 없지만 "이 문제와 관련해 자문을 구한 모든 저명한 이집트학자와 문헌학자들에 따르면" 그렇다고 했다.

스미스가 땅에서 파냈다고 하는 금판은 결코 공개된 적이 없다. 그 존재에 대한 유일한 세 명의 '목격자'는 마틴 해리스, 데이비드 휘트머, 올리버 카우드리였는데, 『몰몬경』 앞면에 이들 이름이 적혀 있다. 하지만 세 사람 모두 나중에 신앙을 저버렸고 이전 형제들로부터 "도둑이자 사기꾼"이라고 불렸다. 해리스는 실제 눈으로 금속판을 보지는 못했다고 했다. 대신 "믿음의 눈"으로 보았다고 했다.

스미스가 '우림과 둠밈' 안경을 끼고 번역 중이라 주장하며 금판의 글씨들을 베껴놓은 문서를 들고 콜롬비아 대학의 찰스 안톤 교수를 방문한 것도 바로 이 해리스였다. 해리스는 이렇게 주장했다. "안톤 교수가 번역이 제대로 되고 있고, 이전에 자신이 본 어떤 이집트어 번역보다도 더 훌륭하다고 말했다. 그래서 나는 그에게 아직 번역되지 않은 부분을 보여주었다. 그는 그것이 이집트어, 칼데아어, 아시리아어, 아랍어이며 진짜 문자들이라고 말했다."

안톤 교수가 이 문제에 대해 이야기한 내용은 아주 달랐다. 1834년 E. E. 하우에게 보낸 편지에서 안톤은 그것이 "개량된 상형문자"나 "금판에 새겨져 있다는 모르몬의 글"과는 아무 관련이 없다고 했다. 자신에게 보여준 종이에는 "독특한 낙서"가 있었고 이상하게 비틀어진 그리스어, 히브리어, 로마어 철자였다는 것이다. 글자들은 아래 위가 바뀌거나 옆으로 누워 있었다. 또 "훔볼트●의 멕시코 달력을 따라한 게 분명한데 출처를 드러내지 않으려고 애쓰며 베낀 흔적이 보이는" 조악한 원이 그려져 있었다. 안톤은 해리스에게 금속판이 어디에 있는지 물었고, 조지프 스미스가 그것을 "커다란 한 쌍의 렌즈"와 함께 트렁크에 보관하고 있다는 말을 들었다. 안톤은 해리스에게 판사의 도움을 받아 그 트렁크를 열어보라고 했다. 해리스가 사기를 당했다고 확신했기 때문이다.(해리스는 농장을 팔아 스미스에

●
알렉산더 폰 훔볼트 남작 (1769~1859)은 독일의 지리학자, 자연과학자, 박물학자, 탐험가다. 남미대륙과 중앙아시아를 탐험하며 자연 지리와 생태 등을 관찰한 후 이에 대한 방대한 자료를 편집하여 근대 지리학의 금자탑으로 평가받는 대작『코스모스』를 썼다.

게 돈을 준 상태였다.) 하지만 해리스는 그렇게 하면 "신의 저주"를 받을 거라고 했고, 안톤은 "도둑의 손에서 그를 구할 수만 있다면" 어떤 저주라도 자기가 다 받겠다고 했다고 한다. 편지의 마지막에 안톤 교수는 하우에게 "이 불쌍한 광신자들이 또다시 내 이름을 언급하는 걸 보면 바로 이 편지를 출간"하라고 부탁했다.[105]

그 신비로운 금판을 주었던 천사가 다시 가져가 버려 금판이 사라졌을 때 마법의 안경 '우림과 두밈' 역시 함께 사라졌다. 당연히 그것을 본 사람은 아무도 없다.

우르텍스트   Ur-Text

중세 연금술에서 **철학자의 돌** 다음으로 중요한 상징 중 하나였다. 사람들은 이 단어 그 자체의 힘을 믿었다. 로고스(창조하는 말씀)에 대한 신플라톤주의 이론에서 발전된 것이었다. 로고스 자체는 힌두교에서 칼리 여신이 마법의 산스크리트어를 창조하고 그 언어를 통해 이름을 발음함으로써 모든 다른 것들을 창조했다는 설에서 왔다. 연금술사들은 우르텍스트가 마법의 성전이라고 믿었는데 여기에 신

육계

또는 이집트 신 토트, 헤르메스 트리스메기스토스^{Hermes} ^{Trismegistus}●가 창조적 언어로 모든 것의 이름을 써 넣었다고 생각했다. 그래서 그 언어를 아는 마법사는 어떤 물질을 다른 물질로(가령 납을 금으로) 변화시킬 수 있었다. 연금술사들은 우르텍스트가 전설적인 『토트의 책』처럼 비밀의 장소에 봉인되어 세상에서 종적을 감추었다고 했다. 하지만 몇몇 연금술 논문들은 자신들이 그 문서를 찾았고 입문자들의 이해를 돕기 위해 일부 인용했다고 주장했다.

육계(살상투)　　Ushnisha

산스크리트어로는 원래 '보이지 않는 빛의 불꽃'이라는 뜻이고 신적인 지혜를 가리켰다. 불교에서 부처의 머리에 놓인 불꽃 모양의 돌기이다. 이런 생각은 불교에만 국한되지 않았고 널리 모방되었다. 성경에서도 사도들 각각에게 육계肉髻가 주어지는 장면이 등장한다. "그러자 혀 같은 것들이 나타나 불길처럼 갈라지며 각 사람 위에 내렸다."(「사도행전」 2:3)

● '세 번 위대한 헤르메스'라는 뜻으로 그리스 신 헤르메스와 이집트 신 토트가 혼합되어 형성된 신 또는 반신적인 존재이다. 세 번 위대하다는 것은 헤르메스 트리스메기스토스가 우주 전체의 지혜의 세 부문(연금술, 점성술, 신성 마법)을 완벽하게 알고 있다는 뜻이다.

신성한 물건들

우자트 Utchat, Udjat

이집트의 신성한 눈 상징인 우자트는 시기에 따라 마아트,
호루스, 토트, 라의 눈이었다. 아마도 남성 신들이 시기적
으로 늦을 것이다. 마아트가 본래의 '만물을 보는 눈'이자
'진리의 어머니'였고 그녀의 이름은 '본다'는 동사에서 왔
기 때문이다.[106] 눈 모양을 한 부적이 이집트인들에게는 아
주 인기가 있었다. 왕조 시대 내내 '두 개의 눈'은 관이나 석
관 그리고 다른 장례식 용품에 그려지거나 새겨졌고 뱃머
리에도 그려졌다.[107] 두 개의 눈은 보통 달(토트)과 태양(라)
의 눈으로 해석되었고 모든 형태의 악을 예방한다고 믿어
졌다.[108]

오늘날까지도 지중해 해안 지역의 뱃사람들은 모두 배
가 길을 잃지 않으려면 배에 우자트와 비슷한 눈을 그려 넣
어야 한다고 믿는다.

날개 달린 태양원반 Winged Sun Disc

날개 달린 태양원반은 이집트 상징들 중에서도 최고로 꼽
혀 왔다.[109] 원반의 형태는 다양했다. 일반적으로 태양원

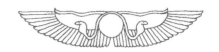

날개 달린 태양원반

반은 호루스 신의 매 날개를 달고, 숫양의 신 아몬의 뿔 위에 올려져 있었다. 또 머리를 치켜든 두 마리 **우라에우스 뱀**(코브라)이 양쪽에서 그것을 둘러싸기도 했는데, 때때로 뱀 머리에 **왕관**이 얹어져 있기도 했다.

파라오 아크나텐(아크나톤, 이크나톤)은 모든 다른 신들을 없애고 (자신을 상징하는 것이기도 한) 태양원반만을 숭배하도록 유일신 제도를 만들려고 했지만 실패했다. 다신교를 믿는 이집트는 그의 기억을 매장했고 그의 이름을 비석에서 지워버렸고 그를 범죄자라 불렀다. 그의 사체는 사라졌고 다시는 찾을 수 없었다.

그렇지만 태양원반은 남아서 하늘의 최고신을 나타내는 중요한 상징이 되었다. 이런 최고신들의 이름은 매우 다양한데, 이집트에서 알려진 신들만 추려보면 다음과 같다. 사라피스, 라, 호라폴로(호루스와 아폴론), 유피테르, 제우스 메이리키오스,• 심지어 미트라나 여호와도 있다. 이 신들을 숭배하는 사람들은 일출 때 "그가 부활하셨다!"라고 외쳤다. 그는 '정의로운(공의의) 태양'이라고 불렸으며 그의 날개에는 치유의 힘이 있었다. 이런 특징들은 훗날 그리스

• 초기 그리스 신화에 등장하는 다이몬의 별칭. 희생자 신으로 밤에 이루어지는 축제 제의에서 희생되었다. 이름은 "은혜롭고 접근하기 쉬운"이라는 뜻이며 부를 가져다주는 뱀의 형상을 하고 있다. 잘 알려진 제우스와는 다른 신이고 오히려 하데스를 뜻하기도 한다.

도교 신을 설명하는 데 활용되었다.

많은 이집트 무덤이나 사원에는 태양원반이 문 위에 새겨져 있었다. 이 상징이 그리스 신화 속 태양 영웅 익시온 이야기의 바탕이 되었을지도 모른다. 그는 "날개 달린 바퀴에 묶여 공간을 계속해서 돌도록" 벌을 받았다.[110]

지구라트 Ziggurat

지구라트는 '천국의 산Mountain of Heaven'의 메소포타미아 버전이었다. 그것은 이집트와 중앙아메리카의 피라미드를 닮았는데 정상은 신과 인간이 만나는 장소였다. 지구라트의 꼭대기에 여신이 내려와 왕과, 혹은 신이 내려와 여왕과 성교했다. 일찍이 수메르 도시 꼭대기에는 BC 3500년부터 지구라트가 있었다.[111]● 바빌로니아에서 지구라트는 도시의 중심으로 '신들의 문Bab-ilani'이었고 성경에서처럼 하늘과 접촉할 목적을 가진 탑Bab-El이었다. 신아시리아 제국 때 건설된 이 건축물을 신바빌론 제국의 네부카드네자르 왕이 재건해 '세상의 일곱 영역' 혹은 '하늘과 땅의 일곱 방향의 집Etemenanki'이라고 공식 명칭을 붙였다.[112] 건축물

● 본문에는 3500년 전부터라고 되어 있지만 이후 연구에 따르면 가장 오래된 지구라트는 에리두에 BC 5000년경 만들어졌다고 한다.(김아리,「고대 근동의 지구라트」,『한국 고대근동학 노트 3』, 2023)

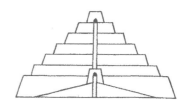

지구라트

의 일곱 층은 일곱 개 행성구를 나타냈다. 바빌로니아 신들에게 로마식 이름을 *붙여* 기록한, 루브르 박물관에 소장된 한 서판에 따르면 바벨탑의 일곱 개 층이 각각 사투르누스(토성)를 위한 검은색, 유피테르(목성)를 위한 주황색, 마르스(화성)를 위한 빨간색, 태양을 위한 금색, 베누스(금성)를 위한 노란색, 메르쿠리우스(수성)를 위한 파란색, 달을 위한 은색으로 칠해져 있었다고 한다.[113] 건축물 아래로는 역시 지하로 구멍(층)을 점점 더 깊게 파서 이은 형태로 '지하의 일곱 영역'도 만들어져 있었으리라고 추정된다.

　동아시아 사찰의 탑pagoda 역시 하늘로 오른다는 비슷한 생각에서 만들어졌다. '파고다'라는 말은 사원을 뜻하는 페르시아어 '부트카다'가 포르투갈어로 흡수, 변형된 것이다.[114]•• 파고다의 우산 같은 지붕은 연쇄적으로 이어지는데(보통 아홉 개), 이 역시 겹겹이 겹쳐 있는 여러 하늘(행성구 참고)을 상징했다.[115]

••
정설은 없지만 파고다는 포르투갈어 '파고드pagode'에서 유래했다고 한다. '파고드'는 이 책에서 설명하듯이 페르시아어로 '신이 사는 곳'을 뜻하는 '부트카다butkadah' 혹은 산스크리트어로 '신성한, 존엄한'이라는 뜻이 있는 '바가바트bhagavaṭ'·'바가바티bhagavati'가 포르투갈어로 들어오면서 변하였거나 잘못 받아 적힌 것으로 생각된다고 한다.

7

일상에서 사용된 신성한 물건들

SECULAR-SACRED OBJECTS

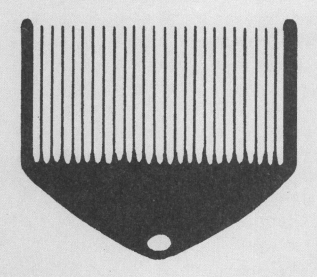

이 장에 나열된 물건들은 대부분 평범한 것들이지만 특정한 시기에 특정 집단에 의해 신성하게 다뤄진 것들이다. 다양한 방식으로 고대의 종교 상징을 담고 있는 살림살이들로, 오래전에 "신성한 방법으로 살기"라고 알려진 방식으로 사용되었던 물건들이다. 이 방식은 과거 여성적 문화의 특징을 보여준다. 주의를 기울이고 존중을 표하는 일상의 행위가 매일 사용하는 물건들을 신성하게 만들었고, 그렇게 삶 자체가 하나의 의식ceremony이 되었다.

단순한 실험을 통해 독자 여러분에게 어떻게 세속적인 동시에 신성한 물건이 되는 게 가능한지 보여주겠다. 평범하지만 당신이 특별히 좋아하는 것, 예를 들어 집안의 가보, 행복한 추억을 담은 기념품, 특별히 마음에 드는 보석이나 도자기, 자신이 만든 예술품, 막대기나 돌이나 수정(크리스탈) 같은 자연물, 책, 혹은 타로카드를 따로 떼어내 특별한 곳에 놓으라. 이 물건을 특별한 때에 특별하게 다뤄라. 그 옆을 지날 때면 경건한 태도를 취하라. 머리를 살짝 숙이거나 손바닥을 그쪽으로 향하게 하거나 또는 말을 하라. 매일 생기 있는 꽃이나 음식 조각이나 동전 같은 것을 바쳐라. 그것을 행운이나 긍정의 표시로 생각하라. 그러면 곧 그 물건이 신성한 기운을 지니게 된다. 그리고 함부로 다루지 않게 된다. 하나의 습관이 생겨난 것이다. 이제 그 물건 앞에서 잠깐 명상을 하면 우리 내면의 깊은 정신에서 길어 올린 통찰을 만나게 될 것이다.

아이들은 늘 이런 방식으로 장난감을 신성하게 만든다. 이는 자연스런 인간의 행동이다. 가부장제 이전의 문화에서는 대지(땅) 그 자체가 어머니이자 신성이 최종적으로 육화된 형태였기 때문에, 사람들과 그들을 둘러싼 환경의 관계는 항상 신성했다. 사람들은 용서를 구하는 기도 없이 나무를 베지 않았다. 씨앗을 뿌리고 추수하고 음식을 만들고 집을 지을 때마다 늘 적절한 의식을 치렀다. 진흙 항아리는 어머니 자궁의 상징이었기에 주의깊게 다루어졌다. 만물이 영성을 지니고 있어 섬세한 존중을 담아 다뤄야 했다.

이후에 문명이 발전하면서 일상생활을 대하는 이런 태도가 서서히 사라졌는데, 그럼에도 몇 가지 예외는 남았다. 유대교의 유월절 식사, 가족이 함께 하는 크리스마스, 일본의 차 의식, 생일 파티 같은 것들. 이제는 한 사람의 탄생, 결혼, 죽음과 관련된 중요한 의식들을 종교 기관이 장악하게 되었다. 개인들은 스스로 이런 의식들을 치를 수 없다. 토속신앙의 일부였던 오래된 의식들은 이제 평범하고 사소한 오락이 되었다. 카니발 게임, 오월제 기둥(메이폴) 댄스, 우물 꽃장식well dressings, 핼러윈 과자 받기, 부활절 달걀 찾기, 한여름의 모닥불 축제,● 추수감사 축제, 옥토버페스트(10월 맥주 축제), 새해 전야제, 그 밖에 많은 아이들 놀이들도 있다. 그럼에도 불구하고 우리는 고대의 어머니-여사제들이 일상을 어떻게 신성하게 만들었는지 기억해야 한다. 초기 그리스도교 전도자들의 글에는 다양한 의례를 행

● 하지 시기에 가장 더운 여름을 기념하는 축제로 모닥불을 피우고 매년 신성한 불꽃을 지킬 수호자를 선출한다.

117

하는 유럽 여성들을 구체적으로 비난하는 대목이 많은데, 비난의 근거는 단순하게도 여성들이 그 의례를 신성하게 여겼고, 의례에 여신을 향한 기도와 여신을 부르는 행위를 했기 때문이다.

비종교적인secular 물건을 신성하게 사용했던 옛 전통에 대해 공부하는 것은 현대 사회에서 많은 사람들이 추구하는 다양한 상징과 다양한 라이프스타일(생활방식)을 기억하는 일이다. 오늘날에는 이전 어느 때보다도 우리의 일상을 새로운 종류의 의미로 단단하게 만들 필요가 있다. 특히 여성들에게 그렇다. 가부장 사회에서 전혀 존중받지 못하는 것을 알면서도 여성들은 집에서 늘 의례와 관련된 행동에 애정을 쏟기 때문이다. 옛날 옛적 여성의 일은 끝도 없이 이어졌겠지만, 그럼에도 그 일들은 신성한 재료들과 신성한 행동들을 통해 이루어졌음을 기억하자.

알파벳 Alphabet

알파벳 문자의 발명은 보통 신이 아닌 여신의 업적이라고 여겨졌다. 모든 문자는 상형문자의 뜻 그대로 애초부터 신성한 상징이었다. 이집트에서 글쓰기의 기술은 **이시스, 마아트** 또는 **세샤트**●의 선물이었다. 로마에서는 **카르멘타**●●나 **파타 스크리분다**('쓰는 운명'이라는 뜻)의, 스칸디나비아에서는 '쓰는 여성schreiberinnen'으로서 **노른들**(운명의 세 여신)의, 바빌로니아에서도 역시 **운명의 세 여신**(운명)인 **굴스들**●●●의 선물이었다.

문자들은 **로고스의 힘**, 즉 말(언어)로 세계를 창조하는 힘을 상징했다.[1] 가장 오래된 창조의 여신 '칼리 마'가 걸친 해골 목걸이 위에 산스크리트어 알파벳 50 글자가 쓰여 있는 것도 이 때문일 것이다. 이 문자들을 "어머니들matrika"이라고 불렀는데 칼리가 말로 형상을 빚을 때마다 그 만물에 존재를 불어넣은 것이 이 문자들이다.[2] 로고스의 교리는 여전히 그리스도교 신학에 흔적이 남아 있는데 '말로 창조한다'는 생각의 원시적인 소박함을 감추기 위해 다소 추상적으로 포장되어 있다. 3세기 유대교 신비주의자들은 문

●
'글을 쓰다'라는 동사 어간에 여성 접미사 '트'를 붙인 것으로 지식과 학문, 과학, 언어, 서기의 여신. 이 책의 저자는 세샤트를 마아트의 다른 이름으로 본다.

●●
출산과 예언의 여신으로, 기술혁신은 물론 산모와 아이를 보호하며 조산사의 수호신이다. 라틴 알파벳을 발명했다고도 알려져 있다. 영어 단어 'charm(매력, 주술)'이 여신의 이름에서 유래했다고 한다.

●●●
영어식 표기로 'Gulses'. 바빌론이 아니라 히타이트 여신들이라고 한다. 이 책에서 강조하듯 원시 인도유럽인들은 인류의 운명을 돌리는 운명의 세 여신을 믿었다고 한다. 이러한 삼중여신으로서의 운명의 여신들은 거의 모든 다른 인도유럽 신화에 등장한다. 그중 가장 오래되었다고 보이는 것이 히타이트 신화의 굴스들로, 인간의 개별 운명을 관장한다고 전해진다.

자 마법에 능통한 베자렐Bzaleel●에 대해 얘기했다. 베자렐은 "문자를 어떻게 조합하면 하늘과 땅이 창조되는지 알고 있었다".3

알파벳 문자들 다수의 상징체계가 고안되었다. 현대 영어 알파벳을 위한 상징의 예는 다음과 같다. A: 원뿔, 산, 피라미드, 조물주, 탄생, B: 어머니의 가슴, C: 달, D: 날, 다이아몬드, 광휘, E: 태양, F: 생명의 불, G: 창조력, H: 쌍둥이자리, 이원주의, 문지방, I: 숫자 1, 자아, 세계의 축, J: 나무와 뿌리, K: 연결들, L: 땅에서 솟아나는 힘, M: 물결치는 산들, N: 구불구불한 길, O: 완벽, 완성, P: 기둥, Q: 지구에 묶인 태양(뜨거나 지거나), R: 지지, S: 뱀, T: 양날도끼, 망치, 또는 갈등이나 희생을 나타내는 십자, U: 사슬, V: 집합점, 그릇, W: 물결, X: 빛의 교차, 두 세계의 결합, Y: 삼거리, 선택과 결정을 의미, Z: 번개(파괴자).4

재

베다의 현자들이 불의 신 아그니가 세상에 재의 형태로 불의 **씨앗**을 주었고 재에 목욕을 하면 과거의 모든 죄의 흔적

●
16세기 프라하의 랍비인 유다 뢰브 벤 베자렐(랍비 로위). 그는 '골렘'이라는 단어를 가지고 유대교의 신비주의 전통과 연금술을 바탕으로 한 신화적 서사를 만들었다. 1915년 발표된 오스트리아 작가 구스타프 마이링크의 환상소설 『골렘』과 1920년 개봉된 독일 영화 「골렘」도 이 이야기를 바탕으로 한다. 이 이야기들에서 랍비는 진흙 덩어리로 골렘을 만들고 골렘은 마치 성능 좋은 로봇처럼 회당에서 각종 허드렛일을 했다. 마법의 글씨를 적어 넣은 신비한 부적을 골렘의 혀 아래 넣으면 살아나고 저녁에 빼내면 진흙 덩어리로 되돌아갔다. 어느날 랍비가 부적을 빼내는 것을 잊어버리자 골렘은 밤에 집을 나가 사람들을 닥치는 대로 죽였다. 랍비가 골렘을 붙잡아 혀에서 부적을 꺼내 찢어버리자 골렘은 다시 진흙으로 돌아갔다. (**골렘** 참고)

아타노르 아궁이
연금술 문헌의 판화

을 없애주겠노라 결정한 후로 재는 내내 속죄를 상징했다. 로마인들도 매년 3월에 열리는 새해 속죄제에서 재로 목욕을 했다. 그리스도교 교회는 같은 날을 채택해 이를 '재의 수요일'로 바꾸었다. 하루 전인 '마르디 그라(mardi gras, 기름진 화요일)'에 열리는 **카니발**(사육제) 축제는 재로 목욕하기 전날 한바탕 축제를 즐기던 로마 토속신앙의 관습에서 온 것이다. 그때 지은 죄는 24시간 후 속제 의식을 통해 모두 용서받을 수 있다는 가설에 기반한 관습이었다.[5]

아타노르 아궁이   **Athanor**

이 연금술사의 아궁이는 신비로운 창조의 그릇으로 물질의 **자궁**, 영적인 그릇vas spirituale, 헤르메스의 그릇, 또는 세계영혼(아니마 문디)이 거하는 집 등으로 다양하게 이해되었다. 모든 신령스런 그릇들처럼 아타노르는 실험 장비로 사용되는 동시에 자궁의 메타포이기도 했다. 아타노르 안에서 벌어지는 재생의 과정은 '솔베 에 코아굴라Solve et Coagula'라고 불렸는데 이는 현재를 녹여 미래를 재구성한다는 뜻이다.[6]

그릇의 한 종류인 아궁이 퍼니스furnace는 로마의 화덕 여신이자 제빵사들의 수호여신인 포르낙스Fornax의 이름을 딴 것이다.[7]

저울 Balances

"왕을 저울에 달아보시니 무게가 모자랐다."(「다니엘」5:27) 벨사살●에 대한 다니엘의 이 예언은 이집트 경전에서 따온 것이다. 이집트에서 지하세계의 저울은 모든 영혼들의 마음을 진실의 어머니 마아트의 깃털에 견주어 무게를 달 준비가 되어 있었다. 이집트 벽화나 파피루스 고문서는 아누비스 신,●● 혹은 마아트 여신이 저울을 다뤘다고 보여주는데 저울 한쪽에는 깃털을, 다른 쪽에는 마음을 상징하는 상형문자가 놓였다. 고대의 종교에서 저울은 매우 중요했기에 하늘의 황도대 상징의 일부가 되었고(천칭자리), 막 죽은 자가 천상에 도착하면 그 마음의 무게를 잰다고 생각했다. 천칭자리는 도구이기도 했지만, 가끔은 '아스트리아 Astraea, the Starry One'라고 불린 정의를 여성형으로 인격화한 모습을 나타냈다. 그리스 (장례용) 항아리Vase 그림에는

●
"벨이여, 왕을 보호하소서."라는 뜻. 바빌론 신왕조의 마지막 왕인 나보니두스(BC 556~539)가 라바시마르둑 왕을 전복시키고 권력을 잡은 쿠데타에서 중추적인 역할을 했다. 자신의 아버지를 새로운 왕으로 선포함으로써 스스로 왕위 계승 서열 1위가 되었다. BC 539년에 키루스 대왕이 페르시아의 바빌로니아 침공 중에 살해된 것으로 종종 추정된다.

●●
자칼 머리를 하고 있으며, 죽은 자를 인도하여 여러 가지 일을 겪게 하는 고대 이집트 신화의 신. 네프티스의 아들이다.

이집트식 저울

헤르메스가 제우스 왕좌 앞에서 저울에 아킬레우스와 멤논●●●의 영혼을 저울에 재는 모습이 있다.[8] 그리스도교 이콘화·성화에서는 대천사 미카엘이 헤르메스의 지팡이 **카두케우스**와 날개 달린 투구와 함께 영혼의 무게를 재는 일을 넘겨받았다. 미카엘은 종종 토속종교의 신과 여신 마아트의 역할을 하면서 신의 권좌 앞에서 모든 이들의 무게를 재는 모습을 보여준다.[9]

바구니   **Basket**

러시로 짠 바구니는 나일강의 모세뿐 아니라 유프라테스강의 사르곤 대제, 테베르강의 로물루스와 레무스, 갠지스강의 여신 쿤티의 신성한 아들 등 수많은 신의 자식들을 태운 전설의 요람 배였다. 아폴론이 처녀 크레우사를 임신시켜 낳은 아들 역시 이 바구니에 담겼다.[10]

바구니 제작은 여성의 일이었고 그래서 바구니는 농업과 수확의 영鬱인 **여신**들에게 바쳐지는 신성한 물건이었다. 달의 여신인 디아나와 헤카테는 바구니를 가지고 다녔다. 이들에 대해 티로스의 포르피리오스는 이렇게 썼다. "여신

●●●
새벽의 여신인 에오스와 티토노스 사이에 태어난 아들 중 하나로 트로이아 전쟁 당시 아이티오피아의 왕이었다. 헥토르가 죽자 친척으로서 트로이군을 지원하러 군을 이끌고 가서 아마조네스와 함께 트로이를 도왔다. 그리고 전쟁 중에 그리스의 명장 아킬레우스의 공격을 받고 죽었다. 하지만 멤논에게는 그를 죽이는 자가 그다음으로 죽을 것이라는 운명이 있었기에 아킬레우스도 죽음을 맞았다.

이시스의 바구니
로마, 1세기

이 높이 오를 때 지니고 있는 바구니는 곡물의 재배를 상징한다. 이 곡물은 여신이 자기 빛을 점점 강하게 비추어 키운 것이다."[11] 달의 여신이자 곡물의 어머니이기도 한 **이시스**는 신성한 **뱀**의 보호를 받았고, **곡물**이 담긴 바구니와 함께 숭배되었는데, 이는 초기 그리스도교 시대 로마 교회에 새겨진 그림들이 잘 보여준다.[12]

한편 그리스 동전에 그려진 담쟁이덩굴로 뒤덮인 바구니는 디오니소스 축제를 상징했다. 바구니는 모든 다른 그릇들처럼 당연히 모성적 몸의 상징이기도 했다.[13] 오늘날에는 때때로 '음낭'을 은유한다.

종   Bell

종은 항상 신비로운 사건이나 영적인 소통과 관계가 있었다. 종 모양을 한 **여신**의 이미지는 아주 태곳적부터 존재했다. 그리스도교 시대에 종은 성령의 강림을 의미하거나 예배 시간을 알리는 역할을 했다. 교회 종이 마법의 힘을 지니게 된 데는 특히 종이 놓인 자리의 역할이 컸다. 종이 하늘과 땅 사이의 첨탑, 그러니까 전통적으로 두 세계 사이의

종 모양 여신
보이오티아의 테라코타

길이라고 여겨졌던 곳에 걸려 있었기 때문이다. 행렬 기도 때나 천둥이 칠 때 교회 종을 울리곤 했는데, 13세기 멘데의 주교였던 기욤 뒤랑은 **악마**가 (이 소리를 들으면) "겁이 나서 도망갈지 모른다"고 엄숙하게 선언했다.[14]

성녀 아가타는 종을 만드는 사람들의 수호성인이 되었는데, 이는 사람들이 초기에 그려진 그녀의 이콘화를 잘못 해석한 데서 비롯된 일이다. 아마도 허구일 시성 신화에 따르면 아가타가 순교할 당시 박해자들이 그녀의 가슴을 몇 번이나 도려냈다고 한다. 그래서 이콘화에는 아가타가 자기 가슴을 파테라라는 접시에 담아 들고 있는 모습으로 그려졌다. 숭배자들은 투박하게 그려진 가슴들을 한 쌍의 종으로 오해해 아가타가 종 제작에 힘을 발휘한다고 여기게 된 것이다.[15]

종을 사용하는 유럽의 의례들은 사실 동양 전통에서 영향을 받은 것이다. 불교의 범종(인도의 간타)을 울리는 이유도 위에서 설명한 것과 같다. 그리스도교 교회가 이후에 이를 따라한 것이기 때문이다. 동양과 서양의 아이들 모두 악령을 쫓아내고 악마의 눈을 피하기 위해 종을 몸에 지녔다. 야훼의 사제들은 종으로 몸을 장식하라는 명령을 받았다.(「출애굽기」 39:25-26)● 하지만 율법은 사제의 아내와 딸을 비롯해 모든 여자에게는 이를 금했다.(「이사야」 3:16-18)●● 종은 성령을 함축하는 귀중한 물건이었다. 경주나 경기의 우승자들이 '우애의 술잔loving cup'을 상으로 받기 전까지는 통상 종이 트로피 역할을 했다. 종은 마나로 가득 찬 그릇을 뒤집은 모양을 하고 있기 때문이다.**16**

배   **Boat**

많은 고대 문헌들을 통해 고대인들이 일반적인 그릇과 마찬가지로 배를 "재발견된 요람이자 어머니의 자궁"이라는 의미로 활용했음을 알 수 있다.**17** 노르드어에서 배, 요람, 관은 모두 같은 단어인데 이들은 사람이 죽으면 배에 띄워 바다-자궁으로 흘려보내며 그들이 재탄생하기를 기원했다.**18** 내륙에 살았던 이들조차도 사람이 죽으면 배처럼 생긴 관에 묻고 보트처럼 생긴 함에 부장품副葬品을 넣어 물의 여신에게 바쳤다.**19** 초승달은 영혼을 하늘로 나르는 배였고, 동시에 어머니 생식력의 상징이자 궤ark, 곧 "모든 생명

●
"또 순금으로 방울을 만들어 도포자락을 돌아가며 석류 술 사이에 섞어서 달았다. 방울 하나, 석류 하나, 또 방울 하나, 석류 하나, 이렇게 도포 자락에 돌아가며 달았다. 이렇게 그들은 야훼께서 모세에게 지시하신 대로 하였다."

●●
"야훼께서 계속 문책하신다. '시온의 딸들은 잘난체 목을 빼고 추파를 던지며 돌아다니고 발목으로 잘랑잘랑 소리나 내며 이리저리 꼬리치고 돌아다닌다.' 그런즉, 주께서는 시온의 딸들의 정수리를 버짐 먹게 하시고 그들의 머리를 밀어버리시리라. 그날이 오면, 주께서 온갖 패물과 아름다운 옷을 벗겨버리시리라. 발목걸이, 머리망사, 목걸이……"

배
이집트 태양신

의 싹을 담은 그릇"이었다.[20] 바빌로니아인들은 달을 "빛의 배"라고 불렀다.

이집트에서는 매일 죽음과 재생을 반복해 겪는 태양신을 어머니 이시스를 상징하는 배에 타고 있는 모습으로 그렸다. 이시스의 사원들에는 수많은 배가 새겨진 돌들이 놓여 있다. 이러한 이시스의 달 배 중 하나가 로마 교회 앞에 여전히 우뚝 서 있다. 이 교회의 이름은 '산타 마리아 델라 나비첼라'인데 배를 탄 성모님이라는 뜻이고, 고대 이시스 사원이 있던 자리에 세워진 것이다.[21] 그리스도교는 이시스 숭배를 끔찍이 싫어했기 때문에 이시스는 새로운 민속적인 모습으로 둔갑하게 되었는데, 그것이 바로 동화에 등장하는 '돌배를 탄 마녀'다.•••

책   Book

책은 지적인 자유를 상징했다. 글은 특히 문맹인 사람들에게 경외감을 불러일으키며 항상 불가사의하고 신령스러운 numinous 것이었다. 문맹자들은 문자 상징들을 읽을 수 없을지언정 경외했다. "이렇게 쓰였다."라는 말은 "이는 사실이

•••
아이슬란드 민담으로, 욘 아르나손이 1864년에 수집한 이야기를 앤드루 랭이 1894년 자기 책에 영어로 번역해 실었다. 랭은 원래 거인(스케사, 다른 곳에서는 트롤 여인으로 불리며 머리가 셋 달린 거인의 여동생으로 밝혀짐)이었던 등장인물을 '마녀'로 번역했는데, 이 마녀는 진짜 여왕을 감금하고 여왕으로 변신한다.

다."라는 의미였다. 어떤 의미에서 읽기는 확실히 마술적인 현실을 창조할 수 있었다. 그 현실은 물론 상상 속에 존재하는 것이었지만 읽기가 지속되는 동안에는 자연 세계를 차단시킬 정도로 충분히 생생한 것이기도 했다. 책은 모든 추상적 생각들을 전달하는 가장 근본적인 도구다.

문명화된 사제들은 늘 신들의 생명력이 글에 달려 있다는 사실을 잘 알고 있었다. 평신도는 글을 통해 신들이 살아 있음을 느낄 수 있었기 때문이다. 따라서 종교 지배자들에게 문헌들을 통제하고 자기네 가르침에 반대하는 책을 파괴할 수 있는 법적 권리를 얻는 일은 늘 중요했다. 그리고 이 일에 그리스도교인들보다 더 부지런한 이들은 없었다. 3세기에서 6세기까지 이교도로부터 교회를 보호한다는 핑계로 로마 전역에서 모든 도서관이 불타고 학교와 대학이 파괴되고 시민들의 책이 몰수당했다. 초기 그리스도교 황제 치하에서 이단심문관들은 시민들의 집에 "마법에 관한 글"을 숨겨 함정에 빠뜨린 다음 합법적으로 책을 포함한 모든 재산을 몰수하기도 했다. 성 아우구스티누스는 세속적인 책을 "학문과 과학으로 알려진 헛되고 호기심 가득한 탐구에 대한 욕망"과 마찬가지로 쓸데없는 것이라고 규탄했다.[22] 르네상스 시대에 교황청은 수도원 도서관에 여전히 보관되어 있던 고대 서적에 주목했고, 교황청 군대의 용병 대장은 도서관을 습격하여 보물들을 로마로 가져갈 수 있는 권한을 부여받았다.[23]

　문해력은 보통은 지적 자유를 위한 전제조건이 되지만 경직된 정신이라는 또 다른 형태의 속박이 되기도 한다. 유대-그리스도교 전통에서 가장 중요한 숭배 대상이 되는 책은 성경이다. 극단적인 근본주의는 모든 교리의 정당성을 성경에서만 찾겠노라고 공언한다. 이는 어찌 보면 그리 어려운 일은 아닌데, 왜냐하면 성경처럼 광범위하고 다양한 내용을 담은 글이라면 그 어떤 텍스트라도 무언가를 정당화하기 위해 해석되고 활용될 수 있기 때문이다. 이 같은 책 숭배의 예가 월터 마틴의 침례교 근본주의이다. 그는 자기가 단 성경 주해에 이견을 보이는 모든 그리스도교 종파는 "신성모독이고, 무지하고 어두운 영혼에서 나온 것"이라면서, 이들을 반박하고 논파할 수 있는 유일한 수단도 성경 인용이라고 주장했다. 마틴은 심지어 자기가 좋아하는 삼위일체 교리를 확증할 수 있는 『구약 성경』의 "명확한" 증거를 찾았다고 했지만, 이는 가능할 리가 없는 일이었다. 그는 이 삼위일체 교리를 부정하는 유니테리언들을 "사악하다"고 규정한다. 이를 부인하는 것은 "빛이 아닌 어둠에 대한 사랑"을 보여준다는 것이다.[24] 마틴의 사례에서 볼 수 있듯이, 아무리 지적인 훈련을 받고, 충분한 교육을 받은 사람이라도 인쇄된 종이를 지나치게 추종함으로써 부조리한 무관용(혐오)의 세계로 이끌릴 수 있다.

사발   Bowl

신성한 사발은 모든 고대의 희생제의에서 희생물의 피를 담는 데 쓰였다. 대체로 그렇게 사발에 담긴 피는 희생당한 신과 동일시되는 효과를 강화하기 위해 숭배자들에게 나누어졌다. 사발을 가리키는 그리스어는 '암니오amnion'였고 이는 자궁의 피를 담는 그릇을 의미하기도 했다.[25] 자궁을 상징하는 사발의 의미는 액체를 담을 수 있는 수많은 다른 형태의 그릇들에까지 확장되었다. 이집트에서 물을 담는 사발은 종종 신적인 여성 원리를 나타냈다.[26] 바빌

사발

로니아 문서에서는 온 지구, 온 우주가 여신의 커다란 사발 mixing bowl로 재현되었다. 일곱 개의 행성구가 존재한다는 식의 우주론에서 이 행성구들은 뒤집힌 채로 겹겹이 쌓인 사발로 여겨졌다. 이와 비슷하게 아메리카 인디언들에게 도 뒤집힌 사발은 하늘을 의미했다.

빗자루   **Broomstick**

중세의 마녀를 부르는 대중적 이름 중 하나는 "빗자루 아 마조네스"였다.[27] 빗자루는 고대 로마 시대부터 여성적인 마법이나 지혜로운 여성(크론)의 사회 공헌과 연결되었다. 고대 로마에서 신성한 산파들은 아이의 탄생 후 집의 문지 방을 쓸기 위해 특별한 빗자루를 사용해 사악한 기운을 몰 아내고 산모와 아이를 지켰던 것이다. 빗자루는 또한 여사 제가 진행하는 결혼식과도 연계되었다. 여전히 지혜로운 여성들이 결혼식을 주재하는 집시 사회에서는 빗자루를 놓고 그것을 뛰어넘는 행동이 의식에서 빠질 수 없는 중요 한 부분이다.[28]

지혜로운 여성과 빗자루의 관계가 이렇게 밀접했기 때

문에 중세의 권력자들은 자연스럽게 빗자루에 대해 마녀를 연회sabbat에 데려다주는 마법의 말馬로 상상했다. 빗자루를 타는 이교도 여자의 이미지는 이렇게 탄생했다. "그렇게 마녀들은 마법의 지팡이에 올라타고, 자신들이 공중을 달린다고 생각했다."[29] 그 후로도 많은 미신들이 덧붙여졌다. 가령 마녀들은 흐르는 물을 건널 수 없으므로 물 위로 빗자루를 옮기는 행동은 극히 불길하다는 결론이 도출되었다.[30] 마녀의 마법 도구를 그렇게 마녀가 좇아갈 수 없는 곳으로 옮기다가는 마녀의 저주를 받을 테니까 말이다.

초   Candle

종교적 의식과 초를 켜는 일은 늘 밀접하게 연결되어 있었다. 향초의 달콤한 향과 부드럽지만 극적인 빛을 퍼뜨리기 위해서였다. 초를 켜는 것은 대단히 상징적인 행위였고 대체로 영혼을 보존하는 행위로 여겨졌다. 영혼을 죽음(혹은 자궁)의 어둠 속에 존재하는 작은 빛이라고 여겼기 때문이다. 고대의 번개 신처럼 그리스도교에서도 유월절(부활절) 초는 하늘에서 내려와 심연의 자궁을 수태시키는 남근의

초

의미를 띠었다. 초는 "원죄 없는 마리아의 자궁Immaculate Womb of Mary"이라 불렸던 세례반에 담겼는데 그러면 세례반의 물이 '신성한 불'에 의해 수태되리라는 뜻이었다.[31] 하지만 토속신앙에서는 초에 대한 여성성 해석이 살아남아 이전에 '빛의 어머니' 유노 루치나의 상징으로 경배되었다. 여신은 태양, 달, 그리고 별을 관장했고 새로 탄생한 피조물에게 눈의 '빛'을 제공했다. 동지에 행해지는 여신을 위한 빛의 축제는 그리스도교에서 '성 루치아' 축일이 되었는데 스웨덴에서는 아직도 이날을 초 왕관을 쓴 처녀 '루시브루덴(신부 루치아)'이라는 이름으로 기념한다.[32] 어떤 민속춤에서는 젊은 여자들이 초 위를 뛰어넘는데 이는 이전에 빗자루 위를 뛰어넘는 동작처럼 성적 함의를 지니고 있음이 틀림없다.

율(크리스마스) 축제의 초는 특별히 집안 살림을 점치는 도구로 중요했다. 전통적으로 아주 커다란 이 초는 크리스마스이브에서 크리스마스 날 새벽까지 켜놓는다. 만약 촛불이 해가 뜨기 전에 꺼지면 새해 운이 좋지 않다는 표시였다.[33] 애초의 동지에서 며칠 후로 밀려 자리 잡게 된 이 관

습은 새로운 태양(해)에 다시 불을 붙이고 기운을 불어넣으려는 의식이다.

캡스턴

배에서 닻을 들어 올리는 밧줄을 감는 실린더인 캡스턴은 권양기windlass로 불리기도 하는데, 이탈리아 포르미아의 에라스무스(성 엘모)와 관련된 상징으로 그리스도교의 성인聖人 숭배를 통해 신성화되었다. 포르미아의 에라스무스는 토속신앙에서 오랫동안 바다 불의 신이었다. 폭풍이 치는 동안 배들의 돛masts and spars에서 방출되는 전기로 인한 스파크가 바로 그의 정령이었는데 여전히 사람들은 그 불을 성 엘모의 불이라 부른다. 당연히 이 성인은 허구의 인물이다. 스페인의 엘모나 정본의 변형본인 그는 이탈리아 캄파니아 지방의 도시 포르미아의 주교였다고 한다. 303년 그는 그곳에서 이상한 모습으로 순교했다. 내장이 뽑혀 캡스턴에 감겨 있었다는 것이다. 캡스턴은 이렇게 그의 상징이 되었다.[34] 하지만 포르미아의 에라스무스 숭배는 6세기까지는 알려진 사례가 없기 때문에 이 이야기는 포르미아

를 순례의 중심으로 만들기 위해 위조된 발명품임이 분명하다.[35]

가마솥 Cauldron

가마솥은 그리스도교 이전 세계에서 중요한 여성 상징이었고 그래서 그리스도교인들은 가마솥을 마녀들의 마법과 연결지었다. 우주와 신들을 탄생시킨 '위대한 여성적 구멍(자궁)'을 나타내는 이집트 상형문자는 세 개의 가마솥 모양이었다.[36] 이와 비슷하게 인도에서는 생명을 주는 여성의 삼중 자궁이 "위대한 세 사발" 또는 "세 가마솥"으로 표현되었다.[37] 북유럽 신화에서는 이 세 개의 가마솥이 우주 창조의 여성적 힘을 의미했다. 인드라처럼 오딘은 '어머니 대지'의 뱃속에 놓인 세 개의 가마솥, 아드라레르Odrerir, 숀Són, 바단Bodn에 담긴 "세상에서 가장 지혜로운 피"를 마심으로써 지혜와 통찰과 창조적 '말씀Word'이 갖는 마법의 힘을 얻었다. 귀중한 탄생의 액체 아드라레르 성유(향유)를 몸에 바르기 전에 오딘은 먼저 스스로 희생제물이 되어 지하 죽음 세계를 방문해야 했다. 그렇게 여성적 마법을 깨달

가마솥

●
Cernunnos. 켈트 유물에서 흔히 발견되는, 머리에 사슴 뿔 두 개가 달린 미지의 남신을 가리킨다. 원시 켈트어로 뿔을 가리키는 카르노스karnos에서 유래했다고 추측하는 의견이 많다. '카르노스'는 라틴어로 뿔을 가리키는 '코르누cornu' 와도 어원적인 연관이 있다. 아마도 '뿔이 돋은 자' 내지는 '뿔들의 주'라는 뜻이었을 것이다.(케르눈노스 참고)

●●
6세기 고대 브리튼의 궁정시인으로 시집이 남아 있고 실존 인물로 추측되지만 후기 문헌에서 영웅화되고 신화화되어 이야기가 전해진다.

●●●
크레우스와 티로의 아들로 크레우스가 죽자 왕위를 물려받았지만 의붓형제 펠리아스에게 빼앗겼다. 펠리아스의 명령에 따라 황금 양털을 찾아 떠났다가 결국은 황소의 피를 마시고 죽었다는 이야기와 메데이아의 마법 덕분에 다시 살아나 회춘했다는 이야기가 전해진다.

고 풍요로운 생명의 능력을 갖추게 된 것이다.[38] 켈트족은 '세 가모장Three Matriarchs'이 호수 바닥(또는 바다)에서 마법적인 '재탄생의 가마솥'을 지키고 있다고 믿었는데, 이 가마솥을 끌어올려 전쟁에서 죽은 남자들을 소생시킨 것은 바로 '축복받은 브란Bran the Blessed'이다.[39] 이 켈트족 신이 '물고기왕 브론'이라는 이름으로 **성배** 전설 속으로 편입되면서, 가마솥도 생명을 주는 피로 가득한 사발이라는 그리스도교의 버전과 뒤섞이게 되었다.

가마솥이 삼위일체인 '위대한 여신'의 자궁을 나타낸다는 데에는 의심의 여지가 없다. 또 남자들이 자궁 같은 그릇에 들어가 마법으로 재구성되는 과정을 거쳐야 환생이나 재탄생이 가능하다고 믿었던 것도 확실하다. 켈트족의 재생의 가마솥은 "파도 아래 나라"에서 온 것이 확실했는데 왜냐하면 바다 여신이야말로 보편적인 탄생의 주재자였기 때문이다.[40] 몸이 토막 난 채로 죽은 **케르눈노스**●는 가마솥에서 펄펄 끓인 후 다시 죽은 자 가운데 살아났다.[41] 끓는 가마솥에서 재탄생하거나 마법의 힘을 얻은(혹은 둘 다를 얻은) 이들로는, 탈리에신,●● 크레테의 왕 미노스, 아이손,••• 펠롭스,• 엘라가발루스,•• 그리고 심지어 사도 요한도 있다. 사도 요한에 관한 이러한 그리스도교의 전설은 1960년까지 교회 전통으로 수용되어 전승되었으나 이후에 잘못된 이야기라고 배제되었다.[42] 시베리아의 샤먼들은 조상의 영에 의해 몸이 토막 나고 마법의 가마솥에서 펄펄 끓는 비전을 경험한 후에야 정식으로 치유 행위를 시작할 수 있었다. 이 마법의 가마솥은 때때로 '운명의 세 어머니'라고 확인되었는데 이는 그리스 토속종교의 모이라이, 스칸디나비아의 노른들, 색슨족의 세 여신 위르드였다. 이들은 나중에 셰익스피어 작품에서 가마솥을 둘러싼 세 **이상한 자매**들로 변형되었다.

그리스도교 시대에도 토속종교를 이어가기 위해 사람들이 모임을 하는 동안 가마솥은 우주의 자궁이라는 상징으로 계속 숭배되었다. 살리크법The Salic Law은 그런 모임에 "가마솥을 옮기는" 사람들을 특정해서 규탄했다.[43]

전차(마차) Chariot

북유럽 신화 서사 『에다』에 따르면 **태양**의 마차는 아르워

◆
탄탈로스의 아들로 아버지는 그를 죽여 토막을 내 음식을 만들어 신들에게 바쳤다. 왕국에 기근이 들어 희생시킬 동물이 없었기 때문이라고도 하고 신들을 시험하기 위해서라고도 한다. 신들은 모두 이를 알아채고 제물을 먹지 않았으나 배가 너무 고팠던 데메테르만 그의 어깨를 먹었다. 결국 신들은 그를 되살리고 어깨는 상아로 새로 만들어주었다고 한다.

◆◆
헬리오가발루스, 엘라가발, 엘가발이라고도 부른다. 시리아와 고대 로마의 태양신들 중 하나다. 산의 신, 산에 거주하는 신을 뜻하며 에메사에 현현한 신을 가리키는 이름의 되었다. 2세기에 로마 제국의 다른 지역으로 컬트 종교가 널리 퍼졌고, 3세기에 에메사의 엘라가발루스 사제 출신이 로마 황제가 되면서 이 신을 판테온의 주신으로 만들고자 시도했다. 무적의 태양신이라고 이름을 바꾸고 유피테르 위에 두었으며 거대한 신전 엘라가발디움을 세웠다.

커(아침을 깨우는 자)라는 말이 끌고 여신 솔Sol, Sul, Sulis이 몰았는데 이 여신은 켈트족이 "태양의 여인"으로 숭배한 여신과 동일한 여신이다. 여신의 전차는 밀교에서 "위대한 이동수단" 혹은 "불의 전차"라고 부른 태양전차Sun Chariot와 비슷한 것인데 어쩌면 애초에 이 태양전차에서 유래했을지도 모른다. 신과 요정, 그리고 초자연적 영웅들은 예언자 엘리야처럼 종종 불전차를, 특히 천상으로 가는 길에 타고 다녔다.(「열왕기하」 2:11)● 유대교 전통에서 하나님은 토속신앙의 태양신처럼 전차를 소유했는데, 그 이름은 신성한 전차라는 뜻의 '메르카바Merkaba'였다.⁴⁴ 메데아 제국의 위대한 여신인 메데이아는 맹렬한 뱀들(아마도 번개?)이 끄는 날개 달린 전차를 끌던 여성 전차꾼(마부)으로서의 신성을 상기시킨다. 그리스의 반反영웅이 되기 전까지 메데이아는 지혜로운 불멸의 여신으로 태양과 달과 별들을 천상에서 지배한 여신이었기 때문이다.⁴⁵

인도의 비슈누 사원 중 하나는 거대한 전차를 본따 설계되었다. 이는 모든 피조물들을 태운 세계의 상징으로 무엇보다 '세상의 주인Jagganath'이란 칭호의 신을 태운 전차였

●
"그들이 말을 주거니 받거니 하면서 길을 가는데, 난데없이 불말이 불수레를 끌고 그들 사이로 나타나는 것이었다. 동시에 두 사람 사이는 떨어지면서 엘리야는 회오리바람 속에 휩싸여 하늘로 올라갔다."

전차

바버라 워커 타로 덱의 7번 카드

다. 매년 열리는 푸리 축제에서 신과 여신은 엄청난 크기의 실제 전차에 실린 채로 운반되었다. 이 전차는 영어에서 강력하고 거대한 힘이라는 의미의 'Juggernaut'라는 단어로 변형되기도 했다.

로도스 섬에서 태양전차는 매년 하늘의 신에게 바치는 제물로 파괴되었는데 태양신 자신이 매 석양 때 깊은 구렁 속으로 빨아들여지듯이 그 잔해를 바다에 던졌다.[46] 태양신의 아들 파에톤에 대한 그리스의 전설은 이를 바탕으로 한다. 헬리오스의 아들 파에톤은 하늘에 있는 아버지의 지위를 열망했지만 태양을 이끄는 말을 제대로 통제하지 못해 거의 세상을 다 불태워 버릴 뻔했다. 하늘 아버지는 그를 죽여 바다에 던져 제물로 삼았다.[47] 바빌로니아 경전은 영혼을 소멸로 향하는 태양 정령과 연관시키며, 죽음의 땅으로 가는 길을 "돌아올 수 없는 길" 혹은 "전차의 길"이라고 불렀다.[48]

전차를 타고 죽음이나 하늘로 간다는 생각을 알레고리로 삼아 플라톤의 『파이드로스』는 인간의 몸이 영혼의 전차라고 보았다.* 영혼은 날개 달린 전차꾼이며 그의 날개

* 이 책에서 소크라테스는 파이드로스에게 영혼을 날개 달린 마차에 비유해 설명한다. 신들의 영혼은 완벽한 말과 마부가 끄는 마차이지만 인간의 영혼은 불완전해 마부와 말의 행동이 미숙하고 날개도 불완전하다는 내용이다.

는 지상의 몸을 얻어 태어나기 위해 땅에 도착하면서 떨어져 나간다.[49] 반대의 여정은 신격화apotheosis의 여정으로 성경의 엘리야 이야기에 따르면 거의 문자 그대로 불타는 태양전차를 타고 하늘로 되돌아간다. 하늘에 오르자 엘리야는 자신의 망토를 예언자 견습생인 엘리사에게 떨어뜨린다. 이 이야기는 망토를 줌으로써 역할을 전수한다는 잘 알려진 은유의 유래가 되었다.[50]

칼 융은 마음을 운반하는 몸으로서의 전차 이미지에서 원형적인 상징을 보았다. 전차꾼은 내적인 자아다. 말은 생명력 혹은 이드id이며 고삐는 지성이나 의지다.[51] 7번 전차 **타로카드**에서도 비슷한 연상을 읽을 수 있다. 이 카드는 땅에서의 실존과 물질적 성공으로 해석되는데 하늘의 푸른 별 천막 아래 신 같은 마차꾼이 있고 전차 바퀴는 회전하는 세상의 낮과 밤에 비유되었다. 하지만 그는 고삐를 쥐고 있지 않으며 그래서 지상의 환경이 휘두르는 힘을 통제할 수 없다.

옷

이전에 여성에게 주어졌던 영적 권위를 남성들이 탈취하기 시작하면서 그들은 종종 여성의 옷을 입거나 혹은 다른 방법으로 여성처럼 변장했다. 리디아 왕국의 헤라클레스 숭배에서도, 북유럽 게르만족의 토속종교에서도, 아르고스의 종교 축제에서도, 크레타에서도 로마에서도 사제들은 여성처럼 옷을 입었다.[52] 아티스 신의 사제들은 갈리라고도 불리는데 스스로 거세한 트랜스베스타이트였다.[53] 파타고니아의 마법사들, 보르네오 섬 원주민인 이반족Sea Dyaks의 사제들과 많은 다른 사제들도 여성처럼 옷을 입고 행동했다. 마다가스카르의 희생제의 사제들은 여성 옷을 입고 '대모Grandmother'라는 칭호로 "찬미"되었다.[54]

트랜스베스티즘은 중세 유럽에서 살아남은 토속종교의 중요한 특징이었다. 12세기 랍비 모세 벤 마이몬●과 그 후의 많은 마법 저술들은 남자가 **베누스** 여신의 도움을 기원하면 여성의 옷을 입어야 한다고 주장했다. 프랑스의 법학자이자 마녀사냥을 옹호한 이단심문관이기도 했던 장 보댕은 마녀 숭배의 관습인 크로스 드레싱이 남자를 여자로,

●
근동 지방의 스파라드 유대인 사회의 철학자이자 의사. 중세에 가장 영향력을 끼친 토라 연구자이자 저술가이다. 이븐 마이문, 유럽식으로 마이모니데스, 유대인 사회에서는 "우리의 랍비 모세 벤 마이몬"을 뜻하는 히브리어 약자로 람밤이라고도 불린다.

142

여자를 남자로 만들었다고 믿었다.[55] 스칸디나비아 반도 북부와 핀란드 북부의 소수민족인 사미족들은 남자가 여신에게 희생제의를 드릴 때 화관이 달린 여성용 모자를 쓰고 어깨에 하얀 스카프를 둘렀다고 한다. 여신은 하늘에서 내려다보기 때문에 모자만 보고 그를 여자로 착각하리라 생각한 것이다.[56]

어느 문화권에서나 여사제가 남사제들보다 먼저 존재했음을, 그래서 후에 남사제들이 신성한 직무를 담당하기 위해서는 여자를 흉내 내야 했음을 보여주는 이런 증거들은 엄청나게 많다.

관   Coffin

관은 돈궤coffer처럼 고대에는 죽은 자가 재탄생하는 자궁 상징의 또 다른 형태였다. 헬레니즘 이전 그리스인들은 죽은 자를 여신의 자궁을 닮은 커다란 진흙 항아리pithoi에 매장했다. 이집트에서는 미라를 석관에 보존했는데 뚜껑 안쪽에 여신이 그려져 있다.(석관을 뜻하는 그리스어 '사르코파고스'는 '살을 먹는 자'라는 의미다.) 죽은 자는 여신을 볼 수 있고 여신의 친절한 돌봄에 따를 수 있었다. 항상 그랬듯이 재탄생의 희망은 신적인 '어머니'와 친밀하고 밀접하게 연관되었다.

빗   Comb

빗은 분명히 여성 상징으로 특히 인어, 사이렌, 네레이데스,[•] 그리고 베누스 살라치아, 아프로디테 마리나, 테티스, 탈라사와 같은 이름의 여신을 포함한 물 정령들과 연관되었다. 종종 민담이나 시가(발라드)에서 이런 여신들이 머리 빗고 있는 모습의 바다 요정으로 나타난다. 실제로 그때 여신은 마법을 부리는 중이다. 고대에는 여자가 머리를 빗는 것이 날씨를 조정하는 것과 관계가 있었다. 마녀들이 머리를 빗으면 폭풍이 일어났다고 했는데 이들의 긴 머리가 쏟아지는 물처럼 보였기 때문이다. 아마도 애초에 빗은 물고기 뼈로 만들어졌을 텐데, 그래서 빗은 바다 여신과 여신의 '생선 냄새'와 연결되었다. 그리스어로 빗은 '크타이스'로 여성의 외음부를 의미하기도 했다.

빗은 동정녀 마리아의 어머니인 성 안나를 상징하게 되

[•] 네레이스들이라는 뜻으로 네레우스와 도리스의 딸들이자 바다의 정령들이다. 바다의 수많은 물결들을 의인화한 것이라고 하며 그 수는 보통 50이라고 하지만 때로 100이라고도 한다. 뒤에 열거된 테리스나 탈라사도 이 네레이데스에 속한다.

빗

___

었는데, 그리스도교의 성 안나는 토속종교의 바다 '처녀 어머니 여신'이라는 복합적인 형태(마리-안나)로부터 진화한 존재이기 때문이다.[57]

민담에서 빗은 어머니의 보호를 나타내기도 하는데 가령 아이를 위험으로부터 구한 이시스 여신의 머리카락이 갈대 덤불로 표현된 것과 같은 이치였다. 보통 마법의 빗은 괴물이나 거인의 추격을 피해 도망치는 영웅 뒤에 던져지기도 했다. 그렇게 던져진 빗은 즉시 울창하고 빽빽한 숲으로 자라 추격자들을 방해하거나 막아섰다.[58]

끈 Cord

신화에서 끈은 배꼽과 연결된다. 모든 신비적 종교에서는 세례를 통한 재탄생 전에 자궁으로 회귀하는 과정을 상징적으로 거치도록 하는데, 이는 끈을 따라 자신의 길을 찾아가는 과정이었다. (어둠 속으로 들어갔다가 다시 나오는) 미로속 테세우스를 안내하는 아리아드네의 실도 이런 재탄생의 여정을 표현한 것이다. 켈트족 토속종교에서는 입문자들이 의식을 위해 인위적으로 설계된 지하세계를 여행했

끈

는데, 어두운 동굴이나 지하의 사원들('연옥'을 상징하는 장치들)을 지나는 그 여정 동안 끈이 이들을 이끌어주었다.**59**

바빌론에서 끈은 상징적 배꼽이 지닌 재탄생의 의미 혹은 새로워진다는 의미 때문에 치유의 부적으로 사용되었다. 경전에는 "밝은색 양모 끈"을 묶어서 환자의 오른쪽에 두면 "눈의 황달"을 말끔히 치유할 것이라고 적혀 있다.**60**

이집트 지하세계에서는 마법의 끈이(매듭이 있든 없든) 모권적 법의 구속력을 의미했다. 어떤 천사들은 '법의 끈'을 지니고 있었는데 이는 어머니 마아트에게 복종한다는 뜻이었다. 이집트의 신 라는 "법은 아멘테테(아무네트) 여신의 끈이다."라고 말했다.**61**

마녀들 역시 날씨나 다른 무언가를 마법으로 "묶어두고" 싶을 때 매듭이 있는 끈을 사용했다. 그리고 땅에 신비로운 형상이나 보호의 의미가 있는 마법의 원, 의례에 필요한 꼬임interlacements 패턴을 그릴 때도 끈을 이용했다. 마녀라면 자기만의 신성한 끈을 가지고 있어야 한다는 말이 있었는데 심지어 오늘날에도 간혹 이런 말을 들을 수 있다.

콘 인형   Corn Dolly

콘 인형은 옥수수 대로 만든 게 아니라 밀, 보리, 귀리, 호밀 등 곡식들(유럽에서는 이를 모두 합쳐 '콘'이라 불렀다.)의 줄기로 만들었다. 콘 인형은 전통적으로 매년 수확하는 곡물의 마지막 다발로, 혹은 어떤 지역에서는 첫 다발로 만들었다. 수확을 구체적인 형상으로 나타낸 것으로, 적절하게 옷을 입히고 다양한 방식으로 다루었다. 어떤 부족들은 인형을 밭에 두었고 어떤 부족은 수확을 축하하며 춤을 추는 곳에 데려와 중앙에 세워두었다. 또 다른 부족들은 꽃이 쌓인 장례식 장작더미 위에 놓고 불을 지폈다. 다산을 부르는 주술로서 인형을 물에 적시기도 했고, 콘 남성과 가짜 결혼식을 치르거나, 다음해 수확까지 농장 가옥에 매달아 놓기도 했고, 크리스마스까지 보관했다가 소에게 먹이로 주기도 했는데 이는 "소들이 한 해 동안 잘 자라도록" 기원한다는 의미였다.[62]

콘 인형은 이름이 많다. 그중 몇 가지를 들어보면, 콘 어머니, 수확의 어머니, 위대한 어머니, '대모Grandmother', 곡물의 어머니, 어머니 다발, 늙은 여자, 늙은 아내, 노파 컬리어흐, 쭈그렁 할망구, 여왕, 신부, 처녀, 케레스(데메테르) 여신 등이 있다.

요람 Cradle

아기 신의 요람은 초기 그리스도교 시대에 존재했던 모든 신비주의 종교에서 중요한 상징이었다. 특히 디오니소스 숭배에서 요람으로 많이 쓰인 것은 (알곡을 까부르는 용도로 사용되었던) 키 바구니liknon인데 '요람 운반자liknophoros'라는 특별한 직책을 맡은 사람이 행렬 의례에서 이 바구니를 날랐다.[63] 이 신성한 상징이 예수가 누운 '구유(여물통)'를 미리 형상화한 것임은 의심의 여지가 없다. 19세기 독일의 비교종교학자이자 문헌학자인 헤르만 칼 우제너는 크리스마스에 아기 예수가 누운 말구유를 축하하는 관습을 정식으로 의례화한 사람이 전설 속 초기 교황 리베리우스라고 밝혔는데, 리베리우스는 실존했던 인물이 아니라 디오니소스의 다른 이름인 리베르Dionysus Liber를 인격화한 것으로 보인다.[64]

　실제 아이의 요람을 가리키는 로마 단어는 '쿠나불라

요람

cunabula'였고 보호하고 방어하는 힘이 있는 모체를 가리키는 여러 영어 단어들과 관련이 있다. 가령 'cunicle'은 구멍, 'cunctipotent'는 힘이 센 것, 'cunnus'는 음문을 뜻한다. 베다의 위대한 여신 쿤티나 여기에서 파생한 영단어로 여자 성기를 뜻하는 'cunt'가 있다. 요람 속 아기들의 보호자인 로마 하늘(천국) 여왕의 이름은 쿠니나였다.**65**

교차로(십자로)　　　　　　　　Crossroads

마녀들은 보통 교차로에서 연회sabbats를 열었다고 하는데 그 이유는 토속종교에서 교차로가 '지하세계의 여주인' 헤카테 여신(그리스도교에서는 마녀의 여왕)에게 바쳐진 신성한 장소였기 때문이다. 로마 제국 내내 교차로에는 헤카테 여신과 **헤르메스**, 디아나의 이미지가 세워져 있었는데 이는 그리스도교 시대에 이르러 십자가로 교체되었다. 로마에서 교차로는 '콤피타'라고 불렸는데, 콤피탈리아라는 축제 동안 사람들은 길가에 만들어진 사원들에서 '교차로의 정령들Lares compitales'을 경배했다.**66**

　그리스도교인들 역시 교차로에서 지하세계 신들을 경

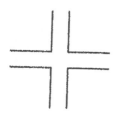

교차로(십자로)

배하는 관습을 계속 지켰지만, 고대의 신들이 **악마**로 규정된 후부터 이런 경배는 처벌을 받았다. 10세기에 이르러 여성들이 교차로에서 '대지 어머니'에게 자신의 아이를 바치는 죄를 범하는 경우 3년간 굶기는 교회령이 만들어진 것이다.[67]

왕관 Crown

왕족의 권위를 상징하는 왕관은 이집트 파라오의 이중관(상이집트 왕관과 하이집트 왕관을 합쳐서 쓰는 것), 근동 지방의 신왕god king이 쓰는 티아라, 여신들의 거룩한 화관과 잎관에서 진화한 물건이다. 특히 이 여신들의 관은 인도에서 북유럽에 걸쳐 신성한 결혼을 받아들인다는 의미로 선택된 배우자들에게 씌웠던 것이다. 머리 장식은 어떤 종류든 항상 신격화apotheosis를 수반했다. 초기 그리스도교인들은 순교를 "왕관을 쓴다"고 표현했는데, 모든 순교자들에게 하늘에서 특별한 왕좌를 부여받고 귀한 금속과 보석으로 만든 왕관을 쓴 채 하나님 오른편에 앉게 되리라는 가르침을 받았기 때문이었다.

왕관

그리스로마 문화에서 자비로운 주인은 모든 손님에게 왕관을 제공하는 관습이 있었다. 보통 올리브, 월계수 또는 다른 잎으로 장식한 화환이었다. 이는 모든 손님은 왕처럼 대접받아야 한다는 환대의 법칙을 상징적으로 표현했다.

현존하는 그리스도교 국가의 가장 오래된 왕실 인식표 중 하나인 랑고바르드의 철관●은 롬바르디아의 테오델린다 여왕(570~628)의 소유였다고 한다. 하지만 이 유명한 롬바르드의 '철관'은 9세기에 만들어진 것으로 보인다.

카발라의 상징 중 케테르 왕관은 여성적인 측면(셰키나)과 결코 분리되지 않는 통합적인 신의 한 형태를 나타냈고, 따라서 이 관은 양성적 '지혜'를 뜻하게 되었다. 헤르메스가 아프로디테와의 결합을 통해 헤르마프로디토스로서 지혜의 왕관을 얻은 것과 같은 이야기다. 케테르는 '신의 신성한 결혼'이라는 고대의 보편적 사고를 보존하고 있는 상징인데, 신은 이 신성한 결혼을 통해서 신적인 힘의 원천인 여신으로부터 직접 힘을 얻을 수 있었다.[68]

●
랑고바르드 왕국과 중세 이탈리아 왕국을 상징하는 왕관이자 그리스도교의 성유물이다. 은으로 된 띠 주위에 금을 두르고 보석으로 장식한 형태이지만, 예수의 몸에 박혔던 실제 못인 성정을 두들겨 펴 발라서 철이 들어가 있다고 해서 '철관'으로 불린다. 현재는 몬차 대성당에 보관되어 있다.

잔(컵)   Cup

잔(컵)의 상징적 의미는 복잡한데, 자궁 그릇이라는 모계
중심적matriarchal 이미지에서 시작해 피로 가득한 부활의 성
작(chalice, 성찬용 포도주를 담는 잔)이라는 또 다른 가부장적
대체물로 옮겨갔다. 잔은 이전의 의미를 계속 유지했지만
그 안에 담긴 피는 남성화된 것이다. 생명을 주는 자궁의 월
경(달의 피)은 한 남자의 피로 재해석되었고 이 남자는 피를
만들기 위해 당연히 죽어야 했다. 노력이 부족했던 것은 아
니지만, 남자들은 상처 없이 피를 흘리는 여성의 비법을 결
코 배울 수 없었다. 죽어가는 남성 희생자는 '구세주'가 되
었고 그의 피는 어머니 피가 그러했듯이 새 생명을 주었다.

그리스도교가 이를 차용하기 오래전부터 이런 이야기
의 기본 골격은 존재했다. 인간과 동물을 비롯해 온갖 종류
의 남성 희생이 시도되었다. 수천 년 동안 이들의 피가 신과
인간에게 바쳐졌다. 귀한 피가 신을 위한 음식, 그리고 인
간의 영적 양분이 되어야 한다고 믿었기 때문이다. 그래서
'하늘 아버지'는 희생제물을 바치라고 요구하고, 그 피를
취한 뒤에 흡족해 했다. 성경의 신은 동물 도축에서 흘리는

피를 모두 요구했다. 그래서 유대교에서는 피를 완전히 뽑아내는 코셔 도축*이 시행되었다. 피는 금지된 음식으로 신을 위한 것이었다. "생물의 목숨은 그 피에 있는 것이다. 그 피는 너희 자신의 죄를 벗는 제물로서, 제단에 바치라고 내가 너희에게 준 것이다. 이 피야말로 생명을 쏟아 죄를 벗겨주는 것이기 때문이다."(「레위기」 17:11) 신에게 제물의 피를 바치는 의례적 절차로 피가 담긴 잔을 하늘을 향해 올렸는데, 이 동작은 "성체를 들어 올리는" 행동으로 여전히 지켜지고 있다.

피를 담은 신의 잔(컵)은 시간이 흐르면서 포도주가 담긴 잔으로 변화되었다. 인간을 제물로 바치는 일은 너무 혐오스러웠고 동물을 제물로 바치는 일은 비용이 너무 컸기 때문이다. 포도주는 지구의 피였고, 희생의 포도주 신인 디오니소스-바쿠스, 혹은 아도니스(유대교의 아도나이) 혹은 이집트 신 오시리스의 피이기도 했다. 사람들은 점차 포도주를 따르는 모든 경우에 잔을 들어 올리는 의례적 동작을 취하게 되었다. 질투가 많은 신들이 화를 내거나 앙심을 품지 않도록 이들의 몫을 바쳐야 했기 때문이었다.

* 신속하고 완전한 출혈을 유도해 가능한 한 빨리 죽이도록 하는 유대교의 도축 방법.

이러한 미신적 행위는 그리스도교에서 성체 잔을 들어 올리는 경건한 행위와 인사나 건배를 위해 잔을 들어 올리는 세속적 관습의 공통 조상이라 할 수 있다. '인사salutation'는 문자 그대로 건강을 기원한다는 의미인데, 이는 잔을 들어 올릴 때 보통 모두가 바라는 바다. 즉 신이 자기 몫의 포도주(피)를 받아 만족함으로써 질병의 재앙을 보내지 않으리라는 보증이었다. 잔을 들어 올리는 행위는 또 신을 맹세(서약)의 증인으로 만드는 일반적인 방법이 되기도 했다. 그렇게 함으로써 맹세의 당사자들은 자신들의 말에 각각 책임을 져야 했다. 먼저 잔을 하늘에 바친 후에 그 컵에서 각각의 몫을 마시게 되면 그들은 신이 보기에는 같은 피를 지니게 된다.

이러한 생각은 곧 토속종교의 결혼 의식에 포함되었다. 그 목적은 신부와 신랑이 신에게 같은 피로 보이도록 하는 것이었고, 역사상 가장 오래된 친족법, 즉 (자궁의) 혈연법에 의해 서로를 해치지 못하는 관계가 되었다. 집시 결혼식 같은 혼례식에서 신부와 신랑은 서로의 피 몇 방울을 나눠 마시거나 친족을 상징하는 포도주를 하나의 잔에서 나눠 마셨다. 그들의 피가 같은 '자궁'에서 왔음을 공표하는 행위였다.

스위스에서는 18세기까지 신랑 신부가 함께 포도주를 마시는 행위가 법적으로 성혼을 인정하는 요소였다. 교회는 1541년에 이를 금지하면서 정식 결혼식이 이루어져야만 결혼이 성립될 수 있다는 단서를 달았다. 그럼에도 불구하고 토속종교의 관습은 계속 이어졌다.[69]

특별히 중요한 선서를 한 후에 잔(컵)을 던져 깨뜨리는 관습도 이와 관계가 있다.(유대교 결혼식에서도 이런 관습이 여전히 이루어지고 있다.) 맹세를 하고 잔(컵)을 깨뜨리면 그 맹세를 담고 있던 그릇이 사라지기 때문에 바꿀 수도 되돌릴 수도 없는 효과가 있다고 본 것이다.

중세의 토속신앙인들과 마녀들, 그리고 연금술사들에게 잔(컵)은 보편적으로 어머니 원소인 물, 특히 지구와 지구상의 모든 생명을 탄생시켰다고 믿는 바다 자궁의 물을 상징했다. **타로카드**에서 컵 슈트도 그러한 물 원소를 상징했고 나중에 트럼프 카드에서는 역시 어머니 상징인 하트 카드로 대체되었다. 켈트족 전통에 따르면 바다에서 온 마법의 잔(컵)은 진실을 의미했다. 거짓말을 세 번 하는 순간 잔이 세 조각으로 깨어진다는 것이다.

마법과 관련된 생각들이 계속해서 추가되었는데 특히 교회의 성작chalice처럼 거룩한 의미들도 점점 더 늘어났다. 성직자들은 성작을 치유나 다른 기적적인 사건을 위한 도구로 발전시켰다. 영국의 작은 도시 라이의 한 부목사는 1538년에 백일해를 앓는 아이가 성작에 담긴 음료를 세 번 마시면 나을 수 있다고 공언했다.[70] 왕자들은 특별히 자신들만을 위해 만들어진 잔(컵)을 소유했는데 가능한 가장 비싼 재료를 사용해서 만들었고 정교하게 디자인하고 보석으로 장식하기도 했다. 대관식, 왕족의 결혼식, 승리의 축제 같은 특별한 행사에 사용할 봉헌용 잔(컵)들도 제작되었다. 지금까지도 '우애의 술잔loving cup'은 경주나 경기에서 승리의 가장 일반적인 엠블럼이다.

알과 화살 프리즈   Egg and Dart Frieze

고전 그리스 시대 건축물의 장식 형태로 19세기 신고전주의 운동에 의해 널리 퍼졌고 오늘날까지도 많은 건물의 내

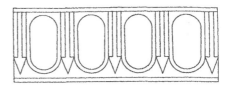

알과 화살 프리즈

외벽 장식에 사용된다. 이 장식의 원래 의미는 남자(화살)와 여자(알)가 교차되면서 끝없이 이루어지는 선이나 원을 그리는 것이었다. 탄트라 마법의 원(차크라)에서처럼 각각의 남자(화살)는 힘의 여성적 표현인 샤크티를 동반했다.[71] 이런 형태는 여전히 전통 춤과 마술에서 사용되는데, 축복이나 입회의 비밀 같은 것이 남성에서 여성으로, 여성에서 남성으로 흘러가는 모습을 보여준다. 로마에서 이 디자인은 '비너스 마르스 프리즈Frieze of Venus and Mars'로 알려졌다. 홀수로 존재하는 알은 불멸을 뜻한다고 하는데 홀수가 생명을 주는 여성의 힘을 일깨웠기 때문이다.[72]

고대의 알과 화살 프리즈에 함축된 성적 의미는 이집트 버전에서 훨씬 더 명백하다. 여기서 아래로 향한 남근 상징이 좁은 계란형 구멍과 교차되는데, 이 구멍의 위쪽으로는 다이아몬드 형태로 마무리된 '클리토리스'가 달려 있다. 이 장식은 특히 '저승으로 가는 문Gates of the Other World' 중 다섯 번째 철탑 지붕을 따라 나타난다. 이집트학 연구자들은 이런저런 용어를 사용해 이 프리즈의 뚜렷한 생식기 형태를 부인하면서 이것이 다만 '뜨거움', '젊음의 힘', 혹은 '생

식력'이라고 해석한다.**73**

깃털 Feather

깃털은 이집트에서 아주 신성한 의미를 나타냈다. 사후에 어머니 마아트의 깃털에 견주어 영혼의 무게를 저울에 단다고 믿었기 때문이었다. 마아트는 '진실'을 의미했고 죽은 자가 (죄로 인해) 얼마나 무거운지를 밝혀냈다. "깃털처럼 가볍다"는 말은 죄의 부담에서 해방된다는 의미였다. 마아트의 깃털은 상형문자에서 진실의 상징으로 사용되었다.**74**

깃털은 또 공기의 상징이었고 당연히 새의 상징이기도 했다. 새는 보통 영혼이 환생한 것으로 여겨졌기 때문이다. 이집트의 일곱 영혼들은 각각 새[ba]로 묘사되었는데 깃털을 달고 날면서 묘지를 드나들었다. 깃털은 유노의 로마 사원과 다른 여신 사원에서 사용되었다.

깃털이 갖는 고대의 마법은 유럽의 민속 전통에서 계속 보존되었다. 아일랜드해 맨섬의 어부들은 자신들을 보호해 줄 깃털 없이는 바다로 나가지 않았다. 이 깃털은 달 여신 마나의 성지인 맨섬에서 새해 첫날 의례를 위해 도축된

굴뚝새의 것이었다. 여신의 신성한 새는 '제니 굴뚝새'라고
불렸다.(굴뚝새 참고)

도리깨와 지팡이   Flail and Crook

곡식의 낟알을 떨구는 도리깨와 양치기의 지팡이는 **오시
리스** 신의 주요한 상징물이었는데 도리깨는 수확 도구로서
오시리스 성찬eucharistic의 밀을, 지팡이는 영혼의 무리를 지
키는 **선한 목자**를 상징했다. 오시리스의 몸은 곡식에 비유
되었는데 그 새싹이 실제로 신의 모습을 따라 만든 인형 위
에서 자라나 성찬식communion에 사용할 떡(빵)을 만들 때
사용되었다. 그를 먹는 모든 숭배자들은 그렇게 각각 오시
리스가 되었고 신처럼 불멸의 삶을 갈망할 수 있었다.

　다른 신, 파라오, 사제, 고위 관리들이 종종 오시리스의
모습을 한 미라 형태로 나타나곤 하는데 이는 그와 동일한
직위와 불멸의 약속을 의미하는 것이다.

고랑   Furrow

꽤 노골적인 여성 성기의 상징인 고랑은 많은 신화와 신화

적 이름에 사용된다. 가령 힌두교 신 라마의 부인 시타의 이름은 '고랑'을 의미한다. 고대 에트루리아 신화는 '어머니 대지'의 아들인 타지스라는 영웅에 대해 얘기하는데 그는 "고랑에서 태어났다".[75] 남성 신들은 때때로 어머니 대지 여신들과 짝짓기를 하는데 그 증거로 고랑에 '부싯돌' 형태를 남겨두었다. 한 이집트 부활 의례는 "마아트 여신 고랑에서 부싯돌 **왕홀**을 찾았음"을 언급했다.[76] 로마의 한 중요한 종교 의식에는 제우스의 배우자를 재현하는 고랑에서 "제우스의 부싯돌"을 찾는 순서가 포함되어 있었다.

고랑의 신성은 경계선과 국경선을 긋는 일에까지 영향을 미쳤다. 로물루스는 쟁기로 고랑을 매서 로마 지역을 만들었다고 한다. 북유럽에서는 프레이야 여신이 윌란드섬을 스웨덴에서 분리할 때 주위에 고랑을 팠다고 전해진다.[77] 누군가는 이 여신을 하늘의 경계선과 별자리들의 여왕인 처녀자리와 동일시했을지도 모른다. 처녀자리 이름이 이 별자리에서 가장 밝은 별 스피카의 이름과 마찬가지로 '고랑'을 의미했기 때문이다.[78]

문 Gate

'천국의 문janus coeli'은 그리스도교 교회의 보호구역 가림막을 지칭했다. 이는 영지주의에서 토속종교의 처녀 여신 브리모Brimo를 칭하기도 했는데 이 여신은 엘레우시스 밀교에서 여신의 성스러운 아기, "축복받은 이온 중의 이온"과 함께 숭배되었다. 이와 똑같은 호칭을 동정녀 마리아가 물려받았다.[79] 문이 여성의 생식기를 상징한다는 사실을 숨기기 위해 수많은 알레고리가 덧칠되었다. 이 문을 통해 생명이 탄생했고, 이 문으로 적어도 남성의 일부가 통과해 성적인 "천국"뿐 아니라 남근적 영의 상징적 죽음에 도달했다. 하지만 성경에서 에제키엘의 비전에 나타난 사원의 동쪽 문에 대한 하나님의 말씀은 예수의 강림을 예언한 것으로 이해되었다. 그 문은 예수 어머니의 처녀성을 상징했다. "이 문은 닫아놓아야 하며 열어서는 안 된다. 아무도 이 문으로 들어가서는 안 된다. 이스라엘 하나님, 나 여호와가 이 문으로 들어왔기 때문에 이 문은 닫아두어야 한다."(「에제키엘」 44:2) 성경에서 예수의 형제와 자매들을 언급하고 있음에도 불구하고 초기 교부들은 마리아가 예수 전후

문

•
러드라고도 부른다. 켈트 만
신전 중 한 위를 차지하는 신
격이다. 그 이름이 직접 새겨
진 명문은 찾기 힘들지만 지명
등에 남은 어원을 추적할 수
있다. 갈로로마인 문화에서
루구스는 루그두눔이라는 이
름으로 로마의 메르쿠리우스
와 동일시되었다. 웨일스 신화
의 러이 라우 거페스와 아일랜
드 신화의 루 라와더는 이 루
구스가 중세에 인간으로 격하
되어 기록된 것이다. (성배 항목
참고)

••
그리스도교가 전래되기 전 에
린(아일랜드의 옛 이름)에서 숭
배된 신으로, 그 숭배 의식 때
는 인신공양을 통한 속죄 의식
을 행했다. 존 리스는 『켈트 이
교국』에서 크롬이 그리스 신
화의 제우스처럼 '높은 자리'
에서 숭상받던 게일 민족의 최
고신이었을 것임을 시사했다.
9세기에 쓰여진 『성 파트리치
오의 삶 3부작』에서는 이 신
의 우상에 대해 금과 은으로
덮인 중앙의 조각상을 열두 개
의 청동 조각상이 둘러싸고 있

로도 일반적인 방법으로 아이를 임신하지 않았음을 증명
하기 위해 이 구절을 사용했다. 이 구절은 또한 일반적으로
처녀성을 은유하기 위해 사용되었다.[80]

에노디아는 아르테미스 혹은 헤카테의 칭호였는데 교
차로(십자로)와 문의 수호자였다. 특히 탄생 문의 수호자였
는데 왜냐하면 이 여신은 신성한 산파로 출산에 도움을 준
다는 믿음이 있었다. 소포클레스는 에노디아가 페르세포
네의 칭호이기도 하다고 말했다. 페르세포네는 지하세계
의 여신으로 죽음의 문을 지배하는 '파괴자'였다.[81]

한때는 런던의 수호신이었던 구세주 신 루구스•의 숭배
자들에 따르면 런던에 있는 러드게이트힐의 이름은 지하
세계로 가는 문인 '러드의 문'이라는 뜻으로 지어졌다. '블
러디 크레센트(크롬 크루어히,•• 피 묻은 초승달)'라 불리는 거
대한 돌이 러드의 희생과 죽음의 문 통과를 기념하기 위해
문 앞에 세워져 있다. 이 문은 12세기 성직자 몬머스의 제
프리가 신화 속 구세주 왕 벨리누스와 관련해서 언급한 문
과 같은 것일지도 모른다. 벨리누스는 러드의 또 다른 버
전인 벨[Bell] 신이다. 벨리누스는 런던에 "요즘까지도 사람

들이 빌링스게이트라고 부르는" 엄청난 문을 세웠다고 한다.[82] 지금은 '벨리누스의 문'을 뜻하는 '빌링스게이트'가 영국에서 '욕설'이라는 뜻으로 쓰인다.●●● 아마도 늘 희생 제의를 통해 바쳐질 신을 이 문을 통해 지하세계로 보냈던 저주가 연상되었기 때문일 것이다.

화로 Hearth

라틴어에서 가정의 화로(난로)는 '포커스focus'라는 단어로 표현되었다.[83] 화로는 씨족과 부족의 삶에서 중심이었고 고대 여신 **베스타**(그리스 여신 헤스티아)에게 바쳐진 것이었다. 화로는 통치권을 지닌 가모장이 주재했고, 불은 살아 있는 '가정의 성령'으로서 화로를 밝혔다. 사람들은 화로 구덩이가 지금은 지하세계에 있는 조상의 영에 닿을 수 있는 장소라고 믿기도 했다.[84] 로마 제국이 성장하면서 정치·사회적 통일체가 된 도시의 중심부는 베스타 사원의 화로(포커스)에 있었다. 그곳에서 신성한 여인들이 화롯불을 지키고 있었고 불은 절대로 꺼지면 안 되었다.

현대 그리스인들은 여전히 조상들이 경의를 표했던 화

다고 묘사하고 있다. 파트리치오가 우상으로 다가가 주교장을 들어올리자, 중앙의 조각상이 주교장의 자국이 찍힌 채 쓰러졌고, 그 주위의 열두 조각상은 땅 속으로 가라앉았다. 우상의 주인이 나타나자 파트리치오는 그를 저주하고 지옥으로 던져버렸다는 내용이다. 이 신의 우상에 대한 고고학적인 발굴도 이루어진 상태다.

●●●
영국 런던의 빌링게이트 수산 시장은 로마 점령기부터 시작되어 노점에서 울려 퍼지는 저속한 언어로 악명이 높았다고 한다. 영국 작가 라파엘 홀린셰드는 1577년작 (셰익스피어의 『리어왕』의 저본이었을 것으로 추정되는) 『레이어 왕』에 이들의 저속한 언어 구사에 대해 기록한 바 있다. 전령의 언어에 대해 "빌링스게이트의 굴부인처럼 혀가 나쁘다"고 묘사한 대목이 그것이다. 17세기 중반에 이르러 빌링스게이트는 욕설의 대명사가 되었다고 한다.

화로

로의 여신 헤스티아를 기억한다. 적어도 상징적으로는 그렇다. 이오니아에서는 크리스마스에 포도주와 기름을 가운데가 뚫린 커다란 케이크 중심을 통해 화롯불 위에 붓는다. 이런 화로 의식은 헤스티아에게 제물을 바치는 오래된 가정 문화에서 왔다. 헤스티아의 상징은 화롯불, 즉 가정의 종교적 중심이었다.[85]

투구   Helmet

고대의 투구가 보여주는 정교한 모양과 장식은 단순히 머리를 보호하는 장치 이상임을 알려준다. 투구는 **왕관**처럼 직위나 신성한 지위의 표식으로 사용될 수 있었다. 예를 들어 **아테나** 여신은 항상 눈에 띄는 문장紋章을 한 투구를 쓰고 있는데 이는 아마도 지혜를 상징했을 것이다.

투구를 뜻하는 영어 '헬멧helmet'은 지하세계의 여왕인 헬 여신에서 왔다. 여신은 자기가 좋아하는 지상의 사람에게 마법의 투구를 선물했다. 그런 마법의 투구를 '헬카페 Helkappe'라고 불렀는데 타른카페Tarnkappe● 또는 타른헬름 (독일어로 'helm'은 투구라는 뜻) 즉 '어둠의 모자'로도 알려졌

● 독일어에서 tarn은 '위장,' kappe는 '모자'라는 뜻.

164

아테나의 투구
그리스 암포라●● 항아리에 그려진 모습

다. 이 마법 투구를 쓴 사람은 죽은 자의 혼령처럼 눈에 보이지 않았다. 그는 눈에 띄지 않게 헬의 비밀의 땅, 지하세계와 천국의 장미 정원을 통과한 후에 아무 일도 없었다는 듯 다시 산 자들의 세계로 돌아올 수 있었다. 이 신성한 징표talisman는 말할 필요도 없이 중세 시대에 큰 인기를 누렸고 수많은 시가와 서사의 소재가 되었다.

흔들목마   **Hobbyhorse**

많은 토속종교의 상징들처럼 흔들목마도 아이들의 놀이 영역에서만 오래 살아남았다. 목마는 아이들이 다리 사이에 끼고 말을 타는 것처럼 상상하는 말머리 모양의 막대기가 되었다. 이 순수해 보이는 장난감은 로빈의 변형으로 영어 속어에서 **악마**의 또 다른 이름인 호브, 호빈, "늙은 호브"로 불렸다. 목마를 타는 건 "홉을 일으킨다", 즉 악마를 일으킨다는 의미였다. 이는 신비주의적 깨달음을 얻거나 신격화되었다는 표시로 저승의 말을 탔던 고대 토속종교의 샤먼을 상징하는 것이었다.(말horse 참고)

르네상스 시대 축제에서는 어릿광대들jesters이 목마를

●●
그리스로마 시대에 사용된 양 손잡이가 달리고 목 좁은 커다란 항아리, 아테나이를 중심으로 한 아티카 지방에서 그 초기 형태가 만들어져서 아티카 양식이라고 부른다.

흔들목마

탔는데, 이 광대의 이름은 13세기 아프가니스탄에 기반을 둔 신비주의자 학파를 지칭하는 치스투(스페인어), 치스티(아랍어)에서 유래한 것이었다. 이들은 자신들을 '신의 바보들'이라 불렀고 때때로 박해를 피하려고 바보인 척했다. 떠돌이 사도였던 이들은 서쪽으로 여행을 했는데 많은 사람들이 모이는 공공장소에서 음악을 연주하거나 익살스러운 행동으로 군중의 관심을 끈 후에 수피 신비주의 이야기를 들려주었다. 아랍의 음유시인들과 바스크인들은 자말자인(zamalzain, Zamil el-zain, '절뚝거리는 축제용 말'이라는 뜻)이라고 불린 이들의 말머리 지팡이를 모방했다.[86] 절뚝거리는 걸음걸이는 아이들이 말의 걸음걸이를 흉내 내는 것과 비슷했는데, 이렇게 해서 "절뚝거리는 말hobblehorse"이라는 목마의 또 다른 변형이 만들어졌다.

호건   Hogan

나바호 인디언들이 호건이라고 부르는 팔각 형태의 집은 우주 전체를 상징했다. 여덟 개의 면은 사방 구석구석뿐 아니라 그 사이 사이까지도 모두 향하고 있다. 출입구는 항상

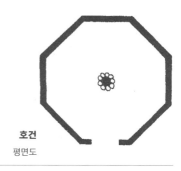

호건
평면도

동쪽에서 뜨는 해를 마주한다. 중앙의 화덕(화로) 구덩이 fire pit는 집의 심장이었는데, 애초에 인디언들이 자기들의 땅을 우주의 심장으로 여겼기 때문이다. 지붕에 있는 중앙 연기 구멍을 통해 피어오르는 연기는 하늘과 소통했다.[87]

뿔   Horns

고대에 뿔과 뿔 달린 신을 숭배한 것은 달의 뿔을 연상한 것에서 유래했을지도 모른다. '뿔 달린 자'라는 뜻의 케로에사는 신성한 달-암소인 '어머니 헤라'와 이오의 태곳적 칭호였다.[88] 학자들은 크로노스라는 이름에도 '뿔 달린'이라는 뜻이 담겨 있으리라 추측한다. 왜냐하면 이 이름은 아시리아와 바빌로니아의 가르누garnu, 히브리어와 페니키아어의 게렌geren, 카르누임Qarunim 또는 케레노스Kerenos에서 온 것인데, 이는 아폴로스 카르나이오스●를 닮은 뿔 달린 신의 이름이었기 때문이다.[89] 아폴로스 카르나이오스 자체가 크로노스의 다양한 형태 중 하나이기도 하다. 켈트족의 뿔 달린 신인 **케르눈노스**도 비슷한 신이었다. 그리스도교에서 이들을 모두 **악마**로 규정하면서 이런 저런 신들

● 카르나이오스는 숫양의 뿔을 뜻하는데 도리아인 또는 펠로폰네소스 사람들의 신이었다. 제우스와 유로파의 아들로 아폴로와 레토의 손에 길러졌다고 한다. 나중에 아폴로와 합쳐져 아폴로스 카르네이오스라는 신성이 되었다.

뿔

수소 머리 그릇, 크로소스

이 복합되어 만들어진 악마의 형상은 이들 모두로부터 뿔
을 이어 받았다.

속이 파인 동물 뼈는 북유럽에서 종종 물 마시는 그릇,
투구 장식, 악기 등의 용도로 사용되었다. 토속종교에서 심
판의 날 최후의 나팔은 헤임달 신이 부는 "울리는 뿔(그얄라
르혼)"이라고 했다. 뿔나팔을 부는 것은 (우리가 새해에 그렇게
하듯이) 여전히 축하 의례에 속했는데 이전에 그 소리가 교
회의 종소리처럼 악령을 몰아낸다고 믿었기 때문이다. 유
대인들은 악마의 영향을 없애기 위해 속죄일 마지막에 신
성한 뿔나팔(쇼파르)을 부는 고대의 관습을 여전히 간직하
고 있다.[90]

뿔과 남자의 머리카락은 일반적으로 성적 에너지를 상
징했고 이는 황소, 숫양, 수사슴, 그리고 염소 신뿐 아니라
그리스도교가 만들어낸 지나치게 정력적인 악마들과 연
관되었다.[91] 중세의 그리스도교 지도부는 숫양의 뿔을 땅
에 묻으면 아스파라거스가 자란다고 주장하는 등 뿔이 지
닌 마법의 생식력에 대한 믿음을 계속 이어갔다.[92]

물 항아리   Jar

물을 쏟아내는 항아리는 이집트와 근동 지역의 초기 문명
부터 생식력을 상징했다. **이시스** 여신은 자신의 목에 물 항
아리 모양의 부적을 달고 있었는데 이는 생명 물의 원천인
분수, '마Ma의 엠블럼' 혹은 '태고의 여성적 구멍인 어머
니'를 재현했다. 로마의 철학자 아플레이우스에 따르면 항
아리 속의 물은 **오시리스**를 재현하기도 했다.[93] 이 신의 부
활을 위한 의례에서 나일강의 물을 높이 들어 올렸는데 이
는 오늘날 그리스도교 제단에서 성배를 들어 올리는 것과
같았다.[94]

인도에서는 어떤 신도 물 항아리로 구현될 수 있었다.
이 항아리는 예배가 진행되는 동안 신의 신성한 자리 피
타pitha였다.[95] 그리스에서 물 항아리라는 의미의 '피토스
pithos'는 이와 어원이 같았다. 여신이 배우자와 결합하는 것
은 종종 두 개의 물 항아리에서 나온 물을 섞는 것으로 묘
사되었다. 소아시아의 고대 국가 프리기아의 신화에서 데
메테르 카비리아가 젊은 신 카비리우스를 배우자로 택했
을 때 두 신은 물 항아리로 표현되었다.

물 항아리
라가시 유물, BC 2200년경

예수를 예루살렘으로 이끄는 물 항아리를 든 신비로운 남자에 대한 복음서의 이야기(『루가의 복음서』 22:10)●는 바빌로니아의 의례에 바탕을 두고 있다. 여기서는 구원의 신 네보(나부)가 "물 항아리를 든 자"에 의해 제물로 희생된 후에 부활하는 역할을 맡았다. 오시리스, 카비리우스, 그리고 다른 생식력의 신들을 숭배할 때 물 항아리는 일시적으로 신 자체를 상징했다.

디오니소스를 기리는 봄의 재생 축제이자 사흘 동안 열리는 안테스테리아 축제의 중요한 특징은 물 항아리 의식이다. 첫날에는 '물 항아리 열기Pithoegia'로 직전 수확기에서 얻은 새 포도주를 맛보았다. 둘째 날은 '항아리 축제Choes'로 최고의 집정관 아내가 형식적으로 신에 의해 임신을 했다. 세 번째 날은 '옹기 축제Chytroi'로 죽은 자의 혼령이 달래지고 포도주의 신처럼 지하세계에서 부활된다고 믿었다.⁹⁶ 봄의 구원자와 물 항아리의 연관은 그리스도교가 이를 흡수하기 아주 오래전부터 있었다.

●
"예수께서 이렇게 지시하셨다. '너희가 성안에 들어가면 물동이를 메고 가는 사람을 만날 것이다. 그 사람이 들어가는 집으로 따라 들어가서.'"

열쇠   Key

열쇠는 그리스도교의 교황이 '천국의 열쇠'라고 주장하기 오래전에 사후세계에 대한 지식을 상징했다. 이집트의 앙크는 나일강의 열쇠라고 생각했는데, 나일강은 지상의 강이면서 축복 받은 자들의 별 밭(은하수)인 하늘을 비춘다고 보았다. 페트로스(베드로)가 된 토속종교의 페트라처럼 열쇠를 쥔 신들은 천국의 문을 통과하도록 입장을 허락하거나 거절할 수 있었다. 『에녹1서』는 천상의 집 입구를 지키는 자(라틴어로 야니토르janitors인) "열쇠 쥔 자"를 언급한다.[97] 페르세포네 여신은 원래 하데스로 들어가는 열쇠를 가진 자였다.[98]

열쇠는 오컬트 신앙에서 종종 깨달음을 의미하는 '내적 성지'로 들어가는 신비의 문을 여는 것을 의미했다. 그런 열쇠들은 "열려라, 참깨"나 이집트어의 "헤카우(권력의 말)"와 같은 언어였다.(옴 참고) 오시리스 신화에 따르면 신성한 말들이 천국으로 가는 열쇠였고 그래서 "위대한 신비"인 열쇠는 비입문자들 몰래 숨겨놓아야 한다고 했다.[99] 이와 비슷하게 소포클레스는 엘레우시스 제전(입회 의식)에서 의

열쇠

식을 집행하는 사제의 혀를 황금 열쇠라고 했다.

이 같은 언어적 '열쇠'가 교황에게 속한 것이라는 주장도 있는데, 페트로스와 관계된 유명한 성경 구절 때문이다.(「마태오의 복음서」 16:19)● 예수가 천국의 열쇠를 페트로스에게 주었음을 분명히 기록한 문장이라는 것이다. 교황의 수위권, 수장권primacy, 收藏權에는 안 된 일이지만 이 구절은 페트로스가 활동했던 시대와 맞춰보면 거짓임이 드러난다. 동방 교회와의 정치적 투쟁에서 로마인을 지원하기 위해 3세기 후에 복음서에 집어넣은 것이기 때문이다.

중세의 **타로카드** 상징에 따르면 교황이 아니라 여교황이 모든 중요한 열쇠를 쥐고 있었다. 여교황은 그리스인들이 죄인과 축복받은 자들 모두 사후에 가게 된다고 믿은 지하세계의 입구(그녀의 등 뒤에 숨겨진 문)를 지키는 페르세포네와 같았다.

열쇠의 이런 풍부한 오컬트적인 의미들로 인해 중세의 마법사들은 어떤 종류의 열거나, 풀어주거나, 내보내거나 하는 일이 있으면 실제 열쇠를 마법의 도구로 활용했다. 이오니아에서는 철로 된 열쇠를 지하세계의 문을 열 수 있도

● "'또 나는 너에게 하늘나라의 열쇠를 주겠다. 네가 무엇이든지 땅에서 매면 하늘에도 매여 있을 것이며 땅에서 풀면 하늘에도 풀려 있을 것이다.' 하고 말씀하셨다."

록 죽은 자와 함께 묻었다. 독일인들은 아기의 요람 안에 열쇠를 두었는데 그러면 요정들이 아이를 납치하지 못할 거라고 생각했다. 교회나 다른 신성한 건물, 그리고 죽어가는 자의 머리 밑에 열쇠를 두는 건 흔한 관례였는데 영혼이 지나가는 걸 도와주기 위해서였다. 세르비아의 옛 마법은 산아제한을 위해 자물쇠와 열쇠를 서로 분리하고 부부가 특정한 마법의 말을 하면서 그 사이를 걸어가도록 했다. 이는 상징적으로 여성과 남성을 분리하는 것이다. 이 마법은 일관되게 실패했을 것이 분명한데, 그때마다 사람들은 실패의 원인을 마법의 말을 틀리게 발음한 것으로 돌렸다.[100]

유대인 산파들은 출산 중인 여성의 손에 시나고그(유대교회당)의 열쇠를 놓아주곤 했다. 이 신성한 열쇠가 아이를 "풀어주어" 출산에 도움을 준다고 믿었다. 이 마법은 초교파적이었는데, 동네에 시나고그가 없으면 가까운 교회(성당)에서 열쇠를 빌렸기 때문이다.[101]

단검 Knife

마녀의 의식용 **어서미**(아타메)처럼 단검은 일반적으로 마

단검

법이나 점술과 관련되었다. 여성들에게 단검은 도구이면서 무기였다. 허리띠에 단검을 차는 건 켈트족 여성들의 특징이었다. 아일랜드에서 그리스도교 법이 개혁되면서 여성들이 어떤 종류의 무기도 지니지 못하게 되기까지는 그랬다. 그럼에도 불구하고 허리띠에 단검을 차는 전통은 신부옷의 일부로 남아 17세기까지 이어졌다.[102]

유럽의 민속 문화에는 마법의 칼과 칼에 대한 마법 이야기가 풍부하다. 아주 특이한 물질인 "뱀의 뿔"로 만든 손잡이가 달린 단검은 확실한 독 감지기였다. "독약이 묻어 있으면 손잡이가 떨릴 것이다. 왜냐하면 뱀은 독이 많고, 독이 독을 끌어당기기 때문이다." 교황 클레멘트 5세와 요한 12세 둘 다 "뱀의 뿔로 만든" 손잡이가 달린 단검을 소지했다.[103] 아마도 실제로 이 칼날은 암탉의 이빨로 만들어졌을 것이다.

매듭 Knot

직조나 뜨개질, 그리고 매듭 같은 여성의 기술은 한때 바람과 날씨, 탄생과 죽음 그리고 운명을 마법으로 관리할 수

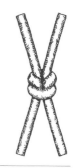

매듭
데르 엘 바하리의 하트셉수트 사원

있다고 여겨졌다. 일반적으로 남자들은 매듭을 경외심을 갖고 바라보았고 **만다라**처럼 시각적 상징으로 사용했다. 매듭의 꼬임을 따라가는 눈이 신비로운 길을 가로지를 것이라고 본 것이다. 그래서 북유럽과 이슬람 기념물에 운명의 길을 표현하는 정교한 매듭 작품들이 있다.

로마 대제사장이었던 플라멘 다이알리스는 매듭이나 뚫린 곳이 없는 **고리**ring를 몸에 지지 않았다. 자신의 정력이 "묶여 버려" 제국에 해를 끼치는 게 두려워서였다.[104] 비슷한 이유로 로마의 여성들은 곡물의 들판을 지날 때 "낟알"을 "묶어야" 하는 게 아니라면 실 감는 방추紡錘에 매듭이나 꼬임을 하면 안 되었다.[105] 여성의 매듭 마법은 중세 시대에 남자들이 두려워했는데 묶음피임법Nestelknupfen으로 알려진 이 마법이 자신들의 성 기능을 막아버린다고 믿었기 때문이었다. 마녀들이 목, 입, 눈, 또는 다른 몸의 일부를 매듭 마법으로 막아버린다고 믿는 사람들도 있었다.[106] 유대인들은 전통적으로 부부 관계의 날인 안식일에 한 손으로 풀 수 있는 매듭을 제외하고는 매듭 만드는 것을 금지했다.[107]

무슬림들은 유대인 마녀들이 특히 매듭에 대한 구전 지식에 능통하고 무함마드를 "매듭 끈"[108]으로 죽일 뻔한 적이 있다고 믿었다. 매듭 마법은 집시 여자들 사이에 널리 퍼져 있었는데 분만 중에는 출산을 "옭아매지" 않도록 옷의 매듭과 땋은 머리를 항상 풀었다.[109]

하지만 매듭 마법에 대한 그 모든 두려움에도 불구하고 그것의 원래 기능인 선행도 기억되었다. 어떤 이들은 베 짜는 사람의 실로 일곱 혹은 아홉 개의 매듭을 만들면서 각 매듭 마다 과부의 이름을 발음하면 병을 치료할 수 있다고 주장했다.[110]

램프   Lamp

다양한 민속 문화와 오컬트 종교에 알라딘의 요술 램프와 비슷한 등이 많이 있었다. 램프는 오늘날까지도 그렇지만 거의 보편적으로 깨달음을 상징했다. "어둠 속의 빛"이라는 말은 새로 태어난 이에게 빛을 가져다주는 여신 유노 루치나 혹은 디아나 루치페라를 향해 비는 창조나 탄생을 위한 주문呪文이기도 했다. 성서의 "빛이 있으라."는 신의 말은

램프
시라쿠스의 라만 테라코다

이 오래된 개념을 모방한 것이다.

유명한 마법 램프 이야기는 키케로의 딸 툴리아와 관계가 있다. 15세기 로마에서 그녀의 무덤이 발견되었을 때 무덤에는 바로 그날 묻힌 듯한 툴리아의 시신뿐 아니라 몇 세기 동안 꺼지지 않은 기적의 램프가 발견되었다고 한다. '영원한 불꽃' 이야기의 초기 버전이다. 장미십자회를 창시했다고 알려진 크리스티안 로젠크로이츠의 봉인된 무덤 안에도 (불이 꺼지지 않는 이와 비슷한 램프가) 타오르고 있다는 전설이 전해진다.

고대의 많은 테라코타 램프들은 뚜렷하게 여성 생식기 모양을 하고 있었다. 심지 구멍이 클리토리스 위치에 놓였고 성적 "불길"의 초점이라고 설명되었다. 이런 램프와 연관된 깨달음은 신비로운 지식과 연관됐을 수도 있는데 고대인들은 **여신** 사제들과 성적인 경험을 함께함으로써 이 지식을 얻을 수 있다고 믿었다.

리라   Lyre

헬레니즘 이전의 어머니 여신은 종종 리라를 들고 있는 모

리라
그리스의 얕은 부조, BC 5세기

습을 보이는데 이는 제단 뿔의 상징이자 이 악기가 만들어
내는 음악이 우주를 탄생시켰음을 상기시키는 물건이었
다.**111** 로마 장군 스키피오에 따르면 일곱 줄로 된 리라는 천
상과 직접 연결되었다. "천상의 구들은 일곱 가지 다른 음
을 만든다. 일곱이란 숫자는 존재하는 모든 것의 중심이다.
그리고 이 천상의 하모니를 리라로 흉내 낼 수 있는 남자들
은 숭고한 영역으로 돌아가는 길을 찾은 것이었다."**112**

이 길을 찾은 남자들 중 가장 자주 언급되는 이는 그 유
명한 구원자 오르페우스였다. 오르페우스는 초기 그리스
도교의 중요한 라이벌이자 많은 성례전의 모델이기도 했
다.**113** 오르페우스는 예수처럼 지하세계로 내려갔다가 계
시를 받아 돌아왔고 그를 따르는 추종자들은 그 계시를 따
름으로써 부활을 이룰 수 있었다.**114** 고전 신화에서 오르페
우스가 자신의 신부 에우리디케를 찾아 지하세계로 내려
가는 이야기는 에우리디케가 지하세계의 여신 페르세포네
의 다른 이름이라는 사실을 숨기기 위한 장치였다. 오르피
즘 숭배자들은 행복한 사후를 위해 이 여신에게 기도했다.
오르피즘 신비주의는 여신이 '깨달은 자the Enlightned One'를

"인간에서 신으로" 만든다고 가르쳤다.**115**

　오르페우스의 **머리**는 아비도스에 있는 오시리스의 머리처럼 신성한 **동굴**에 살면서 신탁을 말하고 노래를 불렀다고 한다. 오르페우스에 의해 초월성의 도구로 사용된 리라는 거문고자리로 별들 사이에 자리를 잡았다. 거문고자리는 여름 밤 하늘에서 가장 밝은 별인 베가를 포함한다. 리라가 처음에 일곱 가지 음으로 '천상의 음악'을 만들었다는 이야기가 유럽 전통에 뿌리내리면서 현재의 음계가 형성되는 데에 일조했다.

대저택　　　　　　　　　　　　　　Mansion

예수가 아버지의 집에 "있을 곳mansions이 많다"고 한 말은 (「요한의 복음서」 14:2)● 사후에 거주할 대저택들에 대한 이집트 성전聖典의 묘사에서 빌려온 관습적인 표현이었다.**116** 같은 식으로 북유럽의 신들이 거주하는 신성한 장소 아스가르드에도 대저택들이 있었다.**117** 이 말의 원래 의미는 '달의 집'이었고 '달 여신'이 매달 천상을 돌며 통과하는 황도 별자리였다.

●
"내 아버지 집에는 있을 곳이 많다. 그리고 나는 너희가 있을 곳을 마련하러 간다. 만일 거기에 있을 곳이 없다면 내가 이렇게 말하겠느냐?"

가면 Mask

그리스 비극과 희극에서 사용하는 고전적 무대 가면은 그리스로마(고전고대)의 종교극에서 가져왔다. 여기서 배우와 합창단은 얼굴에 감정을 표현하지 않아야 했다. 대신 각 인물에 맞는 표정을 크게 그린 동제銅製 가면을 썼다. 동아시아의 경극이나 일본의 가무극 노能에서는 오늘날까지 비슷한 관습이 남아 가면을 쓰거나 짙은 전통 화장을 한다.

그리스어의 테아트론(영어의 'theater'가 여기서 유래했다.)은 신들이 연극을 볼 수 있는 장소를 뜻했다. 그러므로 표정을 드러내는 가면은 인간 관중뿐만 아니라 올림푸스의 신들에게도 상황이 명확하게 드러나야 했다. 종교극은 신들이 행한 혹은 행할 것이라 기대되는 것을 의례로 흉내 내는 것이었다.

아주 원시적인 시대에서부터 가면은 신들의 것이었다. 가면을 쓰는 사람들은 신을 그대로 구현하는 존재였기 때문이다. 이집트 예술은 신들이 머리를 덮는 정교한 가면을 쓰고 인간의 모습을 하고 있음을 확실하게 보여준다. 튜턴족은 가면을 '그림grim'이라 불렀고 이는 신의 이름의 일부

로 흔하게 나타나는데 신이 실제로 가면에 깃들어 있다고 믿었음을 보여준다. 중세 교회는 이교도 신들의 모습을 형상화하지 못하도록 가면 쓰기를 금지했지만 관습은 지속되어 **핼러윈**이나 **카니발**(사육제) 같은 토속신앙에서 살아남았다.

마스크하라(Maskhara, 술 마시고 흥청대는 사람)라고 불리는 페르시아의 종파는 환영을 보기 위해 **사리풀**을 사용하거나 동물 가면을 쓰거나 마스카라라고 불리는 검은 물질을 얼굴에 발랐다.[118] 16세기의 법학자 요하네스 드 타비아는 이 종파가 스스로를 '마스카라이Mascarae'라고 부르는 마녀들의 종교집단이라고 했다.[119] 오늘날에도 마스카라는 눈 주변만 덮는 작은 도미노 가면처럼 눈 주위에 바르는 어두운 색의 화장품을 가리킨다.

거울   Mirror

반사된 모습이 우리 영혼의 중요한 부분이라는 한때의 보편적 믿음 때문에 거울과 그 밖의 반사 표면들은 오랫동안 영혼을 붙잡아 두는 물건, 혹은 (영혼이 있는) 다른 세상으로

가는 문으로 여겨졌다. 이집트인들은 '거울'과 '생명'에 같은 단어를 사용했다. 켈트족 여성들이 죽으면 소지했던 거울을 함께 묻었는데 거울이 영혼을 운반한다고 생각했기 때문이다.[120] 인도에서는 위대한 여신을 '심연의 거울'이라고 했는데 위대한 신(시바 마하드바)은 이 거울에 끊임없이 자신을 비추었다.[121] 불교 신자들은 모든 존재가 거울 속 반영 같은 것이라고 말했다. 이는 이후에 『신약 성경』의 저자가 지상의 삶이란 "거울에 비추어보듯이 희미하게" 보인다고 했던 말을 500년 정도 앞선 것이었다.(「고린토인들에게 보낸 편지 1」 13:12)• 결국 진실은 "얼굴을 맞대고" 볼 수 있게 될 것이다.[122]

유럽에는 타이탄들의 거울에 잡힌 디오니소스의 영혼과 물속에 갇힌 나르키소스의 영혼에 관한 신화들을 비롯해 마법 거울과 그 위험에 대한 민담이 풍부하다. 마녀들은 마법 거울로 점을 치는 데에 능숙하다고 전해졌다. 이런 점술의 원리에 대한 가설은 다소 혼란스럽다. 즉 모든 존재가 숨겨진 진실의 반영일 뿐이라면 거꾸로 거울이라는 '문'을 들여다보면 그 상이 다시 뒤집혀 현실이 나타나리라는 것

•
"우리가 지금은 거울에 비추어 보듯이 희미하게 보지만 그 때에 가서는 얼굴을 맞대고 볼 것입니다. 지금은 내가 불완전하게 알 뿐이지만 그 때에 가서는 하느님께서 나를 아시듯이 나도 완전하게 알게 될 것입니다."

이다.

중세의 필경사들은 거울에 내재한 영적 힘이 지나친 공부로 피로해진 눈을 강하게 만들 수 있다고 주장했다. 그래서 글을 쓰는 동안 "시력이 희미해지지 않도록" 앞에 거울을 두고 가끔 그 안을 들여다보았다.[123]

돈   Money

오늘날의 가부장제 사회에서 어쩌면 최고의 권력을 상징하는 돈은 어원적으로는 로마에서 숭배되었던 '위대한 어머니' 유노 모네타(훈계자 유노)에서 왔다. 유노 여신의 사원에는 로마 조폐국이 있었기 때문에 그곳에서 제작된 동전들은 여신의 축복을 받았다고 여겨졌고, 그렇게 귀중한 '모네타(화폐)'가 되었다.[124]

산스크리트어 아르타 또한 돈에 '어머니 대지'와 *물질적*부 둘 다를 연결시킨다. 에르타, 흐레르타Hretha, 우르다, 우르트, 그 밖에 이와 비슷한 변형들처럼 북유럽에서 대지 여신을 가리키는 이름들은 같은 뿌리에서 왔다. 여신은 토지, 식량, 심지어 귀한 금속과 보석들(이것은 여신의 창자에서 파내

일상에서 사용된 신성한 물건들   183

어진 것이었다.)까지 지구상의 모든 풍요로움을 주관했다. 그래서 집시들은 아주 오래된 전통을 따라 모든 형태의 돈에 '대지(땅)'라는 이름을 붙였다.[125]

이름

끊임없이 상징을 만들어내는 인류에 의해 발명된 모든 상징들 중에 가장 중요한 것은 아마도 이름일 것이다. 인간 사회와 의사소통의 핵심은 언어이고, 언어란 '이름 붙이기'에 다름 아니다. 많은 태고의 신화에서 사물에 이름을 붙이는 행위야말로 창조의 과정이다. 사람의 이름을 짓는 것은 종종 생명이나 영혼을 준다는 의미였다. 이집트인들은 어머니가 막 태어난 아이에게 젖으로 세례를 주면서 '이름영혼 렌'을 준다고 생각했다. 고대 인도에서는 이름이 있는 아이만을 씨족 집단의 온전한 일원으로 인정했다. 이름을 얻기 전에 죽은 아기는 영혼이 없다고 보아 애도하지 않았다. 미얀마인들은 여전히 아이가 태어나는 즉시 산파가 아이의 이름을 불러야 한다고 믿고 있다. 그렇게 하지 않으면 악령이 불길한 이름을 지어 아이를 죽일 것이라는 것이다.[126]

아이에게 이름을 붙이는 일은 가부장제 사회의 지배 그룹들이 가장 먼저 탐냈던 특권 중 하나였다. 왜냐하면 이런 작명 행위가 이전의 모계 씨족 계승을 유지하는 데 매우 중요했기 때문이다. 어머니들은 생명과 더불어 후손에게 이름을 물려줌으로써 영혼도 주었다. 중국어의 '성姓'에는 여전히 '여자 여'자가 들어 있는데 이는 사람들이 어머니는 알아도 아버지는 알지 못했던 시대부터 내려온 전통이다.[127] "아일랜드와 웨일스의 신과 영웅들은 아버지가 아니라 어머니의 이름을 땄다. [……] 더 오래된 켈트족 전통에서는 영웅이 어머니의 이름을 따고 아버지의 이름은 빼버리는 게 보통이었다."『구약 성경』에서 "누가 누구를 낳고……" 하는 명단이 종종 등장하지만 실제로 구약 시대 아기들은 어머니의 이름을 받았다.[128] 비슷하게 부계의 명단을 낭송하는 브라흐만 가부장제의 관습과 마찬가지로, 성경의 가계도는 모계 성 따르기라는 옛 관습을 뒤집기 위한 의도적 시도였음이 분명했다.

종종 모든 이름의 원천으로 여겨진 '위대한 여신'에게는 많은 이름이 있었다. 모든 씨족들이 어떤 식으로든 자신들의 기원(과 영혼이름의 기원)을 거슬러 올라가면 결국 여신에게 돌아오기 때문이었다. 이집트인들은 "무수한 이름의 이시스 여신"에게 기도를 했다. 인도에서는 "천 가지 이름의 칼리 여신"을 숭배했다.[129] 알라 신의 유명한 "99개의 비밀스런 이름들" 중 대다수는 여성 이름이거나 여성적 특징을 반영하는 이름이다.[130] 물론 목록마다 차이는 있지만 좀더 겸손한 72개 수준인 "하나님의 비밀스런 이름들"도 마찬가지다.

사제와 마법사들에게는 신을 부르는 비밀의 영혼이름을 아는 것이 매우 중요했다. 신의 이름을 통제하면 곧 신들의 행위를 통제한다고 믿었기 때문이다. 언어를 만들어낸 인간은 자신의 말과 그 말이 표상하는 것을 끊임없이 혼동한다. 중세 초기 마법사들은 자신들의 모든 힘이 신성한 이름을 아는 데서 나온다고 주장했다. 어느 마법사의 주문은 이렇다. "내가 말하는 것은 모두 이루어집니다. 내가 살아 계신 신의 아들이기 때문입니다. 나는 당신의 신성한 형체와 하나가 되었습니다. 나는 당신의 신성한 이름으로부터 힘을 얻습니다."[131] 하지만 그 시기의 많은 마법 주문들은 아버지의 이름을 사용하지 않는 모계 사회의 제도에서 물려받은 것이다. 마법 파피루스는 "어머니가 Z인 X"라는 식으로 어머니의 이름만으로 사람을 지칭한다.[132]

그리스도교의 예배, 기도, 주문, 축복, 세례, 그리고 모든 다른 의식 절차는 대체로 이름을 부르는 주술에 바탕을 둔다. "성부와 성자와 성령의 이름으로"는 모든 것을 이루게 하는 다목적 주문 방식이었다. 묘비에 이름을 쓰는 것은 죽은 자의 이름을 읽거나 부르는 것이 저승에서 **혼령(유령)** ghost을 보존하는 데 도움이 된다는 고대 믿음에서 유래한 또 다른 사례다. 죽은 자의 이름 뒤에 "신이 그를 쉬게 하소서."라는 도식적인 주문을 붙였던 이유는, 이름만 말하면 그의 혼령이 무덤에서 나와 말하는 사람을 괴롭힐지 모른다는 두려움 때문이었다. 그것은 로마 토속신앙의 관습이었는데 나중에 그리스도교에서 차용하였다.[133] "신의 비밀스러운 이름들" 또한 중세 내내 인기가 있었다. 교회 자체가 "신의 수많은 비밀스러운 이름들"이라고 인쇄된 부적을 팔았고 이것은 부적을 지닌 자가 "저주받은 죽음"을 당하지 않도록 보장했다.[134]

궁궐 Palace

궁궐이라는 말은 **베스타** 여신으로부터 왔는데 그녀의 다른 이름은 '팔라티노 사원의 여신(디바 팔라투아)'이었다.**135** 신성한 궁궐은 지상에 지어진 신들의 거처일 뿐 아니라 저승의 낙원이기도 했다. 북유럽 아스가르드 신화는 황금 궁궐 '기쁨의 집(글라스헤임)'을 중심으로 하는데, 여기가 바로 신들이 거하는 곳이다.**136** 아서왕 전설에서는 이것이 랜슬롯의 궁인 '기쁨의 정원Joyous Gard'으로 바뀌었다. 성당은 '하늘 여왕의 궁궐'이었다. 토속신앙에서 하늘 여왕에 대응하는 '요정 여왕'도 천국-궁궐에 살았다.

구덩이 Pit

요셉이 구덩이에서 지낸 기이한 이야기(「창세기」 37:24)●는 고대의 입문 의례에서 온 것처럼 보인다. 이는 상징적으로 지구의 **자궁**으로 내려가 깨달음을 얻은 새로운 상태로 재탄생하는 모습을 그린다. 요셉은 이후에 꿈을 예언하고 해석하는 사람이 되었다. 그리고 그의 "많은 색의 웃옷"은 아시리아의 꿈 해몽가가 입었던 다채로운 색깔의 예복에 비

●
"그러고는 그를 잡아 구덩이에 처넣었는데 그 구덩이는 물 없는 빈 구덩이였다."

유된 것일지도 모른다.

거의 모든 고대의 사원에는 안쪽 방 안에 입문적 재탄생의 '자궁mundus'인 구덩이가 있었다. 그리스어로 구덩이는 '아바톤abaton'이었는데 유대인들은 이를 '아바돈Abbaddon'으로 바꿨고 이는 저승(스올) 구덩이의 또 다른 이름이었다.[137] 「요한의 묵시록」(9:11)**에 언급된 구덩이의 정령은 아폴리온(아볼루온)이었고 그는 태양신의 지하세계 양상인 아폴론-피톤이었다. 이는 **검은 태양, 뱀, 우로보로스, 사투르누스**, 또는 부활하기 전 '죽음의 주님'인 태양 영웅 등으로 다양하게 나타났다.

고대 사원의 방식을 따라 유럽의 교회들도 교회 중앙의 신도석에 구덩이, 즉 '신성한 영혼의 구멍'을 만들어놓고 평소에는 나무 뚜껑으로 닫아놓았다. 상당수가 문맹이었던 대중들로 하여금 신성하고 극적인 사건을 명확하게 이해시키기 위해 예수 승천일마다 예수의 상이 구덩이로부터 엄숙히 위로 끌어올려졌다.[138]

** "그것들은 지옥의 악신을 왕으로 모셨습니다. 그 이름은 히브리 말로는 아바돈이고 그리스 말로는 아폴리온이니 곧 파괴자라는 뜻입니다."

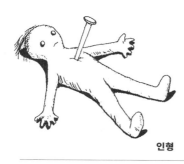

인형

인형   **Poppet**

마녀의 인형은 아이들이 가지고 노는 인형과는 달랐다. 이 것은 실제로 존재하는 누군가를 나타내도록 만들어졌기 때문에 마법의 힘이 깃든 상징이었다. 인형에게 뭔가를 하 면 같은 일이 그 사람에게도 일어난다고 본 것이다. 보통 인 형 마법은 인형이 실제 인물의 머리카락, 침, 손톱 조각, 피, 정자, 발 닿은 흙, 또는 다른 흔적을 지닐 때나 인물의 옷 조 각으로 인형의 옷을 만들어 입힐 때만 효과가 있다고 여겨 졌다. 공감의 마법●에서 가장 중요한 원칙은 늘 "전체를 나 타내는 부분"이었다.

적을 죽이기 위한 주술 중 하나는 강의 양 둑에서 가져 온 진흙으로 인형을 만든 후에, 갈대로 만든 작은 활과 화 살로 그 인형을 쏘는 것이었다. 사랑을 얻기 위한 주술은 "성기를 명확하게 그려 넣은" 밀납인형을 의례를 통해 봉 헌한 후 땅에 묻었다가 다시 파내 가슴에 정열의 바늘을 꽂 는 식이었다.**139**

인형 마법은 아마도 가장 오래된 여성적 치료 방식 중 하 나였을 것이다. 이는 진흙으로 만든 아기 인형에 월경혈을

●
sympathetic magic. 누군가 를 상징하거나 그와 연관된 대 상이나 행동에 의해 마술적으 로 영향을 받을 수 있다는 생 각에 기반한 마술의 한 형태. 부두교와 공감 마술의 핵심 요소 중 하나는 주술사가 영 향을 미치고자 하는 사람의 밀랍 또는 점토 모형을 제작하 는 것이다.

묻혀 살아나게 하는 근동 지역의 모성적 주술까지 거슬러 올라간다. 이는 생명을 부여하는 "피 묻은 진흙"이었고, 여자 아담이라는 뜻의 '아다마^{adamah}'라고 불렸다. 아이들뿐 아니라 어른들도 인간 모습을 한 인형을 살아 있는 존재로 착각하기 쉬웠다. 인형이 전 세계적으로 널리 사용되어 온 것과 인형이 실제로 존재하는 사람에게 영향을 미칠 수 있다고 생각한 것은 이런 점에서 별로 놀라운 일도 아니다.

인형들은 희생제물의 대체물로도 사용되었다. 영국과 웨일스의 수확 축제에서는 때때로 콘베이비(혹은 Kernbaby)를 "죽이는" 의식이 있었는데, 이 인형은 직전 수확에서 얻은 곡물의 다발로 만들었다. 모든 희생제물의 의미가 그렇듯이 여기서도 어머니가 제공한 자양분의 일부를 되돌린다는 의미가 있었다. 인형은 '수확 만찬^{Kern Supper}'에서 불에 태우거나 물에 담가 "익사"시켰다.**140**

옹기 Pot

수메르 바빌로니아 **여신**의 칭호 중 하나는 진흙에서 인간을 처음 창조한 '옹기장이^{Potter}'였고, 같은 의미를 담아 '위

옹기
트로이의 여신 형상, 4기 지층에서 발굴

대한 아루루'라고 부르기도 했다. 닌후르사그,● 마미, 마마, 또는 마미투라고도 알려진 이 여신은 인간을 만들었다. 성서 이전의 경전들에 따르면 "남자와 여자를 그녀가 창조했다." 초기 사회에서는 도예 혹은 진흙으로 하는 일이 여성에게 속했는데, 진흙(대지)이 여성적 원소였기 때문이다. 마야인들은 그들의 가장 오래된 도자기를 '할머니'라는 의미의 마몸Mamom이라고 불렀다.**141** 도예는 "여성이 발명한 것이었다. 최초의 옹기장이는 여성이었다. [……] 후대의 발달한 문화적 영향하에서만 남자의 직업이 되었다."**142** 성경의 신이 진흙으로 아담을 창조한 이야기는 옹기장이 여신에 대한 고대 경전에서 가져온 것이다. 여신의 창조 물질은 "피 묻은 진흙" 아다마였다.

따라서 진흙 옹기는 모든 신화에서 은유적으로 인간, 영혼, 혹은 신성한 자로 나타난다. 인간 얼굴이 거칠게 새겨진 켈트족의 진흙 옹기는 죽은 자의 영혼 혹은 그를 맡긴 신을 표현했다.**143** 스칸디나비아 토속신앙에서 뒤집어 놓은 옹기는 영혼을 상징했다. 많은 옹기가 동부 유틀란트(현 덴마크 지역)의 통로 무덤에서 발견되었다.**144** 인도에서는 검은

● 수메르 신화의 풍요의 여신. 여신은 전형적으로 뿔 달린 모자와 층이 진 스커트를 입고 어깨에는 활통을 멨다. 가끔 철퇴와 잔(컵)을 지니기도 했다. 키라고도 한다.

옹기가 칼리 여신을 상징했다. 농부들은 그것을 밭에 걸어 놓았는데 곡물로부터 악령의 눈을 돌리기 위해서였다.[145] 힌두교 영웅 드로나는 옹기에서 태어났다.

엘레우시스 밀교에서 케르노스라고 알려진 신성한 옹기는 자궁을 의미했고 여기서 죽어가던 아도니스 신이 다시 태어났다. 이탈리아 여성들은 매년 부활절 시기가 되면 (곡물 알갱이를 싹틔우는) 신성한 '아도니스의 정원'에 식물을 심었는데 이 관습은 20세기까지 이어졌다.[146]

보라색(자줏빛)   Purple

대부분의 사람들은 보라색이 전통적으로 왕족의 색이라는 것, 또 파랑과 빨강이 겹쳐서 만들어낼 수 있는 짙은 색이라는 사실을 알고 있다. 하지만 로마 황제와 다른 고대 고위 관료들의 "고귀한 보라색"이 지금 오늘날의 보라색이 아니라는 사실은 잘 모른다. 애초의 보라색은 어두운 포도주빛 빨강이었고 종종 월경 피의 색에 비유되었다. 원래 이 색은 부족을 통합시키기 위한 신성한 피의 유대를 의미했다. 라틴어로는 '푸르푸레우스purpureus'였는데, 여기에는

'매우 신성한'이라는 의미가 있었다.**147** 셰익스피어 시대에서도 여전히 피가 "보라색"이라고 했다.

　로마의 귀족들은 토가에 맬 수 있는 보라색 띠의 너비와 개수를 상대적 지위에 따라 엄격한 규칙으로 규제했다. 왕족만이 전체가 보라색인 옷을 입을 수 있었다. 염료는 소위 말하는 뿔소라과에 속하는 지중해 고둥에서 가져온 것으로 '티리안 퍼플'이라고 불렸다. 로마 귀족들의 옷은 "피로 물들었다"고 했다. 예수의 옷을 보라색(『마르코의 복음서』 15:17)● 또는 진홍색(『마태오의 복음서』 27:28)●●이라고 다르게 말하지만 실제로는 같은 왕족의 색, 피색을 의미했다. 이는 여성의 월경이 미래의 삶에 대한 비밀을 간직하고 있다는 수천 년 이전의 생각에 근거한 관습이었다.

면도칼

면도칼은 늘 최첨단이라는 의미, 날카로움의 보편적 기준을 상징했다. 가장 오래된 인도유럽 전통에서 면도칼은 여성이 내리는 판단의 날카로움을 묘사했다. 인도의 '세계의 일곱 어머니' 또는 일곱 자매의 별(플레이아데스성단)을 '크

●
"예수께 자주색 옷을 입히고 가시관을 엮어 머리에 씌운 다음."

●●
"예수의 옷을 벗기고 대신 주홍색 옷을 입힌 뒤."

194

르티카'라고 하는데 이는 '면도칼'이라는 뜻이고[148] 여기
서 '판단하다'라는 그리스어 '크리티코스kritikos'가 유래했
다. 일곱 어머니(혹은 자매)는 희생제물인 신, 즉 옆구리를
창에 찔려 죽임을 당한 후 다시 부활해야 하는 태양 영웅의
역할을 할 후보자들을 심사(판단)하고 승인했다. 그들이 사
용한 "자르는 도구cutters"는 아마도 생명혼이 재탄생하도
록 신성한 왕을 거세하는 달낫moon sickles이었을 것이다.

룬 문자   Runes

북유럽 토속종교에서 여성은 룬 마법의 전통적인 관리자
였다. 많은 다른 알파벳처럼 룬 문자도 처음에는 여신의 발
명품으로 알려졌다. 북유럽 신들의 불멸의 마법 사과를 지
키는 어머니 이둔은 룬 문자를 자신의 배우자 브라기의 혀
에 새김으로써 그에게 문자의 마법을 가르쳤고, 그렇게 그
를 최초의 위대한 시인으로 만들었다. 아마도 나중에 이둔
자신이 남성화된 형태였을 신 오딘은 룬 문자의 지혜를 얻
기 위해 아홉 날과 밤 동안 세계수에 자신을 매달고 한쪽
눈의 시력을 포기하는 희생을 감내해야 했다.

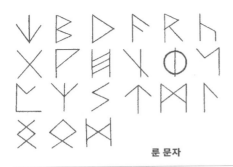

룬 문자

켈트족과 게르만족은 룬 문자의 여러 변형된 형태를 가졌는데, 그중 하나가 위에 그려진 것으로 21개의 문자로 이루어졌다. 왼쪽에서 오른쪽, 위에서 아래쪽으로 보면 다음과 같다. ① 페오, 소 ② 베오르크, 자작나무 ③ 포른, 가시나무 ④ 오스, 신 ⑤ 라드, 여행 혹은 타고 달리기 ⑥ 켄, 횃불 ⑦ 기푸, 선물, 제물 ⑧ 윈, 영광 ⑨ 하이글, 우박 또는 눈 ⑩ 니드, 필요 ⑪ 게르, 창 ⑫ 에오흐, 주목나무 ⑬ 피어르, 불확실한 의미 ⑭ 에올, 방어 ⑮ 시겔, 태양 ⑯ 티르, 전쟁의 신 ⑰ 만나즈, 인류 ⑱ 라구, 물 ⑲ 잉그, 덴마크 사람 ⑳ 오달, 땅 ㉑ 두에그, 날.

이 체계에서 룬 문자 11번은 아마도 진본이 아닐지도 모른다. 왜냐하면 문자가 원모양을 하고 있기 때문이다. 진짜 룬 문자는 곡선이나 원을 절대 사용하지 않았다. 언제나 직선이거나 각이 뾰족했다. 왜냐하면 문자를 나무 조각으로 잘라 만들었고 때때로 점을 치기 위해 주사위처럼 던져지는 칩 형태였기 때문이었다. 이것을 '룬 던지기'라고 불렀다. 특별히 여성 점술가가 하는 일이었기에 자연스럽게 중세 남성 권력자들은 이것을 마녀의 주술과 연관 짓게 되었

허수아비

다. 곧 모든 룬 문자는 금지되었고 이전까지 문해력의 관리
자였던 여성들은 자신들이 사용했던 문자를 빼앗기게 되
었다.

물론 룬 문자가 모두 사라지지는 않았다. 주문을 거는
식의 마녀들의 주술 행위나 일반적인 점술에서 계속해서
사용되었다.

허수아비
Scarecrow

허수아비가 이름과는 달리 까마귀나 다른 새들을 겁줘서
쫓아내지 못한다는 것은 잘 알려진 사실이다. 하지만 나무
십자에 사람 형상을 만들어 얹어놓은 관습은 밭을 보호하
는 마법으로 아주 먼 옛날부터 행해져 왔다.[149]

선사시대의 허수아비는 실제 희생제물이었던 것으로 보
인다. 후대에 이르러 희생제물의 신-인간(제물로 희생되었다
가 부활하여 신이 되는 인간)은 **오시리스**처럼 몸이 토막 난 다
음 그 살 조각과 피가 땅의 모든 밭에 골고루 뿌려졌다. 곡
식이 잘 자라도록 하는 관습이었다.

보통 봄에 풍요를 기원하기 위해 신-인간을 제물로 희생

두루마리

했던 것은 그리스도교가 희생자 구세주를 고유한 특징으로 주장하기 훨씬 전부터 보편적인 행사였다. 그리스도교 내부에서조차도 봄철에 시행되는 예수 희생의 의식은 다른 영웅들, 안드레아, 필리포스(필립보), 페트로스(베드로)에 의해 모방되었다. 십자가에 거꾸로 못 박힌 페트로스는 지구 속으로 가서 땅을 풍요롭게 하는 남근(페트라)을 상징했다. 현대의 핀란드에서 밭을 보호한다는 이 희생제물의 영(신)은 여전히 "밭의 작은 베드로"라는 뜻의 "펠론 페코 Pellon Pekko"라고 알려져 있다.**150**

두루마리   **Scroll**

두루마리는 책의 원형으로, 여전히 배움, 공부, 깨달음, 소통, 그리고 유대교 회당에서 사용되는 정교한 장식을 한 두루마리 형태의 신성한 책을 상징한다. 신비주의에서 두루마리는 시간을 나타낸다. 현재는 눈에 보이는 글씨가 적힌 부분이다. 과거와 미래는 양쪽 끝에 숨겨진, 이미 펼쳐 읽힌 부분과 아직 펼쳐지지 않은 부분을 각각 가리킨다.

낫   **Scythe**

곡선의 날은 초승달 모양에서 유래한 것으로 여겨지는데
이런 이유로 전통적으로 여성적 원리의 신성한 상징으로
여겨졌다. 낫의 구부러진 날은 수확의 도구였을 뿐 아니라
계절을 다한 생명의 형태를 베어버린다는 의미에서 죽음
을 상징하기도 했다. 이 '낫의 여신'을 그리스인들은 가이
아, 아르테미스, 레이아 크로니아(시간의 레이아), 크론(노파),
'어머니 시간'이라고 불렀다. 낫은 여신의 죽음 측면을 상
징하게 되었는데, 여신이 자신의 아이들을 삼켜버리기(자
기가 탄생시켰던 모든 종류의 생명을 거두어들이기) 때문이었다.
이후에 이 낫은 그리스 신화에서 여신의 배우자가 된 크로
노스, 즉 '아버지 시간'이 지니고 다니는 무기가 되었다. 이
크로노스도 여신과 마찬가지로 자기 아이들을 삼켜버렸
다.**151** 중세의 성사극●에서 그는 '죽음의 신Grim Reaper'이
되어 **해골 옷을 입고 가면을 쓰고** 낫을 휘둘러 의로운 자와
불의한 자들을 구분하지 않고 모두 죽였다.

　　영국에서 초승달의 낫은 추수감사 축제Harvest Home,

●
mystery play. 성서 속 사건
들이나 그리스도교 성인들의
삶을 내용으로 한 극 형태.

Feast of Ingathering를 나타냈는데 이는 나중에 '자비의 성모 축일'이라는 이름으로 그리스도교화되었다.[152] '아버지 시간' 크로노스-크로누스는 이제 섣달그믐New Year's Eve 축제에 늙은 이온Aeon으로 등장했다가 새해에 새 아기 영으로 대체되는 역할을 맡는다.

방패

전사의 방패는 가문(부족)의 문장 디자인을 담는 대표적인 물건이 되었는데, 문장이 주로 보호의 의미를 담은 동식물들의 모습을 주제로 삼았던 토템신앙의 마법에서 진화했기 때문이다. 전사들은 방패에 말 그대로 목숨이 달려 있었기 때문에 보호 마법이 특히 방패에 집중되어야 한다고 느꼈다.

위 그림은 프리기아의 테라코타 판에 다소 조잡하게 그려진 전사의 모습을 보여준다. 한쪽으로 약간 기울어졌지만 방패에 십자가가 뚜렷하게 보인다. 석기시대 이래로 십자가와 연결된 보호 마법을 상기시키는 역할을 하는 것이다. 적의 공격을 막아내기 위해 바깥쪽을 향해 새겨진 방어

방패
프리기아 테라코타

적 의미의 삼각형 "이빨" 모양도 보인다.

또 하나 눈에 띄는 보호의 기호는 전사의 넓적다리에 그려진 수레바퀴다. 이는 아마도 전투에서 도망쳐야 할 때를 대비해 민첩성의 영에게 호소하는 것 같다.

방패와 관련해 가장 유명한 로마의 고전 서사는 처녀 타르페이아에 관한 것이다. 그녀는 적군인 사비니 왕 타티우스에게 반해 자신과 결혼해 주면 사비니인들을 카피톨리움(타르페이아 바위) 성으로 들여보내 주겠다고 제안했다고 한다. 하지만 성 안으로 들어온 사비니인들은 방패로 그녀를 깔아뭉개 죽였다.• 그리고 적군에게 성을 넘겨준 배신자라며 그녀를 바로 그 자리에 묻어버렸다. 이 이야기는 이전의 에트루리아 가모장 종교를 가부장적 작가가 새롭게 고쳐 쓴 또 다른 사례였다. 처녀가 죽은 장소에 이름을 붙인 것으로 추정되는 유명한 타르페아 바위는 원래 동명의 여신을 기리는 성지였다. 전쟁에서 승전 후에는 항상 여신의 조각상에 전사의 방패와 보석이 제물로 바쳐졌다. 로마의 가장 신성한 장소 중 하나인 여신의 바위에도 고전주의 시대 내내 여신의 이름으로 매년 술이 올랐다.(돌 참고)

•
혹은 타르페이아가 타티우스에게 요구한 대가는 "그의 군사들과 그 자신이 왼쪽 팔에 지니고 있는 것" 즉 그들의 금은보석 혹은 방패였다고도 한다. 방패를 요구했던 것은 자신이 배반자인 척하면서 사비니인들을 무장해제 하려는 의도였다는 식으로 변형된 이야기도 있다.

신발

Shoe

많은 자료에서 신발은 여성의 섹슈얼리티와 동일시된다.[153] 신발 페티시즘은 이집트와 그리스 종교에서 두드러지는데, 태곳적 이 지역에서는 풍요와 다산을 기원하는 제사 중에 남근처럼 생긴 물건을 여성의 신발에 집어넣는 관습이 이루어졌다.[154] 좋은 성관계와 다산을 기원하는 또 다른 관습으로 막 결혼한 부부에게 신발을 던지는 경우도 있었다. 동요(자장가)에 등장하는 신발 속에 사는 노파는 "애들이 너무 많아 어찌 할 바를 몰랐다"고 하는데, 그녀의 삶이 자신의 생식기에 집중되어 있었다는 뜻이었을 것이다. 앵글로색슨족 사이에는 신랑에게 신부의 신발을 주는 관습이 있었는데, 신랑이 신부를 성적으로 취할 수 있다는 표시였다. 이에 비견할 만한 것으로 아일랜드 전통 신앙에서 여자의 신발을 새 부족장 위로 던지는 관습이 있는데, 부족장이 지역의 여신과 육체적으로 결혼한다는 뜻이었다.[155] 힌두교의 스바얌바라도 이와 비슷한 신과의 결혼식인데, 여기서는 영웅의 머리 위로 던져진 여성의 성기 상징물이 신발이 아니라 화관이었다. 신데렐라 이야기에서 강조되었듯 극단적으로 작은 신발은 처녀 상태를 표현했던 것 같다. 중국에서 전족이 행해졌던 수백 년 동안 남성 시인들은 여성들의 잘린 발, 훼손된 발을 위해 만든 작은 신발에 극도로 에로틱한 반응을 보였다. 같은 맥락에서 유럽 여성들은 꽉 조이고 발가락 부분이 뾰족하며 굽이 높은, 몸에 손상을 주는 신발을 신었다. 성적 매력을 돋보이게 한다는 믿음 때문이었다.

튜턴족 전통에서는 사후세계로 가는 고된 여정을 위해 죽은 자들에게 특별한 신발을 선물했다. 이 '죽음의 신발Todtenschuh'은 시신의 발에 끈으로 묶었는데, 북유럽에서 저승(헬헤임)으로 가는 여정을 위해 죽은 자에게 신겼던 '저승 신발Helsko'과 같은 것이다.[156]

타로카드

예로부터 타로카드는 신성한 목적과 세속적 목적으로 두루 쓰였다. 일반 카드 덱의 조상 격인 타로 덱은 게임뿐 아니라 점술, 명상, 영적 깨달음을 위해서도 사용되었다. 타로카드에 그려진 일련의 그림들은 고대 사원의 행렬이나 신성

한 의례에서 신들의 형상을 전시하는 관습 및 입문적인 절차들과 연결되어 있었다.**157**

타로 덱은 다섯 번째 슈트, 즉 '메이저 아르카나(큰 비밀)'라 불리는 으뜸패(트럼프) 슈트가 있다는 점에서 현대의 브리지 덱과 근본적으로 다르다. 다른 네 개의 슈트, 즉 '마이너 아르카나(작은 비밀)'는 태고의 4원소, 즉 흙, 물, 공기, 불과 관련이 있다. 카드 점술의 원리는 다음과 같은 가설에 기반하고 있다. 덱을 섞는 것은 실제 현실에서 사건의 원소를 섞는 것이고, 그렇게 모형으로 축소돼 조작이 가능해진 사건들이 서로에게 전조가 될 수 있다는 것이다.

마이너 아르카나에는 56장의 카드가, 메이저 아르카나에는 21장의 카드와 0번 카드, 즉 '바보' 카드가 하나 더 있다. 이 카드는 일반 카드 덱에서도 '조커'로 아직까지 살아남았지만 으뜸패 슈트였던 다른 카드들이 금지되었기 때문에 이제 트릭을 사용하며 게임을 하려면 기본 슈트 중 한 카드가 '으뜸패'로 지정되어야 한다. 21과 56이라는 숫자에는 동서양의 모든 전통에서 아주 복잡하고 신비로운 의미가 있다. 이 숫자들은 주사위 점과도 관련이 있었다. 두 개

일상에서 사용된 신성한 물건들

의 주사위로 조합할 수 있는 수가 21개, 세 개의 주사위로 조합할 수 있는 수가 56개이다. 중세에 흔히 외던 마법 주문incantation은 56가지 천사 이름을 기억하는 것에서 시작하고 이어서 또 다른 21가지 천사 이름 목록을 외는 것으로 이어졌다.**158**

으뜸패 슈트의 형상 카드에 반대하며 그것들을 덱에서 모두 없애야 한다고 가장 오래, 가장 시끄럽게 목소리를 높인 것은 중세 교회의 성직자들이었다. 그들은 이 형상들이 토속종교, 그러니까 비그리스도교적 영(신)들이나 그 신학적 원칙을 표현할 뿐 아니라, 문맹률이 98퍼센트에 이르렀던 중세 유럽에서 민중들에게 토속종교의 사상을 가르치기 위해 사용된다고 믿었는데, 이는 정확히 사실이었을 것이다.

카드가 워낙 인기가 많았기 때문에 메이저 아르카나로 십자가의 길을 묘사해 그리스도의 수난 이야기와 연관시켜 보려는 시도도 잠시 있었다.**159** 하지만 유행은 되지 못했다. 카드의 오래된 의미가 너무 잘 알려졌고 특히 집시들이 이를 잘 보전했기 때문이었는데, 이들에게 카드는 점을 치는 도구일 뿐 아니라 토속신앙을 위한 그림 성경이었다. 집시란 '이집트인'을 의미했고, 그래서 오컬트 신앙을 간직한 사람들은 타로를 이집트의 유명하고 신비로운 경전인 『토트의 책』*과 동일시하기 시작했다. 마법의 비밀을 담은 이 책은 황금 상자에 단단히 봉인되어 은 상자에 담긴 다음, 다시 상아와 흑단으로 만든 상자에 담기고, 또 청동 상자에 담기고, 마지막으로 철제 상자에 담겨 나일강 아래에 묻혀 있었다고 한다.[160] 자신들이 이 신비로운 책을 발굴해 카드의 형태로 제시했다고 주장하는 사람들도 있었다.

타로는 특히 거의 잊혀졌던 여성적 원칙을 강조하며 대안적인 종교적 믿음에 이르는 길을 제시했다고 말할 수 있다. 메이저 아르카나의 정점인 '세계' 혹은 '우주' 카드에는 원소들의 상징에 둘러싸인 '벌거벗은 여신'이 그려져 있다. 으뜸패 카드의 마지막 계시는 탄트라 현인들이 말하는 '우주적 샤크티'의 계시와 닮았다. 수많은 강력한 여성 이미지들이 타로 전체를 나타난다. 또 인도에서는 여신이 직접 타로 슈트의 상징들, 즉 잔(컵), 지팡이, 고리(펜타클), 검(칼)과 함께 나타난다. 이런 상징들은 여신이 영원히 혼합하고 있

* 전설로 전해내려 오는 마법서. 『솔로몬의 열쇠』와 함께 대중문화에도 종종 언급되는 마법서이다. 첫 장을 읽으면 지상의 동식물들과 대화할 수 있고, 다음 장을 읽으면 저승세계에 대해 훤히 알게 된다고 한다. 전설에 이집트의 왕족인 네페카타가 나일강 중앙의 콥토스로 가서 이 책을 찾았지만 오는 길에 신의 보복으로 아들과 아내를 잃고 그 자신도 죽음을 맞았다고 한다.

는 원소들을 보여주는 것이다.

실 Thread

운명의 세 여신(운명) 같은 삼중여신(그리스의 모이라이, 북유럽의 노른, 로마의 포르투나 등)을 숭배한 사람들에게 실은 흔히 운명을 상징했다. 운명은 헬레니즘 이전 시기에 아프로디테를 일컫던 또 다른 호칭이었는데, 아프로디테는 일상의 실을 잣고, 재고, 자르던 모이라이의 모델이 되었다. 고전 문학에서 삼중여신은 실을 잣는 클로토, 실을 재는 라케시스, 그리고 자르는 아트로포스였다. 대부분의 종교적 전통은 운명을 "직조자"라고 부른다. 앵글로색슨 시가에서 모든 사람의 운명은 "직조된" 것이다. 라틴어의 '데스티노'역시 직조된 것을 의미한다. 그리스의 소작농들은 여전히 운명의 직조자 모이라이에 대해 이야기하고, 사람이 죽으면 그의 실이 끊어졌다고 말한다.[161]

신화에서 가장 유명한 실은 아리아드네의 실일 것이다. 그녀의 이름은 "지극히 거룩한 자"라는 뜻이었고, 이전에 에게해 세상을 지배한 '크레타의 위대한 여신'을 지칭하는

실

이름이었다. 그리스인들은 그녀를 미노스의 처녀로 신화화했는데, 그녀의 "단서(실)"가 **미로**에서 테세우스를 인도했다.[162] 이 이미지는 자궁을 여행하고 돌아오는 귀환, 혹은 재탄생을 묘사했다.

수백, 수천 년 동안 사람들은 여성의 실 조작술의 마법적 효과를 두려워했다. 특정한 성인聖人들의 기념일에는 여자들의 바느질을 금지했다. 미신을 믿는 이들은 옷을 입고 있는 동안에는 옷이 망가져도 수선하지 않았다. 실이 끊어져 옷을 입고 있는 자에게 해를 끼칠까 봐 두려워했던 것이다. 유럽의 여자들은 옷을 수선하는 동안 실을 입에 물어서 그러한 불운에 대응하는 주문을 걸기도 했다.[163]

문지방   Threshold

신부가 새 집으로 들어갈 때 문지방을 밟지 않도록 안아서 옮기는 관습은 마법과 미신에 깊이 뿌리를 두고 있다. 새해나 다른 중요한 계절의 변화로 맞게 되는 '세계 사이의 틈(균열)'처럼 문지방은 안과 밖을 오가는 통과와 이행의 장소였다. 문지방에 정령들이 모인다고 생각했고, 그래서 낯선

문지방

이들이 지나가기에 위험한 곳이었다. 종종 문지방은 말 그대로 무덤이었다. 집 지키는 개들은 문지방 아래에 묻히곤 했는데, 귀신이 되어 집을 더 잘 지킬 거라는 믿음 때문이었다. 인도 북부에서는 죽은 아기를 문지방 아래에 묻었다. 아기들의 영혼이 문지방을 드나드는 여자 속으로 들어가 다시 태어날지도 모른다고 생각했기 때문이다.[164]

횃불   Torch

미트라교 사원shrine에서 횃불은 '천상의 쌍둥이' 손에서 뜨고 지는 해를 표현하는 용도로 쓰였다. 쌍둥이 중 한 명은 횃불을 위로, 다른 한 명은 아래로 들었다. 아래로 향하는 횃불은 태양신이 검은 **태양** 혹은 마귀 **사투르누스**가 되어 어두운 지하세계로 가는 과정을 표현하게 되었다.

다른 모든 불(빛)처럼 횃불도 종종 어둠의 세력에 맞선 보호를 의미했다. 헤브리디스제도*에서는 성직자가 신생아에게 곧바로 세례를 해주지 않을 때, 악한 영들을 물리치기 위해 사람들은 횃불을 든 채 요람 둘레를 하루 세 번 돌았다.[165] 세례가 끝나면 교회의 마법이 횃불을 대체한다고

*
스코틀랜드 본토의 서쪽 해안에 있는 군도.

210

생각했다.

　횃불을 높이 들거나 횃불을 넘겨주는 행위는 깨달음의 은유이다. 뉴욕에 있는 자유의 여신상이 횃불과 책을 손에 들고 있는 것도 이런 이유 때문인데, 미국이 모든 시민에게 교육을 제공한다는 것을 보여주려는 것이다.

　고대 아라비아에서 깨달음의 여신은 '신들의 횃불' 아타르로도 알려져 있다. 그리스인들은 이 여신을 아르테미스, 아테나, 아프로디테, 키벨레와 동일시했다. 시리아인들은 아스타르테와 아나트와 동일시했고 페르시아인들은 횃불을 상징하는 아나히타와 동일시했다. 이 여신을 부르는 다른 여러 칭호들로 '황금의 어머니', '금으로 태어난 자', '영광' 등이 있었다.[166]

밸런타인　　　　　　　　　　　Valentine

밸런타인데이의 원조 로마의 루페르쿠스 축제••는 유노 여신의 성적 열광febris에 바쳐진 축제였다. 남자와 여자들은 파트너의 이름을 적은 연서나 쪽지로 에로틱한 게임을 함께할 파트너를 선택했다. 그리스도교 교부들은 2월에 열

•• 고대 로마의 다산과 풍요의 신 루페르쿠스를 위한 축제, 2월 15일.

리는 이 관습을 선정적이고 이교도적이라고 비난했지만 축제는 지속되었다.[167] 성직자들은 쪽지에 경건한 설교를 대신 넣어보기도 했지만 이것도 곧 외면당했다. 발렌티누스라 불리는 그리스도교 영지주의자들은 축제의 성적 자유를 유지하면서도 중심이 되는 성례를 "신혼 방의 천사들"의 성교로 묘사했다.[168] 그들은 "소피아와 구원자"의 결혼을 재연한다고 주장했다. 예식에 대해서는 이런 묘사가 전해진다. "빛의 씨앗이 너 신부의 방에 내려오게 하라. 신랑을 받아들여라. [……] 팔을 벌려 그를 안아라. 보아라, 자비가 너에게 내려왔다."[169]

영지주의를 억압한 후 정통파 교회는 성 발렌티누스를 새롭게 고안했다. 작가에 따라 서로 충돌하는 다양한 일대기가 전해지지만, 성 발렌티누스는 연인들의 후원자로 남아 축제의 본래 의도를 상기시키는 존재가 되었다. 역사를 거치며 성 발렌티누스 축일은 "천박한 이들이 전날 밤이면 빼놓지 않고 발렌티누스라 불리는 제비뽑기를 하는" 의식으로 변형되었는데, 이 제비뽑기를 통해 연인 관계를 맺어주었다.[170] 배우자를 정하기 위해 성 발렌티누스 축일 하루

전에 제비뽑기를 하는 관습은 18세기 영국에서도 여전히 성행했는데, 『세속의 유물Antiquitates Vulgares』을 쓴 성직자 헨리 본은 이 관습을 둘러싼 행위들이 "모조리 사악"하다는 의견을 표명했다.[171]

(장례용) 항아리   Vase

고대 유럽에서 사용되었던 장례용 항아리의 전신은 재탄생을 위한 '대지 어머니'의 자궁을 표현하는 커다란 토기였다. 화장이 장례 의식이 되면서 시체를 재로 만들어 담게 되었을 때도 작은 항아리는 여전히 자궁을 상징했다. 항아리의 자궁 형태는 종종 재탄생을 의미했고, 초기 그리스 시대의 장례 항아리pithoi 같은 실제 토기 항아리에 더 이상 보관하지 않게 됐을 때에도 죽은 몸을 담는 다양한 용기들이 모두 항아리 모양이었다. "많은 사회에서 석관이 자궁 모양을 한 것처럼 보인다."[172]

헬레니즘 이전의 그리스에서 '물질의 자궁'으로서 '어머니 레이아'에게 주어진 칭호는 판도라, 즉 "모든 것을 주는 자"였다. 레이아의 상징은 본래 모든 것의 원천을 의미하는

로마 장례용 항아리

거대한 항아리였다. 이는 북유럽의 어머니 여신이 가진 거대한 솥(가마솥)과 같은 것이었다. 헤시오도스의 반여성주의적인 설화는 레이아 판도라의 자궁 항아리를 인간의 모든 재앙과 악의 원천으로 뒤바꾸었다.[173] 수 세기 후에 에라스무스는 항아리pithos를 상자pyxis로 혼동했고, 헤시오도스도 이를 잘못 번역해 오늘날 '판도라의 상자'로 알려지게 되었다.[174]

항아리는 '물질의 자궁'을 "신비로운 그릇"이라고 부르던 연금술에서도 자궁을 상징했다. "생명수"를 담은 항아리는 동아시아의 위대한 어머니 여신인 관음觀音의 상징으로 남아 있다.

베일

Veil

'계시'를 뜻하는 영단어 'revelation'은 베일을 벗는다는 뜻의 라틴어 '레벨라티오revelatio'에서 유래했다.[175] 베일은 여신 중에서도 특히 노파 여신이 썼는데, 미래의 운명을 표현한다는 의미에서였다. '카일러흐'라는 켈트어 이름은 "베일을 쓴 자"라는 의미였다.[176] 고대인들은 베일 속을 들여

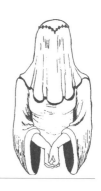
베일

다보는 것이 자신의 죽음을 보는 것이라고 믿었다. 그래서 여신의 숨겨진 얼굴은 아테나-고르곤이나 메두사의 얼굴처럼 두렵고 치명적이라고 생각했다. 이집트 북부 도시 사이스의 사원에 새겨져 있는 여신의 말에 따르면 "나를 가린 베일을 벗긴 사람은 아무도 없다."**177** 사람들은 미래를 들여다보고 싶어 한 만큼이나 미래가 보여주는 것을 두려워했다.

때때로 여신은 일곱 겹의 베일을 쓰기도 했는데 천상의 신의 진짜 얼굴을 감추고 있는 일곱 겹의 **행성구**를 표현했다. 춤추는 살로메의 일곱 베일 상징도 마찬가지다. 살로메는 사실 여사제로서 이슈타르 여신의 일곱 베일의 신성한 신비를 재연했다.**178** 이시스 역시 일곱 겹으로 된 덮개를 썼다.**179** '하얀 여신'인 이노-레우코테아●는 자신의 신성한 베일을 사용해 익사할 뻔한 오디세우스를 구해냈다.**180** 이러한 행동 때문에 여신은 오디세우스의 아내 페넬로페와 동일시되었다. 페넬로페는 운명을 직조하는 자로서 그녀의 이름 역시 '베일 쓴 자'였고 그의 생명 실 끊기를 주저한 덕에 오디세우스는 치명적 모험에서 여러 차례 살아남았다.

●
카드모스의 딸 이노는 자매인 세멜레가 죽자 어린 디오니소스를 데려다 키우기로 했다. 하지만 헤라의 저주를 받아 정신을 잃고 자신의 친아들인 멜리케르테스를 물이 펄펄 끓는 가마솥에 던져 넣었다. 제정신이 돌아온 후 이노는 아들의 시신을 안고 바다에 몸을 던졌다. 그러자 바다의 신들이 그녀를 불쌍히 여겨서 네레이스로 만들었다. 그래서 하얀 여신, 물보라의 여신 레우코테아가 되었다.

베일은 노파의 특징을 표현하기 위해 이전에는 과부들이 썼다. 남편이 떠나간 귀신 세계로부터 공격받지 않도록 베일이 여자를 보호해 준다고 생각했다. 나중에는 신부들이 베일을 쓰게 되었는데 인생의 변환점에서 여성들이 악령의 영향에 특히 취약하다고 생각했기 때문이다. 간호사와 이슬람 여성들은 자신의 섹슈얼리티를 숨기기 위해 베일을 썼다.

그리스도교 전통에서 가장 유명한 베일은 8세기에 성 베드로(페트로스) 성당의 바실리카에서 "발견되었다". 이 베일에는 예수의 "진짜 이미지vera iconica"가 그려져 있다고 널리 알려졌다. 성직자들은 이 라틴어 이름을 왜곡해 베로니카 성녀의 신화를 발전시켰다. 예수가 골고다 언덕에서 수난을 당할 때 베로니카가 베일을 사용해 예수의 얼굴을 닦아주었는데, 그랬더니 베일에 마술처럼 예수의 "진짜 이미지"가 묻어났다는 것이다.[181] 이 같은 사기는 아주 유용했는데, 베로니카의 베일이 엄청나게 유명해졌기 때문이었다. '십자가의 길'에 베로니카의 베일을 포함시키는 데 반대한 성직자들이 있었음에도 그 허구성은 아직 온전히 지

적되지 않고 있다.[182] 비슷한 가짜 성물로 신비로운 성녀 아가타의 베일이 있다. 이것은 아직도 플로렌스 대성당에 보전되어 있는데, 화산 폭발이 있을 때 이것으로 라바를 막을 수 있다고 믿는 사람들이 아직도 있다.[183]

황산   Vitriol

위 그림은 일반적으로 연금술에서 유황산을 의미하는 황산을 상징하는 표시다. 연금술사들은 이 단어를 오컬트적인 의미를 띈 비밀스런 두음문자로 사용했다. Visita Interiora Terrae Rectificando Invenies Occultem Lapidem.(비스타 인테리오라 테라이 렉티피칸도 인베니에스 오쿨템 라피뎀.) 첫 글자를 따면 'Vitriol' 즉 황산이 되는 이 문장의 의미는 "지구 내부를 방문해라. 정화를 통해 숨겨진 돌을 찾을 것이다."이다. 이는 대체로 황산이 **철학자의 돌**이라는 의미를 담기 위해 이용되었다.

거미줄   Web

오늘날 동식물 연구자들, 자연주의자들이 그렇듯 고대인

거미줄

들도 구 형태의 거미줄에 경외심을 느꼈다. 그리스인들은
방적, 직조 등 실과 관련된 기예의 수호여신 **아테나**가 구 모
양의 거미줄을 짜는 거미로 현현incarnation했다고 여겼고,
그래서 거미를 여신의 유명한 여사제 이름을 따 아라크네
라고 불렀다. 아테나와 아라크네가 실 잣고 수 놓는 시합을
벌였다는 이야기는 가부장제 작가들이 만들어낸 것으로
여신이 인간의 기량을 질투한다는 악의적이고 유치한 상
상을 담은 것이다. 오히려 옛 사람들은 아테나 여신이 여성
들에게 그런 기술을 가르치고 전수해주는 존재라고 여겼
다. 여신은 또 '운명의 거미줄'의 창시자이기도 한데, 스토
아학파는 파리가 거미줄에 걸리듯 영혼들이 여기에 걸려
들 거라고 묘사했다.

　교회의 통치 권력은 아테나 여신을 맹렬히 비난했지만
유럽 여성들은 실을 잣고 천을 짜는 일을 수호해 주는 이 여
신을 계속해서 숭배했다. 그래서 어느 초기 그리스도교 작
가는 실을 잣기 시작할 때 "미네르바(아테나의 라틴어 이름)
를 부르며 기도하는 것"이 여성을 지옥으로 보낼 죄라고 말
했다.[184]

창조주로서의 '거미 여인' 혹은 '실 잣는 여인'에 관한 아메리카 인디언의 전설은 여신이 운명을 직조한다는 개념이 오래된 것임을 보여준다. 여신은 매일 우주를 직조했다가 밤마다 다시 그 우주를 풀어헤친다. 여신의 거미줄이 완성되는 날에 세상도 끝날 것이다.[185] 이는 헬레니즘 이전 시대의 페넬로페를 상기시키는데, 그것은 부재한 오디세우스의 충실한 아내로서의 페넬로페가 아니라 오디세우스를 포함한 모든 인간의 운명을 결정하는 위대한 직공으로서의 페넬로페다. 페넬로페를 괴롭혔던 '많은 구혼자들'이란 본래 모든 남자들이 운명의 여신에게 선처를 간청한다는 의미였는데, '행운의 여신'으로 축소된 현대판 여신조차도 남자들에게 그런 끈질긴 간청을 받는다.

우물   Well

우물 꽃 장식●이나 우물 예배는 중세의 그리스도교 성직자들을 가장 화나게 한 토속종교의 관습이었다. 이것이 공공연히 성적인 방식으로 여성적 특질을 찬양한다고 알려졌기 때문이었다. 과거에는 성스러운 것으로 여겨졌던 우물

●
well-dressing. 깨끗한 물이 풍부히 공급되는 데 감사하며 우물(샘)에 꽃을 장식하는 전통적 의식.

우물

을 교회에서는 "사악한 여자 성기cunnus diaboli"라고 비난했다. 브라가의 대주교 마틴은 님프라고 불리는 여자 악마들이 우물에 살았다고 했다.[186]

사람들은 님프에게 소원을 빌기 위해 신성한 우물을 찾곤 했다. 익히 알려진 '소원 우물'이나 우물에 살고 있는 신에게 제물을 바치는 의미에서 동전을 우물에 던지는 관습 등이 바로 이로부터 생겨났다. 한때 영국의 섬들에 있는 우물들은 지하세계의 여신 헬에게 바쳐졌고, 켈트족에게는 모르겐(모르간)과 브리이드°가 이에 상응하는 존재였다. 이런 이유로 지금까지도 많은 지역이 헬리웰, 홀리웰, 헬렌의 우물, 모르겐(모르간)의 우물, 브리이드의 우물, 신부우물 등으로 불린다.[187]

그리스에서는 사람들이 결혼식을 앞두고 다산을 기원하며 지역의 신성한 우물hagiasma에서 목욕을 했다.[188] 이와 관련해 유럽에서는 크리스마스이브에 모든 우물이나 샘물이 피(혹은 성찬용 포도주)로 변한다는 미신이 있었다. 하지만 누구도 이런 기적을 직접 보고 싶어하지는 않았다. 이를 목격한 자는 1년 안에 죽을 운명이 되기 때문이었다.[189] 이 이

°
아일랜드 신화에 등장하는 여신. 에린 땅의 신족 투어허 데 다넌의 일원으로, 다그다 모르의 딸이자 브레스의 아내이다. 역시 브리이드라는 이름의 여동생이 둘 있다고 하며, 켈트의 고전적인 삼중신으로 여겨진다.(성촉절 참고)

야기는 월경혈의 마법을 명확히 보여줄 뿐 아니라 그에 대한 금기까지도 잘 보여준다.

우물 꽃 장식이라는 토속종교의 관습은 게임이나 잔치와 함께 현대까지도 살아남아 부활절로부터 40일 이후에 있는 예수승천일과 연결되었다.[190] 이날은 원래 지하세계 여신이 토속종교의 영웅을 재탄생시키는 날이었다. 결국 교회는 끝내 근절시킬 수 없었던 이 축제를 받아들였고 수도사들은 한때 켈트족 여신에게 봉헌되었던 신성한 '브란웬●● 우물'에서 사랑의 묘약을 팔기까지 했다.[191]

●●
웨일스 신화의 등장인물로, 마비노기의 네 가지 중 두 번째 가지인 「리르의 딸 브란웬」의 중심인물이다. 브란웬은 리르 렌댜이스와 페나르딘의 딸이며, 브란과 마나위단과 남매 사이다. 에린의 왕 마솔루흐와 결혼했지만 결혼생활은 불행했고, 그 결과 브란웬을 도로 데려오려는 웨일스의 리르 일족과 에린 사이에 전쟁이 일어난다.

8

의례

RITUALS

신성화된 사물이나 상징에 정해진 방식으로 반응하는 것을 의례적으로 행동한다고 표현한다. 의례마다 특정한 상징이 있는 것은 아니다. 하나의 행위, 혹은 일련의 행위들 그 자체가 상징이기 때문이다. 의례는 한 사람이 홀로 수행할 수도 있고 두 사람 이상이 수행하면서 관중을 둘 수도 있고 집단 전체가 다 함께 참여할 수도 있으며 이 중 한두 가지 방식을 조합해서 이루어지기도 한다. 특히 복잡한 의례는 세 가지 방식을 모두 포함하기도 한다.

　　의례의 기본적인 특징은 고유한 문화적 맥락을 벗어나서는 전혀 이해할 수 없다는 것이다. 시각적으로 의미가 분명한 팬터마임 같은 의례가 아니라면 사제들의 몸짓, 발언, 복장, 자세는 정보가 없는 관찰자에게 거의 아무런 의미를 전하지 못한다. 의례의 참여자들은 먼저 그 의례에 대해 충분히 알고 있어야 한다.

　　가령 그리스도교에 익숙하지 않은 사람이라면 왜 신도들이 성찬식에서 잔을 들어 올리는지, 그 잔이 그리스도교인들에게 무엇을 의미하는지 알기 어렵다. 단서는 몸짓에 있는 것이 아니다. 몸짓 자체는 아무런 의미가 없다. 마찬가지로 아메리카 인디언들이 기우제 때 추는 비춤을 구경하는 백인들은 별도의 설명을 듣지 않고는 춤의 의미를 알 수 없을 것이다. 사람들은 부족민들과 그들이 섬기는 신들이 의례의 목적과 의미를 잘 알고 있으리라 기대한다. 하지만 외부인들은 의례에서 행해지는 행위들이 얼마나 흥미롭고 극적인가와 무관하게 거기에 특별한 목적과 의도가 있다고는 생각지 못할 것이다.

따라서 의례의 핵심 원료는 참여자들의 정신적인 태도라고 할 수 있다. 왜 혼인 성사 여부가 목사의 선언에 달려 있을까? 왜 죽은 자들의 몸 위로 특정한 제스처를 취하면 "구원받고" 그러지 않으면 구원받지 못하는 걸까? 왜 성호를 긋고 나면 보호를 받게 될까? 이런 행동들은 그 자체로는 아무 목적이 없지만 문화적인 맥락 속에서 의미를 획득한다.

따라서 의례는 알파벳 문자와 마찬가지로 그 자체로 상징이다. 글로 쓰인 단어들은 그것을 읽을 줄 모르는 사람들에게는 이해 불가능하다. 의례도 마찬가지다. 반드시 의미를 설명해야 한다. 여기서 다루는 일단의 의례들에 대해서 나는 보편적이지 않지만 흥미로운 설명을 덧붙일 참이다.

현재 통용되는 대부분의 종교적인 의례는 유대-그리스도교 맥락 바깥에서 만들어진 후에 혼합종교적으로^{syncretically} 흡수된 것이다. 이 중 상당수가 로마 제국 시기에 이미 수천 년 동안 '전통'으로 받아들여졌던 것들이다. 무릎을 꿇고 몸을 엎드리는 것은 한때 어머니 대지와 더 가깝게 접촉하는 방법이었다. 야훼가 모세에게 명한 것처럼(「출애굽기」 3:5)[•] 신성한 장소에서 신을 벗고 맨발로 다니는 관습에도 비슷한 의미가 담겨 있었다. 로마는 희생제의, 성찬식, 공적인 축제, 신성극과 가면 행렬이 포함된 경기(루디)^{••}들을 "거룩한 전례들"

•
"하느님께서는 '이리로 가까이 오지 마라. 네가 서 있는 곳은 거룩한 땅이니 네 발에서 신을 벗어라.' 하시고는."

225

로 특별히 구분했다. 피를 뿌리는 의식, 정결의식(루스트라티오), 분향의식은 흔한 정화 의례였다.[1] 오늘날 그리스도교에서 쓰이는 많은 의례 도구들은 성수 혹은 세례수, 양초, 향, 헌물용 꽃, 사제복, 성가, 성찬(빵과 포도주), 성물함, 종, 그림, 휘장(배너), 계절 장식(호랑가시나무와 담쟁이덩굴), 제단 그 자체에 이르기까지 모두 토속종교에서 유래했다.

오늘날 우리는 의례의 의미들을 찾기 위해 우리 문화가 친숙하게 여기는 것 바깥으로 나가야 한다. "현대 문화와 원시 문화를 가로지르며 더 포괄적으로 분석하려는 시도가 너무나 부족해서 여전히 이 둘을 아우를 기본 단어조차도 없는 상태다. 성사Sacraments와 마법은 전혀 다른 것이고, 터부와 죄는 또 완전히 무관한 것이라는 식이다. 뾰족한 가시들로 뒤덮인 이런 언어적 장벽을 뛰어넘는 것이야말로 우리가 가장 첫 번째로 해야 하는 일이다. 이 장벽은 일련의 경험들(우리의 것)을 다른 경험들(그들의 것)과 자의적으로 격리시킨다."[2] "(사회적으로) 수용된" 의례만 추종하는 이들이 우리로 하여금 자꾸 깜빡하게 하지만 사실상 성사와 마법은 하나이다.

의례는 참여자들의 마음에 특정한 틀(프레임)을 만들어내려는 것 외에는 아무런 실용적인 목적이 없는, 개인이나 집단의 반복적인 행위(들)이다. 이런 정의는 초자연적인 설명을 생략한 것이다. 그런 설명을 추가해서 다시 말해보자면 중요한 것은 의례를 통해 초인

••
게임, 스포츠, 놀이, 오락 등을 의미하는 루두스의 복수형. 로마의 종교 축제와 함께 열리거나 그 주요 행사로 열렸고 로마 시민을 위한 행사로서 공화국의 소속감을 고취시키는 행사이기도 했다. 최초의 루디는 원형경기장에서 열린 경마였고, 그 밖에 동물들을 전시하는 모의사냥(베나테스), 연극 공연(루디 스카이니키), 전차 경기 같은 것이 이루어졌다. 그리스도교 교부들은 처음에 루디에 참여하는 것을 반대했지만 나중에는 교회 전례 안으로 이런 관습을 끌어들였다. 애초에 희생제물 봉헌의식이었던 것으로 여겨지는 루디는 BC 366년 드디어 국가가 후원하는 연례행사로 종교력에 등재된 최초의 경기가 되었다. 행사 시작 전 원형경기장에서 모든 참가 선수, 말을 탄 로마 귀족 청년들, 무장한 무용수들, 음악가들, 사티로스 합창단, 신의 형상들이 등장하는 행렬이 이어졌다. 이러한 요소들은 후에 가톨릭 대축일에 이루어지는 행사들로 일부 흡수되었다.

간적인(신적인) 존재로 하여금 특정한 방식으로 움직이도록 설득하거나 강요할 수 있다는 믿음, 의례를 통해 자연을 직접적으로 통제할 수 있다는 믿음이다. 하지만 이런 초자연적인 믿음은 사실상 의례에 그러한 능력이 없다는 고백이기도 하다. "마법적인 의례가 만들어낸 통제력은 필연적으로 환상일 뿐이다. 주술이나 주문은 곡식이 자라게 할 수도 없고 상처가 아물게 할 수도 없기 때문이다."[3] 그럼에도 불구하고 인간 존재는 늘 객관적인 자연 세계보다는 자기 자신의 마음 속에서 살아왔고 지금도 살아가고 있기 때문에 앞으로도 계속해서 의례들을 만들고 그것들을 사랑할 것이다.

아가페　　　　　　　　　　　　　　　　　　Agape

'사랑의 잔치'라는 뜻의 원시 그리스도교 의례(제사)로, 토속신앙의 성적인 예배에서 가져온 것이다. 다른 이름은 '시네사크티즘synesaktism'으로 샤크티즘을 모방한 것임을 알 수 있다. 탄트라 전통과 유사한 이 사랑의 잔치는 성적으로 남성과 여성의 체액을 교환하는 과정을 포함하고 그로부터 이끌어낸 초월적 일체감도 포함한다. 정통파 계통의 더 엄숙한 초기 교부들은 이런 종류의 예배를 묘사하면서 통렬하게 비판했다.[4] 7세기 이전 어느 시기에 아가페는 이단으로 공표되어 억압받았다.[5]

저주(아나테마)　　　　　　　　　　　　　Anathema

"저주를 받으라!(아나테마가 되어라!)"라는 말은 교회에서는 파문을 당하거나 악마에 사로잡힌 사람에게 행하는 의례에서 외는 주문이었다. 이 저주의 성경적 근거는 「고린토인들에게 보내는 첫째 편지」 16장 22절이다. "누구든지 주님을 사랑하지 않는 자는 저주를 받을 것입니다. 마라나타!(주여, 어서 오소서!)" 여타의 마법 주문이나 예배에 쓰이는 그리스어나 라틴어가 그렇듯 이 문구 또한 별다른 설명 없이 사용될 뿐이다.

원래 그리스어 '아나테마'에는 '저주받다'와 '신성하다' 라는 이중적 의미가 있다. 이는 금기(터부)와 거룩한 존재 (사케르)처럼 종교적 목적을 위해 따로 떼어놓은 것으로, 특히 신에게 봉헌된 사물이나 사람, 동물 등의 희생제물을 뜻한다.[6] 특히 가나안의 죽음 여신 아나타, 아나트-마Anath-Ma, 마리-아나트Mari-Anath에게 바쳤던 희생제물을 칭하는 표현으로 추정된다. 이 여신은 해마다 "속죄의 **어린 양**"을 희생시켰는데, 이 희생양은 죽어갈 때는 '모트'라고 불리고 부활한 상태에서는 '알레인'이나 '바알'이라고 불렸던 이중적인 남신(이중남신)이다. 따라서 아나타의 저주란 애초에 그 대상이 아무리 신성한 희생제물이었다고 하더라도 결국은 죽음의 저주일 뿐이었다.

중세에는 교회의 저주를 받게 되는 즉시 지옥의 고통 속에 영원히 갇히리라는 믿음이 확산되면서 그 위세가 더 커졌다. 하지만 종교개혁 이후 교회의 저주가 갖는 힘에 대해 합리적인 의혹이 일어나자 독실한 국가 지도자들조차

이를 무시하기 시작했다. 로마 교황 비오 5세(피우스 5세)는 1570년 영국 엘리자베스 1세 여왕에 대해 파문 선고를 내렸다. "사도적 권능을 총동원하여 우리는 앞서 말한 엘리자베스 1세가 그 자신이 이단자일 뿐 아니라 이단자들의 방조자이기도 함을 만천하에 공표한다. [……] 그녀에게 파문형을 선고하고 그리스도의 몸으로서 하나된 교회 공동체로부터 추방할 것을 선언한다. 나아가 왕국에 대한 권리 주장, 일체의 주권과 존엄성, 특권 등을 전부 박탈한다."[7] 하지만 청천벽력 같은 교회의 선고에도 엘리자베스 1세와 영국 국민 대다수는 눈 하나 깜짝하지 않았다.●

● 헨리 8세 때부터 로마 가톨릭과 멀어지고 또 메리 1세 때 잉글랜드 성공회에 대한 탄압을 거쳐 종교적인 분쟁이 심각했던 영국에서 엘리자베스 1세는 즉위 후 중용 노선을 걸었다. 엘리자베스 1세는 성공회 교도였지만 독실한 신자는 아니었고 전형적인 르네상스인으로 종교적 극단성을 혐오하였다. 1559년 헨리 8세의 반교황법령을 되살린 '왕위지상권'을 의회에서 통과시켜 로마 가톨릭의 정치적 간섭을 배제하였으며 이로 인해 로마 가톨릭에서 파문당했다.

세례   Baptism

원래 아기에게 이름을 지어줄 수 있는 어머니의 특권과 모성에 중심을 둔 의식이다. 어머니들은 가슴에서 젖을 짜내면서 자기가 낳은 아기의 이름을 불렀다. 유럽 토속신앙에서는 무생물에게조차도 이름을 지을 때 젖이나 우유로 세례를 주었다. 구세주 아기가 이런 고대의 모권주의적 방식으로 침례를 받지 *않았음*을 강조하는 찬송가가 있을 정도

세례

였다.[8] 어른들의 세례 의식은 항상 상징적 차원에서 자궁에 다시 들어가는 과정이었다. 이는 양수를 통과해 새로운 탄생에 도달하는 일이었는데, 종종 새로운 의식용 이름을 받는 경우도 있었다. 이집트인들은 보호나 치유의 주문을 외면서 성수에 담그고(침례), 성수를 뿌리고(세례), 기름을 붓고 씻는 의례를 엄청나게 많이 했는데, 초기 그리스도교인들은 이를 모방했다.[9]

교회가 유아 세례를 받아들이자마자 이 의례는 어머니들의 손을 떠나 사제들의 손으로 넘어갔다. 사제들은 모든 아이가 여성의 몸을 통과해 태어나고 원죄를 물려받았기 때문에 악마적인 "어둠의 아이들"이라고 주장했다. 이 악마성은 오로지 교회에서 행하는 세례를 통해서만 제거할 수 있었다.[10] 임산부들은 모성을 축복받기는커녕 자신들의 몸에 "하나님의 원수이자 그가 증오와 저주를 퍼붓는 대상, 악마의 소굴shrine"인 아기를 몸에 배고 다닌다는 말을 듣게 되었다.[11] 사제들에게 세례받지 않고 세상을 떠난 아이들은 지옥에서 영원히 고통을 받는다는 것이 일반 상식이었다. 그리스 정교회는 "악마를 쫓아내기" 위해 입으로 아이의 얼굴에 바람을 세 번 부는 인도 브라흐만 교부 가부장들의 영혼 봉헌 의례를 모방했다.[12] 그러나 다른 한편에서는 세례받지 않은 아이들에 대한 그리스도교의 정죄를 부정하는 토속신앙 전통도 여전히 뚜렷하게 남아 있었다. 토속신앙에서 유래한 한 시가에는 이런 내용이 나온다. 세례받지 못한 아이들은 "단지 우리 구세주의 무릎 가까이에 앉아" 천국으로 가서 사랑스러운 빨간 장미들 사이에서 살게 되리라는 것이다.[13] 다른 시가에서는 프라우 홀다(헬) 또는 페레타 같은 여신이 사후세계에서 그런 아이들을 돌봐줄 것이라고 노래한다.[14]

또 오스트리아 농민들은 계속해서 교회 세례의 마법보다는 마녀 산파의 마법을 믿었다. 제사장이 유아에게 세례식을 거행할 때조차 그들은 한편에서 나이든 현명한 여인(크론)들이 특별한 역할을 담당해 주기를 바랐다. 이 노파들은 죽음을 뜻하는 검은 색의 끈을 빼내고 빨간색과 흰색의 끈cords을 엮어 만든 전통적인 '생명의 실'을 붙들고 있었다.[15] 그러므로 이 나이든 현명한 산파는 비밀리에 조산사 역할을 하면서도, 매듭과 줄의 마법으로 여성 삼위일체를 불러내 아기를 보호하는 고대 여사제 역할을 수행했던 것이다.(신성한 색깔 참고) 실제로 정확히 "목욕 의례를 거행하는 사람들"을 지칭하는 '밥테스'라는 명칭은 원래 코티토라는 트라키아식 이름을 가진 여신을 섬기는 제사장의 칭호였는데, 코티토는 노파(크론, 하그)의 또 다른 버전이다.[16]

그리스도교 시대 전반에 걸쳐 교회에서 세례에 사용하는 물을 다양한 마법적 용도를 기대하는 교인들에게 팔았다. 교인들은 병든 소와 닭에게도 성수를 뿌렸다. 폭풍 피해로부터 집을 보호하기 위해 뿌리기도 했다. 또 다산의 효험을 위해, 유아의 요람을 보호하기 위해 사용하기도 했다. 각종 질병의 치료제로 마시기도 했다. 교회는 "참된 그리스도교의 신앙에 적합한 방식이라면" 세례용 성수를 잡다한 미신적인 용도로 사용하도록 허용했는데, 이 신앙이란 사실상 성수에 마법적인 효험이 있을 것이라는 믿음을 의미했고, 이에 대한 회의적(논리적) 태도는 매우 드물었다. 반면 성수의 효능에 대한 서민들의 믿음은 무척이나 강력해서 적들에게 저주를 내릴 때도 사용됐는데, 이는 성수가 보장해야 할 구원과는 정반대의 쓰임새였다.[17]

축복

고대 영어의 단어들 중 'bletsain'과 그보다 더 오래된 'bleodswean'은 피를 사용해 거룩하게 한다는 의미로 '축복'을 뜻한다. 제단에 동물이나 전쟁 포로의 피를 뿌려 "축복"하거나 거룩하게 만들곤 했기 때문이다.[18] 오늘날까지도 여전히 제단에 피의 보편적인 대체물인 소금을 뿌려 "축복"하거나 거룩하게 만드는 관행이 이어지고 있는데, 소금은 피와 맛이 비슷하고 둘 다 태곳적 어머니 바다와 동일시되기 때문이다.

과거 한때에는 회중의 머리 위로 성스러운 희생제물의 피를 뿌리는 일이 사람들을 축복하는 방법으로 여겨졌다. 키벨레 혹은 미트라의 추종자들은 새롭고 경건한 삶으로 다시 태어나기 위해서 제물로 바친 황소의 피로 목욕을 했다. 초기 그리스도교인들은 자신들의 몸을 어린 양(예수)의 피로 씻었다고 주장했다. 그리스도교 종파 가운데 영지주의파에 속하는 만다야교에서는 예수보다 세례 요한을 진정한 구세주로 숭배했다. 그래서 그들은 요한의 거룩한 피가 풍부한 결실을 약속하고 보호의 힘을 발휘하는 마법으

로서 예루살렘의 어머니들과 자녀들을 "적셨다"고 주장
했다.**19** 실제로 이렇게 의례를 통해 축복을 선언하는 관습
은 예수의 희생을 설명하는 복음서의 여러 대목에서 똑같
이 반복되고 있다. "백성이 다 대답하여 이르되 그 피를 우
리와 우리 자손에게 돌릴지어다 하거늘."(「마태오의 복음서」
27:25, 개역개정판)● 유럽의 그리스도교들은 내내 이 구절을
성경에서 가장 불행한 구절 중 하나로 바꾸어 해석했는데,
모든 유럽의 후손들을 대신해 유대인들이 예수를 죽인 죄
를 자발적으로 짊어졌다고 강조하기 위해서였다. 예수 살
해가 하나님이 예정하신 사건이었음에도 불구하고 유대인
들은 "그리스도의 살해자"로서 계속 박해받아왔다.

오늘날 교회에서 "축복"은 실제로 뭔가를 뿌리는 행위
는 아니지만 마치 그러는 것처럼 허공에 손을 들고 있는 몸
짓이다.

성촉절   Candlemas

성촉절 축제의 옛 이름은 '이몰륵Imbolg'이었다. 고대 아일
랜드어로 '둘러싼 배' 또는 '배 둘레'라는 뜻인데, 땅과 흙

● 공동번역에는 다음과 같이 의역되어 있다. "군중은 '그 사람의 피에 대한 책임은 우리와 우리 자손들이 지겠습니다.' 하고 소리쳤다."

으로서 대지 어머니의 자궁을 가리켰다.* 이 이몰록 축제에서는 곡식이 잘 자라도록 이곳저곳을 돌아다니는 순회 circumambulatory 의례와 불을 붙이는 의례를 행했다.[20] 켈트의 토속신앙 달력에 따르면 2월 초에 열리는 성촉절은 봄의 시작을 알렸다. 그리스도교에서는 이날을 성 브리지타 축일로 만들었는데, 켈트의 위대한 여신이었던 브리이드가 그리스도교의 가짜 성녀 브리지타로 개종되는 역사를 거친 후에 자연스럽게 일어난 일이다.(성인 참고)[21]

성촉절은 또 세계 곳곳의 다양한 '위대한 여신들'에게 바쳐지는 축제이기도 했다. 로마에서는 전쟁의 신 마르스의 처녀 어머니 유노 페브루아타의 축제였다. 그리스도교 작가들은 이교도들이 유노 페브루아타를 기리기 위해 촛불을 태운다고 기록했다. 교황 세르지오는 여신 숭배라는 "더러운 용례와 관습을 폐지하기 위해" 또 "그 축제를 하나님 숭배와 성모 숭배로 만들기 위해" 축제 이름을 '동정녀 마리아의 정화 축제'로 바꾸었다.[22] 그럼에도 불구하고 성촉절은 동정녀 마리아 정화 축제보다 여성들을 위한 특별한 날, 사랑의 여신 유노 페브루아타를 위한 특별한 날로

* 이몰록이라는 이름은 켈트 신화의 얼스터 전설 속 이야기인 「에버르의 구애」로부터 유래되었다. 이몰록은 켈트 신화에 나오는 4분간절Cross quarter days 중 하나인데 1년을 4분기로 나눈 춘분과 하지, 추분과 동지 사분절의 중간에 위치하는 날들로, 발터너(**오월전야제** 참고)와 루너서(**람머스** 참고), 서우인과 더불어 동지와 춘분 사이에 있는 날이다.

남았다.[23] 동정녀 마리아 축제의 "정화" 의식은 그리스도 교 권위자들이 '산후감사예배'라고 부르는 것으로, 그리스도의 어머니까지 포함한 모든 어머니는 출산 후 40일이 지나면 교회에 나가 정결해져야 한다는 가설에 기초한 관습이다. 교회 권위자들 중 몇몇은 모든 여성이 아이를 낳으면 의례적인 의미에서 불결해지긴 하지만 동정녀 마리아는 이러한 "오염"에서 면제된 존재라고 주장하며 반발했다. 하지만 반발에도 불구하고 교회는 결국 동정녀 마리아에게도 정화 예배가 필요하다고 선언했다.

카니발(사육제)　　　　　　　　　　　Carnival

오늘날 대부분의 유럽 국가에서 사순절 의식의 본질적인 부분을 차지하는 사육제는 로마인들에게 알려진 가장 오래된 여신상 중 하나인 모든 육체의 어머니 카르네carnes를 뜻하는 카르나Carna에서 파생되었다고 할 수 있다. 사람들은 인간의 육체, 특히 심장, 간 등의 주요 장기를 보호해 주기를 바라는 마음으로 카르나 여신에게 매년 음식을 바쳐 마음을 달랬다. 고전 시대에는 단순히 이렇게 오장육부를 주관했지만, 원래 카르나 여신은 모든 영양분, 영양소를 주관할 뿐 아니라 죽은 고기를 살아 있는 인간의 몸으로 바꿔 신비로운 내적 변화를 일으키는 영향력이 훨씬 더 큰 여신이었다.[24]

매년 열리던 이 행사는 그리스도교 국가에서 육체carne vale와 작별하는 축제가 되어버렸다. 카르나 여신의 옛 의식은 사순절 금식이 시작하는 시기에 이루어졌는데 그 직전에 잔치를 벌이며 행해지는 난교가 특징이다. **가면**들, 무언극 행렬Mummers Parade, 칼춤 무용수, 운명의 수레바퀴(운명의 세 여신), 사랑의 부적, 모의(가짜) 왕 의식,● 동물 희생 등 많은 토속신앙의 의례들, 연극, 경기, 코스튬을 입은 행렬 참여자들, 상징적 장식물들 및 그 밖의 오락거리들이 사육제와 연관되었다. 1932년 포르투갈에서 열린 한 사육제 연극에서 일군의 남자들이 그리스도교 이전 고대 토속종교 제사장들의 방식을 따라 고대의 모의 출산 의식을 거행했다는 기록이 전해진다. 이 연극에서 산모 역할을 맡은 남자는 팬터마임으로 진통을 겪는 흉내를 내다가 아기 인형을 출산하는 것처럼 꾸몄다고 한다.[25]

●
모의 왕을 선출해 조롱하고 살해하는 의식의 기원과 그 후의 전승에 대해서는 **새해맞이** 항목 참고.

238

산후감사예배 Churching

아기를 낳으면 영적으로 더러워진다는 가설에 기초해 모든 교회에서는 출산 후 40일 동안 산모들의 출입을 거부했다. 이 40일에서 나온 것이 숫자 40을 의미하는 '격리quarantine'라는 말이다. 이 기간이 지나면 산모는 모성으로부터 온 부정함을 씻어내는 의례에 참석하기 위해 교회에 가도 된다고 허락받았다. 출산과 산후감사예배 사이의 시기에는 산모와 새 아기 모두 공식적으로 비그리스도교인 이교도로 규정되었다.[26] 산모들은 산후감사예배를 치르기 전까지 자기들이 밟는 자리에는 잔디도 자라지 않는다는 말을 들었고, 또 그런 말을 믿어야 한다고 강요당했다. 심지어 산후감사예배가 있기 전 산욕열이나 여타의 출산 트라우마로 산모가 사망하면, 그 여인은 그리스도교식 장례를 허락받지 못할 수도 있었다.[27] 세례받지 못한 아기들 역시 이와 똑같은 규칙을 적용받았다.

이러한 관습을 유래시킨 애초의 성경 본문은 사실 이 40일 격리를 아들을 출산한 산모에게만 명하고 있다.(「레위기」 12장) 딸을 낳은 산모는 80일 동안 격리되어야 했던 것이다. 가부장제의 사제 권력은 여아가 남아보다 두 배 더 불결하다고 생각했다. 이 시기가 끝날 무렵 산모는 자신들의 '범죄'를 속죄받기 위해 제사장에게 속죄 제물을 바쳐야만 했다. 다시 말해 아기를 낳는 것은 죄를 짓는 것이었고 아들을 낳으면 딸을 낳는 것보다 죄가 절반으로 줄어들었다는 뜻이다. 두말할 필요도 없이, 이러한 여성혐오적(반여성적) 관념은 교회의 원죄에 대한 교리로 한층 더 강화되었는데, 이 교리에 의하면 원죄는 여성의 살(몸)을 통해 모든 세대로 대물림되었기 때문이다.

그리스도교식 산후감사예배보다 한층 부드러웠던 토속신앙의 원래 모델에서는 산모 자신이 직접 의식을 주관했는데 통상 교차로(십자로)에서 어머니 대지에게 자기 아기를 보여드리는 방식이었다. 10세기의 참회규정서는 "이 방식이 너무나 이교적이라는 이유로" 여성들로 하여금 더 이상 이 의식을 거행하지 못하도록 엄중히 금지시켰다.[28]

할례   Circumcision
고대의 할례 전통은 부싯돌 칼이 널리 사용되었다는 점과

BC 2300년까지 거슬러 올라가는 유물을 통해 입증된다. 이 관습은 청동기 시대보다 앞선 것이 틀림없으며, 따라서 부권(친자관계)을 본격적으로 인정하기 시작한 시점보다도 앞선 것이 틀림없다. 할례를 비롯한 다양한 형태의 음경 절단 관습이 여성의 초경menarche을 모방하는 데서 시작되었다는 것도 명백하다. 처음으로 "피를 흘리는" 소녀들과 비슷한 나이 대의 소년들에게 할례를 했던 관습에 대해 몇몇 문화권에서는 "남자들의 월경"이라고 묘사하기도 했다.[29] 오늘날에도 새로 할례를 받은 마사이족 소년들은 여성의 옷을 입는다. 고대 이집트에서도 마찬가지로 소년들이 할례 의식을 치를 때 소녀의 옷을 입었다.[30]

할례는 아마도 아주 오래전에 여신을 섬기는 사제들 사이에서 종교적 권위를 갖추기 위해 남성들이 반드시 거쳐야 했던 '거세'를 조금 덜 과격하게 만든 장치일 것이다. 거세의 고통을 겪고 여장을 하고 여성들처럼 행동했던 것은 많은 초기 남성 사제들의 특징이었다. 키벨레, 옴팔레(옴팔로스의 원래 주인인 여신), 테바이의 만테스 같은 많은 초기 여신들의 사제들도 그런 경우였다. 결국 여신에게 생식기 피

외경 행전들 중에 가장 초기의
것이며, 요한이 소아시아에
서 행한 강론들을 엮은 것이다.
2세기 후반에 기록된 것으로
추정되며 이단의 저작으로 분
류된다.

●●
"어머니의 태로부터 된 고자도
있고 사람이 만든 고자도 있고
천국을 위하여 스스로 된 고
자도 있도다. 이 말을 받을 만
한 자는 받을지어다."(개역개
정판)

●●●
155~240년경. '삼위일체
trinitas'라는 라틴어를 그리스
도교 신학 용어로 가장 먼저
사용했으며, 그의 라틴어 문
체는 중세 교회 라틴어의 표본
으로 간주된다. 전통적 교리
와 모순되는 측면이 있어 정통
교부로 인정받지 못하는 경우
가 많지만 중요한 초기 신학자
로 널리 인정된다.

●●●●
185~253년경. 알렉산드리
아학파를 대표하는 그리스
도교 교부. 매우 독창적인 신학
체계를 세웠기 때문에 이단과
논쟁하였고 교회와도 마찰을

를 바치는 거세의 변형된 상징적 의례로서 할례는 이후에 성인식으로 바뀌어 심지어 남신들에 의해 남성들에게 요구되었다.

하지만 종교적 거세 의례는 유대교 전통과 그리스도교 전통에서도 계승되어 지속되었다. 미드라시 버전의 노아 이야기에서 노아의 아들 함은 단순히 아버지의 벌거벗은 몸을 들추어낸 것뿐만 아니라, 나아가 크로노스-우라노스 신화처럼 아버지를 거세했다고 전해진다.[31] 신성한 왕들은 종종 자기 후계자들에 의해 거세되었고, 이는 신이 기쁘게 받는 제물로 여겨졌다. 『요한행전』●에는 "너희는 마음을 깨끗이 하고 배를 깨끗하게 하며 배 아래의 것을 잘라내라."는 구절이 있는데 그리스도교 개종자들에게 거세를 권하는 것처럼 보인다.[32] 예수는 할례를 "받을 만한 자"들은 누구든지 스스로 "천국을 위하여" 고자가 되어야 한다고 말했다.(『마태오의 복음서』 19:12)●● 테르툴리아누스●●●와 오리게네스●●●● 같은 교부들은 천국이 고자들에게 활짝 열려 있다고 선언했다.[33] 초기 그리스도교인들이 너무 흔히 종교적 거세를 행하자 도미티아누스 황제는 이를 불법으로 선포했다. 그리스도교인들이 역사를 기록할 때 도미티아누스를 그리스도교인들의 박해자로 비난한 주요한 이유도 이것이었다.[34]

종교적 의식으로서 거세 관습이 중단되었던 지역에서도 그것을 상징적으로 모방한 의례는 남성 신들에게 기쁘게 바쳐졌다. 유대인들은 이집트의 거세 의식을 모방하여 그들의 남성 신 야훼와 언약의 표징으로 삼았다. 사춘기 소년들에게 행해지던 의식이 유아들에게 행해지는 관습으로 바뀐 것은 모세 때문이다. 모세의 미디안족 아내인 지포라(십보라)는 자기 아들이 할례를 받는 것을 원치 않았다. 하지만 그녀는 아기의 포피를 잘라낸 후 모세에게 던지며 그를 "피 남편"이라고 불렀다.(「출애굽기」 4:24~26)◆ 이 이야기는 아이의 포피가 아이 전체를 대신하여 야훼에게 속죄 제물로 여겨졌음을 분명히 보여주는데, 야훼는 제대로 속죄하지 않으면 장자의 생명을 요구하는 신이었기 때문이다.(「출애굽기」 13:15)◆◆ 소년들의 사춘기 의식은 이후에 무혈의 성인식으로 바뀌어 유지되었고, 바르미츠바로 진화되었다. 후대의 사제 편집자들은 할례가 원래 이집트에서 행

일으켰다. 금욕주의에 따라 스스로 고환을 자른 것으로 유명하다. 초기 그리스도교와 고대 사상이 조화를 볼 수 있는 『원리에 대하여』 등의 저작들이 전한다.

◆
"모세가 길을 가다가 숙소에 있을 때에 여호와께서 그를 만나사 그를 죽이려 하신지라. 십보라가 돌칼을 가져다가 그의 아들의 포피를 베어 그의 발에 갖다 대며 이르되 당신은 참으로 내게 피 남편이로다 하니, 여호와께서 그를 놓아 주시니라. 그때에 십보라가 피 남편이라 함은 할례 때문이었더라."(개역개정판)

◆◆
"그때 파라오가 우리를 내보내지 않으려고 고집을 부렸으므로 야훼께서는 이집트 땅에 있는 처음 난 것을 모조리 죽이실 수밖에 없었다. 사람뿐 아니라 짐승까지도 처음 난 것은 모조리 죽이셨다. 그래서 나는 처음 태를 연 수컷을 모두 야훼께 제물로 바쳐야 하고 아들들 가운데서도 맏아들은 물러내어야 하는 것이다."

해졌던 의식이라는 사실을 인정하지 않았기 때문에(혹은 이미 다 잊어버렸기 때문에), 아브라함의 이야기 속에 할례 의식의 신화적 선례를 기록해 두었다.(「창세기」 17:10)●

춤   Dance

춤은 모든 종교 의식의 중요한 구성 요소였다. 리드미컬한 성적 움직임이 오르가슴에 이르는 것처럼, 반복적이고 리드미컬한 움직임은 신과의 황홀한 결합의 순간에 이르는 데 필수적이라고 여겨졌으며, 이 두 가지는 여러 측면에서 서로 연결되어 있었다. 의례적 춤의 목적들 중 하나는 의례적 섹스의 목적과 동일하게 우주 창조의 과정을 모방하는 것이었다. 다시 말해 신성한 힘에 영향을 주어 잉태하고, 임신하고, 출산하면서 세상을 새롭게 하는 것이었다.

    여신을 숭배했던 고대인들은 여신이 혼돈의 물, 즉 위대한 태고의 구멍(히브리어로 타홈)에서 추는 마법의 춤으로 우주가 처음 창조되었다고 믿었다. 여신은 리드미컬한 움직임으로 아직 형성되지 않은 원소들을 조직화하여 질서정연한 패턴을 만들었는데, 그리스인들은 이를 디아코스모

● "너희 남자들은 모두 할례를 받아라. 이것이 너와 네 후손과 나 사이에 세운 내 계약으로서 너희가 지켜야 할 일이다."

244

스, 즉 여신의 질서라고 불렀다. 성경에서 이 여신은, 신이 *말씀*으로 우주를 창조하기 전 심연(태고의 여성적 구멍)의 얼굴에서 "운행했던(춤을 추었던)" 영으로 등장한다.

여신은 말을 하지 않았다. 여신은 춤을 추면서 세상을 탄생시켰다. 인류의 재생산에서 남성의 기여가 불분명하던 시절, 여성에게만 창조적 힘이 있다고 믿었던 태고에 여신이 있었다. 원시 인류는 여성들이 리드미컬한 움직임으로 자궁 속 마법적인 달의 **피**를 휘젓거나 응고시켜 태아를 형성할 수 있다고 생각했다. 따라서 원시 시대 여성들의 춤은 아기를 만드는 주술로서 골반과 배를 많이 움직였고 이 주술은 오늘날까지 사용되기도 한다.

태곳적 여성적 춤의 리듬은 자궁 속의 모든 태아가 지속적으로 듣는 것과 동일한 리듬으로, 인류의 거의 모든 음악의 기저에 깔린 심장 박동 리듬이다. 이는 자동적으로 춤에 가장 적합한 반주가 된다. 탄트라 전통에서는 이 리듬을 나다(Nada, 힘의 소리 또는 절대자의 심장 박동)라고 불렀는데, 인간의 심장 박동으로 표현되는 이 리듬은, 요가 수행자가 "자기 속으로 깊이 빠져들 때" 인식 가능하다.[35]

동양의 신비주의자들은 영원히 춤추는 신과 동일한 참나(큰나, 자기)가 심장의 동굴(치담바람)에 거한다고 말했다. 이 개념은 고대 이집트의 아브, 곧 인간의 일곱 영혼 중 가장 중요한 '심장-영혼'과 비슷한 것이다. 아브는 어머니의 심장에서 흘러나오는 살아 있는 신성한 피로부터 만들어지는 것으로, 생명이 태어나기 전에 아브가 어머니의 자궁으로 내려와 앉는다. 또 '심장-영혼'은 진리의 어머니 마아트 여신이 죽은 후에 저울에서 무게를 다는 바로 그 영혼이기도 하다. 상형문자 아브는 자그마한 사람들이 춤추는 형상으로 표시되었다. 이 단어가 동사로 쓰일 때는 '춤추다'라는 뜻이었다.[36]

이처럼 성심聖心, Sacred Heart●의 '생명을 불어넣는 피'라는 교리를 처음으로 만들어낸 문화는 이집트였다. 하지만 씨족과 가족의 "혈연blood bonds"을 처음으로 만들어낸 것은 모계를 따라 세대를 이어 내려온 어머니의 피였다. 여성들은 춤을 통해 이러한 관념(혈연)을 기념했으며, 손이나 팔을 연결하는 동작은 집단적인 심장-영혼 안에서 자신들의 심장들도 모두 연결되었음을 의미했다. 이런 춤은 애초부터

● 이후에 그리스도교에서 채택하여 예수의 인류에 대한 사랑, 자비, 인내를 나타내는 상징으로 쓰였다. 예수의 성심 다음으로 성모의 성심도 주요한 상징이 되었다. 미술에서 성심은 대개 거룩한 빛을 발하며 불타오르는 심장 내지는 창에 꿰뚫린 심장, 가시관을 쓴 심장, 십자가에 매달려 피를 흘리는 심장 등의 모습으로 그려지곤 한다. 또 예수가 못 자국이 난 손으로 환하게 빛나는 자신의 심장을 가리키는 모습으로 묘사한 그림도 있다.

시바 신이 추었다는 춤

아기를 잉태하는 힘을 지닌 것으로 여겨졌다.

　네 개의 팔을 가진 인도 여신 마야-칼리도 우주의 여성적 심장에서 춤을 추는 창조주 여신의 또 다른 버전이다. 여신은 네 손에 각각 **4원소**의 상징물(엠블럼)을 들고 자신의 배우자 시바의 사체 위에서 춤을 추는 모습으로 그려지곤 한다. 이때 시바 신은 이집트의 신 오시리스가 "고요하게 정지한 심장"으로 "죽음" 국면일 때처럼 누워 있는 모습이다.[37] 훗날 남자들은 시바를 자신의 힘으로 세계를 지탱하는 신으로 숭배하기 시작했고, 시바의 춤은 그렇게 지속되는 존재의 리듬을 표현하는 것으로 여겨졌다. 하지만 오늘날 이렇게 친숙한 춤추는 시바의 모습조차도 원래는 불타는 말발굽 모양의 **요니**라는 여신 상징 안에 갇혀 있었다.

　위의 그림은 전형적인 춤추는 시바의 모습이다. 그림의 모든 부분이 상징적인 의미를 담고 있다. 하나의 왼손은 환상의 베일을 태워버리는 영적 빛의 불꽃을 들고 있고, 다른 왼손은 "해방"을 의미하는 왼발을 향해 "코끼리" 또는 "가르침"의 제스처를 취하고 있다. 오른손은 "두려움을 없애는" 자세를, 다른 오른손은 영원의 리듬을 만드는 북을 들고 있다. 시바의 발 아래에는 죽음(비활성) 국면의 시바 대신 건망증 난쟁이가 앉아 있는데, 건망증은 오르페우스 전설의 신비로운 레테(망각)의 샘처럼 전생의 기억을 지워버리는 존재다.[38]

춤으로 교리를 드러낸 남신들과 여신들은 동양이나 비그리스도교에만 국한되지 않는다. 초기 그리스도교 영지주의 복음서인 『요한행전』에서는 예수도 춤을 추며 제자들에게 이렇게 말했다. "춤추는 자는 우주에 속한다. 춤을 추지 않는 자는 무슨 일이 일어나는지 모를 것이다. 이제 너희가 내 춤을 따라 추면 내 안에서 너희 자신을 보리라."[39] 초기 그리스도교 교회는 예배를 볼 때 동시대의 모든 토속 신앙인들을 따라 춤을 추었다. 그러나 6세기 혹은 7세기 금욕주의의 새로운 물결은 이러한 춤들이 지나치게 관능적이고 여성들이 이를 지나치게 즐긴다는 이유로 예배 중의 춤을 금지시켰다. 그 후 종교적 춤은 '오래된 믿음'의 은밀한 흔적과 반쯤 그리스도교화된 축제들과 카니발(사육제)에만 국한되어 이어지다가 성직자들의 적대감에 대항하는 신비극 및 민속 전통으로 흡수되었다. 중세 종교재판소의 이단심문관들이 마녀와 악마 숭배자들을 묘사할 때 항상 언급했던 것이 바로 그들이 춤을 춘다는 것이었다.

성찬식(성체)   Eucharist

힌두교 경전 『샤타파타 브라흐마나』⁎는 "태초에 신들이 가장 기뻐하는 제물은 사람이었다."라고 전한다. 후대에 "사람 대신 말이, 소가, 양이, 염소가 제물이 되었고, 나중에서야 쌀과 보리를 바칠 때 신들이 가장 기뻐한다는 사실이 밝혀졌다."⁴⁰ 그러나 일부 힌두교 신들에게는 여전히 피를 바치고, 그리스도교 하나님에게도 적어도 상징적으로는 여전히 하나님 아들의 살과 피를 바치고 있다. 가톨릭의 성변화(transubstantiation, 화체설) 교리는 신앙의 한 조항으로 여전히 남아 있는데, 이는 화학적·물리적 현실에 대한 모든 합리적 지식을 뛰어넘어 성찬의 빵과 포도주가 문자 그대로 인간의 살과 피로 변한다는 주장이다.

　빵과 포도주는 오시리스, 아도니스, 디오니소스 등 수많은 고대 구세주 신의 살과 피를 대체했다. 하지만 그 와중에도 그 살과 피가 진짜라고 주장하는 성변화의 교리는 생

⁎
『백야주르베다』와 관련이 있는 브라흐마나 경전으로 영문 번역본이 19세기 말에 편집된 『동양의 경전Sacred Books of the East』 전집 중에 수록되어 있어 서양 세계에 많이 알려져 있다. 샤타파타란 100가지의 길이 있다는 뜻이다.

겨난 적이 없다. 키케로는 포도주를 바쿠스라고 부르는 것이 일반적인 비유라면서 "자신이 신을 먹는다고 믿을 만큼 정신 나간 사람이 있으리라고 상상할 수 있는가?" 물었다. 바로 이러한 믿음을 중세 내내 그리스도교인들에게 요구했던 것은 독일의 인류학자 한스 페테르 듀어가 주장하듯 "이성을 희생하는 짓일 뿐"이었다.[41] 프로테스탄트 종교개혁의 대부분은 성찬식(성체)을 조야한 마술로 보고 거부하는 데 초점을 맞췄다. 그러나 더글라스는 "근본주의자들은 성체에 대한 태도가 마술적이지는 않더라도 성경에 대한 태도가 마술적이 된다."고 정확히 지적했다.[42] 의례와 마술 사이에 경계선이 그어지곤 하지만, 그 선은 항상 다양한 집단들의 의미론적 선호에 따라 다르게 그어질 뿐 명확한 객관적 근거에 따라 그어지는 것은 아니다.

퇴마(엑소시즘)   Exorcism

로마 때 관습인 퇴마 의례는 중세까지, 아니 오늘날까지도 어느 정도 살아남은 가장 어리석은 미신 중 하나이다. 교회가 현명하게도 이를 먼지가 쌓인 책장 뒤편으로 밀어 넣고 거의 허용하지 않고 있지만, 그럼에도 불구하고 **마귀**가 특정한 사람에게 들릴(씌일) 수 있고 특정 사제가 퇴마사(엑소시스트) 역할을 할 수 있다는 것이 여전히 그리스도교의 공식적인 주장이기도 하다. 의례 지침에 따르면 퇴마사는 "미신"을 믿지 않아야 한다고 하면서도, 동시에 빙의의 원인이 될 수 있는 "마법의 주문, 마법사의 상징" 또는 "오컬트 문서"를 발견해야 한다는 모순된 지시를 받게 된다.

흥미롭게도 마귀 들림의 징후 중 하나는 성 파울로(바울)가 신적 들림의 징후로 꼽았던 것과 똑같이 "방언을 하는 것"이다. "귀신 들린 자가 알 수 없는 언어를 말하거나 알 수 없는 언어를 이해할 때" 마귀에 들린 것으로 볼 수 있다는 것이다.

퇴마사의 첫째 관심사는 자신의 안전이다. 퇴마를 위해 신을 부를 때 신에게는 퇴마사나 그 조수들의 죄를 기억하면 안 된다는 조건이 붙으며, 귀신 들린 자는 "폭력의 위험에 대비해 묶여 있어야" 한다고 요구된다. 또 마귀는 누구에게도 "해를 끼쳐서는 안 된다"고 명해진다. 그러나 애초에 마귀란 대체로 불순종하고 반항적이며 비뚤어진 존재로 정의되기 때문에, 도대체 이 명령의 목적이 무엇인지 의아할 뿐이다. 게다가 마귀는 질문에 거짓으로 답한다고 알려져 있는데도, 퇴마사는 마귀에게 이름과 전과, 혹시 동반자가 있다면 그 수와 이름들, 피해자를 사로잡은 이유, "또 그와 유사한 다른 여러 질문들"까지 온갖 종류의 질문을 해야 한다. 다시 말해 "사로잡힌" 사람, 즉 귀신 들린 자는 이 모든 질문들에 답하기 위해 엄청난 창의성을 요구받게 되는 것이다.

악마들에게, 신에게, 천사와 대천사들에게, 성인들에게, 그리고 사실상 퇴마사 자신을 제외한 거의 모든 사람들에게 길고 지루한 연설이 이어지는 동안 침입자 마귀의 영은 항복하라는 명령을 받는다. 멀리 가버리라고, 떠나라고, 굴복하라고, 포기하라고, 도망치라고, 나가라고(두 번 반복), 그만두라고(두 번 반복), 가라고(네 번 반복), 출발하라고(여섯 번 반복), 단념하라고(일곱 번 반복), 뿌리 뽑혀 추방되고, *지금 당장* 날아가라고. 그러나 이 모든 퇴거 명령들 사이에는 그 영이 결코 퇴거되지 않음을 보여주는 수사적 질문들이 흩어져 있다. 왜 남아 있나? 왜 저항하나? 어떻게 감히 거부할 수 있나? 앞서의 모든 명령들은 '성육신의 신비Mysteries of the Incarnation', 곧 주 예수 그리스도의 고난, 죽음, 부활, 승천에 의해 힘을 받는다. 명령에 힘을 더하는 것들은 끝도 없이 많다. 성령의 파견, 최후의 심판, 산 자와 죽은 자를 심판하러 오시는 자, 우리의 창조주, 성부 하나님, 성자 하나님, 성령 하나님, 거룩한 사도들의 믿음, 순교자들의 피, 고백자들의 순결, 모든 성도들의 경건하고 거룩한 중보기도, 말씀이 육신이 된 것, 여러 케루빔과 세라핌들, 4계급(주품천사), 5계급, 6계급의 천사들Powers and Virtues and Dominations은 말할 것도 없고 그리스도교 신앙의 신비의 힘 등등. 이러한 중무장이 효과적이리라고 생각하는 사람도 있을 수 있다. 실제로 마귀는 퇴마 의례에서 "저항하려는 의지는 불가능하다", "순종을 거부하는 것은 불가능하다"라는 말을 듣게 된다. 하지만 작은 마귀 하나도 이 무수한 초능력에 맞서 꽤 잘 버틸 수 있는 것처럼 보인다. 그 작은 마귀가 머무는 동안 떠나라는 말을 수도 없이 듣게 되다니 말이다. 이런 의미에서 퇴마 의례는 기껏해야 하나님의 중보기도를 받기 위한 그닥 효율적이지 않은 장치처럼 보이기도 한다.

　퇴마사가 "해방의 징조"를 볼 때까지 의례가 계속되어야 하지만, 그 징조라는 것이 정확히 무엇인지는 설명이 없다. 지침에는 악마가 종종 "귀신 들린 자가 전혀 사로잡히지 않은 것처럼", 해방된 것처럼 거짓된 모습을 연출하기도 한다는 경고만이 포함되어 있을 뿐이다. 실제 상황에서 이런 거짓 연출을 어떻게 구별할 수 있는지에 대해서는 명확한 설명이 없다. 퇴마 의례는 사실상 끝이 없으며 모든 사람이 지쳐 떨어지거나, 귀신 들림의 피해자이자 히스테리를 연기하는 사람에게서 터무니없는 말과 행동의 아이디어가 모두 동날 때까지 계속된다. 그제서야 피해자는 완치 판정을 받거나 혹은 (가장 먼저 시도해 봐야 했을) 정신과 치료를 받도록 인계된다.

금식(단식)   Fasting

기근의 시기에 굶주림이 환각을 일으킨다는 사실을 사람들이 우연히 발견한 이래로 금식은 보편적인 종교 의례로 자리 잡았다. 환각은 꿈과 마찬가지로 항상 초자연적 존재와 소통하는 하나의 형태로 여겨졌다. 일부 아메리칸 인디언 문화에서는 청년들이 환각을 보기 시작할 때까지 금식하는 것이 일상적이었는데, 환각은 아주 개인적이고 사적인 영적 안내자를 보여준다고 여겨졌다. 중세 **성인**들도 금식을 많이 했는데, 그들이 천사나 악마의 방문을 자주 경험한 것은 의심의 여지 없이 이 때문이다.

금식은 그리스도교와 유대교 전통에서 모두 중요한 의례로 적극 권장되었다. 랍비 문헌에 따르면 "1년에 네 번, 3일 밤낮을 연속으로 금식하는 사람들은 누구라도 하나님이 모든 죄를 용서하신다."고 한다.[43] 금식은 죄에서 완전히 벗어나기 위해 지불해야 하는, 작은 대가였다. 무슬림들도 이와 비슷한 이유로 라마단 금식을 지켰다. 그리스도교 이전부터 내려오던 전통인 사순절 금식을 그리스도교인들도 지켰다. 로마 여성들은 아벤티누스 언덕과 팔라티노 언덕 사이의 신성한 숲에서 거행되는 마트로날리아(어머니들의 축제)가 끝난 후 3월의 초하루 동안 순결을 지키고 금식했으며 남성들은 여기에 동참할 수 없었다.[44] 이 봄철 금식을 그리스도교 교회에서 모방해 사순절로 바꾸었는데, 그 영어 이름인 'Lent'는 앵글로색슨어(고대 영어)로 "길게 만드는" 달이라는 뜻의 'Lenet-monath'에서 나왔다.

의례적인 금식은 마법적 효력이 있는 행위로 여겨졌기 때문에 축복뿐만 아니라 저주에도 사용될 수 있었다. 그렇게 적에게 해를 입히기 위해 금식하는 것을 검은 금식이라고 불렀다. 1538년 마벨 브리그^{Mabel Brigge}라는 여성은 헨리 8세와 노퍽 공작을 상대로 검은 금식을 했다는 이유로 처형당했다. 더럼 주교는 1577년에 공식적으로 검은 금식을 금지했다.[45]

핼러윈 Halloween

핼러윈 의례는 토속종교 전통에서 일력 이전의 월력으로 밤에 치러지던 '만성절^{萬聖節, All Hollows Day}' 전야 관습의 유물이다. 이 축제는 예전에는 죽은 자의 축제(켈트족의 서우인의 철야)였다. 이 날은 "세계 사이의 틈"이 열리고 그 틈으로 영혼들이 드나드는 4분간절^{cross quarter day} 중 가장 중요한 날이었을 것이다. 따라서 죽은 조상의 유령이 지상세계를 다시 방문하여 후손들과 함께 축제에 참여하고 강령술로

대화를 나누거나 징조를 보여줄 수 있었다. 아일랜드에서는 이 시기에 모든 시드(요정의 언덕, 무덤 언덕이라는 뜻)가 열린다고 했다. 사람들은 핼러윈에 **요정들**을 지하에 가두는 것은 불가능하다고 주장했다. 이 "요정들"은 그리스도교 교회에서 보기에는 단지 이교도 영혼이었기 때문에, 교회는 자연스럽게 핼러윈에 **마귀들**이 마녀에게 호출당해 공중을 떠돈다고 주장했다. 이때 마녀는 사실상 죽은 자와 의사소통하는 일을 담당했던 고대 토속신앙의 여사제를 일컫는 일반적인 용어였다.[46]

핼러윈의 사탕 받기trick-or-treat 관습은 죽은 가족이 저승에서 귀환해 잠시 머무는 동안 아이들에게 선물이나 과자를 전해주리라는 믿음에서 유래했다. 선물, 음식, 과자를 주는 것은 종교적 명절에 아이들이 관심을 갖도록 만드는 표준적인 방법이었는데, 요즘도 우리가 크리스마스와 부활절에 널리 하고 있는 행동이다. "죽은 친척들은 어린아이들에게 좋은 요정이 되었"던 것이다.[47] 검은 고양이, 부엉이, 박쥐, 빗자루는 마녀와 흔히 연관되는 **파밀리아**나 도구들인데, 교회가 이러한 '사자들의 축제'를 그리스도교 성인들을 기리는 의례로 동화시키려고 애썼음에도 불구하고 마녀는 여전히 이 축제에서 지배적인 위치를 유지했다.

핸드패스팅 Handfasting

브리튼제도의 오래된 토속종교의 결혼 의례이다. 1753년 결혼법(하위크경의 결혼법)이 잉글랜드와 웨일스에서 성직자가 집례한 결혼만 유효하다고 선언한 이후에도, 핸드패스팅은 1939년까지 스코틀랜드에서 합법성을 인정받았다. 결혼법이 제정되기 전까지는 관습법에 따라 증인 앞에서 두 사람이 손을 맞잡는 것만으로도 결혼의 유효성을 인정받을 수 있었다. 결혼법 이후 스코틀랜드 국경 마을인 그레트나그린은 커플들이 합법적인 결혼을 위해 모여드는 곳으로 사랑(결혼)의 도피를 위한 메카가 되었다.

핸드패스팅 제스처는 고대 인도유럽에서 남성과 여성의 결합을 표현하는 이미지 중 하나인 무한대 기호에서 유래한 것으로 보인다. 이 기호의 쌍둥이 원 중 하나는 태양(남성)을, 다른 하나는 달(여성)을 나타낸다. 시계 방향의 원과 반시계 방향의 원으로 8을 그릴 때처럼 한 원은 오른손으

손을 잡고 하는 핸드패스팅 제스처

로, 다른 한 원은 왼손으로 잡게 되는 것이다. 오른쪽은 태양 또는 남성, 왼쪽은 달 또는 여성으로 간주되었다. 그래서 결혼은 일반적인 악수처럼 두 사람의 오른손을 합친 다음 그 위에서 두 사람의 왼손을 합쳐서 팔들이 "무한대" 또는 완전성의 형상인 원을 그리며 그래픽으로 표현된다.

가부장제 사회에서 동의, 친근감, 인사의 표시로 오른손 악수만 유지되었다는 점도 흥미롭다. "여성적"인 왼손을 사용하는 경우는 모두 사라졌는데 유일하게 살아남은 것이 왼손만 합쳐서 "왼손의 결혼(모르가나틱 결혼)"을 공식화하는 용례다. 이는 독일에서 신분이 높은 남성이 하층민인 첩과 공개적으로 살 수 있도록 고안된 결혼인데, 독일 귀족들은 상속, 재산, 성에 대한 아내 혹은 자녀의 권리주장 및 청구에 대해 이 "결혼"을 시행함으로써 법적으로 보호받고 구제되었다. 이 제도의 유일한 목적은 "불법적 관계에 있는 남성을 보호하는 방패"를 두는 것이었다.[48]

그러나 교회의 축복을 구하든 구하지 않든, 유럽에서는 두 손을 맞잡고 혼인을 서약하는 것이 계속해서 합법적인 결혼으로 간주되었다. 물론 성직자들은 신혼부부들이 계약서에 서명하고 손을 맞잡은 후에 가능한 한 빨리 교회에 출석할 것을 권장했다. 하지만 사실 교회는 수 세기 동안 결혼을 무시해 왔고, 결혼은 오랫동안 교회법이 아닌 관습법의 관할로 떠넘겨졌기 때문에 결혼에 관해 교회의 원칙을 강요하기는 어려웠다.[49] 16~18세기 스위스에서는 공개적으로 함께 술을 마시는 것만으로도 합법적으로 결혼할 수 있었다.[50] 지금은 세속적으로 널리 알려진 서로의 팔을 교차해 술을 마시는 행위(러브샷)는 한때 (핸드패스팅처럼) 성적 결합을 의미하는 무한대 기호를 서로의 몸으로 만들어내는 또 다른 방식이었다.

다른 많은 토속신앙의 유산과 마찬가지로, 손을 맞잡는 제스처는 어린이들의 놀이와 민속춤 전통에 남았다. 유럽식 스윙댄스는 커플이 핸드패스팅와 같은 방식으로 손을 맞잡고 서로를 빙글빙글 돌게 만드는 춤이다.

신성한 결혼(성혼)   Hieros Gamos

그리스어로 '신성한 결혼'이라는 뜻인데, 이는 고대 세계에서 왕을 만드는 데 필수적인 의식이었다. 왕은 여왕, 즉 (대지를 의미하는) **여신**이 인간으로 육화한 존재에게 배우자로 받아들여져야만 통치권을 행사할 수 있었다.[51] 아일랜드와 웨일스의 켈트족 문화에서 왕은 땅의 여신과 결혼했다.[52] "부족의 장로들로 구성된 평의회나 위원회를 구성한 족장은 '위대한 어머니'를 의인화한 존재이자 모계 사회를 관장하는 존재인 '신성한 여성(여왕)Devine Woman'의 통치하는 몸체였다. 이러한 문화에서 초기 왕들은 자신의 권한이 아니라 '신성한 여성(여왕)'의 배우자 권한으로 통치했다."[53] 아프리카 바히마족은 부족장을 임명할 때 의례를 통해 여신 이마마와 결합시켰다.[54]

왕이 종신직인 경우는 거의 없었다. 여신은 새로운 연인을 통해 끊임없이 활력을 불어넣어야 한다는 이론에 따라 왕들이 자주 교체되었는데, 이 때문에 마브 여왕,• 롬바르디아의 여왕 테오델린다, 스칸디나비아 중세 로망스에 등장하는 헤르무트루데 여왕 등 토속종교의 유명한 여왕들은 여러 남편을 두었다. "'신성한 여왕'들은 보통 두 명의 남편을 두었는데, 이러한 사실은 라가시의 우루카기나••의 비문에서 드러난다. [……] 1년의 전 과정이 지나면 '신성한

• 아일랜드와 잉글랜드 민요에서 사람의 꿈을 관장하는 장난꾸러기 요정으로 셸리의 동명의 시(1813)에 등장하고 셰익스피어의 『로미오와 줄리엣』에도 등장한다.

•• BC 24세기에 메소포타미아의 라가시와 기르스주를 다스린 라가시 제1왕조의 마지막 통치자로 왕의 칭호를 썼으며 전임자인 부패한 루갈란다에게서 신들에 의해 왕권을 가져왔다고 한다. 부패와 싸웠고 역사상 최초의 법전을 사용한 것으로 기록되기도 했다.

●
"바박의 아들"이라는 뜻의 "아르다시리 바바간"이라는 표기에서도 알 수 있듯이, 아르다시르 1세는 파르스 출신 호족인 바박의 아들로 알려져 있다. 많은 무슬림 역사가들은 사산 가문의 시조인 사산이 파르스 지방의 수도 에스타흐르 지역에 있던 아나히타(불의 신) 신전의 사제장이며, 바박과 아르다시르는 사산의 아들과 손자였다고 주장한다. 하지만 사산 왕조 초기 비문들에는 또 다른 내용이 나온다. 예컨대 '조로아스터의 카바' 신전에 새겨진 샤푸르 1세의 비문을 보면, 아르다시르 1세는 바박의 아들이라고 쓰여 있는 반면 바박이 사산의 아들이라는 언급은 없다. 이 비문에는 바박의 모친 이름이 "디나키"로 쓰여 있어, 역시 무슬림 역사가들의 주장과 다르다. 한편 사산 왕조 후기에 쓰여진 신화적 영웅담인 『바박의 아들 아르다시르의 위업』에 따르면 바박은 파르티아 대왕에 복속된 부왕^{剛王}이었던

왕'이 희생되고 그를 대체할 새로운 왕이 선택되어 모계 계승을 보존했다."⁵⁵ 왕들이 지상에서 신과 같은 위치에 집착하기 시작한 것은, 희생물을 왕 대신 제물로 바칠 수 있고 그럼으로써 여왕과의 성혼^{聖婚}을 영속적으로 만들 수 있다는 생각을 발전시킨 이후의 역사다.

아내의 지위는 유럽에서 초기 그리스도교 시대 이후까지도, 그리고 동양에서는 거의 오늘날까지도 신성한 의미를 지니고 있었다. BC 3세기 페르시아의 파르티아 왕조는 사산 왕조의 창시자인 아르다시르 1세에 의해 전복되었다. 아르다시스가 왕[●]이 될 수 있었던 근거는 마지막 샤(왕)가 가장 좋아했던 아내가 "그와 함께 왕의 영광을 누렸다"는 말이었는데, 이 샤의 아내가 바로 여신의 인격화된 존재였을 것으로 보인다. 동인도 회사의 초대 총독이었던 네덜란드인 얀 코엔은 두르가 여신의 화신인 파자자란 공주와 상인 사켄데르의 아들이라는 이야기가 널리 퍼져 많은 사람들이 그 이야기를 믿었다고 한다. 이 사켄데르는 신적인 존재 알렉산드로스 대왕의 화신incarnation으로 여겨졌고, 결국 이 전설적인 영웅과 "왕권을 구현하는 여신"이 결합해

낳은 아이로서 코엔은 인도를 공식적으로 상속받았다.**56**

　보통 신성한 결혼은 신랑에게는 신격화의 의미를 지녔다. 이오안네스 트제트제스●●는 모든 왕이 한때 제우스라고 불렸다고 했다. 미케나이의 아가멤논은 라코니아에서 제우스라는 이름을 얻었다. 아가멤논의 죽음은 다음과 같은 마크로비우스●●●의 문장으로 인해 새롭게 해석될 수 있을지 모른다. "제우스라 불리는 특별히 준비된 사람들이 신에게 제물로 바쳐졌다. [……] 사람들은 이러한 관습에 대해 제우스가 그들을 죽였다고, 혹은 변신시켰다고 표현했다."**57** 잘 알려진 대로 유대인의 신성한 왕이시며 '시온의 신랑'인 예수의 이야기에서도 마찬가지로 '하늘 아버지'는 육신을 입었다가 자기 자신의 명령에 따라 죽임을 당했다.

　남성에게 신성한 여왕과의 결혼이 통치권의 필수 조건이라는 생각은 여성이 토지와 집을 소유하고 남성은 결혼을 통해서만 재산을 관리할 자격이 주어졌던 시대로부터 자연스럽게 발생한 것이다.

　사막 유목민들 사이에서도 천막은 여자들의 소유였다. 이슬람 이전의 아라비아 여성들은 천막의 배치를 바꿈으

데, 어느 날 꿈속에서 그의 양치기 중 한 명이던 사산이 위대한 왕족의 후손이라는 것을 알게 된다. 그러자 바박은 자기 딸을 사산과 결혼시켰고, 둘 사이에서 태어난 아들이 아르다시르라는 것이다. 이와 비슷한 이야기가 피르다우시의 『샤나메(왕의 책)』에도 등장한다. 이 책은 무슬림 역사가들의 기록이나 주장보다는 후자의 기록이나 설화들을 참고하고 있는 것 같다.

●●
12세기 콘스탄티노폴리스에 살았던 것으로 알려진 비잔틴 시인이자 문법학자이다. 고대 그리스 문학과 학문에서 얻은 가치 있는 수많은 정보를 보존한 인물이지만, 자만심이 강하고 학식을 뽐내는 일을 중시했다고 한다.

●●●
5세기 초 후기 로마 제국 시기에 로마의 지방관으로 신플라톤주의의 가장 중요한 자료 중 하나인 『스키피오의 꿈』에 대한 해설서를 썼다.

로써 남편을 받아들이는지 여부를 표현했다. 아내가 문이 서쪽을 향하도록 천막을 돌려놓으면 남편은 쫓겨나 출입이 금지되었다.**58** 성경에 기록된 노아가 "천막 안에 이불을 덮지 않은 채 누워 있었다"는 이야기도 원래는 "*그녀의 천막 안에*"라고 명시되어 있었는데, 이는 천막이 노아 아내의 소유였기 때문이다.**59**

'후파(텐트, 천막)'는 여전히 유대인의 결혼식에서 신부와 신랑이 서 있는 자리 위에 드리우는 캐노피로 사용되는데, 이는 원래 결혼이 남성에게 아내의 천막 안으로 들어가는 것을 공식적으로 허락하는 의식을 의미했기 때문이다. 이집트에서는 파라오의 결혼과 대관식을 동시에 거행할 때 사용했던 천막 '센티'가 이에 해당한다. 고대 이스라엘에서도 왕들은 그 예식을 집전하는 왕실 여성들에게 선택되어 결혼과 대관식을 동시에 치렀다. 솔로몬의 결혼식 때도 솔로몬의 어머니가 솔로몬에게 **왕관**을 씌워 왕위에 올렸다.(『아가서』 3:11)● 아브라함의 결혼 역시 아내 사라의 이름이 '여왕'이라는 뜻임을 생각해 보면 '신성한 결혼'이었으리라고 추측할 수 있다.

●
"예루살렘의 아가씨들아, 시온의 아가씨들아, 나와서 뵈어라. 이 즐거운 혼인날, 솔로몬 왕은 그 어머니가 씌워주신 면류관을 쓰고 계시는구나.(신랑)"

호커스포커스   Hocus Pocus

호커스포커스라는 말은 교회 라틴어 조각들을 마음대로 조합하여 말도 안 되는 성가를 만들어 읊는 마법사들의 습관에서 비롯된 것으로, 성찬식에서 '이것은 내 몸이다.'라는 뜻으로 쓰이는 라틴어인 "호크 에스트 코르푸스 메움(hoc est corpus meum)"을 흉내낸 것이다. 라틴어 성가chants에는 일반적으로 강한 인상을 주기 위해 고안된 위압적인 제스처와 엄숙한 포즈가 함께했다. 따라서 호커스포커스는 특별한 상징적 의미를 바탕에 깔고 있지 않은 의례적 행위들(허례허식), 즉 보는 사람들을 놀라게 하기는 하지만 깨달음을 주기 위해서 행해지는 것은 아닌 의례들을 가리키는 일반적인 용어가 되었다. 다양한 분야의 마법사들은 모두, 평범한 사람이라면 이런 형식적인 의례에도 종교적인 의례만큼이나 강렬하게 반응할 수밖에 없다는 사실을 잘 알고 있었다.

인캔테이션(인챈트먼트)   Incantation

'incantation'이라는 영어 단어 그대로 '안으로 노래를 부

르는 것(enchantment, 마법을 걸어 넋을 잃게 만드는 것)'을 의미
한다. 성가를 부르거나(챈팅) 노래를 하는 것은 주문을 걸
어서 지하세계에서 영혼을 불러올리거나 천국에서 영혼을
내려오게 하는 일반적인 방법이었는데, 이는 카르멘테스
(Charmen, 성가를 부르는 사람이라는 뜻)라 불렸던 로마의 여사
제가 늘 하던 일이기도 했다. 이 여사제들이 섬기던 여신은
카르멘타로 **알파벳** 문자의 어머니이자, 말이나 글로 이뤄
지는 주문의 여신이었다. 영어에서 주문, 마법, 매력을 뜻하
는 'charm'이라는 단어는 앵글로색슨어(고대 영어)에서 찬
송hymn을 뜻하는 'cyrm'을 거쳐 생겨난 말인데 모두 '카르
멘(성가)'에서 파생된 말이다.[60]

   트라히텐베르크는 "영의 세계의 원리는 인간 세계의 원
리와 다르다."고 했는데, 그 이유는 "모든 찬가가 아버지의
이름이 아니라 어머니의 이름으로 불리기 때문"이다.[61] 그
리스도교인, 그리스인, 아랍인들은 찬가의 기원을 어머니
의 이름에서 찾는데, 이는 다양한 모권제 전통들의 유산이
라 할 수 있다. 따라서 이는 항상 "권능의 말씀words of power"
을 소유했던 여성과 관련이 있었다.

신과 샤크티의 키스
오리사의 푸리 사원, 12세기

키스 Kiss

키스는 동남아시아에서 시작된 관습으로 보인다. 산스크리트어로 '그가 빨다'라는 뜻의 '쿠사티ᶜᵘˢᵃᵗⁱ'라는 말에서 유래한 키스는 엄마가 음식을 씹은 다음 아기에게 입으로 먹이는 관습에서 유래했다. 성인의 키스는 남성이 활력을 유지하기 위해서는 여성의 체액(주스)이 필요하다는 탄트라 이론과 함께 발전했다. 중국의 도가에서는 여성의 침을 다른 두 가지 신성한 음액陰液인 모유와 월경혈과 함께 '위대한 약大藥'이라고 불렀다.[62] 여성 침의 치료 효과는 아시리아 토판에 언급되어 있는데, 신전여사제ʰⁱᵉʳᵒᵈᵘˡᵉ의 침과 젖으로 눈병을 치료할 수 있다는 내용이다. 무함마드와 예수는 모두 이 여성의 마법적 힘을 따라함으로써 침으로 맹인을 치료했다.(「마르코의 복음서」 8:23)● 유럽 토속신앙의 영웅들도 때때로 같은 일을 했기 때문에 교회 교부들은 이것이 적그리스도의 특별한 재능이라고 주장해야 했다. 비그리스도교 로마인들은 아들을 낳은 어머니의 침으로 실명을 치료할 수 있다고 믿었는데, 이는 19세기 이탈리아 농민들 사이에서도 여전히 널리 퍼진 믿음이었다.[63]

●
"예수께서는 소경의 손을 잡고 마을 밖으로 데리고 나가서 그의 두 눈에 침을 바르고 손을 얹으신 다음 '무엇이 좀 보이느냐?' 하고 물으셨다."

초기 그리스도교인들은 남성들끼리 "평화의 키스"를 했지만, 그때도 여전히 그 상징의 여성적 의미에 의존하고 있었다. 남자들이 키스를 통해 서로를 (영적으로) 임신시킬 수 있다고 주장했던 것이다. "왜냐하면 완벽한 자의 잉태와 출생은 키스를 통해서 이루어지기 때문이다. [……] 우리는 서로의 내면에 있는 은총으로부터 수태된다."[64]

람머스 Lammas

람머스는 '빵의 향연(고대작센어로 Hlaf-mass)'이라는 뜻이다. 이는 켈트족 토속종교의 루너서, 루그나사드('루구스의 게임'이라는 뜻) 의례의 그리스도교식 이름이다.[65] 루구스는 수확의 달인 8월 초에(영어로 8월은 로마의 유노 아우구스타의 이름에서 딴 'August'다.) 추수의 어머니를 기리기 위해 희생되고 부활한 곡식의 신이었다. 아일랜드의 고대 풍습을 복원해 8월에 개최되었던 테일티언 경기●●에서 기념하는 게임(혹은 풍습) 중에 통상적인 고대 음력을 기준으로 1년 하고도 하루 동안만 지속되는 특별한 임시 결혼이 있었는데, 이들 부부는 그 기간이 끝나면 헤어져 각자의 길을 갔다.[66]

●●
고대 올림픽 경기를 복원한 데서 착안해 아일랜드가 복원한 고대의 축제 겸 종합경기로 그리스의 올림픽 경기보다 1000년 이상 앞서는 유서 깊은 축제라고 한다. 1924년 첫 대회가 열리고 1932년 폐지될 때까지 3회에 걸쳐 개최되었고 다양한 경기와 퍼레이드와 공연이 펼쳐졌다. 온 세계에서 아일랜드계 선수들이 참가했는데 통상 하계 올림픽 경기가 끝난 직후에 개최해 올림픽에 참가했던 선수들이 그대로 이어서 참가할 수 있었다.

아일랜드에서는 이 시기에 특별한 "람머스 탑"이 세워졌는데, 람머스 무용수들은 수확의 어머니를 상징하는 여인 인형effigy 주위를 돌았다. 8월은 생명을 주는 여신에게 특별한 의미가 있는 달이었기 때문에 스코틀랜드 사람들은 8월을 아이가 태어나기 좋은 달로 여겼다. 8월의 여신 아우구스타는 재능 있는 인재들을 태어나게 했던 것이다. 스코틀랜드 사람들이 누군가 8월에 태어났다고 말하는 것은 실제 태어난 달을 뜻하는 것이 아니라 "재능이 뛰어난 사람"을 칭찬하는 의미였다.[67] 교회가 람머스를 채택했을 때는, 성 페트로스(베드로)의 투옥을 기념하는 것으로 의미가 바뀌었다.[68]

오월전야제 May Eve

오월제 전날인 오월전야제는 켈트족에게 발터너Beltain, Beltane로 알려졌으며, 튜턴족에게는 '발푸르기스의 밤Walpurgisnacht'으로, 로마인에게는 '플로랄리아'로 알려졌다. 이 축제를 관장하는 신은 플로라 여신, 발푸르가 여신, 마야Maya, Maj, May, Maia 여신, 그리고 메이든(처녀) 여신이었다.[69] 이는 여신의 처녀성, 즉 앞으로 맺힐 열매의 선구자로서 "꽃"의 측면을 축하하는 축제였다. 이 축제는 대지의 새로운 녹색을 기리는 "녹색의 옷 입기" 시기이자 자연의 수정(생식)을 상징하는 성적 자유가 허락되는 시기이기도 했다. 16세기까지만 해도 이날은 농촌 지역에서 결혼의 유대가 잠시 잊혀지고 성적인 자유가 만개하는 허니문 기간이었다.[70] 동양에서는 여전히 신의 남근으로 알려져 있는 **오월제 기둥**(메이폴)을 대지의 자궁에 심고 춤과 노래로 축하했다.[71] 북유럽 전통에 프레이르와 프레이야를 상징하는 5월의 왕과 여왕이 이끄는 '메이 라이딩'이라는 풍습이 있었는데, 이때 짝을 이룬 커플들이 왕과 여왕을 따라 숲으로 들어갔고, 난교를 통해 새로운 성장의 계절을 장려했다.[72]

그리스도교 성직자들은 오월제 때면 만연한 성적 방종을 근절하기가 어렵다고 고심했다. 이는 또 사람들이 그만큼 토속종교적 의미를 기억하고 기념한다는 의미였기 때문에 그들은 오월전야제를 마녀의 주요 연회sabbat로 간주했다.

하지 축제 Midsummer

하지 축제를 세례 요한의 생일로 바꾸어 헌정하려는 그리
스도교 성직자들의 노력에도 불구하고 하지 축제는 여전
히 토속종교의 중요한 명절로 남았다. 그 결과 성 요한의 날
은 야생의 춤, 떠들썩한 놀이horseplay, 온갖 야단법석과 연
관된 날로 인식되었다. 토속종교의 시대에 동지, 하지와 춘
분, 추분은 생장하는 계절의 바뀜에 중요한 역할을 하는 중
요한 축제들이었다. 특히 한여름은 태양이 변곡점에 도달
하여 다음 겨울을 향해 서서히 쇠퇴하기 시작하는, 생명력
이 넘치면서도 다소 두려운 시기였다. 따라서 한여름은 항
상 불의 축제였으며, 밤새 모닥불을 피워 태양신이 때가 되
면 다시 돌아오기를 기원했다.[73]

어머니의 날 Mothering Sunday

미국에서는 1906년 필라델피아의 한 여성에 의해 현재의
어머니날이 공식적으로 제정되었으나, 사실 그 수 세기 전
부터 영국 사람들은 사순절 넷째 일요일에 어머니를 기렸
다. 1644년 '어머니의 날'이 대중적인 전통으로 언급된 기

록이 있다.**74** 어머니들은 부드러운 심넬 케이크(고운 밀가루라는 뜻의 시밀라에서 유래)를 선물로 받고 자녀들에게 축복을 빌어주어야 했다. 어머니를 방문하는 의례로 "어머니하러 간다going-a-mothering"고 표현하기도 했다.**75**

새해맞이 New Year

고대 로마에서 해가 바뀔 무렵에는 항상 카니발(사육제) 원칙이 적용되었다. 다음날이 되면 새해의 새로운 잎이 돋아나리라는 가설에 따라 폭식, 만취 등의 죄가 허용되었던 것이다. 지난해의 죄악은 모의(가짜) 왕을 죽여 속죄하고 용서받을 수 있었다. 로마의 새해맞이는 3월의 이드*에 열렸는데 이는 나중에 그리스도교 전통에 사순절 전의 카니발(사육제)로 흡수되었다. 다른 문화권의 사람들은 동지(북유럽의 율) 즈음에 해 바뀜을 축하했다.

교회 사람들은 이교도들의 관습이나 상징이 그러한 명절과 연결되어 사람들 사이에 살아남는 것을 결코 좋아하지 않았다. 16세기에 청교도 작가 필립 스텁스는 새해의 전환기에 흥청망청 잔치를 벌이는 풍습을 비난하는 기

*
고대 로마력에서 초승달이 뜨는 날인 노네스 다음의 8일째.

록을 남겼다. 사람들이 가짜 왕을 선출해 "실정의 왕Lord of Misrule"이라고 불렀던 것, 사람들이 그에게 기름을 붓고 최고 통치권자로 임명했던 것에 대한 기록이다. 그 기록에는 현란한 의상과 흔들목마, 용과 "다른 괴물들"이 "음탕한 피리 소리와 시끄러운 북소리"와 함께 거리에 등장했던 장면들이 묘사되어 있다. 하루 종일 잔치를 벌이고 "악마의 춤"을 추는 사람들을 스텁스는 "악마의 화신", "인간화된 복수의 여신들", "지옥을 지키는 개"라고 표현했다.[76]

19세기에는 새해 전야를 '하그메나이(밤 마실)'라고 부르며 한층 온화하진 새해맞이 풍습을 지켰는데 이 역시 여전히 비난을 받았다. 주인과 손님들이 늦은 시간까지 함께 시간을 보내다가 자정이 되면 서로 키스하며 새해 축복 인사를 주고받던 풍습이다. 현대의 한 성직자는 이 관습이 집안에 악마가 있다는 증거라고 주장하기도 했다.[77]

오늘날 우리의 새해 축하 풍습에도 악마가 함께하는 것 같을 때가 있다. 그럴 때 잔치는 고속도로의 죽음을 야기하는 정신 나간 파티로 바뀐다. 이 악마는 차라리 '악마의 럼'•이라는 표현으로 더 정확하게 묘사할 수 있을 것이다.

•
The Demon Rum. 술을 부정적으로 일컫는 표현.

시련 재판

시련 의례는 분쟁을 해결하거나 범죄 혐의로 기소된 사람
의 유죄 또는 무죄를 입증하기 위해 동원되는 조잡한 방법
이었다. 그리스도교 이전 유럽에서 많이 행해졌으며 오늘
날까지도 아프리카, 남태평양, 동남아시아 일부 지역에서
행해지고 있다. 이때 시련이란 독을 삼키거나 불에 데이거
나, 뜨겁게 달궈진 석탄 위를 걷거나, 혹은 엄청난 요행이나
인내심이 필요한 위험한 행위들을 말한다. 혹독한 시련 의
례에서 살아남거나 심지어 무사한 것처럼 보이면 신이 그
의 대의에 호의를 베푼 것으로 간주하는 것이다.

  이러한 시련 의례를 적용한 재판을 13세기까지 후원한
것은 그리스도교 교회다. 성직자들은 토속종교의 관습을
이어받아 시련 재판을 시행함으로써 교회 수입의 상당 부
분을 벌어들였다. 시련 재판은 시련을 위한 도구들이 보관
되어 있는 교회 건물 안이나 근처에서 이루어졌다. 1215년
제4차 라테란 공의회에서는 마침내 사제가 시련 재판에 참
여하는 것을 중지시켰는데, 그러자 이 관행은 자연스럽게
소멸되었다. 이 무렵에는 이미 시련 재판이 그리스도교 신

이 내린 심판이며 사제의 참여가 필수적이라고 사람들이
생각하고 있었기 때문이다.[78]

의례적 꼬임 패턴   Ritual Interlacement Patterns

그리스도교 이전의 부족 종교 의례에서 드루이드, 샤먼, 마
녀, 마법사, 치료사, 예언자들이 주문으로 사람을 사로잡거
나, 마법으로 영을 불러오거나, 보호의 의미를 지니는 원을
그리는 데에 사용했다. 그리고 중세 시대에는 민중들이 계
절에 따라 행하는 축제, **오월제 기둥**(메이폴) 댄스, 심지어
어린이들의 놀이(게임)에까지도 활용했다. 꼬임 패턴의 기
본적인 개념은 패턴을 만드는 선이 끊기지 않고 연속적으
로 이어지면서 그 형상을 멈춤이나 방해 없이 끝없이 (눈으
로) 따라가게 만들어야 한다는 것이다. 이러한 "문(출입구)
없는" 선은 악에 대항하는 장벽을 형성하여 그 내부에 있
는 사람이나 사물에 대해 마법의 보호막을 제공하고 그들
을 상징적인 일체감communion으로 함께 묶어주었다.

    의례적 꼬임 패턴의 간단한 예를 들자면 언제나 가장 인
기 있는 패턴이었던 **오각별**(펜타클) 모양을 들 수 있다. 마법

276

사들은 주문을 외울 때 혹시나 따라올 수 있는 악마의 영향으로부터 보호막을 치기 위해 땅에 이 오각별을 그려 넣었다고 전해진다. 오각별의 다섯 점보다 점이 많은 다른 다각별 모양들도 이렇게 끊기지 않는 연속된 선으로 이어서 만들어질 수 있었다. 기둥, 말뚝, 못, 서 있는 돌, 양초, 향로, 그림, 똑바로 세워둔 검, 바위, 조개껍질, 플라스크, 드럼통, 서 있거나 앉아 있는 사람 등 원 안에 있는 모든 물체 주위에 이런 다각별 모양을 만들 수 있다.

다음 장에 그려진 여덟 개의 다이어그램은 7~14개의 물체나 사람들 주위에 꼬임 패턴이 어떻게 만들어질 수 있는지 보여주는데, 그림에서 연 모양 둘레 안의 검은색 점은 각각 물체나 사람을 나타낸다. 쉽게 설명하기 위해 이 검은 점들이 원의 중심을 향하고 있는 사람들이라고 상상해 보자. 이들이 모두 이어지는 끈의 한 부분을 잡아 각자 자기들 주변의 형태를 만들고 또 자기 등 뒤로 별의 꼭짓점을 이루는 점에 그 끈을 고정시키는 모습을 그려볼 수 있을 것이다.

7각, 9각, 11각, 13각 도형(마지막은 전통적인 열세 마녀의 '집회의 별'을 의미)은 홀수 개의 조합이 끊어지지 않는 패턴을

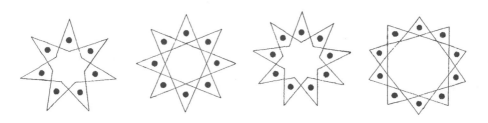

만든다는 것을 보여준다. 선이 한 선을 만날 때 뒤로 지나 다음 선을 만날 때 앞으로 나오기 때문이다. 이런 식으로 두 바퀴를 돌면 선은 원래 처음 시작했던 위치로 돌아오게 된다.

8각, 10각, 14각 다이어그램은 한 점에서 시작한 선이 한 선을 만날 때 뒤로 지나 다음 선을 만날 때 앞으로 나오고 그다음 선을 만날 때도 앞으로 나오면 끊기지 않고 선이 이어진다. 이런 식으로 세 바퀴를 돌면 선은 원래의 시작점으로 돌아온다.

그런데 12각 다이어그램은 조금 다르다. 선은 한 선 뒤로 들어갔다가 다음 선 앞으로 지나갈 수가 없다. 그림이 여섯 번째 꼭짓점에서 끊어지고 다시 새로 그리기 시작해야 하기 때문이다. 선이 한 선 뒤로 들어갔다가 다음에 만나는 두 선 앞으로 지나갈 수도 없다. 이렇게 그리면 그림은 네 번째 꼭짓점에서 이어지지 않고 끊어진다. 그렇다고 선이 한 선 뒤로 들어갔다가 다음에 만나는 세 선 앞으로 지나갈 수도 없는데 이렇게 그리면 그림은 세 번째 꼭짓점에서 끝나 버린다. 선이 끊어지지 않고 계속 이어지면서 그림을 끝까

지 다 그릴 수 있는 유일한 방법은 선이 시잠점을 출발해 한 선 뒤로 들어갔다가 다음에 만나는 네 개의 선을 모두 앞으로 지나가야 한다. 이렇게 다섯 바퀴를 돌면 12각별이 드디어 완성된다.

현대적인 의례 모임에서 꼬임 패턴을 사용할 수 있는 창의적인 방법이 많다. 야외에서는 바닥에 리본, 끈, 분필로 이 패턴을 그리거나 골(고랑)을 파서 그려 넣을 수도 있다. 노래를 부르거나 챈팅을 하면서 이 모양을 따라 돌거나 춤을 추도록 경로를 표시하게 되는 것이다. 또 단순히 기둥이나 사람들 둘레에 이 모양을 표시할 수도 있다. 실내에서는 바닥이나 카펫에 핀을 꽂거나 무거운 것으로 눌러 고정시켜 그려 넣을 수도 있다. 참여한 사람들이 몸에 끈을 통과시켜 이들을 하나의 상징적인 단위로 엮을 수도 있다. 끈 없이 참가자의 팔을 이용해 이 모양을 만들 수도 있고 크기를 넓히려면 스카프나 밧줄을 잡고 손을 길게 뻗으면 된다. 춤에서는 원 전체가 바퀴처럼 회전할 수도 있다. 연결에 사용된 끈은 나중에 각 참가자가 자기 꼭짓점 부분을 따로 잘라 기념품으로 보관할 수도 있다.

묵주

묵주기도(로사리오) **Rosary**

그리스도교 교회에서는 공식적으로 묵주기도를 만든 이가 성 도미니쿠스라고 되어 있지만,• 사실 묵주는 기도와 만트라 주문을 끊임없이 여러 번 반복하는 고대 동양의 의례 도구였다. 묵주의 초기 형태는 칼리 여신의 자파말라('장미 목걸이'라는 뜻)였다. 묵주는 성 도미니코 이전 초기 그리스도교 시기부터 아라비아나 이집트에서 사용되었지만 그 이전에도 사용되었다는 뜻이다. 그 목적은 신과 영혼을 대신하여 "정기적으로 그리고 지속적으로 수백만 번" 마법을 보존하는 공식을 암송함으로써 사후세계에 재물을 쌓는 것이었다.⁷⁹

실제로 복음서의 예수는 묵주, 기도 바퀴 등 단순한 반복을 위한 보조 도구의 사용을 명백히 금지하셨다. "너희는 기도할 때에 이방인들처럼 빈말을 되풀이하지 마라. 그들은 말을 많이 해야만 하느님께서 들어주시는 줄 안다." (「마태오의 복음서」 6:7)

묵주기도는 여신 숭배에서 시작되었기 때문에 여성 원리와 더 밀접하게 연관되어 있다. 그리스도교인들이 묵주

<hr>

• 묵주의 정확한 역사에 대해서는 의견이 분분하나, 전통적으로 1214년 프루이유의 한 성당에 있던 성 도미니쿠스 앞에 성모 마리아가 발현하여 이단인 알비파를 무찌르는 무기로 묵주를 주었다는 전승이 전해져 오고 있다. 성 도미니쿠스에게 나타났다는 성모 마리아에게는 '로사리오의 성모'라는 칭호가 부여되었다.

기도의 의례를 주로 **마리아** 숭배에 적용한 것도 이 때문이다. 「로레토 교독문(성모호칭기도)」••은 마리아를 "묵주기도의 복되신 모후Regina sacratissimi Rosarii"라고 부른다. 성모마리아는 장미 화환Rose-garland, Wreath of Roses, 장미 정원, 신비한 장미라는 이름으로 묵주기도와 동일시되었다.**80**

그리스도교 묵주의 구슬 개수는 여신의 숫자인 5와 10의 배수로 이루어진다. 이슬람 묵주는 알라 신의 99가지 비밀스런 이름을 위한 99개의 구슬로 이루어지며, 때로는 33개의 구슬을 11개짜리 세 부분으로 나눠놓기도 한다.**81**

안식일 Sabbath

안식일을 준수하는 관습은 하나님이 6일 동안 세상을 만들고 7일째에 쉬었다는 성경의 근거보다 훨씬 더 오래된 것이다. 7일 주기는 음력으로 거슬러 올라가기 때문에 태양력(양력)과는 맞지 않기 때문이다. 바빌로니아와 아시리아 사람들은 달이 바뀌는 동안에는 어떤 일을 하더라도 불길하다고 생각하여 매 7일마다 이 음력 안식일을 지켰다. 7일째 예배를 드리는 관습은 인도의 두르가 여신에게서 왔다. 산

••
이탈리아 성모성지에서 16세기에 암송되던 것이 순례자들을 통해 널리 알려지게 되어 이렇게 부른다.

모가 아기를 낳으면 이들을 보호하는 두르가 여신의 의식이 6일 동안 지속되고, 7일째는 휴식의 날이었던 것이다.[82]

『구약 성경』의 야훼가 이 아이디어를 계승하기 전에 여러 중동의 신들이 이 아이디어를 모방했다. 바알, 마르둑, 프타, 아후라마즈다 모두 일곱째 날에 쉬었다.

마녀들의 연회를 '안식일sabbath'이라고 일컫기도 하는데, 이는 유대인의 안식일과 혼동되어 잘못 명명된 것으로 보인다. 유대인의 안식일은 태양의 날(일요일)이 아니라 사르투누스의 날(토성의 날, 토요일)이기 때문이다. 이때 철자가 'Sabbat'라고 쓰이기도 했는데, 혹자는 이 이교도적인 '안식일'이 무어인들의 '자바트(zabat, 힘의 날)'에서 온 것이라 믿기도 한다. 혹은 프리기아의 사바지오스● 신을 기리는 사바지아에서 유래했을 수도 있다.[83] 이 축제는 늦은 밤에 시행되던 디오니소스제의 프리기아 버전이라 할 수 있다. 하지만 마녀의 연회(안식일)는 그리스도교 예배의 "블랙" 패러디, 그것을 풍자하기 위한 비뚤어진 패러디가 결코 아니었다. 이런 가설을 입증하는 증거들은 종교 재판소의 고문실 외에는 어디서도 나온 적이 없다. 이단심문관(고문자)

● 프리기아인, 트라키아인의 천공신. '지오스'는 인도유럽어족에서 신을 의미하는 '데우스'에 해당하며 그리스어 제우스와 같은 어원이다.

들이 만들어낸 이야기를 고문을 통해 자백으로 받아낸 것
일 뿐이다.

팅겔탕겔   Tingeltangel

독일어에서 온 이 화려한 단어는 성적 난교를 의미하며,
"따끔거림tingle"을 느끼기 위해 서로 "얽혀 있는tangle" 몸
을 암시한다. 마녀 재판 기록에 따르면 스코틀랜드의 마녀
들 사이에 이 비슷한 용어가 사용된 적이 있다고 한다. 마녀
로 처형된 여성 중 한 명이 '팅클툼 탱클툼'이라는 제목의
"즐거운 노래"를 불렀다는 것이다. 그러나 이것은 그냥 말
장난을 합창한 것일 뿐일 가능성이 높다. 이 노래를 불렀다
고 해서 고발당한 마녀들이 난교를 벌였을 가능성은 희박
하다. 오히려 기록된 바에 따르면 마녀들이라고 고발된 여
자들의 행동은 차분한 쪽에 가까웠다고 한다.

철야기도   Vigil

교회에서 밤새 "철야"를 하는 그리스도교의 관습 역시 성
전에서 그와 같은 일을 했던 토속종교의 관습에서 유래한

것이다. '인큐베이션(기도)'이라고 불렸다. 때로 이 의례의 참여자는 의례 동안 잠을 자고 예언적인 꿈을 통해 계시를 받는다고 여겨지기도 했다. 하지만 대개의 경우 밤새 깨어 있어야만 신비한 환상이나 앞으로 일어날 사건의 징조를 볼 수 있으리라고 믿었다.

16세기 그리스도교 공동체는 1년 중 중요한 시기에 밤새 철야기도를 드리면 신의 계시를 볼 수 있다는 믿음을 공유했다. 여자들이 교회 현관에 앉아 밤을 새우며 12개월 안에 죽을 사람들의 모습이 나타나기를 기다렸다. **여신**과의 연관성이 남아 있는 **하지 축제**(한여름) 밤은 특히 예언적인 힘이 강한 날로 여겨졌다. 존 오브리●는 여성들이 하지 축제에 대해 "이상한 이야기를 한다"고 썼다. 1608년 노팅엄 대주교는 "성탄 전야 밤에 교회 현관에서 악마의 시위를 통해 올해 안에 이웃의 죽음을 예시한" 여성을 비난하는 글을 쓴 적이 있다.[84]

● 17세기 영국의 골동품 수집가이자 자연 철학자이자 작가. 짧은 전기 조각 모음집인 『약전Brief Lives』의 저자로 알려져 있다.

얍윰   Yab-Yum

'아버지-어머니'를 뜻하는 이 말은 신이나 남성이 자신의

여신 또는 샤크티와 완전히 하나가 되는 신성한 성교 자세
를 뜻하는 탄트라 용어이다. 브라흐만과 다른 가부장적 집
단(가령 무슬림과 로마 가톨릭 신자)은 남성 우월적 성 체위만
이 유일하게 허용되는 체위라고 주장했지만, 얍윰 체위는
파트너가 앉거나 서서 얼굴을 마주보는 자세를 취하는 것
이었다. 후자의 경우 샤크티는 항상 왼쪽 다리를 배우자의
오른쪽 허벅지 위에 얹었다.

　위의 그림은 힌두교 예술에 자주 등장하는 그림인데 탄
트라 숭배의 '마하루티(위대한 의식)'를 나타내는 것 같다.
얍윰은 남녀의 힘이 동등하다는 의미이거나, 여성과 결합
하지 않고는 남성 개체가 기능할 수 없기에 여성의 힘이 더
우월하다는 의미이다.

9

신들의 기호

DEITIES' SIGNS

신, 신성^{diety}이란 무엇일까? *남신*이나 *여신*에 대한 정의는 사람마다 다 다르다. 가부장적인 전통에 기대고 있는 현대의 종교학자들은 당연히 여신보다는 남신에 대한 이야기를 더 많이 한다. 그들이 신의 속성이라고 말하는 것 중에는 남성성이 포함된다. 그 밖에 다른 속성들로는 전능함, 전지함, 공의함, 자비로움, 관대함, 공정함, 세심한 관심(attentiveness, 세심한 관찰), 사랑이 포함된다. 정말 그럴까? 신은 또한 복수하고 파괴적이고 호전적이고 쉽게 용서하지 않고 시야가 좁고 도처에 널린 악에 대해 무기력한 존재로 그려지기도 한다. 신은 유머감각이 있을까? 신은 우리의 우주를 판으로 삼아 주사위놀이를 하고 있을까? 신은 고통을 기뻐할까? 신은 정말로 많은 그리스도교인들이 불가해하게 주장하는 것처럼, 인류의 태곳적 원초적 죄에 대해, 어떤 의미에서 그 자신이기도 한 자신의 "사랑하는" 아들이 수난을 당함으로써 그 분노를 누그러뜨릴 때까지 용서하지 않기로 작정을 했던 것일까?

　　신학자들은 신의 속성을 안다고 공언하면서도 동시에 신이 알 수 없는 존재라고 주장한다. 신학자들은 신의 입에 말을 욱여넣어(신에게 입이 있다고 말할 수 있다면) 사람들로 하여금 신이 원하는 일을 하도록 시킨다. 신학자들은 각자 신성이 어떤 것이어야 한다고 생각하는 바에 따라, 그러니까 자신의 형상대로 신을 만든다. 따라서 신은 남성들이 *마땅히 그래야 한다고 생각하고 상상하는 것들의 총합*(합성체)이다. 여성들이 *마땅히 그래야 한다고 생각하고 상상하는 것들은* 여신의 모습으로 구현될 수 있었겠으나, 여성들은 너무 오랫동안 그에 대해 이야기하는 것을 금지당했다.

신에 대한 다양한 인간적인 정의들 외에, 나무나 바위가 지각될 수 있는 것처럼 무엇인가를 신*diety*으로 지각하고 신으로 부를 수 있는, 최소한의 객관적·경험적 근거가 존재하기는 할까? 혹자는 우주가 존재하기 때문에 우주의 창조자가 존재한다(했었다)고 주장한다. 하지만 반드시 그런 것은 아니다. 창조되지 않은 영원한 신의 존재를 가정할 수 있다면 창조되지 않은 영원한 우주의 존재 역시 쉽게 가정할 수 있다. 게다가 사람들이 신에게 돌리는 이런 속성들이 특별히 예배, 경배, 의식, 찬양, 기도를 비롯한 화려한 종교적 장식이 필요하다는 뜻도 아니다. 사실 경험적으로 확인할 수 있는 신에 대한 진술은 *단 한 번도* 제시된 적이 없다.

여기서 중요한 점은 신이 (객관적으로 지각할 수 없는) 그 무엇이든 간에 모든 신은 순수한 상징이라는 것이다. 이는 통상 상징과 대상이 맺는 관계가 역전되었다는 뜻이다. 대체로 상징은 뭔가 외적인 것 (객관적인 실체)을 나타낸다. 그러니까 그 대상에서 지각되는 특성들을 축약해서 소통하기 위한 것이다. 하지만 신(성)의 경우 그 특성들은 대상이 아니라 소통에서 "지각되는 특성들"이다. 신들은 사람들이 말하는 그 무엇이든 될 수 있다. 따라서 우리 인간은 상징들의 상징을 창조해 낸 다음, 마치 그러한 특성들이 현실(실체)인 것처럼 반응하는 법을 배운 것이다.

9장에서 다루는 상징들은 특정 신들과 관련되었다고 알려진 몇몇 그래픽(도형적) 디자인들일 뿐이다. 그 밖에 신들의 다른 모든 특성들은 사람들이 과거에, 혹은 오늘날까지도 그 신들에 대해 어떻게 말했고 어떻게 말하고 있는지에 따라 달라질 수 있기 때문이다. 이 상징들 중 어떤 것이라도 지금 존재하는 (여)신을 나타낸다고 주장될 수 있고 그렇게 효력을 발휘할 수도 있다. 우리 각각에게는 신은 우리가 그 상징에 포함시키기로 선택한 특성들(그것이 무엇이든)이기 때문이다. 우리가 정신적으로 더 많은 것을 연상할수록 신은 더 복잡해진다. 하지만 우리가 그것을 어떻게 대하든 인간에게 신이란 상징이요, 상징은 곧 신이라는 사실을 궁극적으로 깨달을 수밖에 없을 것이다.

알파와 오메가 십자가   Alpha-and-Omega Cross

『신약 성경』의 신을 기반으로 한 후기 그리스도교의 상징이다. "지금 계시고 전에도 계셨고 장차 오실 전능하신 주 하느님께서 '나는 알파요 오메가다.' 하고 말씀하셨습니다."(「요한의 묵시록」 1:8) 이 구절을 표현하기 위해 그리스 문자 알파와 오메가로 십자가를 걸었던 것이다.

안타깝게도 이 구절은 독창적이지도 그리스도교적이지도 않다. 이 구절은 이집트 델타의 고대 도시 사이스에 있었던 훨씬 더 오래된 여신 신전에서 가져온 것으로, 돌에 새겨진 여신의 말은 이렇다. "나는 과거에도 있었고, 현재에도 있고, 앞으로도 있을 모든 것이다."[1] 알파벳의 첫 글자와 마지막 글자인 **알파**와 오메가는 탄생과 죽음을 통합하는 여신에게 종종 쓰였던 표현이다.

안드로진(자웅동체)   Androgyne

초기 그리스도교 시대의 여러 비밀 전통은 고대 아시아의 개념에 의존하고 있는데, 이는 바로 남성과 여성이 결합된 신, 즉 남성과 여성이 포옹하는 모습을 닮았다고 전해지는

최초의 원형적primal 안드로진, 또는 왼쪽 절반은 여성이고 오른쪽 절반은 남성인 양성의 아르다나리시바라이다.[2] 인도에서는 이 존재가 시바와 샤크티의 결합 또는 "반쪽은 여자인 주님"으로 해석되기도 했다. 헤르메스와 아프로디테도 마찬가지로 헤르마프로디토스라는 신으로 결합되었다. 안드로진의 상징인 다이아몬드(마름모) 모양은 **육각별**과 동일하게 남성/여성 삼각형 두 개를 그와 조금 다른 방식으로 결합시킨 것이다.

유대 신비주의 전통은 원래 여호와를 안드로진으로 보았으며, 그/그녀의 이름은 야Jah 혹은 요드Jod와 이브의 고대 히브리어 이름인 하바Havah 또는 하와Hawah가 합성된 것이다.(이는 히브리 글자로 יהוה(요드-헤-바브-헤)로 표기된다.) 이 네 글자가 합쳐져 하나님의 비밀스런 이름인 신성한 **테트라그람마톤 YHWH**가 만들어졌다.

유대교 영지주의자들은 이브가 한때 아담의 옆구리에서 "태어난" 아이 같은 존재pseudochild가 아니라 완전한 반쪽으로서 아담과 양성적으로 결합되어 있었다고 주장했다. "이브가 아직 아담 안에 있었을 때 죽음은 존재하지 않

● 예수 그리스도가 우리의 죄를 대신하여 핍박받고 죽음을 당함으로써 우리를 구원하셨다는 믿음을 나타내는 말인데 히브리어로는 '고엘'이다. '고엘'은 『구약 성경』에서 땅을 모두 잃어버리고 노예가 된 자를 위해 그 빚을 대신 갚고 속량하는 관습을 일컫는다.

앉다. 그녀가 그와 분리되었을 때 죽음이 생겨났다. 그가 다시 완전해지고 이전의 자아를 되찾는다면 죽음은 다시 사라질 것이다."³ 이들에 따르면 두 번째 올 아담은 안드로진인 헤르마프로디테라는 이름으로 나타날 것이다.⁴ 일부 유대교 또는 그리스도교 영지주의자들은 두 개의 성을 가진 신성, 아버지-어머니 영의 진정한 계시야말로 속량(아폴리트로시스)●의 성사에 이르는 유일한 길이라고 주장했다. 일부 오피스파●●나 나세니파●●●는 이 안드로진의 영을 "천국에 속하는 달의 뿔"이라고 불렀다.⁵

다른 이들은 진정한 신적 계시는 양성의 그리스도를 통해서만 가능하다고 주장했는데, 이는 천국에서 "만물의 어머니" 소피아 여신과 결합한 안드로진(자웅동체)의 예수를 말한다.⁶

앙기페드   Anguipede

'뱀 발'이라는 뜻으로 그리스의 뱀의 발이나 꼬리가 달린 바람의 신에서 유래했다. 또 BC 2세기와 1세기의 신성한 메달에 새겨진 모습이 보여주듯 유대인들의 신 여호와의

●●
'뱀'을 뜻하는 고대 그리스어 '오피스'에서 유래한 것으로, 특정한 영지주의 분파를 지칭하는 낱말이 아니라 100년경 시리아와 이집트에 존재했던 여러 영지주의 분파들 중에서 『구약 성경』의 「창세기」에 나오는 뱀이 그노시스를 상징한다고 보아 뱀을 중요시하였던 다수의 분파들을 통칭하는 말이다.

●●●
아마도 히브리어로 '뱀'을 뜻하는 '나하시'에서 온 이름으로 보이며, 로마의 히폴리투스가 썼다고 하지만 아닐 가능성이 높은 책 『필로소푸메나, 모든 이단에 대한 반박』에서만 언급된다. 이 책에 의하면 야고보의 제자 마리암느가 교리를 정초했으며 진정한 영적 지식(그노시즘)에 이르렀다고 한다. 매우 초기의 종파라고 한다.

앙기페드

일반적인 형태이기도 했다.**7** 보통 방패와 '헬리오스의 채 찍'을 든 모습으로, 성경에서 '엘리아스(엘리야)'라고 부르 는 태양전차의 전차꾼과 동일한 존재다. 예수가 십자가 위 마지막 말씀에서 이 인격화된 존재를 자신의 하나님으로 불렀음을 두 명의 사도가 기록하고 있다.(『마태오의 복음서』 27:46~49, 『마르코의 복음서』 15:34~35)●

앙기페드의 머리는 때로는 사람, 때로는 **사자** 때로는 수 **탉**의 머리였다. 영지주의 동전과 보석에는 그 이름이 야훼 또는 여호와로 쓰여 있었다. 때로는 "우리 아버지이자 만군 의 주님"이라고도 불렸던 '아브락사스(아브라삭스)'라는 칭 호를 받기도 했다.**8**

아세라
Asherah

성경에서 명백한 혐오를 담아 '숲grove'이라고 번역한 이 단 어는 사실 숲이 아니라 가나안의 위대한 여신 아세라이다. 아세라 여신을 상징하는 나무에는 양식화된 가지가 여러 개 그려져 있다. 시리아의 **아스타르테**, 바빌로니아의 **이슈 타르**와 밀접한 관련이 있는 아세라는 셈족의 아버지 신 엘

●
"3시쯤 되어 예수께서 큰소리 로 '엘리 엘리 레마 사박타니' 하고 부르짖으셨다. 이 말씀은 '나의 하느님, 나의 하느님, 어 찌하여 나를 버리셨나이까?' 라는 뜻이다."

아세라

의 원래 짝이었다. 엘라트(여신)라고도 불리는 그녀는 모든 셈족 만신(판테온)의 어머니이자 여왕이었다. 아세라는 티레(성경의 두로), 시돈 및 기타 여러 도시를 통치했다. 아카바만의 엘라트 항구는 여신의 이름을 딴 것이다. 우가리트 석판(BC 14세기)에는 아스타르테-아나스로 되어 있다.[9]

아세라의 가나안 칭호 중에는 "바다를 건너는 여인"과 "신을 낳는 여인"도 있다.[10] 여신의 나무 상징은 때로는 "지식의 나무", 때로는 **생명나무**로 번갈아 사용되었다. 북부 바빌로니아에서는 '생명나무의 여신' 또는 '에덴의 성모Divine Lady of Eden'로 알려졌다.[11] 나무의 열매는 영적 영양분을 포함한 모든 음식을 상징했다.

성경의 저자들이 '숲'을 숭배한 왕들에 대한 하나님의 분노와 아세라의 상징물을 파괴한 개혁 사제들 업적에 대해 주기적으로 묘사한 데서 알 수 있듯이, 그들은 여신을 나타내는 어떤 표현도 단호하게 반대했다. 유대 족장들은 『경건한 자의 책Sefer Hasidim』에서 음식이 열리는 나무들에는 끔찍한 여자 마귀가 숨어 있다고 주장했는데, 이 마귀는 때로 릴리트●●의 딸들로 알려지기도 했다.[12]

●●
유대 신화에서는 아담의 첫 번째 아내라고 하고 성경에서는 올빼미라고 하는 존재.

아스타르테-타니트　　　　　　　　　　　　Astarte-Tanit

모든 성경들, 경전들의 언어적 기원이 되는 비블로스의 여신이자 성경의 아스다롯이다. 아슈타르트, 아스타르^{Athtar}, 아타르-사마인^{Attar Samayin}, 이샤라^{Ishara}, 이슈타르, 아세라, 아타르트, 아트라^{Athra} 및 그리스의 아프로디테 아이트라('하늘에 계신 자' 또는 '거룩한 자')로도 알려져 있다.[13] 이스라엘 백성들이 예레미야의 신에 저항해 향을 피우고 포도주를 바치고 빵을 구워 바치던 별, 달, 하늘의 처녀, 별들의 여왕이자 천국(하늘)의 여왕이었다.(「예레미야」 44:16-19)● 시돈의 왕들은 항상 아스타르테의 대제사장을 자칭했다. 먼 곳에서 온 순례자들은 비블로스와 아파카에 있는 여신의 위대한 신전을 방문했다.

북아프리카의 이시스/네이트와 동화되었기 때문에 때때로 **앙크**로 표현되기도 했다. 여신의 또 다른 상징은 변형된 앙크로, 피라미드 위에 선, 위에 **뿔**을 얹은 보름달 원반 모양이었다. 이 보름달 머리와 팔이 달린 삼각형 몸통은 카르타고 천국(하늘)의 여왕 **타니트**를 나타내는 것이다. 19세기에도 튀니스에서는 이 문양이 문신으로 사용되었으며,

● "당신이 야훼의 이름으로 우리에게 한 말을 우리는 듣지 않겠소. 우리는 한번 한 말을 어길 수가 없소. 하늘의 여왕께 약속한 대로 분향하고 제주를 바쳐야 하겠소. 우리는 조상들과 왕들과 고관들과 함께 유다의 성읍들과 예루살렘 거리거리에서 하던 대로 하겠소. 그때 우리는 아무런 재앙도 당하지 않고 배불리 먹으며 잘 지냈단 말이오. 그런데 하늘 여왕께 분향하고 제주 바치기를 그만두자, 우리는 모두 궁해지다가 마침내 칼에 맞아 죽고 굶어 죽게 되었소. 우리가 하늘의 여왕께 분향하고 제주를 바칠 때, 어찌 남편들 모르게 하였겠소? 여왕의 신상을 박아 제병을 굽거나 제주를 따라 바칠 때, 어찌 남편들 모르게 하였겠소?"

어느 프랑스의 이단심문관은 이를 "포에니(고대 카르타고) 삼위일체의 상징"이라고 식별했다.[14]

아테나   Athene

유황은 치유와 정화의 여신인 아테나에게 바쳐진 신성한 광물이었는데, 당시 사람들은 **유황**을 태우면 질병의 영을 쫓아낼 수 있다고 믿었다. 이 원소의 영어식 이름 '브림스톤 brimstone'은 신성한 아기 브리무스의 처녀 어머니 브리모에서 따온 것이다. 그래서 연금술사들은 유황을 아테나의 기호로 표시했다. 또 "아테나와 헤르메스의 결합"이라고 생각되었던 유황과 수은과의 조합으로 금을 만들 수 있다고 믿었지만 그런 일은 결코 일어나지 않았다.

아테나는 자신을 수호여신으로 받아들인 도시 아테나이보다 훨씬 더 나이가 많다. 심지어 아테나는 그리스 출신도 아니다! 아테나는 네이트, 메티스, 메두사, 아나트, 아트엔나Ath-enna 등의 다양한 이름으로 불렸던 리비아의 삼중 여신이었다. 또 이집트인들은 아테나가 **이시스**의 칭호이며 "나는 나로부터 왔다."라는 뜻이라고 주장했다.[15] 아테나

아테나

가 아이기스에 고르곤의 머리를 그려 넣은 것은 자신의 '파괴자' 측면을 표현한 것이다. 아테나의 노파(크론) 측면인 메두사-메티스는 두 겹의 신화화를 거쳤다. 한 번은 페르세우스와 대결하는 사람들을 돌로 만들어버리는 괴물 메두사의 신화로, 또 한 번은 제우스가 자기 머리로 아테나를 출산하기 위해 삼켜버렸던 아테나의 어머니 메티스의 신화로. 제우스 신화에서 보이는 남성의 출산 모방은 종종 아테나가 어머니를 인정하지 않고 하늘 아버지에게 충성한다는 것을 보여주는 증거로 인용되었지만, 사실 그 진정한 의미는 아테나가 제우스의 소피아, 즉 지혜이며 그 머릿속에 있는 인도자로서의 여성적 영이라는 것이다.

아테나의 주요 신전인 파르테논의 이름은 '처녀의 집'이라는 뜻이다. 아테나는 옛 의미에서 '처녀'인데, 남성의 애착으로부터 독립해 어느 누구의 배우자도 아닌, 자유로운 행위자라는 의미다. 그러나 고대 전통에 따르면 여신에게는 판이나 헤파이스토스와 같은 연인들이 있었다.[16] 아테나 기호는 여성의 자기결정권, 자유, 문명화된 기술에 뛰어난 능력을 나타낸다. 인류에게 그러한 문명화된 기술을 가르쳐준 최초의 교사가 바로 아테나였던 것으로 보인다.

케레스   Ceres

케레스는 모든 곡물의 통치자이자 '수확의 어머니'로서 '위대한 여신'의 로마식 칭호였다. 곡물grains은 여신의 주요한 초여름 축제인 케레알리아의 이름을 따라 여전히 '씨리얼'이라고 불리기도 한다. 19세기까지 브리튼제도에서 "농부들이 케리알리아 축제를 기념하며 불타는 횃불을 들고 옥수수밭을 돌아"다녔다는 기록이 남아 있다.**17** 아마도 그리스의 코레, 또 케레스라고 불렸던 운명의 세 **여신**(운명)들과 관련이 있을 법한 '어머니 케레스'는 비옥한 땅일 뿐만 아니라 천국(하늘)의 여왕 유노의 또 다른 형태이기도 했다. 아마도 이 케레스의 여사제들이 '모권(어머니 권리)'이 존재했던 시대에 로마 법체계의 기원을 정초했을 것이다. 케레스 여신은 '입법자 케레스'였기 때문이다.**18**

    케레스의 기호는 거꾸로 된 초승달 모양 혹은 지하세계로 들어가는 모양의 십자가(성 베드로의 십자가 참고) 모양이다. 그 조합은 아마도 곡식을 자르는 낫을 표현했을 것이며,

케르눈노스
군데스트루프 가마솥, BC 2세기

음력 계절과 (남성적인) 씨앗을 대지의 자궁에 심는다는 뜻을 암시했을 것이다. 케레스 의례는 원래 그리스식으로, 데메테르의 위대한 사원 전통에 기반을 둔 것으로 보인다.[19]

케르눈노스 Cernunnos

케르눈노스 형상은 군데스트루프 가마솥•에서 발견된 것으로, 켈트족의 뿔 달린 남신을 일컫는 가장 흔한 표현이다. 그 이름은 실제로 '뿔이 돋은 자'이다. 그는 목걸이 사슬 torque과 뱀을 들고 사슴뿔 모양 모자를 쓰고 오른쪽 발꿈치를 생식기 쪽으로 끌어당긴 요가 자세로 앉아 있다. 힌두교 신들의 거의 모든 좌상들이 이런 자세를 취하고 있다. 또 목걸이 사슬과 뱀은 각각 여성과 남성의 생식기 상징이다. 케르눈노스는 희생된 **사슴** 신의 영이다. 이 신은 자신의 거룩한 **피**를 흘려 야생의 피조물과 자연의 순환을 지키기 위해 희생되었다.

케르눈노스의 복장에 대해 그동안 많은 이들이 고심해 왔다. 무릎길이 정도의 바지와 가슴에 몸에 꼭 맞는 상의로 된 정장 한 벌로, 뜨개질로 만들어진 듯하다. 이 의상은 뜨

•
덴마크 군데스트루프 지방에서 발견된, 장식이 풍부한 은솥 유물. BC 200~300년경 제작된 것으로 추정되었다. 직경 69센티미터에 높이 42센티미터로 유럽 철기 시대 은 세공품 중 가장 큰 것으로 알려졌다. 켈트족 종교의 상징들을 풍부하게 담고 있다.

개질 기술의 역사가 고대 켈트족까지 거슬러 올라간다는
것을 입증하는 증거 중 하나다.

크리스몬 Chrismon

이 신의 표식^{signum dei}은 일반적으로 '인간의 구세주 예수'
라는 뜻의 라틴어 문구 '이에수스 호미눔 살바토르^{Iesus}
^{Hominum Salvator}'의 첫 글자를 딴 것으로 해석되었다. 또 다
른 해석은 '이 표식에서'라는 뜻의 라틴어 문구인 '인 호크
시그노^{in hoc signo}'의 첫 글자를 땄다는 것인데, H 글자 위에
덧붙여진 **라틴 십자가**와 함께 콘스탄티누스가 보았다고
하는 환상(**라바룸** 참고)을 언급하는 것이다.(물론 이 전설의 근
거는 매우 미심쩍다.)[20] 또 다른 해석은 이 표식이 라틴어가 아
닌 그리스어 이오타(I), 에타(H), 시그마(Σ)라는 것으로, 오
래전 태양신으로서의 바쿠스를 계승한 존재를 의미한다
는 것이다.[21]

사실 이런 '그리스도의 모노그램'이라는 해석은 비교적
최근의 것으로, 애초의 함의는 오래전에 잊혀진 것 같다.

크리스몬의 다른 버전으로 IS^{Iesus Salvator}라는 단순한 문자 조합이 있다. 나중에는 두 글자 I와 S가 하나로 포개졌고, 결국 더없이 적절한 아이러니를 통해 현대의 달러 기호로 진화했다.[22]

다곤

필리스티아(성경의 블레셋)의 신 다곤은 당시에 야훼의 주요 경쟁자였던 데다 인기가 더 많았기 때문에 성경에서는 호평을 받지 못했다. 어느 성경 저자는 야훼의 궤가 전리품으로 다곤의 신전 안에 있다는 사실만으로도 다곤의 성상이 모두 파괴되고 신전이 영원히 황폐화되었다고 주장했다.(「사무엘상」 5장) 그러나 필리스티아 신이 곧 사울의 머리를 또 다른 전리품으로 받았고(「역대기 상」 10:10)● 한 세기 후에도 다곤 숭배가 여전히 활발했던 것으로 보아, 이 주장은 단순한 희망사항일 뿐이었던 것 같다.

사실 물고기 꼬리를 한 다곤 신은 바빌로니아의 바다 왕 에아 또는 오안네스의 또 다른 형태로 나중에 요나 전설의 근간이 되었다. 물고기 꼬리를 지닌 신의 그림Icon, 또는 그 신의 머리가 물고기 입에서 나오는 모양을 그린 그림은 나

● "그리고 그의 무기는 저희의 신당에 보관하고 머리는 다곤 신전에 매달아 두었다."

302

중에 요나가 고래에서 나오는 모습으로 다시 그려졌다. 사실 다곤이나 오안네스는 태양이 바다로 내려갔다가 물에서 "다시 태어난다"는 의미를 담고 있었는데, 이때 바다(물)는 이 신들의 어머니-배우자인 아타가티스나 데르세토로 인격화되었다.[23] 성경의 초기 번역본에 기록된, 요나가 고래의 자궁에서 잉태되고 재탄생된다는 전설은 바로 이 신화에서 비롯된 것이다.[24]

이 메소포타미아 신의 여러 이름들 중 하나는 다곤이 역사의 어느 시기에 성경의 야훼와 동일시되었음을 보여준다. '야다가누Yah-Daganu'라는 그 이름은 "여호와는 다곤이시다."라는 뜻이다.[25]

제드 Djed

이집트에서는 매년 **오시리스**의 죽음과 부활을 기념하는 축제에 '제드 기둥'으로 알려진 기묘한 우상을 세웠다. 제드 기둥은 신의 척추 중 가장 아래쪽 척추인 천골을 표현하는데, 오늘날에도 영어와 여러 언어에서 천골을 뜻하는 'sacrum'은 '신성한 뼈'라는 뜻의 라틴어에서 유래했다.

제드

왜 천골이 특별히 신성한 신체 부위여야 하는지는 미스터리다. 아마도 탄트라에서 단서를 얻을 수 있을 법한데, 골반 안쪽 깊은 곳을 쿤달리니 에너지의 자리로 여기는 탄트라에 따르면 천골은 신의 새로운 생명이 기원하는 자리로 볼 수 있을 것이기 때문이다. 신화에는 몸 전체를 다시 자라나게 할 수도 있는 '성스러운holy 뼈'에 대한 이야기가 차고 넘친다.

제드 기둥에는 천골뿐만 아니라 왕관, 태양원반, 마아트의 깃털, 하토르와 아몬의 뿔, 해와 달의 마법 눈도 함께 묘사되어 있었다.

눈 여신 Eye Goddess

초기 수메르의 눈 여신을 표현한 수많은 작은 조각상들(BC 3500~3000 사이 제작된 것으로 추정)이 시리아와 지중해 곳곳에서 발견되었다.[26] 이집트의 마아트처럼 여신은 진리와 법률의 정신을 뜻했다. 여신의 '만물을 보는 눈'을 피할 수 있는 죄는 없었다. 훗날 마리 여신과 합쳐졌는데, 마리 여신은 한층 인간적인 형태이지만 어쨌든 거대한 눈망울로 그

려졌다. 시간이 흐르면서 눈 여신은 신비롭고 현명한 창조
주 마리-이슈타르 혹은 마리-안나로 발전되었는데, 마리-
안나는 오래전 예루살렘에서 야훼의 배우자로 숭배되었
던 여신이다.

　여신의 응시하는 눈빛은 남자들에게 뭔가 불편한 감정
을 불러일으켰다. 결국 이들은 여신을 사악한 눈의 영으로
생각하게 되었다.

호루스의 눈　　　　　　　　　　　**Eye of Horus**

이 이집트의 오래된 상징은 미합중국의 국새國璽와 모든 달
러 지폐에 다소 생뚱맞게 자리 잡고 있다. 아마도 미합중국
국새의 디자이너가 이집트의 여러 종교적 상징을 채택했던
프리메이슨의 영향을 많이 받았던 것 같다.

　피라미드 안의 눈은 원래 '죽음'의 기간 동안 갇혀서 부
활을 기다리는 신의 모습을 상징했다. 호루스는 지하세계
에 묻혀 세케르('숨겨진 자', '죽음의 주님')가 된 것이다. 이는
미라 상태의 **오시리스**, '검은 태양', '고요한 심장'과도 같
은 것이다. 그럼에도 불구하고 눈을 뜨고 있는 모습에서 알

수 있듯 그의 영혼은 여전히 살아서 깨어 있었다.**27** 동남아시아에서 이에 상응하는 대응물로는 '여신-자궁'의 삼각형 안에 있는 빈두(점)나 생명의 불꽃, 죽음의 잠을 자는 동안 감겨 있는 두 눈과 달리 반짝 뜨여 있는 힌두교 신들의 '제3의 눈'에서 찾아볼 수 있다.

여신 Goddess

최근의 연구들은 인류의 사고에서 여신 형상이 (남신 형상보다) 더 오래되고 중요했음을 입증하고 있다. 개인의 모든 경험에서 어머니의 우선성과 중요성이 이런 여신 개념으로 직접 이어졌다는 것이다. 이는 인류 문명 발달사에서 비교적 최근까지도 생물학적 아버지를 확인하는 것이 어려웠기 때문이기도 하다. 남성 연구자들이 여전히 선사 시대나 신화 속에 등장하는 최고의 창조적 신(창조주)을 남성형으로 *신*들이라고 부르긴 하지만, 모든 고대 전통들에서 창조적인 힘은 여성적인 것이었음은 이미 밝혀진 사실이다.

이집트인들은 태고의 바다 **자궁**을 눈 혹은 나우네트 여신이라고 불렀다. 이 여신은 태양과 다른 모든 신들을 낳았

다. 수메르에서 이 여신은 하늘(안)과 땅(키)을 낳은 남무였다. 바빌론에서 이 여신은 티아마트('구멍'이라는 뜻)였다. 여신은 나중에 자신을 살해하게 될(모친살해) 마르둑을 포함한 모든 신적인 존재들을 낳았다. 그리스에서는 원초적인 여신 가에아Gaea였는데, (배우자의 도움 없이 홀로) 하늘인 우라누스를 낳았고, 나중에 그를 남편으로 삼았다. 아시리아에는 지혜로운 여신 마미(닌티)에 대한 신화가 있는데, 여신은 자기 자궁에서 뜯어낸 흙으로 인간을 빚었고, 자신의 피로 그들에게 생명을 불어넣었다. 이는 여성들의 자궁혈(피)이 아이들을 탄생시키고 아이들에게 생명을 불어넣는다는 고대의 믿음과 맞아떨어진다.

"후기 수메르 전통의 오래된 신들은 단 하나의 예외도 없이 모두 여신들이다. 안툼, 닌릴, 담키나, 이슈타르, 바바. 그리고 고대의 다섯 도시들의 신성한 여왕들인 우루크, 우르, 에리두, 라르사, 라가시는 남편들인 아누, 엔릴, 엔키, 우투, 네르갈보다 더 오래된 존재들이었다. 이들의 배우자들은 모두 서열이 한 단계 더 낮았다."[28] 또 19세기 영국의 힌두 철학 번역자 아서 아발론(제임스 우드러프)은 다음과 같이 기록했다. "여신은 태초부터 어디에서나 남신보다 더 오래되었고, 더 지배적인 위치에 있었다. 유프라테스강 유역에서 아드리아해 지역에 이르기까지 모든 나라에서 '최고의 신성Chief Divinity'은 처음에 여성의 형태를 띠고 있었다."[29]

가부장제 사회가 도래하면서 위대한 여신의 수많은 이름과 상징 들은 억압되었고, 마침내 잊혀지고 말았다. 새로운 아버지 신들은 여신의 세계 창조 기능과 여신의 특징들, 또 고대 여신의 경전에 쓰였던 단어와 문구들을 모두 찬탈했다. 성경에는 이슈타르와 다른 여신에 대한 찬송과 기도문에서 가져온 문구들이 다수 포함되어 있으며, 여신의 이름을 빼고 그 자리에 야훼의 이름을 넣었다. 성경 히브리어에는 '여신'이라는 단어가 아예 존재하지 않는다.[30]

남자들은 말로 신을 만들었던 것처럼, 말로 여신을 사라지게 만들기도 했다. 그 과정은 여전히 진행 중이다. 『웹스터 제3차 세계 새 사전』은 대문자로 된 '신God'을 매우 다양하게 정의하고 있는데, 편집자들은 이 단어에 대해 아무리 해도 더 충분히 우호적으로 쓸 수 없어 고심한 것처럼 보인다. 가령 "성경에 우주의 창조자, 경영자, 심판자, 의로우신

주권자, 구속자(redeemer, 구세주)로 제시된 거룩하고 무한하며 영원한 영적 실체reality로서 자신의 목적을 수행하기 위해 역사에서 권능으로 행하는 존재. [……] 영원하고 보이지 않으며 그 자체로 전능한 온 세계의 주인이자 만인의 최종 심판자. [……] 우주 최초이자 최종 원인인 불변의 완전한 존재 [……] 최고 또는 궁극적인 실체 [……] 인간이 숭배하고 기도하는 대상으로 권능, 지혜, 선함에서 최고인 존재." 마지막으로 웹스터 사전의 다음과 같은 정의는 최후의 한 방을 날린다. "순수한 존재, 의식, 행복인 하나의 궁극적인 무한한 실체." 사실 이는 「요가니르다야 탄트라」에서 직접 가져온 문구로, 원래 "모든 존재의 빛나는 일루미나트릭스"인 여신에 대한 묘사다.**31**

이렇듯 흘러넘칠 정도로 과도한 묘사와 대조적으로, 소문자로 시작하는 *여신*goddess은 여성의 신성으로 간단히 정의된다. "숭배의 대상이 되는 여성 [……] 여신으로 추앙받는 여성으로 인격화된 어떤 것." 이 항목에는 단 세 개의 인용문만이 제시되어 있는데 모두 비하적인 표현이며 그중 하나는 심각한 오류를 담고 있다. ① "평범한 젊은 여성을

*여신*으로 만드는 연인의 상상력." ② "전형적인 중간계급 여신 같은 영국 보통법Common Law." ③ "힌두교 암살자들은 *여신* 투기Thuggee의 신봉자로 해시시를 사용했다." 그러나 투기란 이름을 가진 여신은 없다. 힌두교 투기들이 숭배한 것은 칼리 여신이었다. 게다가 암살자assassins라는 단어의 유래가 된 해시심(해시시를 하는 사람이라는 뜻)은 힌두교인이 아니라 사라센인이었으므로, 이 언급은 잘못된 것이며 명백히 여신 숭배의 악한 의미만을 강조하려는 시도임을 알 수 있다.

오늘날 몇몇 선의의 개혁가들은 신의 기본적인 개념에 절반의 여성적인 요소라도 회복하려고 산발적으로 시도하고 있다. 사전에 쓰여진 그대로 신이 "역사에서 권능으로 행"해온 고통으로 가득 찬 그 기간 내내, 신은 요지부동 무자비하게 남성적이었기 때문이다. 어떤 이들은 그를 '어머니 신'이라고 부르기도 하고, 양성이거나 무성의 존재라고 표현하기도 한다. 그러나 현재 서구 문명이 신이라고 부르는 모든 상징은 남성성에 너무 무게중심이 쏠려 있었기 때문에 그러한 애매한 말장난으로는 크게 달라질 것이 없다.

넬 모튼은 *신*이라는 단어를 살려두는 것만으로도 "여성을 근시안적으로 만들고 여신을 억압하는 역할을 할 뿐"이라고 했다.[32]

신이 다른 무엇이든 간에 신은 분명 탁월한 상징이며, 신이 상징하는 것은 이상화된 인간이다. 남성은 여성의 가장 위대한 상징을 빼앗아 여성을 영적으로 빈곤하게 만드는 동시에 자신의 남성 신을 지극히 보수적이고 거만한 존재로 부풀렸다. 이러한 잘못을 바로잡기 위해서는 단순한 말(언어) 이상의 노력이 필요할 것이다.

선한 목자   Good Shepherd

그리스도교인들이 자신들의 구세주 신에 대해 '선한 목자'라는 칭호를 채택한 것은 그 신에 대한 가장 오래된 이미지 중 일부에서 교묘하게 훔쳐온 것이다. 거의 모든 토속종교의 구세주들이 사후세계의 "푸른 초원"에서 마치 자신의 양들을 돌보듯 그 영혼들을 돌보는 선한 목자 역할을 맡았다. 바빌론의 탐무즈(수메르의 두무지)는 별들의 목자라고 불렸는데 별이 축복받은 자들의 영혼이 눈에 보이는 모

선한 목자 헤르메스
펠라스기아의 조각

습이라고 여겨졌기 때문이다. 오시리스도 양치기의 구부러진 지팡이를 지니고 있었는데 이는 나중에 이집트에서 신성함의 표식이 되었고, 오시리스는 선한 목자로 불렸다. 그리스-로마의 헤르메스(메르쿠리우스)도 어깨에 양을 메고 있는 선한 목자의 모습으로 그려졌는데, 이 이미지는 초기 그리스로마 문명의 기초가 닦이기 전까지 거슬러 올라가는 것으로, 헬레니즘 이전의 에게해 문화에서 발견되었다.[33] '크리오포로스(양을 치는 자)'라는 그의 칭호를 초기 그리스도교인들이 그대로 가져간 것인데, 이들은 이뿐만이 아니라 모든 토속종교 신들의 조각상 이름을 간단히 '그리스도'로 바꾸어버렸다.[34]

헤르메스   Hermes

헤르메스 기호는 그리스도교인들이 머리와 가슴에 손으로 십자가를 긋는 행위를 나타낸 것으로 "십자가 표시"라고도 불렸는데 원래는 이런 모양이었다. 이것은 숫자 4의 형태인데, 4는 헤르메스의 신성한 숫자이기도 하다. 헤르메스는 '사중신Fourfold God'으로 알려져 있는데 그 밖에도

다양한 이름과 칭호가 있다. 헤르메스는 로마에서는 **메르쿠리우스**, 이집트에서는 **토트**, 중세 초기에는 점성술·연금술 및 기타 오컬트 과학의 전설적인 창시자 '헤르메스 트리스메기스토스(세 번 위대한 헤르메스)'로 불렸다. 수피들은 헤르메스를 자신들의 공예의 장인이라고 주장했다.**35** 그는 아누비스와 합쳐져 '헤르마누비스'가 되기도 하는데, 자칼신처럼 지하세계의 길잡이이자 영혼의 안내자 **프시코폼포스**였기 때문이다. 헤르메스는 또 아프로디테 여신과 융합되어 '헤르마프로디토스'라는 이름으로 아프로디테의 위대한 지혜와 마법의 힘을 배웠다. 헤르메스는 아프로디테의 지혜로운 뱀이 되었으며, 후에 영지주의자들에 의해 하늘의 왕이자 신비의 계시자로서 **우로보로스**(오피스)로 숭배되었다. 남근의 신으로서 헤르메스는 독일의 헤르메슬(이르민술)에서 거대한 세계의 축으로 숭배되었다. 지금 그 자리에는 성 베드로(페트로스) 교회가 서 있다.**36**

초기 그리스도교인들은 헤르메스를 그리스도 같은 이로 여겼다. 헤르메스 숭배 의식으로부터 그들은 이교도 신인 헤르메스가 육화했다는 의미의 "로고스 스페르마티코스(정액의 말)"를 빌려 자신들의 성육신 구세주에 적용했다.[37] 락탄티우스에 따르면 헤르메스는 신성한 예언자로서 거의 그리스도와 동등했다. 헤르메스는 "거의 모든 진실"을 알고 있었다.[38] 부처와 같이 그는 '깨달은 자'라고 불렸다. 헤르메스의 신성한 숫자 4의 기호는 그의 처녀 어머니 마이아(아시아에서는 깨달은 자 부처의 처녀 어머니인 마야)의 표식인 달의 배에서 나온 것이다. 이와 비슷한 숫자 4의 상징이 중국의 8괘와 관련된 개념에서도 나타난다. 이 또한 모든 문화의 창시자로 늘 편리하게 호출되는 복희씨가 만들어낸 것이다. 송화강天河에서 나온 용마龍馬의 등에 그려진 무늬에서 깨달았다고 해서 이를 하도河圖라고 부른다. 1에서 10까지의 수로 이루어진, 십자가(十, 열십자) 형태의 방진은 우주 생성의 원리를 나타내며, 사방(동서남북 네 방향)을 나타내는 배열이다. 이는 한자에서 숫자 4四와도 닮았다.

헤르메스 십자가 Hermetic Cross

그리스도교 십자가의 한 버전으로 헤르메스의 상징에서 변형된 것이다. 어떤 이들은 이것이 남성적 원리와 여성적

헤르메스 십자가

원리가 함께 있는 헤르마프로디테 기호라고 한다. 남성 신 (십자가)이 여성(초승달)으로부터 생겨난 모양이라는 것이 다. **달**은 그리스도의 성모 마리아(인간화된 처녀 어머니)를 포함해 모든 처녀 어머니를 나타내는 흔한 상징이었기 때문에, 헤르메스의 십자가는 종종 성모 마리아에게서 태어난 그리스도의 상징으로 해석되었던 것이다.**39**

호크마(성령)　　　　　　　　　　　　Hokmah(Holy Spirit)

호크마는 위대한 여신의 여러 존재 양태 중 '지혜'의 측면을 나타내는 히브리 버전의 상징으로, 아마도 이집트에서 우주를 창조한 권능의 말씀인 어머니 여신 헤크마트^{Heq-Maat}에서 유래했을 것이다. 『예루살렘 타르굼』● 저자들은 창세기의 첫 단어인 '베레시트'가 일반적으로는 "태초에"로 번역되지만 실제로 만물의 설계자 "지혜의 여주인"을 뜻한다고 주장했다. 이것의 다른 버전인 **소피아**-사피엔시아(영지주의 버전)나 메티스(그리스로마 버전)처럼, 호크마는 알렉산드리아의 필론●●이 쓴 글에서 명확히 여호와(야훼)의 부인으로 묘사되고 있다.**40** 뿐만 아니라 힌두 문화권

● BC 5~6세기경부터 페르시아 제국에서 아람어가 공식 언어가 되고 팔레스틴 유대 사회와 디아스포라 사이에서도 아람어를 쓰게 되자, 유대인 회당에서는 예배 때 통역자(메투르게만)가 등장하여 낭독되는 율법서와 예언서 관련 본문을 히브리어에서 아람어로 통역하게 되었다. 처음에는 구두로 통역되고 전승되던 것이 후대에 이르러 일정한 형식으로 굳어졌고 기록으로 정착된 것을 타르굼이라고 한다. 예루살렘 타르굼은 팔레스틴 타르굼 중 가장 유명한 것이다.

●● BC 30년경~AD45년까지 활동했던 것으로 추정되는 고대 알렉산드리아의 유대인 철학자.『구약 성경』의「창세기」를 그리스 철학, 특히 플라톤의 이데아 사상을 이용해 최초로 알레고리적 해석을 시도했다. 오리게네스의 알레고리 성경 해석에 영향을 주었다. 필론의 사상은 알렉산드리아 학파와 교리학교 신학자들에게 지대한 영향을 주었다.

호크마(성령)

의 샤크티와 비슷한 역할을 하는 호크마는 여호와의 모든 창조적 에너지와 아이디어의 근원이기도 했다. 외경인 『솔로몬의 지혜(지혜서)』에는 호크마의 명령에 항상 순종해야 하며, 호크마는 일어나는 모든 일의 원인이고, 신이 하실 일을 결정하는 것도 항상 호크마의 몫이라고 기록되어 있다.[41] "지혜 문학"은 이렇듯 명백하게 여성 원리를 우위에 두기 때문에 결국 정경 텍스트에서는 삭제되고 외경으로 자리잡게 되었다.

승리의 **비둘기**는 창조의 수면을 날개로 감싸듯 품고 있는 여신의 영혼을 상징하는 가장 흔한 이미지였다. 이는 호크마-소피아-사피엔티아를 대표하는 상징이 되었고, 나아가 후에는 아프로디테와 베누스의 상징이 되기도 했다. 초기 그리스도교 시대 사람들은 신의 내적 영이나 혼이 여성적인 것이며 비둘기의 이미지로 구현된다는 것을 이해하고 있었다. 신은 여성적 영이나 혼으로부터 생각('i-deas'는 원래 '안-여신'이라는 뜻)을 길어올렸고, 나아가 신들의 영혼 자체가 여성적인 것으로 여겨졌다.(아니마, 프시케, 프네우마, 알마 등 '영혼'과 비슷한 말들은 항상 여성형이었다.) 이후에 성령이 남성화되자, 신의 지혜는 더 이상 여신으로 인격화되지 않았고 성경 편집자들은 이전의 호크마를 암시하는 모든 흔적들을 제거하기 위해 최선을 다했다.

이슈타르 Ishtar

메소포타미아 지역에서 너무나 자주 발견되는 이슈타르/이난나/아스타르테 토우의 자세가 가슴을 내밀고 있는 것이어서, 고고학자들이 이를 "이슈타르 포즈"라고 부르게 되었다. 이슈타르는 "풍성한 가슴을 지닌 어머니" 등으로도 불렸다. 또 다른 칭호들로는 하늘의 여왕, 승리의 여주인, 세상의 빛, 별, 산을 흔드는 자, 만군의 지도자, 인류의 창조자, 인류의 인도자, 온 나라의 목자, 신들의 어머니, 최고신Supreme One, 생명의 강, 고귀한 자(높으신 이), 영광(의 주), 심판자 등이 있는데, 성경 저자들은 이런 칭호들을 자기네 신에게 가져다 붙이기도 했다.**42**

이슈타르는 예루살렘에서 숭배되었는데, 이 도시에서는 매년 여사제들이 이슈타르 여신의 아들이자 연인인 탐무즈(수메르식 이름은 두무지, 시리아식 이름은 아도니스)의 죽

이슈타르

음과 부활을 내용으로 하는 유서 깊은 연극을 무대에 올렸다.(「에제키엘」 8:14)● 가슴을 내미는 자세는 모든 영양분을 제공하는 여신으로서의 기능을 암시하기 때문에 초기 가부장적 숭배자들은 여신의 기분을 상하게 할까 두려워했고, 성전에 이슈타르와 야훼를 나란히 배치했다. 「예레미야」 44장 19절●●에서는 이슈타르를 하늘의 여왕으로 묘사하고 당시 이스라엘 사람들이 이 여신을 버리고 전에 없던 새로운 남성 신을 섬기기를 얼마나 꺼려했는지 보여준다. 그러나 결국 그리스도교 저자들은 이슈타르를 "온 땅의 탕녀들과 흉측한 물건들의 어미인 대바빌론"(「요한의 묵시록」 17:5)이라는 칭호로, 또 여신의 다른 칭호를 변형한 별칭으로 부름으로써 여신의 거룩한 성적 특징을 폄훼했다.

● "나를 야훼의 성전 북향 정문 문간으로 데리고 가셨다. 거기에서는 여인들이 앉아서 담무즈 신의 죽음을 곡하고 있었다."

●● "우리가 하늘의 여왕께 분향하고 제주를 바칠 때, 어찌 남편들 모르게 하였겠소? 여왕의 신상을 박아 제병을 굽거나 제주를 따라 바칠 때, 어찌 남편들 모르게 하였겠소?"(**아스타르테-타니트**참고)

이시스-하토르 {Isis-Hathor}

이시스와 하토르는 이집트의 위대한 여신을 일컫는 주요한 두 이름이었다. 하토르는 다른 모든 신들의 어머니로 불렸는데, "태고의 시간에 스스로 생겨난 존재, 창조된 적이 없는 존재"였다.[43] 하토르는 '하늘의 여왕'이었으며 초기

왕조에서 모든 왕의 이름에 여신의 이름이 포함되었다. 이
시스 역시 태초부터 존재했던 "가장 오래된 자 중의 가장
오래된 자"로서 "모든 존재를 탄생시킨 여신"이었다.[44] 하
토르는 '나일 거위('황금알'의 어머니)'로서, 이시스는 '호루
스의 자궁'으로서 둘 다 태양을 낳았다고 전해지는데, 사
실 하토르라는 칭호의 원래 의미가 바로 '호루스의 자궁
Hat-Hor'이다.

이시스와 하토르는 때로 한 쌍을 이루어 밝은 어머니와
어두운 어머니를 상징하기도 했는데, 이는 탄생-죽음-재
탄생이라는 모계 종교의 순환 체계를 따르는 것이었다. 후
기 왕조에서는 어둠의 어머니가 종종 이시스의 쌍둥이로
지하세계 자매인 네프티스로 표현되었다. 이시스-네프티
스 여신은 오시리스가 모성적 마법으로 부활한 것처럼 파
라오들도 부활시키겠다며 파라오의 불멸을 보증해 주었던
것이다.

이 합성 여신의 상징으로 가장 흔히 쓰인 것은 '달-암소'
의 뿔 사이에 누운 태양 디스크였다.

이는 봉인되어 보호받고 있다가 곧 다시 태어날 남성적

이시스-하토르

영혼을 뜻한다. 원반은 때로 완전한 원의 형태를 띠기도 하고, 때로는 조금 평평해진 타원의 형태를 띠기도 하는데 이는 '세계의 알' 혹은 해가 뜨거나 질 때 나타나는 평평한 모양을 나타내는 것이다. 여신은 "태양을 낳는 위대한 암소"로 불렸다. 호루스-오시리스-라-헬리오스는 후에 '황금 송아지'의 모양을 띠게 되었는데, 이는 이스라엘 사람들이 이집트에서 가지고 나와 아론의 지도하에 숭배했던 그 우상이기도 하다. (「출애굽기」 32:2~4)●

이시스 숭배는 로마 제국 전체에 걸쳐 엄청난 인기를 얻었다. 로마 작가들은 여신을 "모든 인류의 영원한 구원자"라고 불렀다.45 이집트 나일강 동안의 도시 덴데라에 있는 하토르의 신성한 나무 아래에서 아기 호루스에게 젖을 물리고 있는 이시스의 이미지는 비슷한 구도를 취하는 성모 마리아 이미지들의 원형적인 모델이다.46 마리아를 신격화하고 찬미하는 장치들은 한때 신성한 아기의 어머니로서 이시스 여신에게 바쳤던 모든 경전, 연극, 찬송 등을 직접 계승한 것이다. "이시스는 '신성한 어머니'의 전형적인 헬레니즘 버전이며, 이시스 숭배는 널리 퍼져 있었다. 이시스

●
"아론이 그들에게 '너희 아내와 아들딸의 귀에 걸린 금고리를 나에게 가져오라.' 하고 대답하자 백성이 모두 저희 귀에 걸린 금고리를 떼어 아론에게 가져왔다. 아론이 그들의 손에서 그것을 받아 수송아지 신상을 부어 만들자 모두들 외쳤다. '이스라엘아, 이 신이 우리를 이집트에서 데려온 우리의 신이다.'"

숭배에서 예수의 어머니 마리아에게로 신화가 부분적으로 이전되는 과정이 1세기 중반에 일어났음은 의심할 여지가 없다."[47]

영지주의 그리스도교 종파 중 하나인 카르포크라테스[••]는 예수가 이집트의 이시스 신전에서 6년간 공부하면서 모든 신학적 개념들을 세웠다고 주장했다.[48]

야누스 Janus

두 얼굴의 야누스는 로마에서 문, 입구를 지키는 신으로 문지방을 사이에 둔 양쪽 세계를 모두 볼 수 있는 문지기 janitor였다.[49] 로마 제국 시대에 야누스는 "두 얼굴의 유피테르Jupiter Bifrons"라고 불리며 유피테르와 동일시되었는데, 이 이름은 1500년쯤 후에 그리스도교 문헌에서 악마의 이름 중 하나로 다시 등장했다.[50] 로마 제국 시대 이전에는 야누스의 형상들은 이웃하는 부족들 사이의 영토 경계를 지키는 신이었고, 부족들은 각각 자신들의 야누스를 모셨다.[51] 그보다 더 이전에는 야누스의 두 얼굴 중 한쪽은 여성으로 야나라고 불렀는데, 이것이 바로 유노 여신으로 흡

[••]
알렉산드리아의 카르포크라테스는 2세기 전반에 나스틱파를 세웠는데, 이들을 그의 이름을 따 카르포크라테스파라 부른다. 카르포크라테스는 자신이 의지하는 경전으로 오직 『히브리 복음서』만을 사용하였다. 교부들은 대체로 그가 자유주의적인 입장을 지녔다고 보았다.

야누스

수되었다. 고대 **안드로진**(자웅동체)의 전형적인 형태인 이 두 얼굴의 신은 애초에 두 얼굴의 여신에게서 유래한 것으로 보인다. 두 얼굴의 여신이란 매년 1월 해가 바뀌는 시기에 사람들이 "포스트보르타와 안트보르타(뒤로도 보고 앞으로도 보는 분)"라는 표현으로 불러냈던 여신이다. 이 여신은 '북풍'의 뒤에서 '천상의 경첩'을 지배하는 '시간의 어머니'였고, 우주는 이 경첩을 중심으로 한겨울의 이쪽에서 저쪽으로 넘어가는 "문"을 통과했다.[52] 두 측면(이는 종종 '두 여주인'으로 그려진다.)을 지닌 '시간의 어머니'에게는 수많은 변형들이 존재한다. 중세 나폴리에서는 마녀를 통상적인 이탈리아어로 '스트레가'라고 부르지 않고 1월을 뜻하는 태고의 여성적 영의 이름을 따 '자나라'라고 불렀다.[53]

하지만 곧 새해(신년)의 신으로서 두 얼굴 모두 남성 형태의 야누스가 널리 퍼지게 되면서, 중세 작가들은 (1월의 여신이 아닌) 야누스 그 자체를 '원형적 이중성'으로 언급하기 시작했다. 『가웨인경과 녹기사』(연year을 상징하는 두 신들이 한겨울에 만나서 벌이는 희생제의적 사건에 관한 이야기)의 작가에 따르면 1월은 여전히 야누스의 달이었다.[54] 두 얼굴의 신은

322

심지어 그리스도교에서 야누아리우스 **성인**으로 시성되기까지 했는데, 교회가 두 얼굴 신의 오래된 신전이 있던 나폴리의 성소를 차지한 후에 벌인 일이다. 상상의 인물인 야누아리우스의 말린 피 한 병이 그곳에 보존되어 있었는데, 다른 마른 피 성유물이 그렇듯 때때로(특히 "순교자의 머리 옆에 놓아"두면 곧바로) 액체로 변했다고 한다. 교황 비오 2세가 진품 유물을 구별하는 이 기적적인 방법의 진위를 증명했다고 하지만, 이 유물은 사실 14세기 이전에는 전혀 알려져 있지 않았던 듯하다.

유노　　　　Juno

로마에서 '하늘의 여왕'이자 '모든 신들의 어머니'인 유노는 합성신이지만, 거의 유일신에 가까운 여성적 신성이다. 수많은 칭호가 여신이 주관하는 대상이 만물을 아우름을 암시한다. 유노 포르투나(운명의 여신), 유노 레지나(통치자 여왕), 유노 루치나(빛의 여신), 유노 모네타(징계자 여신), 유노 소스피타(보존의 여신), 유노 마르티알리스(전사 여신), 유노 포폴로니아(백성의 어머니), 유노 브로누바(결혼의 중개자), 유

유노

노 도미두카(신부들의 인도자), 유노 눅시아(신방의 조향사), 유노 친시아(신부의 옷을 입히고 벗기는 이), 유노 루미나(모유 제공자), 유노 오시파고(뼈를 튼튼히 하는 이) 등등. 아플 때나 건강할 때나 남편이 있을 때나 없을 때나 유노는 지상의 딸들을 늘 굽어살피는 존재였던 것이다.[56]

　　게다가 모든 여성들은 각자가 '유노juno'이기도 했다. '제니우스(낳아주신 아버지)'라는 말이 남성의 영혼을 부르는 이름이었던 것처럼 '유노'는 여성의 영혼을 부르는 이름이기도 했던 것이다. 이 용어는 명백히 조상 숭배 전통에서 유래한 것인데, 조상 숭배를 하던 시대에는 씨족clan 최초의 조상들이 후손들에게 자신들의 영을 물려준다고 믿었기 때문이다.[57] 유노 쿠리티스는 모든 씨족들curiae의 원초적 어머니라는 뜻이다. 로마의 여성들은 자기 생일날 자신들의 영혼 유노에게 제물을 바쳤다.[58] 가부장제 사회에서는 점차 '제니우스'라는 말이 이상화된 남성적 영혼을 뜻하는 말로 굳어지면서, 그에 상응하는 '유노'라는 여성적 영혼을 뜻하는 말은 잊혀지게 되었다.

　　유노의 별 모양 기호는 '바다의 별'을 형상화한 것인데,

이 칭호는 '하늘의 여왕' '백합' '장미' '복된 처녀'라는 표현들과 함께 '동정녀 마리아'에게로 계승되었다. 어쩔 수 없이 형식적으로 **유피테르**와 짝지어진 처지가 되었지만, 유노 여신은 매해 축제를 통해 처녀성을 갱신하고 신성한 아이 **마르스**를 남성의 도움 없이 수태하는 기적을 보여주었다. 여러 다른 **여신**들의 경우와 마찬가지로 유노는 정숙한 처녀이면서도 동시에 (다른 국면에서는) 성적 욕구를 나타내는 신성(유노 카프로티나)이었다. 이때 유노의 다산(생식력)을 찬양하는 의례들이 무화과나무를 열매맺게 했다고 전해진다.⁵⁹

유피테르

유피테르 기호는 행성 목성을 나타내기도 하고 같은 이름의 신을 나타내기도 한다. 원래 로마의 풍우신이었지만 진화하여 '신들의 아버지'가 되었다. 그리스 버전인 제우스와 마찬가지로 여신의 몸에 비처럼 내리거나 **번개**처럼 들어감으로서 배우자인 **여신**을 임신하도록 돕는다고 믿어졌다. 그러나 유피테르는 단순한 풍우신에 머물지 않고 수많은

24

유피테르

단계를 거쳐 고도로 복잡한 신성으로 발전했다.

유피테르, 제우스 파테르, 바빌론의 신인 주(폭풍의 새)는 모두 아리아(인도이란계)의 다이아우스 피타르('아버지 하늘'이라는 뜻)에서 유래했다. 유피테르는 처음엔 요베(Jove, juventus, '젊은'이라는 뜻)로 등장해 카피톨리누스 3신●을 대체하게 되는 존재였다. 애초에 이들은 유벤타스, **유노**, 미네르바(그리스에서는 헤베, 헤라, 헤카테)라는 처녀신들로서 모두 여성적인 신들로만 이루어져 있었다.**60** 젊은 요베는 '아버지' 신과 (같은 신성을 공유하는) 서로 뒤바뀔 수 있는 존재로 여겨졌고, 이는 훗날 그리스도교 신학에서 하나의 신성이 성부와 성자로 공유될 수 있는 것과 마찬가지 논리다. 결국 카피톨리누스 3신은 유노와 미네르바 그리고 유피테르로 자리 잡게 되었다.**61**

배우자인 유노와 마찬가지로 유피테르도 유페티르 플루비우스(통치하는 유페티르)부터 유피테르 오퓰렌티아(다산의 여신 오피스와 결합한 유피테르)까지 수없이 많은 칭호를 지녔다. 유피테르가 목성의 이름으로 주어진 것은, 하늘(천국)이 일곱 겹의 **행성구**로 이루어져 있고 각 행성구들이 하

●
고대 로마 카피톨리노 언덕의 카피톨리움 신전에서 모시는 로마의 3대 주신.

나의 행성이 차지하는 영역이라는 고대 점성가들의 믿음 때문이었다. 유피테르의 행성구는 목성의 거처였다. 점성가들은 오랜 세월을 거치며 리더십, 주인다운 태도, 쾌활함, 광대함, 관대함 등 "요베다운(젊은)" 특성들을 목성에 가져다 붙였다. 유피테르 기호가 원래 무엇을 의미했는지는 알려져 있지 않다. 하지만 이는 확실히 하늘의 여왕 유노의 다른 이름인 케레스 기호를 뒤집은 버전처럼 보이기는 한다.

칼리 얀트라   **Kali Yantra**

인도의 위대한 여신 칼리의 명상 표식은 여성의 섹슈얼리티와 모성에 대한 두 가지 상징을 포함한다. 배경에는 네 방향과 네 바람, (태고의) 네 강 등을 지닌 세계를 나타내는 사각 기호가 자리 잡고 있다. 여신 칼리의 기호 안에 있는 꽃잎 여덟 장 달린 연꽃은 사랑과 영양을 주는 여신의 측면을 표현한다. 한편 검은 오브(구체)는 그녀가 파괴자, 어두운 밤 어머니(끝내 모든 것을 자신의 비존재 혹은 우주 틈새 혼돈의 자궁 속으로 집어삼켜 버리는)이기도 하다는 사실을 잘 드러낸

칼리 얀트라

다. 마지막으로 아래를 향하는 삼각형 **요니 얀트라**가 있는데 여기에는 빈두(점)라고 불리는 새로운 생명의 불꽃이 진주빛으로 타오르고 있다. 영원한 여성적 원리를 따라 새로운 창조가 이루어지고 새로운 생명의 세계가 태어날 것을 약속한다는 의미다.

왕 중의 왕 King of Kings

의료적 처방을 나타내는 가장 흔한 기호는 만병을 치료할 수 있다고 여겨졌던, 왕 중의 왕(만 왕의 왕) 혹은 하늘의 왕 **유피테르**를 부르는 라틴어 약칭 '유피테르 렉스Iupiter Rex'에서 유래했다. 따라서 'R-x'라고 쓴 이 표식은 그 자체로 치료 효과가 있는 부적이 되었다. 하지만 몇몇 권위자들은 진정한 치유력을 지닌 왕 중의 왕은 유피테르가 아니라 어두운 지하세계 대응물인 **사르투누스**라고 주장한다. 대지의 치료수healing waters가 깊은 샘에서 흘러나오는 것처럼, 치료는 위에서부터 주어지는 것이 아니라 내부에서부터 이루어져야 한다는 이론에 근거한 주장일 것이다. 처방 효과가 있는 R-x 부적이나 기타 의료적 주문은 종이 위에 쓰

고 나서 환자가 그것을 삼켜야 한다는 믿음이 널리 퍼져 있었다.[62] 이렇게 단순하고 조잡한 치료 마법은 "계몽된" 시대로 여겨지는 오늘날까지도 사라지지 않았다.

라바룸 Labarum

바깥에 원이 있거나 없는 형태로 모두 사용되는 라바룸은 콘스탄티누스 대제(콘스탄티누스 1세)가 본 그리스도의 모노그램(합일문자)으로 홍보되었는데, 콘스탄티누스 1세는 밀비우스 다리 전투[•] 전에 하늘에서 이 표식을 보았고 곧바로 그리스도교로 개종했다고 전해진다. 하지만 사실 라바룸은 콘스탄티누스 군대에게 이미 그 전부터 신성한 상징으로 여겨지고 있었는데, 이것이 그리스도의 기호이기 때문이 아니라 그들이 가장 사랑하던 신 미트라의 인장이었기 때문이었다.

이집트 앙크의 후기 형태인 미트라교의 라바룸은 아마도 우주의 수레바퀴에서 한 해의 시작 지점에 떠오르는 태양이 마치 권좌에 오른 왕처럼 앉아 있는 모양을 나타냈을 것이다.[63] 이는 미트라교 입문자들의 이마에 그려 넣었던

[•] 312년 막센티우스와 벌인 이 전투에서 콘스탄티누스 1세가 승리하고 사두정치체제를 끝내고 로마 제국의 단독 황제로 집권했다. 그리스도교 전설에서는 그리스어로 크리스토스(XPIΣTOΣ)를 나타내는 문자 가운데 첫 두 문자인 카이(X)와 로(P)를 합친 문자 라바룸을 병사들의 방패에 그리라는 하나님의 명을 따른 콘스탄티누스가 결국 전투에서 승리했다고 한다.

라바룸

'십자가 표시'이기도 했다.

콘스탄티누스 황제가 라바룸을 본 것은 실제(야외)가 아니라 꿈에서 본 것이며, 또 십자가 모양이 아니라 "문자 X 위에 그 가운데를 지나는 수직선을 그린 후에 그것이 위로 올라오게 뒤집은 모양"이라고 락탄티우스가 말한 기록이 증거로 남아 있음에도 불구하고 훗날 그리스도교 전설은 라바룸이 하늘에 나타났다고 주장했다.[64] 몇몇 초기 그리스도교인들은 이것이 그리스 문자 크리스토스($XPI\Sigma TO\Sigma$)의 첫 두 문자 카이(X)와 로(P)를 합친 것으로 그리스도를 의미한다고 주장했다. 하지만 어떤 사람들은 라바룸이 고대 크레타의 상징인 이중 도끼에서 유래했다고 주장하기도 한다.[65] 어쨌든 라바룸은 원래 그리스도교 문양이 아니었으며 콘스탄티누스는 밀비안 다리나 다른 곳에서 그리스도교로 개종한 적이 없고 임종을 앞두고서야 세례를 받았다.•

• 콘스탄티누스 1세가 임종까지 세례를 미룬 것에 대해서는 당시의 많은 그리스도교인들 사이에 세례를 임종 마지막까지 미룸으로써 현생의 죄를 모두 용서받으려는 관습이 존재했다는 이야기도 있다.

로고스

Logos

그리스도교 신학자들은 로고스 교리가 자기네 성경에서

시작되었다고 주장하고 싶어 했다. "한처음, 천지가 창조되기 전부터 말씀이 계셨다. 말씀은 하느님과 함께 계셨고 하느님과 똑같은 분이셨다."(「요한의 복음서」 1:1) 따라서 예수는, 하나님이 그 이름을 부름으로써 이적을 일으켜 만물을 존재하게 만든 '창조의 말씀(로고스)'이 육신이 된 상징이라고 선언되었다. 하지만 사실 로고스 교리는 모든 그리스도교 개념 중 가장 그 유래가 뚜렷한, 다른 종교에서 가져온 개념 중 하나다. 예수에 앞서 **헤르메스** 신이 하늘에 계신 아버지 제우스 로고스 스페르마티코스, 곧 창조의 말씀인 로고스의 화신으로 선언되었다. 3세기의 헤르메스교 문헌인 『완벽한 말씀』에 따르면, 헤르메스는 "인간 생명의 빛"이자, 여성을 모방한 "만물을 잉태하는 자궁"이기도 했다.**66** 헤르메스는 창조의 말씀의 또 다른 현신(현현, 육화된 형태)인 이집트의 토트와 동일시되기도 했다. 토트는 마아트 여신의 배우자였는데, 마아트가 말하는 것은 무엇이든 현실이 되었다는 뜻에서 "말씀이 진리"인 마아트라고 불렸다. 토트의 사제들에 따르면, 토트는 마아트 여신의 힘을 이어받아 '창조의 말씀'을 할 수 있었다. 토트는 또한 최초의 신들을 낳은 "잉태하는 자궁"이 되었다.**67** 이집트 상형문자로 쓰여진 다음과 같은 문장도 있다. "말씀은 모든 것을 창조한다. [……] 분명한 목소리로 말해지기 전까지는 아무것도 *존재*하지 않는다."**68** 그럼에도 불구하고 파라오가 창조의 질서를 유지할 권리를 가지게 된 것은, 여신 마아트가 파라오로 하여금 자신의 말인 후('창조하는 말하기'라는 뜻)를 통해 그렇게 할 수 있게 해주었기 때문이다.**69**

신들은 창조적 영임을 주장하기 전에 로고스에 대한 지휘권을 입증해야 했다. 바빌로니아의 신 마르둑은 말씀의 능력으로 파괴하고 재창조하는 능력을 보여준 후에야 신들을 통치할 수 있었다. 그리스도가 여호와의 로고스로 불렸던 것과 똑같은 방식으로, 그보다 수 세기 전에 니푸르의 엔릴은 하늘 아버지 아누의 로고스로 불렸다. 『길가메시 서사시』에는 "말씀의 영은 엔릴이다."라는 문장이 있다.**70**

이렇게 신들이 로고스의 힘을 갖기 위해 경쟁적으로 나선 진짜 이유는 그것이 남성 신들이 여성의 도움 없이 사용할 수 있을 법한, 몇 안 되는 태곳적 어머니의 창조 방식 중 하나이기 때문이다. 사제들은 남성 신이 출산하는 장면에 대해 말하기도 하고, 심지어 아담의 경우처럼 남성이 여성을 낳았다고 말하기도 했지만, 이런 이야기가 설득력이 떨어진다는 것은 모두가 알고 있었다. 그래서 '창조의 말씀'이라는 개념이 점차 사제들을 사로잡게 된 것이다. 사실 이 '창조의 말씀'이라는 개념도 여신에게 속한 것이기는 했는데, 왜냐하면 어린아이들이 말을 배우는 대상은 통상 아버지가 아니라 어머니였기 때문이다.

인도의 목소리 여신 바크는 창조의 어머니인 칼리의 육화된 형태였다. 바크 여신은 '우주의 나무'나 '신들의 산' 꼭대기에서 통치했다.[71] 바크는 최초의 언어 옴('모든 만트라의 어머니'라는 뜻의 '만트라만트리카')을 말하면서 우주를 창조했다. 바크 여신은 또 마트리카('어머니들'이라는 뜻)라고 불리는 **알파벳** 문자를 발명하기도 했다. 바크 여신의 경전에는 이런 대목이 있다. "바크 여신은 알파벳의 첫 글자와 마지막 글자 사이에 있는 모든 것, 즉 세상 모든 것의 뿌리들을 담고 있는 문자에 깃들어 있다. 세상 만물의 이름들은 이 뿌리 형태들을 조합해 만들어진다."[72] (옴 참고)

원래 고대 여신의 것이었던 '창조의 말씀'의 힘을 가로챈 가부장제 종교들은 이를 신들이 세상을 만드는 핵심적 과정으로 만들었고, 또 아버지 신들이 육신을 입고 지상에 올 때 그 모든 화신들이 자연스레 갖게 되는 힘으로 묘사했다. 이를 단순하게 적용한 사례가 「야고보의 편지」 중 예수의 소년 시절을 기록한 대목에 등장한다. 예수는 로고스의 능력을 가지고 있었기 때문에 "그의 모든 말이 사실이 되었"고, 학교 친구들이 예수를 놀려댈 때 저주로서 그들의 이름을 부르면 그들이 즉시 쓰러져 죽었다는 것이다.[73]

마르스   Mars

마르스 기호는 지구의 이웃 행성인 화성뿐만 아니라, 식물원과 동물원에서 '암컷/여성'을 상징하는 **베누스** 기호와 쌍을 이루어 '남성/수컷'을 나타내는 표준적인 기호가 되었다. 마르스는 그리스로마 고전 신화에서 베누스와 짝을 이루며 베누스의 수많은 애인들 중 하나가 되었는데, 이는 아마도 이 한 쌍의 기호가, 전쟁과 사랑이라는 대립적인 이항이 서로 번갈아 등장하는 음양 유형을 상징하기 때문일 것이다. 마르스의 그리스 버전은 갈등과 분쟁의 신 아레스

마르스

이다. 마르스의 스칸디나비아 버전은 호전적인 신 티우●인
데 이는 훗날 오딘으로 대체되었다. 마르스의 아시리아 버
전은 불행과 재앙에 연루된 신이자 '죽음의 주님'인 네르갈
('피 흘리는 자'라는 뜻)이다.

하지만 마르스는 원래 전쟁의 신이 아니었다. 초기 에
트루리아식 이미지는 희생당하는 생명력(생식력)의 신 마
리스의 모습으로 나타나는데 마리스는 라티움 북부의 고
대 신전에서 숭배되던 신이었다.**74** 여신과 짝을 이루게 되
는 다른 생식력의 신들, 구세주 신들과 마찬가지로 마르스
도 마리카 여신의 배우자가 되어, 여신에게서 모든 라틴 종
족들의 조상이라 전해지는 신적인 왕(신왕) 라티누스를 낳
았다. 마르스는 (제의에서) 파우누스라는 희생 염소로 육화
하게 되는데 파우누스는 그리스 신화의 사티로스 영웅인
마르시아였다. 가죽이 벗겨진 파우누스는 그 모습 때문에
'붉은 신'이라는 이름을 갖게 되었다.**75**

마르스는 로마 군단의 수호신이 되었는데 이는 아마도
고대 제사가 열렸던 로마의 마르티우스('마르스의 들판'이라
는 뜻) 캠퍼스에서 군사 훈련이 열렸기 때문일 것이다. 나아

●
티르를 티우라고 불렀다.(**티르**
참고)

가 마르스는 전투의 신이 되었는데 이는 로마의 군인들이
마르스의 상징을 들고 전쟁에 나섰기 때문이었을 것이다.
로마의 군인들은 그를 마르스피테르(Marspiter, '아버지 화성'
이라는 뜻)라고 불렀다. 또 마르스를 모시는 신성한 날(마르
스에게 바쳐진 날)은 디에스마르티스라고 불렸는데, 영어로
는 로마 사람들이 북쪽의 마르스라고 불렀던 티우의 이름
을 따 'Tuesday'라고 불렀다.

　고전 작가들은 '하늘의 여왕'이신 **유노**가 마르스를 동
정의 상태로 잉태했다고 했는데 이는 영웅의 일반적인 요
건이기도 하다. 유노는 마르스를 임신하기 위해 배우자인
유티테르를 거부하고 마법을 써서 신성한 **백합**으로 스스
로 수정했다는 것이다.

메르쿠리우스　　　　　　　　　　　　　Mercury

메르쿠리우스는 헤르메스(이집트의 토트)의 로마식 이름이
다. 상인merchant을 뜻하는 라틴어 '메르크스merx', '메르카
토르mercator'에서 유래한 것이 분명하다.[76] 마법과 환상, 속
임수뿐만 아니라 상업의 신으로서, 헤르메스-메르쿠리우

스는 종종 신들의 카드 덱에서 조커로 표현된다. 날카로운 협상가이자, 매우 영리하지만 전적으로 신뢰할 수는 없는 존재다. 그리스와 로마에서 헤르메스는 상공업 종사자와 금속 장인, 대장장이의 수호신이자 중세에 연금술로 발전한 "자연과학" 기술의 후원자였다. 헤르메스는 실온에서 액체 상태를 유지하는 유일한 금속 원소에게 자기 이름을 붙여주었다. 또 집어들거나 고정시키기 어렵다는 뜻에서 '퀵실버(살아 있는 은)'라고 불리기도 했는데 이는 신 자신의 "변덕스러운mercurial" 성격을 나타내기도 한다.

그 기호가 잘 보여주는 대로, 메르쿠리우스의 복잡한 성격은 **여신**과의 연관성에서 비롯된 것으로 보인다. 행성으로서의 수성과 금속으로서 수은은 모두 베누스 인장 모양 위쪽에 뿔이 달린 모양으로 표현된다. 이는 베누스의 배우자였던 '뿔 달린 신'과 뚜렷하게 닮아 있다. 연금술사들도 이 점을 기억하고 있었던 것 같다. 그들은 메르쿠리우스를 '여성 아니마 문디(세계영혼)'와 동일시해서 '아니마 메르쿠리우스'로 불렀고, 때로는 양성애적 '이중성duality'을 뜻하는 '레비스'라고 부르기도 했다.[77] 때로 이 기호는 헤르메스교와 관련된 모든 종류의 기술들을 뜻하기도 했다.

메르쿠리우스의 기호는 수요일을 뜻하기도 하는데, 로마인들에게 수요일이 메르쿠리우스의 날^{dies mercurii}이었기 때문이다. 영어로는 이날을 '보덴의 날'이라고 불렀는데 메르쿠리우스가 북유럽에서 보덴 신과 동일시되었기 때문이다. 또 메르쿠리우스는 야만인(로마인들이 보기에 그렇다고 여겨지는) 부족들이 믿는 거의 모든 다른 주신들과도 동일시되었다.[78] 헤르메스와 마찬가지로 죽은 자의 신이었고, 그래서 카타콤과 다른 지하 예배 장소에서도 메르쿠리우스의 기호가 발견되었다.[79]

넵투누스 Neptune

넵투누스는 그리스의 바다 신 포세이돈의 라틴어 이름이다. 땅 깊은 곳이나 바다 심연에 거하는 대부분의 남성 신들처럼 **삼지창**을 지니고 다닌다. 이 해양 신의 경우에 삼지창은 물고기를 잡는 창으로 보였다.

넵투누스의 삼지창은 이제 해왕성 표시로도 사용되는데, 이 행성은 1846년에 그것이 천왕성 궤도에 미치는 영향

을 광범위하게 조사한 끝에 발견되었다. 외행성인 천왕성, 해왕성, 명왕성의 뒤늦은 발견에 점성학계는 경악할 수밖에 없었다. 이전에 예상하지 못했던 "행성의 영향"을 고려해야 하는 상황이 되었기 때문이다. 해왕성은 일반적으로 매우 미스테리하고 신비롭고 오컬트적인 것으로 여겨졌는데, 이는 삼지창의 상징이 전통적인 악마의 상징 중 하나를 떠올리기 때문일 것이다.

짐승의 수   **Number of the Beast**

「요한의 묵시록」 13장 18절•에서는 숫자 666을 짐승의 수라고 부르면서 수비학적 수수께끼를 내고 있다. 또 그 숫자는 어떤 "인간의 수"라고도 되어 있는데, 그리스도교에서는 오랫동안 그를 적그리스도라고 보았다. 결국 이 "짐승"은 수 세기 동안 교회가 이런저런 이유로 싫어할 수밖에 없었던 이들과 동일시되었다. 훈족의 아틸라, 징기스칸, 살라딘, 프리드리히 대제,•• 나폴레옹, 히틀러 등의 이름에 쓰인 글자를 이용해 숫자 게임을 하면 666까지 합산할 수 있다.

    악의 세력과 끊임없이 연관된 결과, 666은 독보적인 악

•
"바로 여기에 지혜가 필요합니다. 영리한 사람은 그 짐승을 가리키는 숫자를 풀이해 보십시오. 그 숫자는 사람의 이름을 표시하는 것으로서 그 수는 육백육십육입니다."

••
프리드리히 2세, 18세기 중반 독일 프로이센 왕국을 다스린 제3대 프로이센 국왕. 영토를 확장하고 유럽 최강의 군사대국을 만든 군사 전략가로, 신성 로마 제국의 해체와 독일 통일을 이루는 데 주도적 역할을 했다. 또 가톨릭과 개신교 간의 갈등이 극심했던 시기, 모든 종교에 관용적인 정책을 폈고 보통교육을 확대했으며 성문헌법 제정에도 참여했다.

666

짐승의 수

마의 숫자로 여겨지게 되었다. 알리스터 크롤리•는 스스로 매우 악마적인 사람이라고 생각했고, '위대한 짐승'이라는 칭호를 좋아해 자기 개인 인장에 666이라는 숫자를 새겼다. 오늘날에도 666은 그 기원을 이해하지 못하는 사람들에게 미신적인 반응을 불러일으킨다.

성경에서 666에 대한 또 다른 언급은 솔로몬의 황금 달란트의 신비로운 숫자(「열왕기상」 10:14)••로, 솔로몬이 시바 여왕과의 동맹을 통해 거두어들인 것으로 추정된다. "짐승"은 원래 숫자 6을 매우 신성한 것으로 여기는 '삼중 아프로디테' 신앙에서 등이 두 개인(곧 성적으로 결합하고 있는) 헤르마프로디테 짐승을 의미했다. 숫자 6에 깃들인 성적 함의를 알고 있었던 교부들은 이를 "죄의 숫자"로 선언했다.[80] 그런 숫자를 세 번이나 연속으로 쓰게 되면 이는 완벽한 죄의 삼위일체가 되는 것이다. 그럼에도 불구하고 샤르트르 대성당의 신비로운 미로는 그 중앙에 아프로디테의 6엽상sixlobed 상징을 간직하고 있고, 또 전체 길이가 정확히 666피트가 되도록 설계되어 있다.[81]

•
1875년 10월 12일~1947년 12월 1일. 잉글랜드의 신비주의자, 마법사이자 시인, 등산가이다. 텔레마 종교 철학을 설립했다. 이탈리아 시칠리아에 크롤리가 건립한 텔레마 사원에서는 오컬트 의식이 이어지고 있으며, 현재 세계 13대 마경 중 하나이다.

••
"1년간 솔로몬이 수입한 금은 666달란트나 되었다."

오시리스   Osiris

오시리스 기호는 이집트 신인 오시리스가 다른 문화권의 '구세주' 신과 같은 존재임을 보여준다. 그의 "몸(육신)"은 앙크, 곧 생명의 십자가이다. 팔은 영혼을 나타내는 '카ᵏᵃ' 상징을 표현하는데, 그것은 하늘 아버지이자 죽었다가 부활하는 아들이기도 한 오시리스-라를 나타내는 태양원반을 떠받치고 있는 모습이다. 오시리스는 죽는 신들 중 가장 초기 형태의 하나이다. 신도들은 그의 몸(육신)을 **빵**의 형태로 먹었는데, 신적인 본질에 참여하는 이러한 성체 행위를 통해 사후세계에서 자신들도 신성한 존재들이 될 수 있다고 확신했다. 오시리스는 "수난을 겪고, 죽고, 다시 살아나 하늘에서 영원한 통치의 권좌에 앉는 신인神人, god-man"의 이집트식 존재이다.[82]

    오시리스 숭배는 초기 그리스도교 시대 로마에서 매우 인기 있던 '거룩한 신비Holy Mysteries' 제의 중 하나였다. 교회는 그 세부적인 교리들을 상당수 모방해서 그리스도교에 적용했는데, 딱 한 가지 가장 핵심적인 사항을 제외시켰다. 오시리스의 부활을 가능하게 한 중개자agent가 하늘 아버지가 아니라, 오시리스의 어머니이자 누이이자 아내이자 보호자이자 그 모든 것을 통합한 '성령Holy Spirit' 그 자체인 이시스 여신이라는 사실 말이다. 이집트에서 오시리스 삼위일체는 아버지, 아들, 어머니-배우자라는 세 항의 근친상간 요소를 포함하는 매우 복잡한 조합을 의미했다. 원래 그리스도교의 삼위일체에서도 이는 마찬가지였는데, 시간이 흐르며 **마리아**는 인간화되었고 소피아는 남성화되어 버린 것이다. 그리고 당연히 이집트에서 이 삼위 중 가장 강력한 존재는 여신이었다.(이시스-하토르 항목 참고)

플루톤 Pluto

명왕성은 지구에서 육안으로 관찰되지 않았던 행성이라 고대인들에게는 알려지지 않았다.• 따라서 1930년 발견자인 클라이드 톰보가 그리스 고전에서 어둠의 신 하데스의 이름을 따와 플루톤이라고 명명한 것은 점성학적인 근거가 없는 자의적인 것이었다. 이를 위해 꼬리 달린 P 기호가 발명되었다. 불과 반세기 전까지만 해도 명왕성의 존재를 아는 점성가가 없었음에도 점성가들은 명왕성을 기존의

• 물론 명왕성은 국제천문연맹이 새롭게 합의한 태양계 행성 규정, 곧 "태양의 주위를 돌아야 하고, 충분한 질량을 가져 자체 중력으로 타원이 아닌 구형을 유지할 수 있어야 하며, 공전 구역 안에서 지배적인 역할을 하는 천체이어야 한다."는 기준에 따라 2006년 8월 24일 태양계 행성의 지위를 박탈당했다. 그후 '왜소행성'이라는 범주로 묶여 '플루토이드'라는 새로운 이름으로 불리고 있다.

점성학 체계에 끼어맞춰야 했다.

　어둠의 신 플루톤은 '재물' 또는 '풍요'를 뜻하는 옛 위대한 어머니의 칭호를 가져와 헬레니즘 버전으로 개량한 것이었다. 그리스인들이 신화에서 경멸하고 불신했던 헬레니즘 이전의 나이든 신들 중에 여성 플루톤이 있었다는 뜻이다.[83] 이 플루톤은 코레(처녀), 플루톤(어머니), 페르세포네(크론, 곧 '파괴자'라는 뜻)라는 세 가지 형태로 데메테르와 연관되었던 것 같다.

푸루샤 　　　　　　　　　　　　　　　　Purusha

『브리하드아란야카 우파니샤드』에 따르면, "태초에는 오직 푸루샤만이 존재했다. 그 존재는 남자와 여자가 포옹하는 것처럼 넓었고, 둘로 나뉘어 남편과 아내가 탄생했다."[84] 푸루샤는 '남자' 또는 '사람'을 의미한다. 이 피조물의 이미지는 한 몸에 남성과 여성이 있는 원시 **안드로진**의 형태인데, 전 세계적으로 널리 퍼져 있는 고전적인 성별 구분에 따라 오른쪽은 남성, 왼쪽은 여성으로 여겨졌던 것 같다. 다른 이야기에 따르면 남성 존재인 푸루샤는 여성 본성인

푸루샤

프라크리티와 친밀하게 결합해야만 생존 가능한 생명체가
될 수 있었다. 마찬가지로, 최고신으로 여겨지는 브라흐마
를 포함한 모든 힌두교 신들은 여성적 반쪽인 샤크티와 결
합하지 않으면 무력한 존재였다. 샤크티는 위대한 여신을
나타내는 브하바니('존재, 실존'이라는 뜻)였다.[85] "위대한 비
물질적 전체인 브라흐마는 수동적이고 관조적인 남성 형상
으로, 움직이는 에너지 아내 샤크티가 없으면 무력하다."[86]

인도 예술은 양성적 신에 대한 본래의 개념을 흔히 보여
주는 데 반해 서양 문명에서는 그 이미지가 거의 희미해졌
고 신화들이 약간의 언급을 하는 정도이다. 예를 들어 황금
시대에 제우스가 벌을 내려 가운데서 잘라버린 양성의 인
간에 대한 이야기가 남아 있다.* 또 창세기의 두세 가지 창
조 이야기 중 적어도 하나에서 아담과 이브가 동시에 함께
(하나의 존재로) 창조되었다는 기록이 남아 있다. 이 아담과
이브 이야기는 남성과 여성이 하나의 존재로 창조된 페르
시아의 마슈야와 마쇼이(마슈야나) 쌍을 모델로 한 것이다.
랍비 전통에서는 하나님이 제우스가 그 전에 그랬던 것처
럼 최초의 인간인 남성과 여성의 (한 몸으로 붙어 있었기에 가

*
플라톤의『향연』참고.

사르투누스

능했던) 지속적인 성적 황홀경을 질투하여 둘을 갈라놓았다고 말하기도 하는데, 이는 그리스도교에서 흔히 말하는 이브의 탄생 설화(아담의 갈비뼈에서 태어났다는 가짜 이야기)와는 모순되는 것이다.[87]

더 가부장적인 시대가 오자 푸루샤는 원래의 양성적인 형태에서 수정되어 수백 명의 작은 남성들로 채워진 거대한 윤곽선 같은 것으로 표현되기에 이르렀다. 즉 남성이자 여성이었던 "사람"이 집단적인 "남성"이 된 것이다.

사르투누스   Saturn

유피테르와 **케레스**의 기호에서 볼 수 있는 십자가와 곡선 형태의 또 다른 변형인 사르투누스 기호는 하늘 아버지의 어두운 지하세계의 신을 나타내는 것이다. 이는 플루톤이 제우스의, 아흐리만이 아후라 마즈다의, 사탄이 신의 또 다른 자아alter ego인 것과 같은 이치다. 바빌로니아 점성가들에게 토성(사르투누스)은 무덤에 갇힌 태양신인 **검은 태양**과 같은 존재였다. 하란 지역에서 사람들은 검은 옷을 입고 향과 아편으로 만들어진 특별한 양초를 태우며 사르투누

스를 섬겼다. 숭배자들은 사르투누스에 대해 이렇게 설명
한다. "춥고 마르고 어둡고 유독한 [······] 모든 계략을 아는
간교한 군주이자 능란하게 속이고 지혜롭고 깊이 이해하
는 군주로서, 번영시키는 것도 파멸시키는 것도 모두 그가
하는 일이다."[88]

로마의 연말 축제인 사르투날리아에서는 사르투누스의
희생제의가 거행되었는데, 처음에는 희생물이 인간이었
다가 나중에는 카니발(사육제)로 변형되어 왕의 인형 형상
effigy을 살해하는 모의 살해 형태가 되었다. 카니발은 "고
대 사투르날리아의 흔적으로, 왁자지껄한 향연의 왕 역할
을 맡은 자가 실제로 죽임을 당하는" 연희였다. 인간 희생
물을 바치는 이런 살해 행위는 초기 그리스도교 시대까지
도 사라지지 않았다.[89] 사르투누스 왕의 살해는 실제로 태
양신(하늘의 왕)이 매해의 마지막에 지하세계로 내려갔다가
다시 태어나는 기쁜 부활의 통과의례를 표현한 것이었다.

사르투누스의 날(토성의 날)은 한 주의 마지막 날인 토요
일이었는데, 아그리파 폰 네테스하임●은 "삶의 마지막 종
말과 상관성이 있으며 죽음의 낫을 들고 있는 사르투누스

● 하인리히 코르넬리우스 '아그
리파' 폰 네테스하임(1486~
1535)은 독일의 박식가, 의사,
법학자, 군인, 신학자다.

346

가 지배하는 날이었다"고 말했다.**90** 죽음을 가져오는 자로
서 사르투누스의 이미지가 형성된 이유는 그리스 타이탄
신 크로노스/크로누스Chronos, Kronos, Cronus와의 동일시
때문인데, 그는 '어머니 시간'인 레이아 크로니아 여신과의
동맹 덕분에 죽음을 다루는 낫을 지니고 '아버지 시간'이
되었다. 더 오래된 파괴자 칼리처럼 시간과 대지를 동시에
인격화한 존재인 레이아는 자연스럽게(시간과 대지가 그러하
듯) 자신이 낳은 모든 것을 삼켜버리는 존재였다. 따라서 크
로노스 숭배자들은 그를 자식을 삼키는 자로 묘사했고, 사
르투누스 역시 자식을 잡아먹는 존재가 된 것이다. 이 아버
지의 식인풍습(카니발리즘)에서 벗어난 유일한 자식이 나중
에 아버지를 물리치고 그를 하늘에서 쫓아낸 제우스였다.
페르시아와 유대인의 천국 전쟁 전설에도 (결말은 다르게 흘
러갔지만) 이와 동일한 오이디푸스적 경쟁이 등장한다.

　　그리스 신화 지하세계 신들의 속성에서 예상할 수 있듯
이 사르투누스는 어둠, 무거움, 밀도, 우울함과 연관되어
있다. "사르투누스적(토성적)" 성격은 대지(땅) 원소의 지배
를 받는다고 한다. 사르투누스는 금속으로는 납을 의미했

다. 사투르날리아가 큰 축제와 환호의 날이었음에도 불구하고 그의 행성인 토성은 구름이 덮힌 듯 음울한 영향을 발휘하는 별로 여겨지게 되었다. 물론 이후 그리스도교의 영향으로 이 축제마저도 죄의 날로 선포되어 토성은 악마와 더욱 밀접한 연관을 맺게 되었다.

셰키나

Shekina

시바에게 칼리-샤크티가 그랬던 것처럼, 히브리 신에게는 셰키나가 그의 여성적 영혼, 정신, 에너지, 창조성이자 본질적인 배우자였다. 랍비 문헌에 따르면 셰키나의 광채가 천사들에게 양식이 되고, 신이 복수심에 불탈 때에는 셰키나가 신을 응징할 수도 있다고 한다. 셰키나는 "빛나는 얼굴로 유일신 하나님이라는 이론적 교리를 배경으로 밀쳐낸 천상의 위대한 존재(실체)"였다. 기카틸라*에 따르면, 셰키나는 아브라함 시대에 사라졌고, 이삭 시대에는 리브가였으며, 야곱 시대에는 라헬이었다. 또 그녀는 마트로닛(어머니), 말쿠트(왕권), '버려진 주춧돌', 진주, 달, 땅, 밤, 정원, 우물, 바다, 초월적인 여인이기도 했다.[91]

●
Joseph ben Abraham Chiqui-tilla(스페인어로 'Chiquitilla'는 '아주 작은 것'이라는 뜻). 13세기 후반 스페인의 카발리스트이자 아브라함 아불라피아의 제자로 문자와 숫자의 신비로운 조합과 전치에 몰두했으며 철학에도 조예가 깊었다.

셰키나

셰키나는 종종 하나님의 '영광'이라고 규정되었는데, 이
는 '성령'이라는 개념처럼 여신과의 관계성을 숨기는 또 다
른 방법이었다. 야훼가 남성적 힘을 지니게 된 것은 이 태초
의 여성적 힘 때문이었다. 성경에서 이 이름은 때때로 쉽게
지워졌고 그 자리에 다른 단어가 들어갔다. 130년경 기록
된 아람어판 성경 『타르굼 옹켈로스』에서는 "셰키나"라고
되어 있는 부분을 후대 성경 저자들은 "이름"이라는 말로
대체했다. 「신명기」 12장 5절**의 원래 문장은 이렇다. "하
나님이 당신의 셰키나가 거할 곳을 택하실 것인데, 그의 셰
키나의 집에서 너도 찾아야 하리라."**92**

일부 탈무드 문헌에 따르면, 이스라엘 백성은 광야에서
함^casket 두 개를 지고 다녔다고 하는데, 하나는 요셉의 시신
이 담긴 관이었고 다른 하나는 두 개의 돌판 형태로 셰키나
를 담은 함이었다. 이스라엘이 죄를 지어 셰키나가 성막을
떠났지만, 일부 랍비들은 셰키나가 제2성전을 지을 때 돌
아왔다고 주장했다. 가톨릭 영성체 때 종을 울리는 것처럼
셰키나의 임재도 종소리로 표현되었다.**93**

유대 영지주의자들에게 셰키나가 의미하는 바는 그리

••
"오직 너희의 하나님 여호와께
서 자기의 이름을 두시려고 너
희 모든 지파 중에서 택하신
곳인 그 계실 곳으로 찾아 나
아가서" 이 본문은 공동번역
판이 아니라 직역에 더 가까운
개역개정판을 따름.

시계

스도교 영지주의자들에게 **소피아**-사피엔티아 또는 마리-안나 또는 수면 위를 운행하는 하나님의 영●이 의미하는 바와 같았다. 곧 이전에 하나님 배우자의 강력하고 전능한 이미지가 옅게 희석되어 남아 있는 잔존물 같은 것이었다. 그리스도교인들에게 성령은 남성화되었다. 유대인들에게도 셰키나는 거의 완전히 잊혀져 있다가 13세기 어느 카발리즘 종파에 의해 부활했다.

시계 Sige

'침묵'을 뜻하는 시게는 두건을 쓴 채 손가락으로 입술을 막고 있는 신비로운 여성의 모습으로 표시된다. 어떤 이들은 시게가 소리내서 말할 수 없는 로마의 비밀스러운 이름을 상징한다고 말하기도 하고, 입 밖으로 내뱉는 것을 금기시하는 것을 상징한다고 말하기도 했다. 하지만 영지주의자들은 시게를 태곳적 여성 창조의 힘으로 **소피아**를 낳은 존재라고 여겼다. 최초의 창조적 말이 흘러나온 것은 침묵으로부터이기 때문이다. 이 여성적인 우주기원론은 신플라톤주의의 **로고스** 교리에 영향을 미쳤고, 그에 따라 하나

●
저자가 그리스 신화의 '미르라Myrrha'로 표기한 이 부분은 「창세기」 1장 2절의 내용을 의미한다. "땅은 아직 모양을 갖추지 않고 아무것도 생기지 않았는데, 어둠이 깊은 물 위에 뒤덮여 있었고 그 물 위에 하느님의 기운이 휘돌고 있었다." 히브리어로 מרחפת의 발음은 '메라헤페트'이다. 저자는 이 몰약나무 미르라(아도니스의 어머니)가 거슬러 올라가면 예수의 어머니와 연결된다고 보는 듯하다. (**몰약나무** 참고)

님이 말로 세상을 창조했다는 믿음이 생겨났다.

이 로마 침묵의 여신에게는 '안제로나'라는 또 다른 이름도 있었는데, 안제로나 숭배에 대해서 어떤 의례가 거행되었고 그 영적 의미는 무엇이며 어떤 종교였는지 지극히 은밀히 숨겨져 있어 오늘날까지 거의 알려진 바가 없다.[94]

신   Sin

모세가 시내산에 올라 그 산에 거하는 신을 만난 것이 사실이라면, 아마도 그 신은 달의 신 '신Sin'이었을 것이다. 신은 수메르족 부상 이후 권좌에 올랐으며 자신이 거하는 산에 자기 이름을 붙였다. 사실 신은 시나이반도 전체에 자기이름을 붙인 것이었는데, 그 땅은 원래 그전까지 "시님 땅"(「이사야」 49:12),•• 즉 '달 산의 땅'이라 불렸었다. 원래의 야훼는 이 "아라비아의 원시 달 신"의 또 다른 형태에 불과했다.[95] 달신 신은 태양신 샤마시, 별신 **이슈타르**와 함께 바빌로니아 삼위일체를 이루었다.[96]

신의 상징은 위로는 달의 뿔을 왕관으로 쓰고 아래로는 지하세계까지 닿는 축을 지닌 산의 형상인데, 이 모습은 흡

•• "어떤 사람은 먼 곳에서, 어떤 사람은 북쪽과 서쪽에서, 어떤 사람은 시님 땅에서 오리라."(개정개역판)

사 특정한 양식에 따라 잘 다듬어진 나무를 닮았다. 때때로 달 왕관을 쓴 나무는 여신을 나타내는 기호이기도 했는데, 메소포타미아 신들이 일반적으로 그렇듯이 이 여신에게는 아들이자 배우자인 존재가 있었고 신이 바로 그런 존재였다.

소피아 Sophia

12세기 란츠베르크의 헤라트가 만든 백과사전『호르투스 델리키아룸(기쁨의 정원)』●에 등장하는 일곱 겹의 만다라는 소피아를 상징하는 그림이다. 일곱 개의 아치 안에 일곱 가지 학문 분야(자유7과)를 나타내는 일곱 명의 여성 인물이 등장한다. 자유7과란 산술, 기하학, 천문학, 문법, 수사학, 변증법, 음악을 말한다. 소피아는 중앙의 원에 지혜, 필로-소피아(지혜에의 사랑, 철학), 또는 보편정신(Universal Mind, 우주정신)으로 등장했다.

고대에 소피아의 일곱 기둥은 근동 지역 여신의 가장 오래된 형상들에서 유래한 '지혜의 일곱 기둥'이었다. 키프로스에 있는 아프로디테-아스타르테 신전도 기둥이 일곱 개

●
몽생오딜로 더 잘 알려진 알자스의 호헨부르크 수도원에서 수녀원장이었던 란츠베르크의 헤라트가 수녀들을 교육하기 위해 편집·제작한 중세 필사본이다. 이 책에는 중세 유럽에서 가장 중요한 학문인 신학에 접근하기 위한 '철학과 자유7과(기하학, 산술, 천문학, 그리고 음악의 4과에 문법, 수사학, 변증법 3학을 더한 것)'를 묘사하는 채색 삽화가 포함되어 있다. 여성에 의한 최초의 백과사전일 뿐 아니라 아름다운 채색 삽화들과 음악에 맞춘 시들이 높은 수준의 철학적·신학적·문학적 주제들을 다루고 있어 더욱 의미가 깊은 고전이다.

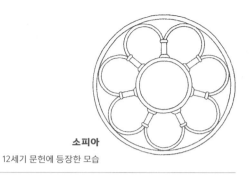

소피아
12세기 문헌에 등장한 모습

이다. 바브에드드라●●에 있는 모압 성전은 BC 30세기에 일곱 개의 선돌로 지어졌다.**97** 성경에도 "지혜가 일곱 기둥을 세워 제 집을 짓고"라는 문장 속에 지혜의 여신이 언급된다.(「잠언」 9:1)

영지주의 문헌에 따르면 소피아는 일곱 가지 대응물에서 아담을 창조했다고 한다. 흙(진흙)에서 살을, 이슬에서 피를, 태양에서 눈을, 돌에서 뼈를, 구름에서 정신을, 풀에서 머리카락을, 소피아의 숨결(호흡)인 바람에서 영혼을 만들었다는 것이다. 소피아 조에('생명의 지혜'라는 뜻)는 이브의 어머니였으며 후에 아담을 낳았다. 애초에 이브에게는 남편이 없었던 것이다.**98**

성령은 영지주의가 만들어낸 것으로, 그것(그녀)의 원래 이름은 소피아였다. 발렌티누스파의 영지주의자들은 "세상은 소피아의 미소에서 태어났다."고 말했다.**99** 초기 영지주의의 한 작품인 『영원한 복음』은 예수의 말씀을 인용했다. "내 어머니 성령께서 내 머리카락을 잡고 산으로 올라갔다."**100** 『피스티스 소피아(믿음의 지혜, 빛 안에서 믿음)』에서 예수는 하늘에 있는 "선지자 엘리야"의 영혼을 발견하

●●
Bab ed-Dra. 초기 청동기 문화권의 유적지로 BC 2350~2067년 사이에 멸망했으며 인근에는 비슷한 시기에 멸망한 또 다른 도시 유적인 누메이가 있다. 원래의 이름은 미상인데, 일부 성경 학자들이 이곳을 '소돔'의 유적지라고 주장하기도 한다. BC 3500~3100년 초기 청동기 시대 묘지가 이 터에서 발견되었다.

고 '빛의 처녀 여신' 소피아에게 주었다고 말하고 있다. 소피아는 그 영혼을 엘리사벳의 태에 넣어서 세례 요한으로 다시 태어나게 했다. 후대 교부들은 환생 교리를 거부하면서, 세례 요한이 문자 그대로 환생한 엘리야라는 뜻이 아니라, 그가 엘리야의 "영혼과 능력"으로(그것이 무엇인지는 모르겠지만) 행했다는 뜻이라고 주장했다.[101]

태양여신   Sun-Goddess

태양을 남성적 원리와 연관시키는 것이 전통적으로 보이지만, 여신으로서 태양에 대한 아주 오래된 이미지는 한때 널리 퍼져 있었다. 남부 아라비아의 '위대한 어머니'인 아타르(알-일랏)는 신들의 횃불로도 알려진 태양이었다.[102] 여신 태양은 북미와 시베리아에도 잘 알려져 있다. 고대 게르만족은 여신 태양을 순나, 솔, '엘프들의 영광'이라고 불렀다. 켈트족은 여신 태양을 태양의 눈을 뜻하는 술, 술리스로 불렀다. 에다족은 최후의 날에 태양 여신이 다가올 새로운 세상을 밝힐 딸 태양을 낳을 것이라 믿었다.[103] 영국에서 태양 여신은 세일즈버리언덕(Sulisbury, Solbury)과 바스 지역에

354

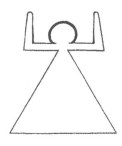

서 숭배되었는데, 로마인들은 이 여신을 지혜의 여신 미네르바와 동일시하여 바스에 술 미네르바 제단을 세웠다.[104]

일본 왕족은 자신들의 혈통이 태양 여신 아마테라스에게서 시작했다고 주장했다. 『마하니르바나 탄트라』에 따르면, 태양은 위대한 여신의 옷으로 여겨졌다. 이러한 전통은 "한 여자가 태양을 입고"(「요한의 묵시록」 12:1)•라는 성경적 이미지에도 영향을 미쳤는데, 이는 나아가 **마리아**에게도 영향을 미치게 되었다.[105] 불교에서도 태양 여신 마리(마리치)를 '행복의 태양'이라고 불렀다.[106]

타니트-아스타르테   Tanit-Astarte

그림처럼 팔을 들어 올린 여성 형상은 시리아와 페니키아에서, 또 카르타고 같은 서지중해 지역에서 **아스타르테**를 나타내는 여러 상징 중 하나이다. 다만 서지중해 지역에서는 이 여신이 보통 **타니트** 또는 별의 여왕 아스트로아르케라고 불렸다.[107] 여기서 여신의 몸은 **삼각형**이나 수많은 고대 여신을 상징하는 우상들이 취하는 형태인 원뿔을 변형한 형태이다. 때때로 여신의 상징은 생명의 꽃이자 "우주

•
"그리고 하늘에는 큰 표징이 나타났습니다. 한 여자가 태양을 입고 달을 밟고 별이 열두 개 달린 월계관을 머리에 쓰고 나타났습니다."

매트릭스를 상징적으로 표현"하는 **연꽃**으로 나타나기도 했다.**108** 또 이 상징은 영혼spirit-soul을 의미하는 이집트 상형문자 카를 닮았으며, 하늘 여왕의 정수를 자신에게로 끌어당기려는 여성의 기원, 기도 몸짓과도 닮았다.**109**

카르타고의 타니트-아스타르테의 아들-배우자는 바알-함몬이었는데, 그는 이집트의 아몬, 수사의 하만처럼 '화로의 주Lord of the Brazier'로 알려진 태양신이었다. 그의 희생제물들은 성경의 말씀처럼 "불을 통과하여 영생으로" 나아가야 했는데, 이는 그들이 불태워졌다는 뜻이다.**110**(「고린토인들에게 보낸 첫째 편지」, 3:15)● 그리스 시인 비르길리우스는 카르타고 여왕으로부터 도망쳐 가까스로 그러한 운명에서 벗어난 아이네이스에 대해 쓴 바 있다. 실제로 타니트 숭배는 로마로 건너가 리비아의 여신 리베라로 알려지게 되었고, 여신을 위해 매년 3월 이데스에 리베랄리아 축제가 열렸다.

5세기에 카르타고 여신의 신전은 그리스도교 교회로 개종되었는데, 후에 밝혀지기로는 명목상으로만 그리스도교인들인 신도들이 여전히 그곳에서 지난날의 '하늘 여왕'에

● "만일 그 집이 불에 타버리면 그는 낭패를 볼 것입니다. 그러나 그 자신은 불 속에서 살아나오는 사람같이 구원을 받습니다."

게 제사를 지냈다고 한다. 결국 주교는 이 신전을 무너뜨리도록 명할 수밖에 없었다.111

테트라그람마톤   Tetragrammaton

테트라그람마톤은 '네 글자로 이루어진 단어'라는 뜻으로, 히브리어 네 문자 요드, 헤, 바우, 헤(יהוה, YHWH)를 가리키며 일반적으로 "불가해한 하나님의 이름"이라고 불렀다. 불가해한 이 이름은 너무나 비밀스럽고 거룩해서 1년에 딱 한 번 대제사장만 발음할 수 있었다.112 다른 신들의 이름과 마찬가지로 이 이름에도 큰 마법적 힘이 따라붙게 되어 부적과 주문에 자주 쓰였으며, 이 네 문자 자체가 야훼 자신의 영이 직접 구현된 것으로 여겨졌다.

그러나 테트라그람마톤의 가장 비밀스러운 요소는 그 뿌리이자 근원인 'HWH(하와)'인데 이는 '존재', '생명', '여성'을 뜻했다. 이는 산스크리트어로 여신의 칭호인 '브하바니'에 '존재'라는 뜻이 있는 것과 같은 이치다.113 로마자로 옮기면 이는 'EVE'가 되었는데 이는 이브를 모든 살아 있는 만물의 어머니일 뿐 아니라(「창세기」 3:20)●● 여호와(야

●●
"아담이 그의 아내의 이름을 하와라 불렀으니 그는 모든 산 자의 어머니가 됨이더라."

테트라그람마톤

훼)의 어머니라고도 주장하는 영지주의 개념에 근거를 제공한다.

사실 테트라그램마톤에는 두 가지 버전이 있었는데, 일반적인 '남성' YHWH와 사마리아인 부적에 자주 등장하는 '여성' EHYH가 그것이다. **성구함** 양피지에는 이 두 가지 버전이 서로 얽혀 있는 경우가 많았다.[114]

중세 그리스도교인들은 테트라그램마톤의 진정한 의미를 파악하지 못한 채 이 단어가 일반적으로 마술 책에 쓰인다는 것만 알고 있었다. 그래서 그것이 강력한 **악마**의 이름이라고 추정했다. 17세기에 테트라그램마톤은 박해자들로부터 마녀를 보호하는 임무를 지닌 강력한 악마로 묘사되기도 했다.[115]

토르 Thor

북유럽 천둥의 신 토르의 상징은 묠니르라는 이름의 마법 망치이다. 바로 이 망치를 내리쳤을 때 튀는 불꽃에 의해 만들어지는 것이 **번개**이고 그때 나는 소리가 천둥이라는 것이다. 어떤 학자들은 토르의 망치가 크레타섬과 히타이트

토르

의 천둥 신이 지니고 다녔던 양날도끼(라브리스)에서 유래
했다고 보기도 한다.**116**

그림에 보이는 것처럼 토르의 망치를 정교한 장식까지
복제한 장식품은 종종 부적, 보호용 펜던트 또는 마법 도구
로 사용되었다. 망치를 휘두르는 대장장이들은 토속종교
의 마녀 주술witchcraft과도 관련이 있다고 여겨지곤 했는데,
토르가 특별히 아끼는 존재라고 알려져 있다.

망치는 토르나 여타 남성 신들의 전유물이 아니었다. 망
치는 여신의 여러 모습들과도 연관되어 있었다. 가령 망치
는 그리스 운명의 여신 아낭케를 상징하는데, 아낭케는 망
치로 운명의 사슬을 만들어 인간과 신들이 서로 분리되지
않도록 단단히 묶었다.**117**

티르 Tyr

티르는 화요일 신의 스칸디나비아 이름으로, 앵글로색슨
족에게는 티우, 독일 남부에서는 치우, 북쪽에서는 티우
츠 또는 티바츠였다. 이 이름들은 신을 뜻하는 인도게르만
어 'dieus'와 관련이 있으며, 그리스의 제우스와도 연관이

티르

있다. 티르는 오딘의 다른 이름이기도 했다.[118] 티르/티우는 역시 최고신이자 천신인 오딘보다 앞선 존재인데, 나중에 아사 신족의 '하늘 아버지'로 대체되었다. 이는 티르에 상응하는 로마의 마르스가 나중에 유피테르에 의해 대체된 상황과 똑같은 것이다. 하지만 마르스와 티르 모두 살아남아 전쟁의 신이 되었고, 둘 다 화요일('Tuesday'는 라틴어로 'dies martis', 즉 마르스의 날)의 신으로 지정되었다. 둘 다 "여성적인" 원반에 달린 창촉으로 표현되지만, 때때로 원반 없이 창이나 화살촉만 남은 것이 기호로 쓰이기도 한다.

우라누스

우라누스 기호는 비교적 최근에 고안된 것으로, 1781년 윌리엄 허셜 경이 천왕성을 발견한 후 점성가들이 만들어 사용한 것이다. 이전에는 이 행성 자체가 알려져 있지 않았기 때문에 기호도 없었다. 이 행성의 또 다른 기호는 마르스(화성)의 기호를 변형해 화살표가 비스듬하지 않고 똑바로 위쪽을 가리키는 모양이었다.

이 새로운 행성은 '하늘(천국)'을 의미하는 그리스 신 우

라누스의 이름을 딴 것이다. 우라누스는 인도 베다의 천신 바루나의 언어적 후손이다. 헤시오도스에 따르면 우라노스는 신들 중 가장 오래된 신이자 배우자인 가이아 '어머니 대지'에서 태어난 원시 타이탄들의 아버지였다. 우라노스는 아들 크로노스의 공격을 받아 거세당했고, 크로노스는 우라노스의 잘려진 성기를 바다의 자궁에 던져 아프로디테(베누스)를 태어나게 했다. 이것은 신들 사이의 오이디푸스적인 경쟁을 보여주는 아주 고전적인 이야기이다. 이는 아프로디테를 원래 천상의 여왕으로 보았던 초기 신화에 기반한 이야기이기도 하다. 아프로디테의 가장 오래된 칭호 중의 하나가 우라니아, '천상의 존재(하늘님)'였다.

베누스   Venus

'베누스의 거울' 상징은 이집트의 생명, 사랑, 섹슈얼리티의 상징인 앙크와 유사하다. 이것은 아프로디테의 로마 버전인 베누스 여신의 상징이기도 하다. 비너스 기호는 이제 일반적으로 동식물의 여성(암컷) 성별을 상징하는 표식이자, 지구에서 볼 때 새벽별/저녁별인 금성을 나타내는 천

문학적 기호가 되었다. 베누스의 날은 금요일(라틴어로 'dies veneris')로, 이날은 토속신앙 전통에서 베누스 여신을 기리는 성적 의례들을 앞두고 당시 최음제로 여겨졌던 음식인 생선(물고기)을 먹는 날이었다. 그리스도교인들도 이 관습을 모방했는데, 다만 그 의미는 완전히 달라졌다.

'숭배Veneration'라는 말은 원래 베누스 여신을 숭배한다는 의미였는데, 로마인이 베누스를 모든 신들 중 가장 신성한 신으로 여겼기 때문에 일반적인 의미로 확대되었다. '은혜grace'를 뜻하는 라틴어 'venia'는 베누스 여신의 호의를 의미했다. 율리우스 카이사르는 '베누스 제네트릭스(Venus Genetrix, 조상 베누스라는 뜻)'를 숭배했다. 카이사르는 베누스를 기리기 위해 대리석과 금으로 신전을 지었고, 자기 동상을 여신의 배우자로 만들어 신전 가까이에 두었다.[119]

베누스 여신의 상징은 연금술에서 '구리'를 의미했다. 여신의 주요 신전이 광업과 구리 가공의 중심지로 유명한 키프로스(구리 섬이라는 뜻)에 지어진 이래 구리는 줄곧 베누스의 금속으로 여겨졌다. 여신은 종종 '키프로스 아프로디테' 또는 '키프로스 베누스', '구리의 여신'으로 불렸다.

중세 초기에 베누스는 수많은 고대 성소들이 있던 베누스베르크라는 성스러운 산의 '요정 여왕'으로 군림하게 되었다. 그리스도교인들은 이 장소들과 여신의 신전이 있던 다른 장소들을 "악의 학교"라고 비난하며 파괴했다. 6세기의 한 작가는 관습에 따라 "결혼식 때 금성의 날"을 음탕하게 기리는 여성들이 지옥불에 처해질 것이라고 격분했다.[120] 그럼에도 불구하고 베누스 숭배는 결코 없앨 수 없다는 사실을 깨닫자 교회는 어떤 식으로든 베누스 여신을 흡수할 수밖에 없었다. 그래서 여신은 그리스도교적인 신화화를 거쳐 성녀 베네리나(성녀 베네레)로 변신했다. "베누스에게 헌정되었던 마을과 성소는 '성녀 베누스'를 기리는 이름으로 모두 바뀌었다."[121] 동시에 베누스 숭배의 흔적은 마법의 부적, 특히 섹스와 관련된 부적에서 살아남았다. 베누스의 '거울' 상징은 다음과 같은 절차에 사랑의 부적으로 이용되었다. 검은 암탉의 알을 해가 진 후 교차로에 묻고 3일을 지낸 후 밤에 파내어 판다. 그 돈으로 거울을 사서 "베누스 주님의 이름으로" 같은 자리에 묻는다. 마술사는 그 자리에서 또 사흘 밤을 자고 난 후 거울을 파낼 수 있다.

이때 거울을 들여다보는 여자는 누구든 그와 사랑에 빠지게 되어 있다.[122]

베누스 숭배의 또 다른 흥미로운 잔재는 교회가 '죄없는 아기 순교자들의 축일Holy Innocents Day'●로 이름을 바꾼 축제일인데, 이 바뀐 이름은 헤로데 왕이 무고한 아기들을 학살했다는 전설을 떠올렸다. '죄없는 아기 순교자들의 축일'을 나타내는 공식적인 기호는 베누스의 거울 네 개가 줄지어 있는 모양이다.[123] 아마도 일부 경건한 수도원의 순진한 사람들은 터무니없게도 이 기호가 헤로데 왕에게 학살당한 어린아이들을 나타낼 수 있다고 생각했던 것 같다.

베스타-헤스티아   **Vesta-Hestia**

베스타는 그리스 여신 헤스티아의 로마식 이름으로, "모든 신들 중에서 가장 먼저 불러야 할 신"이었다. 키케로는 베스타가 "가장 내밀한 것들의 수호자"이기 때문에 모든 기도와 희생 의례를 시작하고 끝날 때 불리었다고 했다.[124] 피타고라스에 따르면 베스타의 화로/제단의 불은 지구의 중심이었다.[125] 따라서 '베스타 신녀'들이 돌보는 로마의 베

● 12월 28일로, 「마태오 복음서」 2장에 따르면 로마 제국 시대 유대 지방에 분봉되어 유대의 왕으로 통치했던 헤로데 1세가 예수의 탄생을 피하기 위해 2세 미만의 남자 아기들을 모두 살상한 날을 기리는 축일이다. 교회가 언제부터 이 행사를 기념하기 시작했는지는 정확히 알려지지 않았지만, 이날에 대한 첫 언급은 485년으로 거슬러 간다. 또 15세기경부터는 매우 성대하게 기념했다고 한다.

베스타-헤스티아

스타 제단도 지구의 중심을 상징했다. 그리스에서도 '프리
타네움(공공 화로)'이라는 제단을 "모든 신들 중에서 가장
숭상받는" 헤스티아가 통제했다.[126] 베스타/헤스티아는
씨족 어머니의 난로가 최초의 불 제단이었던 모계 시대의
유산으로, 불을 피우고 음식을 준비하며 씨족 생활의 성스
러운 중심을 만드는 주부의 기능은 인간 활동 중 가장 성스
러운 것으로 여겨졌다. 이는 집과 주방을 지키는 주부의 일
을 비노동, 대가를 지불할 필요가 없는 행위, (명예롭고 신성
한 것이 아닌) 세속적인 일로 여기는 현대의 태도와 완전히
대조적이다.

  베스타(또는 헤스티아) 기호는 쌍둥이 불꽃이 타오르는
제단 탁자 모양인데, 이는 마치 뱀이 하늘로 올라가는 모습
같다. 제단 모양은 그리스 문자 파이(π) 형태를 띠는데, 이
것은 현대의 모든 학생들이 잘 알고 있듯이 피타고라스학
파의 숫자 마법에서 대단히 중요한 의미를 지니는 것이다.

  베스타의 처녀 여사제(베스타 신녀)는 로마에서 가장 신
성한 여성이었는데, 로마 제국의 심장인 베스타 제단의 영
원한 불과 연관되어 있기 때문이다. 베스타 제단의 불꽃

을 꺼뜨리는 일은 로마 제국을 무너뜨리는 일로 여겨져 절대 용납되지 않았다. 처녀 여사제는 원래 고대의 의미에 따른 '처녀'로 이는 성적인 경험이 없다는 뜻이 아니라 남자로부터 독립하여 사는 여성이라는 뜻이었다. 후대에 이 여사제들은 아마도 남근적인 **팔라디온**이 표현하고자 한 '로마의 영혼'과 "결혼"했을 뿐 독신의 삶을 유지했는데, 이는 그리스도교의 수녀들이 예수와 "결혼"했다고 하는 것과 같은 맥락이었다. 여사제들의 칭호는 아마타('사랑받는 자'라는 뜻)였다.[127] 4세기에 그리스도교인들이 베스타 제단의 불을 끄고 처녀 여사제의 정치적·종교적 특권을 박탈하자, 여전히 옛 신앙을 간직하고 있던 로마의 교육받은 시민들 사이에 분노가 들끓었다. 비록 가부장제 로마가 이 여사제들의 본래 특징을 잊었거나 혹은 의도적으로 은폐했다 할지라도, 이들은 여전히 매우 신성한 여성들이었기 때문이다. 이들은 원래 BC 6세기 전까지 동지와 하지 절기 의식에서 신에 의해(신을 통해) 수태되었다고 믿어졌던 난교 의례의 여사제들이거나 처녀 어머니들이었다.[128] 그리스도교 교회는 충분한 정치적 힘을 얻자마자, 베스타 여신과 성스러

운 여사제들의 존재를 지워버렸다. "그들의 그리스도교 적 들은 그들을 신비하고 마술적인 존재로 여기고 두려워했 다. 그리스도교인들은 그들을 이해하지 못했을뿐더러 이 해하고 싶어하지도 않았다. 오직 그들이 멸망하는 모습을 보기만을 바랐다."**129**

주르반   Zurvan

BC 8세기 이란의 라리스탄 지역에서 출토된 은판에는 '주 르반'이라고 불리는 원시 **안드로진**이 그려져 있다. 주르반 은 그/그녀의 자궁에서 신과 악마를 동시에 낳았다고 하 는데, 이는 선과 악의 쌍둥이 신(아후라 마즈다와 아흐리만)에 대한 고대의 신앙을 반영한 교리다. 이러한 믿음은 페르시 아의 이원론으로 이어지고, 더 나아가 궁극적으로는 동등 한 힘을 지닌 천상의 신들과 지하의 신들로 나뉘어 있다는 그리스도교의 우주관으로 이어진다. '무한한 시간'이라 는 뜻의 주르반 아카란은 "그 모습이 인간의 이해를 뛰어넘 는 차원이어서 다만 두려운 침묵으로 경외할 수밖에 없다." **130**고 기록되어 있다.

10

초자연적인 존재들

SUPERNATURALS

인간의 정신은 결코 존재할 수 없을 것 같은 존재들을 풍부하게 품고 있는 듯하다. 유령, **구울**, 거인, 괴물과 인어, 악마와 용, 요정과 운명의 세 여신, 있을 법하지 않은 동물들과 의인화된 온갖 존재들 anthropomorphs을 보면 말이다. 이들 중 상당수가 수천 년 동안 우리의 상징적 유산으로 상속되어 왔으며, 이러한 고대의 원초적인 두려움과 소망의 시각적 표현들은 세대를 거듭하며 새롭게 재탄생했다. 오늘날에도 새로운 피조물(크리처)들을 만들어내는 이런 과정은 계속되어 미래와 환상의 세계로 투사되고 있다. 로봇, 안드로이드, 화성인, 킹콩, 고질라, 포드피플Pod People 등 상상 가능한 모든 합성체 composite가 외계에서 온 존재들과 뒤섞이는 것이다. 인류는 언제나 존재하는 것들의 왜곡된 조각들을 다채롭게 결합해 존재하지 않는 것을 발견해 내는 데 능숙했다. 이제는 영화, TV, 잡지, 만화책에 등장하는 수많은 괴물들 덕분에 그렇게 하기가 훨씬 더 쉬워졌다.

하지만 역사적·종교적 전통에서 만들어진 초자연적인 존재들은 단지 어린이들을 위한 형형색색 플라스틱 장난감에 머물지 않는다. 그것들은 여전히 집단정신collective mind의 원형적 재료들로 만들어진 상징들이기도 하다. 신들과 다른 모든 종류의 초자연적인 존재들 사이에는 단지 미세한 차이밖에 없으며, 종종 서로 교차하기도 한다. 신, 인간, 신성한 동물, 선하거나 악한 영(정령)들은 모두 예측할 수 없이 서로 뒤섞이는 당혹스러운 습성을 지니고 있는데, 이는 복합적인composite 인간 내면에서 그들을 일관성 있게 구분할 수 없기 때문이다. 신은 악마처럼 행동할 수 있고, 악마는 신처럼 행동할 수 있다. 인간이나 동물은 서로에게 빙의될 수 있다. 세상을 떠난 혼soul은 혼령(유령), 뱀파이어, 좀비, 천사, 별, 그림자, 파밀리아 정령spirit 또는 조상 수호령들(**조상 지니**들)이 될 수 있다.

오늘날의 인공적인 괴물들과 달리 과거의 초자연적인 존재들은 사람들이 그 존재를 실제로 믿었다는 사실 또한 기억해야 한다. 그렇기에 어린이도 큰 문제 없이 볼 수 있는 현대적인 판타지와는 달리, 과거의 초자연적 존재들은 그들을 만들어낸 이들의 내면에 훨씬 더 많은 영향을 미쳤다. 이러한 존재들을 탐구하고 그들이 실제로 무슨 의미를 지녔는지를 질문해 보는 것은 결코 시시한 시도가 아니다.

아케루

아케루 Akeru

이집트 신화에 따르면 아케루 신들은 일몰과 일출의 문을 지키는 초자연적인 **사자**들이었다. 그들 사이에는 지하세계로 가는 어두운 통로가 있었는데 태양은 매일 밤 여기를 통과해야 했다. 아케루 신들은 지평선의 태양원반을 두 머리 사이에 이고 있는 스핑크스로, 일종의 동물 **야누스**처럼 묘사되었다. 이 두 머리는 때로는 크세레푸와 아케루로, 때로는 세프와 투아우로 불렸는데 모두 어제의 사자와 오늘의 사자라는 뜻이다. 후대(신왕국 시대와 말기왕조들)의 예술작품에서는 두 사자가 각각 몸을 등지고 있는 것으로 묘사되었지만, 두 머리가 팽팽히 서로를 밀고 당기는 원래의 형상은 (로마의 야누스-야나처럼) 시간의 주요한 상징으로 여겨졌다.[1] 신비롭게도 이와 똑같이 생긴, 머리 둘 달린 스핑크스 형상은 13~14세기부터 내려오는 전통적인 **타로카드** 디자인에서 일곱 번째인 전차 카드에 덧입혀졌다.

알부라크(부라크) Alborak

알부라크는 여성의 머리와 공작의 꼬리, 그리고 우윳빛

알부라크
페르시아의 미니어처 장식품

날개를 지닌 신비로운 말로, 무함마드가 그 유명한 '밤의 여행'● 때 타고 천국으로 올라감으로써 예언의 능력과 영적 권위를 얻었다는 이야기에 등장한다. 이 신화는 세계에서 가장 가부장적인 종교의 창시자의 권위조차 여성적 영을 통해 가능했음을 알려준다. 이 말은 메두사('여성의 지혜'라는 의미)의 피에서 태어난 페가수스 말에 비견되는 것이다. 공작의 꼬리는 고대 로마에서 '위대한 여신'의 속성이었는데, 공작은 아시아 새였으니 동양에서도 마찬가지 의미를 지녔을 것이 틀림없다. 동양의 신비주의자들은 샤크티, 프라바시,●● 페리, 프시케, 아니마, 알마마터(alma mater, 어머니 영혼) 등 여성적인 영만이 남성에게 신성한 지식의 길을 보여줄 수 있다고 믿었다.

알부라크과 튜턴족 민담의 엘프 코볼트 사이에는 간접적인 연결고리가 있을지도 모른다. 코볼트는 독일어로 알베리히라 불리기 때문이다. 코볼트는 토속종교를 상기시키는 유산으로 살아남은 조상 마법사의 조상 격인데, 원래 이름은 카발로(말을 타는 자)였다.[2]

●
메카의 하람 성원에서 출발하여 예루살렘에 있는 알아크사 성원까지의 여행을 일컬어 알이스라, 곧 '밤의 여행'이라고 한다. 무함마드는 여기서 이전의 예언자들을 만나 대화하고 예배를 인솔했다. 『쿠란』의 17장에 다루어지는 내용이다. 이후 그는 승천해 알미라즈, 곧 '천상 여행'을 한다.

●●
조로아스터교에서 죽은 것이든 살아 있는 것이든 아직 태어나지 않은 것이든 간에 개인의 영혼을 나타내는 용어. 개인의 프라바시는 선과 악의 싸움을 위해 우르반을 물질계로 내보낸다. 개인의 수호신으로 이해되기도 한다.

천사

천사는 본래 여성이었다. 모든 인간이 천국에서 받을 완벽한 보상을 상징하는 "행복의 분배자"이자, "인드라의 천국에 다시 태어나는 축복을 받은 영혼들을 위한 여주인(주님)"이었던 것이다.[3] 천사는 다른 많은 문화권에서도 이와 마찬가지로 천국의 여주인이었다. 페르시아 전사들은 전투에서 죽으면 관능적인 후리●의 천국으로 가서 아름다운 여성 천사들과 영원히 놀아날 수 있다는 확고한 믿음으로 용맹하게 싸웠다. 무한한 성적 즐거움이 있는 곳이라는 중세 시대 요정의 땅 개념은 상당 부분 낙원에 관한 고대 토속 종교의 관점에서 물려받은 것이다.

하지만 여성과 섹슈얼리티를 거부하는 금욕적 가부장제의 전통에서 천사는 남성화되었다. 성경 속 천사들은 남성일 뿐 아니라 인간 여성들의 "악한" 유혹에 인간 남성들처럼 휘둘리기도 했다. BC 2세기경에 쓰인 외경 『12족장의 유언서』에 따르면 타락한 천사들은 인간 여자들의 유혹에 빠진 이들이었다. 비슷한 시기에 쓰인 또 다른 외경 『에녹1서』에도 "하늘의 천사들을 타락시킨" 여자들이 언급

●
천국의 처녀. 무슬림 신앙에서 후리는 아름다운 눈을 가진 여성으로 충실한 무슬림 남성이 낙원에서 받을 보상으로 묘사된다.

된다.**4**

그러나 2세기 교부 히폴리투스에게 그리스도교 경전을 선물한 것으로 알려진 두 천사가 모든 천사들의 원형이라면 어떻게 이런 일이 일어날 수 있는지 의문이 드는 것이 당연하다. 두 천사는 각각 높이가 96마일, 발 길이만 14마일에 달했기 때문이다.**5** 이에 비하면 킹콩의 손가락만 한 인간 여배우가 킹콩을 유혹한 일조차도 이에 비하면 시시하게 여겨진다.

인간 여성의 섹슈얼리티와 천사를 연결시키는 생각은 천사들, 즉 케루빔(아카드어로는 카리부, 히브리어로는 케루브, 셰바어로는 카리빔)이 여사제였다는 사실에서 비롯된 것으로 보인다. 이 여사제들은 하늘의 영이라는 표시로 가짜 **날개**를 만들어 달고 제의를 거행했다. 예루살렘 성전 역시 지성소 안에서 남성과 여성의 케루빔 영을 연결했는데, 이는 실제로는 요세푸스가 말한 것처럼 남사제와 여사제들이 "서로 뒤엉켜 한몸이 되는" 일이었고, 상징적으로는 언약**궤**를 지키는 두 천사들의 모습을 통해 표현되었다. 2세기의 미드라시 해석에 따르면 두 천사는 "성전 안의 모든 것을 관장하는 우두머리"였는데, "셰키나가 그들 위에, 또 법궤 위에 머물렀기" 때문이다. 3세기에는 두 케루빔이 "남성과 여성의 사랑"을 보여준다는 기록이 있다. 요세푸스는 디도의 병사들이 예루살렘 성전에서 발견한 바에 대해서는 말을 아꼈지만, 로마 병사들이 둘을 길거리에 전시하고 음란하다며 조롱했다는 점으로 보아 두 케루빔이 어떤 식으로든 성적으로 결합한 모습이었음을 알 수 있다.[6]

케루브의 이집트 버전은 천상의 여신인 누트, 하토르, 또는 천상의 소 등으로 그려졌다. 이들은 온몸에 별을 의미하는 눈들이 박혀 있었고, 공기를 상징하는 날개가 달린 모습이었다.[7] 이 천사는 종종 일곱 겹의 신(7중신, '일곱 하토르')으로 불렸기에, 영지주의 전통에서 우주의 창조자 Cosmocratos 또는 '건설자'라고 불리는 일곱 행성의 영으로 전승되었다. 조로아스터교 경전인 『아베스타』에도 일곱 명의 수석 천사('온화한 불멸자들'이라는 뜻의 아메샤 스펜타)에 대한 이야기가 나온다.[8] 그리스도교 교회는 결국 일곱 천사를 미카엘이 이끄는 '대천사들'로 채택해 공식적으로 '임재의 일곱 천사'라고 일컬었다.

그리스도교 천사론은 점진적으로 발전했다. 이는 6세기 경 쓰인 가짜 디오니시우스●의 저술로 인해 크게 부흥했는데, 그는 저작을 통해 자신이 아테나이 초대 주교로 성 파울로(바울)의 영이 직접 자신을 찾아와 천상의 체계에 관한 모든 것을 알려주었다고 주장해, 중세 내내 절대적인 영향력을 행사했다. 이 가짜 디오니시우스는 천사의 계급이 세라핌(치천사), 케루빔(지천사), 오파님(좌천사), 도미니온스(주천사), 비르투스(역천사), 포테스타테스(능천사), 프린치파투스(권천사), 아르칸젤루스(대천사), 그리고 일반 안젤루스(천사)의 아홉 개로 이루어진다고 설명했다.●● 수 세기 동안 교회는 이러한 주장을 신적인 계급에 관한 사실로 받아들였고, 심지어 이를 바탕으로 지상의 질서를 세우기도 했다.

천사들의 이름을 짓고 분류해야 한다는 강박에도 불구하고 종교 기관은 공인되지 않은 천사의 호명에는 단호하게 반대했다. 카롤루스 왕조 시대에 교회는 천사 우리엘, 라구엘, 투부엘, 이니아스, 투부아스, 사바옥, 시미엘이라고 천사의 이름을 부른 아달베르트 주교에게 징계를 내렸다. 천사들의 이름을 부르는 것이 수많은 마법 책에 나오는

●●
각 계급의 천사들이 언급되는 성경 대목은 다음과 같다. 세라핌은 「이사야」 6:2, 케루빔은 「창세기」 3:24, 오파님은 「골로사이인들에게 보낸 편지」 1:16, 역천사, 능천사, 권천사는 「골로사이인들에게 보낸 편지」 1:16, 「에페소인들에게 보낸 편지」 1:21, 대천사는 「데살로니카인들에게 보낸 첫째 편지」 4:16, 안젤루스는 「창세기」 19:1, 「요한의 묵시록」 5:2.

일반적인 마술 행위였다는 점이 문제였다. 천사든 악마든 이름을 부르면 그 영들은 이름을 부른 마법사의 요청을 들어줄 수밖에 없다는 생각이 널리 퍼져 있었다. 보름스의 엘레아자르는 『대천사 라지엘의 서』의 내용을 전해들었다고 천사와의 내밀한 대화를 떠벌리며 자랑한 적이 있는데, 이 책은 천사 라지엘이 아담에게 건네주었다고 전해지는 신비로운 책이다.[9]

어쨌든 천사에게 도움을 청할 수 있다는 것은 기본적으로 영적 능력을 보여주는 증거였다. 예수는 스스로 마음만 먹으면 언제든지 7만 2000명의 수호천사(열두 군단)를 소환할 수 있다고 말했다.(『마태오의 복음서』 26:53)● 당시 대부분의 마법사들도 똑같이 이렇게 주장하곤 했다. 마법 파피루스에는 이렇게 천사의 도움과 보호를 받기 위한 주문이 여럿 들어 있다.[10] 이러한 마법 관련 기록이 그리스인들의 **다이몬** 개념(그리스인들은 이를 파밀리아 정령 혹은 자아의 일부로 상상했다.)과 합쳐져 '수호천사guardian angel'의 개념이 생겨났다. 신이나 악마들과 마찬가지로 천사들도 남자, 여자 같은 친밀한 존재들부터 비물질적이며 천상적인 존재(하급 신

●
"내가 아버지께 청하기만 하면 당장에 열두 군단도 넘는 천사를 보내주실 수 있다는 것을 모르느냐?"

378

들 같은 존재)들까지 여러 단계를 거치며 변화되어 왔다. 확실히 신과 악마, 유령, 별의 정령, 파밀리아, 그리고 천사 등은 모두 비인간 세계를 인간을 닮은 피조물(크리처)들로 가득 채우고 싶어하는 인간 정신의 습성을 보여준다.

세계영혼(아니마 문디)   Anima Mundi

'세계영혼(아니마 문디)'은 언제나 여성이었다. 중세 시기, 그러니까 남성 신은 미켈란젤로나 레오나르도 다빈치 같은 예술가들에 의해 멋지게 그려지는데 아니마 문디의 이미지들은 마법 서적과 연금술 서적 속 투박하고 조야한 그림들로만 남아 있던 시대까지도 그랬다. 중세 이전에 플라톤은 아니마 문디가 자연 전체에 퍼져 있다고 했고, 스토아학파는 이것이 우주의 유일한 생명력이라고 주장했다.[11]

특히 오컬트 종교에서는 아니마 문디를 플루타르코스 『모랄리아: 이시스와 오시리스』에 묘사된 여신 이시스가 발전한 존재로 이해했다. 이 여신은 땅과 바다에 대한 지배력을 보여주기 위해 한 발은 땅에, 다른 한 발은 물에 디딘 채 별의 후광을 받고 있는 나체의 여신으로 표현되는 경우가 많았다. 왼쪽 가슴은 달이며, 치골 쪽에도 달 모양이 반복적으로 나타났다. 오른쪽 가슴은 세상에 축복을 내리는 별 또는 태양이었다.[12]

반시 Banshee

"요정 언덕의 여인"이라는 뜻의 게일어 'bean-sidhe'에서 유래한 반시는 '여신 목소리'의 다른 형태였다. 소리는 들리지만 모습을 드러내는 법은 거의 없었기 때문이다.[13] 목소리의 창조적인 측면은 산스크리트어 바크^{Vac}, 히브리어 바트콜(Bath Kol, 소리의 딸), 메아리 정령인 에코, 삼즈나^{Samjna}, 혹은 소피아의 로고스 등으로 다양하게 알려져 있었다. 칼리가 신성한 언어인 산스크리트어로 만물의 이름을 소리내 말함으로써 우주를 탄생시켰듯, 말하기의 마법으로 모든 존재를 탄생시킬 수 있는 '창조의 말씀'이었던 것이다. 늘 주기를 따라 순환하는 존재였기 때문에 여신은 '파괴의 말씀'도 품고 있었다. 생명의 축복은 언제나 죽음의 저주(아나테마, 악담, 반시의 사악한 말 등)와 균형을 맞추어 일어났다. 아일랜드 민담에서 반시의 목소리는 때로는 듣는 사람을 즉

사시키는 무시무시한 비명소리나 섬뜩한 통곡 소리로 등장한다. 하지만 때로는 여신이 사랑하는 이들에게 들려주는 부드럽고 편안한 목소리, 죽음의 영토로 옮겨가야 한다는 "경고가 아닌 환영의 목소리"로 등장하기도 한다.[14]

바실리스크   Basilisk

그리스어로 '작은 왕뱀'이라는 뜻의 바실리스크는 '코카트리스'라는 이름으로도 알려져 있다. 새와 뱀의 요소들을 결합한 존재로 여겨졌다. 이 근사한 바실리스크는 뱀이 암탉의 알을 품어 부화시켰다거나, 거꾸로 암탉이 뱀의 알을 품어 부화시켰다고 한다. 어떤 이들은 바실리스크가 머리에 삼지창 모양의 왕관을 썼다거나 세 개의 뾰족한 꼬리를 달고 있다고도 했다.[15] 하지만 바실리스크의 가장 두드러진 특징은 독을 뿜는 눈빛이었다. 고르곤 메두사처럼 바실리스크는 눈길을 보내는 것만으로도, 아니면 숨을 내쉬는 것만으로도 죽일 수 있었다. 그래서 바실리스크는 '악한 눈 evil eye'의 동물 화신으로 여겨졌다.

    또 고르곤과 마찬가지로 바실리스크도 월경 피와 연관

바실리스크
16세기 독일 목판화

되었다. 바실리스크가 월경 중인 여성의 **머리카락**을 묻은 곳에서 자라난다는 이야기도 있었다. 또 바실리스크의 조상이 고르곤의 머리에서 자라난 바로 그 뱀이라는 이야기도 있었는데, 고르곤의 머리는 월경의 신비를 경고하는 고대의 상징이기도 했다.[16] 토속종교에 따르면 바실리스크는 페르세우스가 고르곤을 무찌를 때 사용한 것과 똑같은 방법으로만 죽일 수 있었다. 즉 거울을 들고 바실리스크의 뒤로 가서 그 괴물이 독을 뿜는 자기 눈빛을 들여다보게 해야 한다는 것이다.[17]

구식 대포는 때때로 뱀 모양 장식이 새겨져 바실리스크라고 불리기도 했다. 이구아나목의 도마뱀과 같은 평범한 동물에게도 이 이름이 붙었다.•

• 바실리크스 도마뱀은 바실리스크과 바실리스크도마뱀속에 속하는 종들을 통틀어 부르는 말로 남미에서 북미 남부까지 서식한다. 크기는 60~80센티미터인데 이 중 2/3 정도가 꼬리다. 소금쟁이보다 빠르게 물 위를 달리는 수면보행 능력 때문에 예수 그리스도 도마뱀이라는 별명으로 불리기도 한다.

바우보
Baubo

그리스에서 가장 오래된 신전 중 한 곳에서 열렸던 엘레우시스 밀교 제의에 등장하는 여자 광대다. 데메테르 여신이 딸을 **빼앗긴** 슬픔에 잠겨 산으로 숨어들고, 세상에서 생명의 선물을 모두 거두어들여 만물을 메말라 죽게 하던 시절

바우보

에 그 여신을 웃게 만들었던 존재다. 다리를 저는 이암베와 더불어, 바우보는 '위대한 어머니'가 분노를 잠시 잊고 충분한 양분을 취할 수 있도록 해주었다. 이암베는 "절뚝거리는" 약강오보격iambic meter●●으로 온갖 음담패설을 노래해 데메테르를 달래주었던 여성적 영이다.

헬레니즘 시대 작가들은 바우보를 나이 든 유모(하녀), 즉 일반적인 여성적 삼위일체 구조를 따라 젊은 여종 이암베와 어머니 데메테르에 상응하는 노파(크론)로 묘사했다. 그러나 실제 바우보 조각상들은 여성의 다리 위에 임신한 듯한 커다란 배가 놓이고(이 배 위에 얼굴이 그려져 있다.) 나머지 부위는 환상적인 가발과 의상에 가려진 형상이다.[18]

바우보는 데메테르의 다산 의례에서 여성들이 만든 음탕한 농담을 상징했던 게 확실하다. 이러한 농담은 의식들ceremonies이 효과를 발휘하기 위해 꼭 필요한 것으로 여겨지곤 했다. 르네 마그리트가 같은 주제를 담아 그린 그 유명한 「강간Le Viol」이 탄생하기 수천 년 전부터 얼굴과 여성의 몸통 사이의 유사성에 주목하는 이런 표현은 꾸준히 사랑받아온 주제였다.[19]

●● 영시의 대표적인 운율로 강세를 받지 않은 음절 다음에 바로 강세를 받은 음절이 나오고 이러한 '약강' 구조가 다섯 번 반복되어 10음절이 한 행을 이루는 시를 말한다. 셰익스피어의 작품도 대부분 약강오보격을 사용하고 있다.

초자연적인 존재들

고대 일본 신화에서도 바우보의 형상이 발견된다는 점은 흥미롭다. 동굴 속에서 빛을 숨기고 있던 '만물을 비추는 위대한 8월의 여신' 아마테라스에게 웃음을 선사하기 위해 몸 앞면에 얼굴을 만든 아메노우즈메노미코토天宇受売命, 天鈿女命●가 바로 그것이다. 이 놀라운 여인은 아마테라스가 동굴 밖으로 얼굴을 내밀어 세상에 햇빛을 다시 비추도록 해주었다.

두 신화 전통에 모두, 세상이 안녕하려면 여성의 슬픔이나 두려움을 위로하고 여성의 섹슈얼리티, 즐거움, 기쁨을 회복해야 한다는 "놀라운" 경고가 담겨 있다.

베헤모스 Behemoth

베헤모스는 힌두교의 **코끼리** 신 가네샤('만물의 주'라는 뜻)의 히브리 버전으로, 한때 이스라엘 사람들이 나일강 유역 성전 도시 엘레판틴에서 숭배했던 존재다. 「욥기」에서는 그를 "하나님이 만드신 것 중에 으뜸"(「욥기」 40:19, 개정개역판)이라고 부르지만, 후대 그리스도교 해석자들은 이를 심각하게 악마화한 후 결국 지옥을 대표하는 **악마**로 만들었

●
신토의 새벽 여신. 폭풍의 신 스사노오가 아마테라스의 쌀 밭을 망치고 시녀들 중 하나를 살해하자 아마테라스는 분노하여 동굴로 들어가 버린다. 세상은 어둠에 잠겼다. 우즈메는 동굴 입구에 욕조를 가져다놓고 그 위에서 춤을 추면서 자기 옷을 찢어발겼다. 다른 신들이 이를 보고 자지러지게 웃는 소리를 듣고 아마테라스가 동굴 밖으로 슬쩍 고개를 내밀었다. 이때 타지카라오가 달려들어 동굴 문을 막아버렸고, 코야네가 다시 함께해 줄 것을 청하여 아마테라스의 마음을 돌렸다. 우즈메가 춘 춤은 신토의 무악인 가구라의 원형이라고도 한다.

베헤모스

19세기 악마학 문헌

다. 베헤모스에 대한 『구약 성경』의 묘사는 너무 흐리멍텅해서 수많은 성경학자들이 그것이 코끼리인지 하마인지 논쟁을 벌였다. 하지만 대부분의 악마 베헤모스 "초상화"들을 보면 인도의 가네샤(사람 몸에 코끼리 머리를 한 존재) 그림을 모델로 해서, 보통 거대한 배에 툭 튀어나온 배꼽을 지녔다. 다음과 같은 하나님 말씀을 그대로 보여주는 모양새인 것이다. "저 억센 허리를 보아라. 뱃가죽에서 뻗치는 저 힘을 보아라."(「욥기」 40:16)●●

켄타우로스 Centaur

켄타우로스의 이미지는 아직 말을 길들이는 법을 몰랐던 초기 그리스인들이 기마부족에게 품었던 경외심을 표현한 것으로 보인다. 중앙아시아와 흑해 유역의 '아마존' 기마부족이 경외심을 불러일으켰다는 사실은 켄타우로스의 다른 이름인 마그네테스('위대한 자들'이라는 뜻)에서도 알 수 있다. 그리스 신화에서 켄타우로스는 야생적이며 털이 텁수룩하고 라피타이족●●●과 싸우는 옛 시대의 종족으로 묘사되었다. 그러나 다른 한편으로 켄타우로스는 위대한 마

●●
영어에서는 뱃가죽이 아니라 배꼽으로 번역했다. 히브리어 '샤리르'는 힘줄(밧줄)이라 번역할 수도 있고 배꼽이라고 번역할 수도 있다.

●●●
테살리아 지방의 펠레온산 부근에 살았다고 전해지는 전설의 종족. 일설에는 이들과 켄타우로스가 아폴론과 요정 스틸베 사이에서 태어난 쌍둥이 형제라고도 한다.

켄타우로스
BC 7세기 아티카 양식의 암포라

법사, 변신술사, 그리고 온갖 오컬트 전설의 원천으로 여겨지기도 했다. 가령 켄타우로스 케이론은 트로이 전쟁에 참여한 가장 위대한 영웅들(아킬레우스, 헤라클레스, 이아손 등)의 스승이었다. 신의 아들인 케이론은 "사냥, 의학, 음악, 체조, 점술에 능한 것으로 유명했다."[20] 헤라클레스의 손에 살해당한 후(헤라클레스는 그를 다른 켄타우로스인 네소스와 혼동해서 활을 쏘았다.) 케이론은 그리스 별자리 속 궁수(궁수자리)가 되었다.●

키마이라   Chimera

고전 신화 속 키마이라라고 불리는 괴물은 그보다 더 오래된 모계 중심 문화의 이미지가 악마화된 이후 흔적으로 남은 존재였다. 키마이라라는 단어는 '암 염소'를 뜻한다. 다프니스 신화에서는 신적인 님프였지만, 영웅 벨레로폰테스●●의 신화에서는 염소, 사자, 뱀이 합쳐진 존재로 불을 뿜는 모습으로 등장했다. 뱀의 꼬리에 사자의 몸을 지녔으며 두 번째 머리는 염소나 영양을 연상시켰다.

이 괴물 같은 외양은 사실 고대 삼분년tripartite year 체계

● 케이론은 어린 시절 아폴론과 아르테미스에게 교육을 받아 온화한 성격과 지혜를 갖추게 되었고, 신들은 자식들이 태어나면 케이론에게 교육을 맡겼다고 한다. 제자인 헤라클레스는 현명하고 온순한 켄타우로스 폴로스를 만나러 가서 디오니소스의 포도주를 마셨는데 이 향을 맡고 네소스를 비롯한 온갖 난폭한 켄타우로스들이 들이닥쳐 싸움판이 벌어졌다. 헤라클레스는 네소스를 필두로 한 난폭한 켄타우로스들을 내쫓으려고 맹독 히드라의 피가 묻은 화살을 쏘았는데 하필 스승인 케이론의 허벅지에 맞았다. 불사의 케이론은 끝없는 고통을 받아야 했기에 제우스에게 죽게 해달라고 간청했고 제우스가 그 청을 들은 후 그를 하늘의 별자리로 올려주었다.

키마이라
에트루리아 청동상

속 세 토템을 묘사한 것인데, 이는 후에 그리스 달력 체계
로 대체되었다. 오래된 것과 새로운 것 간의 갈등은 벨레로
폰테스가 키마이라의 목구멍에 납덩어리를 밀어 넣어 그
불같은 입김으로 녹여 죽이는 행위로 신화화되었다.[21] 이
는 바빌로니아의 가부장 영웅 마르둑이 자신을 포함한 모
든 신들의 어머니였던 괴물 티아마트를 죽인 방식과 유사
하다.

키마이라의 원초적 모성은 몇몇 초상화에서 명확하게
드러나는데, 가령 수유 중인 부은 젖꼭지가 배를 따라 그려
져 있음을 볼 수 있다.[22] 이는 여신을 나타내는 징표임이 분
명한데, 이 태곳적 여신은 여사제들에게 달력의 원형을 건
네준 존재이다. 이에 반해 어머니를 죽인 영웅은 오래된 여
신의 힘을 빼앗은 새로운 사제직을 나타낸다.

큐피드   Cupid

르네상스 예술에서 흔히 볼 수 있는 통통한 아기 큐피드(푸
토)는 "정욕, 탐욕스러운 욕망"을 뜻하는 라틴어 '쿠피도'
(탐욕이라는 뜻의 영어 'cupidity'의 어원이기도 하다.)와는 거리

●●
그리스 신화에서 카드모스와
페르세우스와 어깨를 나란히
하는, 헤라클레스 이전의 영
웅이며 괴물의 처단자이다.

큐피드

가 멀어 보인다. 이는 그리스 신 에로스의 라틴어 이름이었는데, 음란한 욕망, 즉 모든 성적 결합의 배후에 자리한 *에로틱한* 정신, 결국 생명의 충동 그 자체를 나타낸다. 금욕주의적 가부장제가 악마적이라고 선언하기 전까지 큐피드는 신성한 개념이었다. 큐피드의 또 다른 이름은 아모르(사랑)였다. 그의 화살은 열정적인 애정을 담아 심장을 찌른다고 알려져 있었다. 보통은 어머니 **베누스**(아프로디테)와 함께 다녔다. 르네상스 화가들은 거의 모든 여성 인물, 특히 옷을 벗은 여성이나 결혼 등 성적인 결합을 묘사하는 장면에서 큐피드를 여럿으로 늘려 통통한 작은 **천사** 무리로 그리곤 했다.

아기 천사와 혼동된 덕분에 이 큐피드 존재들은 '케룹들'이라고도 불렸다. 그리하여 이 단어는 에덴동산 입구를 지키면서 사람들이 **생명나무**(「창세기」 3:24)●에 다가오지 못하도록 불붙은 칼을 든 무시무시한 영^{spirit}이었던 성경의 케루빔과는 전혀 다른 의미를 갖게 되었다. 이들은 달여신의 신전을 지키던 케루브(히브리어), 카리빔(셰바어)에서 유래했다. 이들은 야훼의 궤를 지키는 존재들이기도 했

● "이렇게 아담을 쫓아내신 다음
하느님은 동쪽에 거룹들을 세
우시고 돌아가는 불칼을 장치
하여 생명나무에 이르는 길목
을 지키게 하셨다."

다.(「열왕기상」 8:7)[**] 이 케룹들은 천사의 두 가지 주요한 유형 중 하나가 되었다. 케룹들 외의 다른 하나는 세라핌으로, 본래 칼데아 신화에서 **번개**를 상징하는 존재로서 여섯 날개로 날아다니는 불타는 **뱀**이었다.(「이사야」 6:2)[***] 이들의 히브리어 이름은 "불타는 자들"이라는 뜻이다.

그리스도교 금욕주의는 큐피드를 여성 카스티타스[****] 앞에 납작 엎드린 채 눈이 먼 모습으로 그린 이탈리아 성화 icon에서 상징적으로 드러난다. 카스티타스는 큐피드의 활을 부러뜨리고, 자기 몸을 때릴 채찍을 들고 있다. 여신의 거들에는 "나는 내 몸을 벌한다(카스티고 코르푸스 메움)."라는 문구가 적혀 있다.[23]

키클롭스(키클로페스)   Cyclops

키클롭스는 그리스어로 "바퀴 달린 눈"이라는 뜻이다. 호메로스에 따르면 키클롭스는 얼굴 중앙에 눈이 하나만 달린 **거인**이었다. 그중 하나가 사람을 잡아먹는 야만적인 폴리페모스였는데, 그는 오디세우스에게 속아 눈을 잃었고, 오디세우스는 양떼 속에 자신과 일행들을 숨겨 키클롭스

[**] "거룹들은 날개를 궤가 있는 장소 위로 펼쳐서 그 궤와 채 위를 덮었다."

[***] "날개가 여섯씩 달린 스랍들이 그를 모시고 있었는데, 날개 둘로는 얼굴을 가리고 둘로는 발을 가리고 나머지 둘로 훨훨 날아다녔다."

[****] 삼미신 중 하나로 순결을 뜻하며 탈리아라고도 부른다. 다른 두 신은 기쁨과 환희, 쾌활을 상징하는 볼룹타스(에우프로쉬네)와 성숙함을 상징하는 풀크리투도(아글라이아)이다.

키클롭스

의 동굴에서 무사히 탈출했다. 그리스에서 키클롭스의 개념은 이마 한가운데에 "통찰의 세 번째 눈"이 커다랗게 자리한 시바 혹은 다른 위대한 힌두교 신의 이미지와 관련된 것으로 추정된다.

시칠리아 전설에 따르면 키클롭스인 폴리페모스는 갈라테아('우윳빛 여신')라는 이름을 지닌 바다의 아프로디테와 사랑에 빠졌다. 그러나 갈라테아는 폴리페모스에게 퇴짜를 놓고 대신 잘생긴 인간 청년 아시스를 택했고, 키클롭스는 질투심에 거대한 바위를 던져 아시스를 죽였다.[24] 이 이야기는 폴리페모스가 오디세우스의 배를 향해 거대한 바위를 던졌다는 호메로스 이야기의 변주이자, 거의 모든 해안가에 놓인 거대한 바위들의 존재 이유에 대한 설명이다. 키클롭스는 거석을 끼워 맞추는 데 능하다고 알려져 있었으며, 여기서 "키클롭스식" 석조 방식이 유래했다.

다키니 Dakini

다키니는 탄트라 여사제, 그중에서도 특히 장례 의식을 주관하는 여성이었다. 동시에 그녀는 칼리로부터 파생된 수

다키니

많은 사후세계의 여신들 중 하나이기도 했다. 아프로디테의 호라이(호라들)나 이슈타르의 신전여사제들과 마찬가지로 다키니 역시 땅에 발을 디딘 여신-여성의 신격화된 형태였던 것으로 보인다. 다키니('하늘을 걷는 자'라는 뜻)는 일반인들이 가기 두려워하는 화장터나 여타 죽은 자들의 장소에서 열리는 비밀 의례들을 주재했다.[25] 다키니는 유럽 전통에서 빌라스(윌리스)나 발라스라고 불리는 장례 여사제들에게도 영향을 미친 것으로 보이는데, 이들은 묘지에서 회합을 열었다. 나아가 이러한 관념은 마녀 전통에도 스며들었다. 탄트라 입문과 밀접한 관련이 있는 것은 그 유명한 레드 다키니였다. 레드 다키니의 영을 내면에 되살리는 일이 요기(수행자)의 깨달음에 꼭 필요했는데,[26] 그녀는 죽음의 여신이었기에 사후세계에서야 만날 수 있는 존재였다.

마귀(악령)   Demon

16세기 독일 목판화에는 마귀임이 밝혀지는 교황의 모습이 그려져 있는데, 그는 예복과 왕관 차림으로 "내가 교황이다(에르고 숨 파파)."라고 말하고 있다. 루터교 선전물의 일

악령
독일 목판화

환인 게 분명한 이 그림은 자신들과 다른 이념을 지닌 이들을 마귀의 화신으로 규정하려는 인간의 유구한 성향을 드러내기도 한다.

마귀(악령)라는 단어 자체가 이전의 토속신앙들을 가부장적으로 악마화하는 과정에서 만들어졌다. 이런 토속종교에서는 사람들이 어머니에게서 영혼을 받는다고 믿었기 때문이다. 에픽테투스에 따르면, 그리스어로 다이몬('안에 거주하는 영'이라는 뜻. 몸이 죽은 뒤에 천국으로 가는 영혼)이라는 말은 원래 우메테로스 다이몬(어머니가 주신 혼)을 가리키는 말이었다. 이를 영어로 번역했던 이들은 이를 단순히 "자신의 데몬"이라고 옮겼다.[27] 영혼이 오직 부계 "씨앗(정액)"을 통해 전달돼 수동적인 모계의 "토양"에서 자란다는 것을 공식적인 견해로 삼았던 서구 가부장제에서는 영혼이 어머니에게서 비롯된다는 생각 자체가 혐오스러운 것이었기 때문이다. '어머니가 주신 영혼'이라는 더 오래된 개념의 흔적은 중세 시대 남성 악마를 묘사하면서 기괴하게 여성화된 가슴, 임신으로 불룩해진 배 등의 여성적인 속성을 강조한 데서 찾아볼 수 있다. '혼'을 뜻하는 여러 단어들(아니마, 프시케, 움브라, 알마, 젤레^{Seele}, 암므^{âme})은 혼이 남성 신으로부터 아버지를 통해서만 전해진다는 주장이 등장한 이후에도 일관되게 여성명사로 살아남았다. 인간 영혼이 달의 여신으로부터 어머니를 통해 생겨난다는 초기의 관점은 달 그림자 안에 사는 마귀(악령)들이 끝없이 등장했던 중세 믿음 안에만 남게 되었다.[28]

여하튼 내면에 거주하는 고대의 다이몬은 공포에 질린 중세 시대에 이르러 인간을 사로잡는 악마가 되었는데, 이때부터 악마는 진짜 실재하는 것으로 보편적으로 받아들여졌으며, 가능한 모든 재앙을 일으키는 존재라고 여겨지게 되었다. 18세기 후반에도 사제들은 모든 질병의 3분의 1 이상이 악령에 씌어서 생긴다고 진지하게 주장했다. 요한 요제프 가스너라는 스위스 사제는 **엑소시즘**을 통해 스스로 약 1만 건의 질병을 치료했다고 떠벌리기도 했다.[29] 교회 당국은 전 세계 마귀 수가 정확히 740만 5926명이라는 『탈무드』의 계산을 대체로 받아들였다.[30] 19세기에조차도 헤로도토스의 저서를 번역한 학식 있는 인사 헨리 롤린슨 경이 델피의 **신탁** 소가 마귀의 소굴이라고 엄숙히 선언했다.[31] 델피가 말 그대로 그리스의 "자궁"이자 가장 오래된 모계사회 시대의 성소들 중 하나였기에(원래 델피는 '어머니 대지'에 바쳐진 신전이었다.) 이 주장은 여성적 원리를 악마화하는 또 다른 예라고 할 수 있다. 6세기의 성인 브라가의 성 마르티누스에 따르면 유럽의 모든 숲, 강, 샘물은 여전히 토속종교의 여성 정령들로 가득 차 있는데, 이들은 하나도 빠짐없이 다 마귀들이었다.[32]

마귀(악령)는 남성화되었지만 여전히 여성과 밀접한 연관성을 유지했다. 이들은 마귀 연인(인큐버스)●이 되었는데, 이는 성적 무능에 대한 남성의 공포를 상징했다. 마귀들이 여성들에게 남편들보다 훨씬 더 큰 즐거움을 준다고 믿었기 때문이다. 마귀 들린 자들의 경우에도 남성보다 여성이 훨씬 더 많다고 여겨졌다. 중세 유럽 여성들에게 가해진 극심한 억압과, 제도권을 향한 분노를 표출할 기회가 그녀들에게 거의 주어지지 않았다는 사실을 고려해 볼 때 이는 전혀 놀라운 일이 아니다. 마귀 들림은 사람들의 이목을 끄는 데 효과적이었던 데다, 압제자들을 저주할 수 있는 절호의 기회였던 것이다.[33]

● 여러 신화와 전설상에 등장하는 악마로서 잠들어 있는 사람, 특히 여성과 성교를 하는 남자의 모습을 한 몽마夢魔를 지칭하는 말이다. 여성의 모습을 한 몽마는 서큐버스라고 부른다. 아서왕 전설의 멀린의 경우처럼 인큐버스는 인간 여성과 성관계를 맺어 자식을 가진다고 믿어졌다. (인큐버스 참고)

악마

"악마는 여신을 버린 자들의 저주"라는 말이 있는데 이 말은 정말 맞는 말이다.[34] 심지어 그 이름 자체도 산스크리트어 '데비(여신)'에서 유래해 페르시아어 '다이바'와 라틴어 '디바diva, divus, deus'를 거쳐 만들어진 것이다. 가부장제 유럽에서는 늘 여성을 악마와 혼동해서 여성의 생식기를 "지옥의 입"으로, 여성의 모성성은 원죄의 수단(매개)으로 여겼다. 남성 예술가들은 그리스도교적인 마귀들의 모습을 묘사할 때 종종 여성의 젖가슴을 그려 넣거나 조각했다.

악마는 그리스도교 교회에서 신과 거의 동등한 힘을 지닌 존재로 혼동되었는데, 이는 교회가 타당한 이유들을 가지고 의도적으로 만들어낸 구조이다. 이사야의 하나님은 악한 존재들을 창조하신 분이었는데(「이사야」 45:7),** 이는 그리스도교 신학에서 탄생과 죽음 모두를 관장하며 모든 축복과 불행을 한데 포괄하는 순환적인 여신의 존재만큼이나 받아들이기 어려운 존재가 되어버렸다. 그리스도교 변증론에서는 전적으로 선하고, 전적으로 순결하며, 범속한 문제에는 일절 관여하지 않고, 악을 행하는 법이 없는

** "빛을 만든 것도 나요, 어둠을 지은 것도 나다. 행복을 주는 것도 나요, 불행을 조장하는 것도 나다. 이 모든 일을 나 야훼가 하였다."

신을 고집했다. 그래서 그들은 세상에 명백히 존재하는 악을 설명하기 위해 옛 토속종교 신들의 조각들을 그러모아 악마를 만들었고, 전적으로 선한 신이 실제로 악마를 창조한 것처럼 꾸몄다.(이는 오늘날까지도 해명되지 않는 역설이다.) 이렇게 함으로써 죽음, 질병, 자연재해를 비롯한 운명의 우여곡절을 정면으로 마주하는 대신, 이제는 그것들을 악마와 여성의 탓으로 돌릴 수 있었다. 물론 몇몇 악은 여전히 "신께서 행하신 것"으로 불렸지만 말이다. 가령 초기 그리스도교 신학자들은 하나님이 이브(하와)의 죄에 대한 형벌로 죽음을 창조하기 전까지는 세상에 죽음 따위가 존재하지 않았다고 주장했다.

그리스도교 신학에 관해 중요한 사실은, 그 구원의 기획 전체가 전적으로 악마에 대한 믿음에 의존하고 있다는 것이다. 악마는 하나님에게서 세상의 악에 대한 책임을 덜어주었을 뿐 아니라, 유혹과 타락의 신화를 운용함으로써 구세주의 '필요성'까지도 제공해 주고 있는 것이다! 악마는 교회에 저주의 공포라는 가장 위대한 무기를 주기도 했는데, 교회는 이를 통해 그 넓은 땅에 흩어져 살고 있는 고분

고분하지 않고 통제하기 어려운 사람들을 다스릴 수 있게 되었다. 교회의 권력 구조 전체를 무너뜨리지 않으려면 악마에 대한 관념도 내버릴 수가 없게 된 것이다.[35]

악마는 하나님의 명령에 따라 죄인들을 영원토록 고문하는 일을 맡았는데, 이는 마치 하나님을 강제수용소 감독관들을 지휘하는 히틀러의 위치에 놓는 것과 같은 유감스러운 개념이었다. 그럼에도 불구하고 교회는 이 관념을 내팽개칠 수 없었다. 그래서 악마가 대담하게 하나님에게 불복종하고 고문을 거부한다면 그는 교회 조직에 아무 쓸모없는 존재가 될 수밖에 없다. 사실상 악마는 신의 또 다른 자아alter ego이자 그림자 자아였다. 이는 이전 시대 페르시아의 쌍둥이 신, 즉 암흑의 아흐리만과 환희의 아후라 마즈다가 보여준 것과 같은 관계이다. 중세 시대에는 영지주의 사상의 유산이 여전히 짙게 남아 있었는데, 그것은 바로 창조주 여호와가 악의 신 그 자체이고, 영혼들을 가둔 후 한꺼번에 절멸시키기 위한 덫으로 물질세계를 만들어냈다는 사상이다.

악마는 수 세기에 걸친 마녀사냥 기간 동안 마녀들의 신

●
유대교 외경에 나오는 단어로, '무가치한''부도덕한'이라는 뜻이다. 명사로 쓰였을 때는 『신약 성경』에 나온 악마의 이름을 뜻한다.

●●
아바돈은 「요한의 묵시록」 과 『천로역정』에 등장하는 악마이다. 그리스어로는 '파괴자'를 의미하는 아폴리온 Apollyon, 아폴론Apollon으로 불리고 있어 일설에서는 그리스 신화의 아폴론이 스스로 타도한 피톤과 동일시되며 생겨난 모습이라고도 한다.

●●●
17세기에 아마도 당시 교황 성 니콜라스에 대한 농담이나 대조적인 의미로 그 이름을 사용했으리라 추측한다. 또는 고대 영어에서 물의 악마인 '니코르'에서 유래했을 수도 있다.

●●●●
슈라트, 슈라즈, 발트슈라트(숲의 슈라트)는 독일과 슬라브의 전설적인 생물로 나무 정령, 가축 정령, 악몽의 악마 등 다양한 모습을 가지고 있는데 이것이 중세 영어에서 이렇게 바뀐 것으로 추정한다.

으로 자리매김했고, 동시에 악마가 대부분 여성으로 이루어진 숭배자 군단을 이끌고 세상을 정복하려 한다는 믿음도 생겨났다. 교회는 "전능하신" 하나님의 뜻에 반하는 이런 일이 어떻게 일어날 수 있는지 한 번도 설명하지 않았다. 그저 5세기에 걸친 박해를 통해 수백만 명의 여성을 학살하는, 역사상 유례를 찾을 수 없는 잔혹한 범죄를 저지르는데 악마를 핑계로 내세웠을 뿐이다. 그리고 현대의 가부장제 사회는 바로 이 유혈 사태 위에 세워진 셈이다.[36]

악마에게는 여러 이름이 있었다. 사탄, 바알제붑, 벨리알,● 아바돈,●● 하데스, 플루톤, 파리대왕, 거대한 뱀(피톤), 거대한 야수, 늙은 닉,●●● 올드 스크래치,●●●● 용, 또는 '빛을 가져오는 자' 루시퍼 등등. 몇몇은 성경에 등장하는 야훼의 경쟁자들에게서 따온 것이고, 몇몇은 고전적인 판테온의 신들로부터, 혹은 인기 있는 고대 신들의 칭호나 별명에서 가져온 것이다. 한 15세기 필사본에는 전형적인 악마 이미지가 그려져 있는데, 수도사의 망토를 걸치고, 흥미로운 짝짝이 날개에, 오시리스의 네 뿔 달린 왕관을 쓴 모습이다. 어느 성직자는 이렇게 쓰기도 했다. "끔찍한 천둥번

개에 강한 바람이 불면 악마가 다가오고 있는 것이다." 고
전적인 순환논리를 따라, 성직자들은 신의 존재를 근거로
악마의 존재를 입증하고 또 거꾸로 악마의 존재를 근거로
신의 존재를 입증하려고 했다. 로저 허친슨은 만약 신이 있
다면 "진실로 악마도 존재하며, 만약 악마가 존재한다면
이는 신이 존재한다는 가장 확실한 주장, 가장 강력한 증
명, 가장 명백한 증거"라고 말했다.[37]

용   Dragon

다음 쪽의 그림은 바빌로니아 부조 작품에 등장하는 날개
없는 용이다. 고양이 같은 몸체에 비늘이 돋아 있고, 사자
의 앞다리와 새의 뒷다리, 뱀의 머리와 꼬리가 달렸으며 뿔
달린 왕관을 쓴 모습이다. 이러한 합성체 동물은 일반적으
로는 계절을 상징했다. 연금술에서 날개 없는 용은 대지 혹
은 "고정된" **원소**들을, 날개 달린 용은 변화하는 원소들을
뜻했다.[38]

    중국의 도교 상징체계에서는 용을 만물을 영원히 변화
하게 하는 '도道'의 정신으로 숭상했다. 여기서 용은 대체로

날개 없는 바빌로니아 용

구름 사이에 똬리를 튼 채 몸의 일부만 드러내는 모습으로
묘사되었다. 또 용은 종종 여의주, 곧 불타는 진주(영적 완전
함)의 수호자였다. 백룡은 달을 상징했다.

유럽에서 용은 종종 우로보로스, 즉 '대지의 뱀'과 동의
어였다. 브르타뉴 지방에서는 "브르타뉴의 용"으로 불렸
다. 이 용은 오월제 때마다 지하에서 끔찍한 비명을 질러대
는 통에 집집마다 화롯불 아래에서 그 소리가 새어 나올 지
경이었는데, 이는 제물로 벌꿀주 한 통씩을 묻으라는 요구
였다고 한다.[39]

웨일스의 공식 문장은 지금도 붉은 용인데, 이는 웨일스
의 옛 신 데위Dewi를 상징한 거대 홍뱀에서 유래했다. 데위
는 그 후 웨일스 신화 속 수호성인으로 변화했다(성 다윗, 성
데위, 성 데이비드). 이 가상의 성인에 대한 그리스도교 신화
는 그가 살았던 것으로 추정되는 시기로부터 5세기 후인
1090년에 만들어졌다. 애초에 그의 화신이었던 붉은 용은
웨일스 출신인 헨리 7세에 의해 영국 왕실 문장에 새겨졌
다. 문장 오른쪽 배경에 새겨졌던 용은 이후 제임스 1세에
의해 사라졌다.[40]

그리스도교인들은 대체로 땅 밑에 사는 용을 악마와 동일시했다. 사실 이 악마의 별명인 '올드 해리'는 페르시아의 용신 아흐리만(아리마니우스)에서 따온 것으로, 그는 빛을 수호하는 최고신의 암흑 쌍둥이였다.[41] 천사 루시퍼처럼 아흐리만도 자기 형제 신과 싸웠고, 마귀들을 다스리기 위해 지하세계로 보내졌다. 그렇게 해서 용은 땅속에 묻힌 보물을 지키는 전통적인 수호신이 되었다.

드리아드 Dryad

드리아드(복수형은 드리아스)는 그리스어로 여성 드루이드, 즉 **참나무의 영혼**, 혹은 참나무의 인격화된 화신인 나무 님프를 뜻한다. 사람들은 드리아드가 자신의 특별한 나무 안이나 그 근처에 거처를 정하고 나무가 죽을 때까지는 결코 죽지 않는다고 믿었다. 어떤 이들은 드리아드가 마음대로 인간이나 나무에 사는 생명체들로 모습을 바꿀 수 있다고도 믿었는데, 나무로 변한 처녀들에 관한 숱한 고전 신화가 존재하는 것도 이런 이유 때문이다. 힌두교 신화에 따르면 나무 님프는 모든 나무가 성장하고 열매 맺는 데 필요한 존

드리아드

재인데, 나무들은 이 여성 정령들이 그 뿌리를 만져야만 잘 자랄 수 있다고 한다.[42]

드리아드(참나무 님프)들은 20세기에 이르기까지도 '베 낫야콥(야곱의 딸들)'이라는 이름으로 "성스러운 땅(성지)" 에 거주했다. 이들은 신성한 참나무 숲에 살았는데, 이곳에 서는 그 누구도 떨어진 나뭇가지조차 손댈 수 없었다. 심지 어 나무가 귀한 곳에서도 마찬가지였다. 이 참나무 님프들 에게 제물을 바치는 작은 성소들이 있었는데, 사람들은 그 제물들을 명목상 신화적 인물인 무슬림 성인에게도 동시 에 헌정하곤 했다.[43]

드리아드를 일컫는 또 다른 이름은 하마드리아드였는 데, 동물학에서 코브라와 개코원숭이의 종류 중에 똑같은 이름을 사용하는 것들이 있어 헷갈릴 수 있다.

디벅 Dybbuk

이 존재는 히브리어로 살아 있는 인간의 몸 속에 들어갈 수 있는 빙의된 혼 또는 **마귀(악령)**를 뜻한다. 디벅은 종종 죽 은 자의 방황하는 영혼으로 그려졌다. 이 개념은 환생이 어머니를 통해 이루어진다는 석기 시대의 믿음에서 한 발짝 더 나아간 것에 불과했다. 죽은 자의 영혼이 여성의 몸(대체로 자신의 원래 속했던 친족 및 부족의 여성이지만 아닐 수도 있다.)에 들어가 새로운 아이로 다시 태어난다는 믿음 말이다. '빙의'에 대한 모든 관념들은 여성과 뱃속에 품은 '영혼'과의 대화라는 상상에서 비롯된 것들이다. 이질적인 존재가 인간의 몸을 점령한다는 생각은 임신 경험을 바탕으로 한 것임에 틀림없다.

엘프 Elf

셀 수 없이 많은 교훈적인 우화들이 엘프에게 친절하게 대하면 보상을 받는다는 내용을 담고 있다. 적절한 음식이나 옷을 선물로 건네주면 엘프들은 밤에 찾아와 집안일을 전부 해주고, 구두 장인에게는 부츠를 꿰매주며, 재단사에게는 천을 잘라주고, 요리사에게는 죽을 끓여줄 수도 있다. 아이들이나 가축을 돌봐줄 수도 있고 때로는 소원을 이루어주기도 했다. 다른 한편으로, 제대로 달래주지 못하면 엘프들은 짓궂게 해를 끼치거나 파괴적인 존재가 될 수도 있

엘프

다. 이러한 이야기들은 죽은 자들에게 선물을 바치는 고대 관습에서 비롯된 것이 분명하다. '엘프'라는 단어가 조상들의 혼령(유령), 그중에서도 그리스도교 이전 시대 토속종교의 영spirit들을 뜻하는 이름이었다는 사실은 널리 알려져 있다.[44]

토속종교에서 믿었던 영들의 종류가 다양했던 만큼, 엘프도 숲 엘프, 산 엘프, 집안 엘프 등 종류가 다양했다. 북유럽 엘프는 때론 험악하게, 때론 아름답게 생겼다. 이들은 요정나라Fairyland와 동의어가 된 알프헤임르('요정의 땅'이라는 뜻)에 살았다. 북쪽 지역의 고대 여신처럼 이들은 태양을 창조해 냈다.[45] 아이슬란드 엘프들은 토속종교의 신들이나 조상신들과 정확히 일치했는데, 유구한 조상 숭배 체계에서 이 둘은 결국 같은 존재들이었기 때문이다. 『코르마크 사가』●에는 병자가 무덤에 사는 엘프에게 황소의 살과 피를 제물로 바치면 병이 나을 거라는 대목이 나온다. "너의 병이 나으리라."[46]

이따금 엘프가 인간을 잠시 혹은 영원히 데려가 버리기도 하는데, 가령 인간 아기의 몸에서 아기의 영혼을 빼앗고

● 10세기 아이슬란드 시인 코르마크 오그문다르손과 그 애인 스테인게르드의 이야기. 저자는 미상이며, 코르마크에 관한 서로 다른 다양한 구전들을 단순히 모아놓았다.

대신 엘프를 넣는다는 '체인질링'의 경우가 그 예이다. 폭풍 구름을 타고 다니는 유령들의 이미지를 바탕으로 한 전설적인 야생 사냥 이야기에서 엘프들은 오딘과 함께 다니기도 했다. 독일 서남부의 팔츠 지방에서는 일반 남자가 야생 사냥에 참여하거나 엘프 여자의 유혹을 받기도 하지만, 그 순간 엘베트리치, 즉 엘프 같은 엘드리치로 변한다는 이야기가 전해진다.[47] 토머스 더 라이머 경,** 탄호이저, 홀거 단스케*** 등 많은 중세 영웅들이 이런 일을 겪었다.

요정   Fairy

나비 날개와 더듬이를 가진 작은 여성 정령으로 묘사된 민담 속 요정의 이미지는 '영혼'과 '나비'를 뜻하는 고대 그리스어 프시케에서 유래한 것으로 보인다. 엘프와 마찬가지로 요정은 본래 토속종교에서 죽은 자들의 영혼, 특히 그리스도교 이전 시대 여신의 영토에 살았던 모성적 정령을 뜻했다. 때때로 요정들은 여신이라고 불리기도 했다. 여러 민요에서 요정 여왕은 '하늘 여왕(천국의 여왕)'이라 불린다.[48] 웨일스 요정은 '어머니들'이나 '어머니의 축복'으로 알려

** 13세기 초 스코틀랜드의 얼스턴 출신, 보더스의 영주이자 유명한 예언가. 그의 이야기는 중세 운문 로맨스와 인기 발라드 「토머스 라이머」로 전해진다. 엘프로 변하고 엘프랜드(요정의 나라)로 귀환하는 에피소드가 담겨 있다.

*** 고대 프랑스 무훈시의 등장인물이자 덴마크의 민속 영웅. 명검 코르테와 명마 브루아포르의 주인이며, 샤를마뉴(카롤루스 1세)와 오래 대결하다가 사라센인들의 위협 때문에 샤를마뉴에게 투항하여 수하가 된다.

져 있었다.**49** 브르타뉴 지방 농민들은 요정들을 '대모', '선한 여주인들', 또는 '**운명의 세 여신**(운명)'(여기서 모르간 르페이가 나왔는데 이는 모두 라틴어로 운명을 뜻하는 '파타'에서 유래했다.)이라고 불렀다. 농민들은 요정이 메두사나 키르케처럼 인간을 동물로 변신시키거나 돌로 만들어버릴 수 있다고 믿었다.**50**

그러나 대부분의 중세 문헌에 따르면 요정은 평범한 체격에 초자연적인 지식과 힘을 지닌 실존 여성으로 여겨졌다.**51** 그들의 여왕은 티타니아(타이탄족의 고대 어머니 가이아), 디아나, **베누스**, **시빌라**, 아분디아('풍요'의 여신), 헤카테 등의 이름으로 불리는 여신들이었다. 때로는 모든 요정들이 '달의 여신들'로 여겨지기도 했다. 다시 말해 이들은 여전히 고대 종교를 따르는 여성들이었던 것이다. 민담 속 '요정 대모들'은 여자 조상들이 수호신의 형태로 신격화된 것으로, 아이들을 지켜주는 존재들이었다. 그리스도교 문헌에서도 요정을 진짜 실존했던 사람들로 묘사하는데 여기서는 거의 마녀와 동의어나 마찬가지였다. 요정나라 역시 실재하는 장소로 묘사되었다. 그곳은 지상낙원 혹은 서쪽 낙원이라고도 불렸다. 어떤 이들은 아발론●이나 그리스 신화 속 '축복의 섬(마카로네 네소이)'처럼 바다 건너 저 멀리 석양이 지는 섬 형태로 존재한다고 했다. 다른 이들은 천국과 지옥 사이의 어딘가에 있는 대안적인 장소라며, 토머스 더 라이머 경이 말한 세 가지 신비로운 길 중 세 번째 길이 그곳으로 이어진다고 하기도 했다. 어떤 이들은 요정나라가 고대의 '요정 언덕' 또는 고대인들의 무덤 안에 있다고 믿었다. 요정나라는 혼령(유령)들의 세계, 헤스페리데스의 동산,●● 엘리시움 들판, 축복의 섬, 그리고 '위대한 어머니'를 숭배하는 토속종교에서 죽은 자들이 가는 곳과 동일한 의미를 지닌 장소였다.

요정 설화는 세계 어디에나 있고 아리송하기에 그리스도교 정통파 작가들은 해석의 문제에 골머리를 앓았다. 성직자들은 요정을 위해 음식이나 음료를 남겨두는 관습을 비난했는데, "다른 신적인 존재들을 기리는 행위는 불쾌한 것"이기 때문이었다. 요정이 죽은 자들의 혼령(유령)일 가능성을 부정하고 나서는 "요정이란 선한 영이거나 악한 영 둘 중 하나"라는 인식이 확산되었고, 후자가 더 그럴듯하다

●
영국의 아서왕과 그 부하들이 죽은 후 안치되었다는 서쪽의 낙원의 섬.

●●
그리스 신화에서 세상 서쪽 끝에 있는 헤라의 과수원. 여기에는 불멸을 가져다주는 황금 사과 한 그루 또는 숲이 있는 곳이다. 이 황금 사과는 헤라가 제우스와 결혼할 때 가이아가 선물로 준 가지에서 열매 맺은 것이다. 헤스페리데스는 이 숲을 지키는 임무를 부여받은 님프로 닉스의 딸이다. 어느 날 숲의 나무들이 갑자기 뿌리 뽑히고 마는데, 이에 헤라는 헤스페리데스들을 믿을 수 없어 잠도 자지 않고 머리가 100개인 용 라돈을 파수꾼으로 배치했다.

고 여겨졌다. 요정은 아주 편리한 희생양이었다. 병든 동물이나 사람들에겐 종종 "요정에게 사로잡혔다"거나 "엘프에게 공격당했다"는 표현이 따라붙었다. 부모들은 자녀가 요정 체인질링이라며 장애가 있는 아이와 연을 끊을 수 있었다. 돌팔이 의사들도 똑같은 방식으로 아동기 질병에 대한 무지를 포장했다.[52]

요정의 변신 능력에 대한 "논리적" 설명의 한 예로, 커크의 『비밀 공화국』이라는 책에서는 요정의 몸에 대해 이렇게 말한다. "정령들의 예민한 움직임에도 유연하게 반응해서 마음대로 나타나거나 사라질 수 있다. 어떤 요정들은 흡수력이 좋으면서도 가늘고 섬세한 몸을 가져서 순수한 공기와 기름처럼 곧장 흡수되는 영묘한 고급술로만 영양을 섭취할 수 있다."[53] 논리에 관해선 이쯤 해두기로 하자.

파밀리아 Familiar

마녀의 파밀리아 정령, 즉 **마귀**(악령) 혹은 **임프**가 특정한 동물로 구체화되었다는 관념은 동물의 형태를 취한 인격적인 다이몬이라는 고대의 개념에서 비롯되었다. 때론 아

파밀리아
16세기 목판화

메리카 인디언들의 토템 동물처럼 수호자 혹은 수호정령처럼 상상되기도 했다. 또 때로는 이집트인들의 **바**처럼 영혼의 일부가 동물로 환생한 것이라고 여겨지기도 했다. 사랑하는 사람을 영혼의 동반자로 여기는 것처럼, 사랑하는 반려동물과도 영혼이 서로 연결될 수 있는 것이다.

인간과 동물의 연결성에 대한 이러한 관념들은 그리스도교 제도하에서 거의 대부분 악마화되었다. 동물을 영혼이 없거나 악마적인 존재로 치부하고, 최소한 감정을 결여했기에 존중할 필요가 없는 존재로 간주하기 시작한 것이다. 동물을 반려하며 사랑으로 대하는 여성들의 성향을 질투한 남성들은 개나 고양이와 감각적이고 애정 어린 관계를 맺는 여성들을 비난할 방법을 재빨리 찾아냈다. 반려동물을 어루만지고 그들과 대화를 나누는 모습이 포착된 여성은 사악한 마술을 witchcraft 부린다고 의심받게 되었다. 다람쥐나 새에게 "안녕"이라고 하는 등 어떤 동물에게 말을 거는 여성도 마녀로 간주될 수 있었다. 수 세기에 걸친 박해 기간에, 여성들은 고양이나 어린 양을 돌보고 개구리와 대화하고 수망아지를 키운다는 이유로, 심지어는 집안에 쥐

가 있다거나 정원에 두꺼비가 있다는 이유로도 화형을 당하곤 했다.[54]

검은색은 일반적으로 지하세계 존재들의 색이었기에 검은 동물은 특히나 마귀(악령)의 기운을 품고 있다는 의심을 받았다. 오늘날 대중문화에서 마녀를 그릴 때 검은 고양이가 함께 등장하는 건 그 때문이다. 마녀 사냥꾼들은 마녀들(로 몰린 여성들)이 몸 어딘가에 난 여분의 젖꼭지로 파밀리아 마귀들에게 젖을 물린다며, 그 여분의 젖꼭지가 "악마의 표식"이라고 주장했다. 마녀 심문의 중요한 과정 중 하나는 마녀로 몰린 여성의 옷을 다 벗기고 이 표식이 있는지 샅샅이 살피면서 날카로운 도구로 온몸을 찌르는 것이었는데, 남성 조사관들은 이를 꽤 즐겼던 듯하다. 말할 필요도 없이, '파밀리아'를 일반적인 동물과 구별하는 데 성공한 사람은 아무도 없다.

파타 모르가나   Fata Morgana

'파타 모르가나'는 아서왕 설화에 아서왕의 이부남매이자 강력한 마법사로 등장하는 '모르간 르페이'의 라틴어 이름인데, 이는 옛 켈트족 신화 속 죽음의 여신 모르간/마라에서 유래했다. '파타 모르가나'라는 말은 오늘날에는 메시나해협에서 흔히 볼 수 있는 신기루를 일컫는 용어로 쓰이는데, 설화에서는 이를 통해 파도 아래 자리한 모르간의 비밀 궁전의 위치를 알 수 있다고 한다. 그리스도교 버전의 이야기에서는 아서왕이 교회에 묻히는 것으로 되어 있지만, 모르간은 영예롭게 죽은 자들을 위한 '축복의 섬'의 통치자로서 아서왕의 시신을 서쪽 낙원까지 옮겨준 장본인이다. 모르간은 영예로이 죽은 자들을 위한 축복의 섬을 통치하는 존재였기 때문이다.

"운명의 다른 이름, 모르간"은 한때 말 그대로 모든 남성의 운명(운명의 세 여신), 즉 그가 마주하기 두려워하는 죽음의 영혼으로 여겨졌지만, 사실 여성에게서 태어난 모든 남성에게는 이러한 '운명'이 삶의 필연적인 생물학적 한계였다. 당연히 가부장적 종교가 반대한 것은 바로 생물학적 죽음의 필연성이라는 개념이었다. 따라서 죽음의 여신에 관한 모든 상징은 그리스도교 문헌에서 유독 더 미움받고 외면당했으며, 그러지 않으면 대대적으로 재구성되었다.

파타 모르가나라는 말은 신기루 외에도 다양한 착시 현상에 적용되었다. 바다에 떠 있는 배에서 보이는 '성 엘모의 불'●이나 늪지대에서 볼 수 있는 형형한 도깨비불(습지가스) 역시 같은 이름으로 알려져 있다. 이러한 신비로운 밤불빛에는 이그니스 파투우스, 잭오랜턴, 워킹 파이어, 시체촛불, 아일랜드의 아름다운 처녀, 수사의 랜턴(윌오더위스프), 스펑키 등 다른 이름도 많다.[55]

파운

라틴어 이름인 파운은 **사티로스**, 즉 숲속의 신적 존재 또는 정령으로 뿔과 뾰족한 귀, 염소 꼬리를 지닌 반인 반염소로 묘사되었다. 파운은 야생 숲에 살았으며 동물들의 디아나(달의 여신)이자 보나데아(Bona Dea, 선한 여신), 파우나 여신이 낳은 존재로 여겨졌다.[56] 파우나 여신은 파우누스 신의 배우자이기도 했다. 에페수스의 디아나는 모든 숲속 존재들을 다스리는 여왕으로, 모든 생명체를 키워낸다는 의미로 몸통 전체에 수많은 가슴이 그려진다.

중세 시대에 이르면 파운은 자연히 **악마**로 인식되었다.

● 낙뢰가 일어나기 전에 구름 속의 전장이 강해졌을 때 유도에 의해 지표의 돌기물에서 생기는 방전 현상을 말한다. 이 방전이 일어나면 '쉭' 하는 소리가 나면서 옅은 붉은색 또는 파란색을 띤 빛을 낸다. 지중해 선원들은 옛날에 이 빛을 선원들의 수호성인인 성 엘모의 불로 믿었다.

팬파이프를 연주하는 파운

마녀 심문을 위한 편람에 따르면, 애초부터 정욕적인 존재들로 여겨졌던 파운은 항상 여성들과 성관계를 하고 싶어 하는 "인큐버스 악마"와 혼동되었다. 그리스도교 당국도 고대인들과 마찬가지로 이 존재들이 실제로 야생에 살고 있다고 굳게 믿었다. 다만 고대인들만큼 그들을 좋아하지 않았을 뿐이다.

분노의 여신들   Furies

분노의 여신들은 그리스에서 가장 오래된 모계 법의 이미지 중 하나, 즉 죄인을 벌하는 세 **여신**(삼중여신)을 상징한다. 복수자라는 뜻의 데메테르 에리니에스의 이름을 따서 에리니에스(분노한 자들)라고도 불렸고, 아첨하여 진정시키기 위해 에우메니데스(친절한 자들)라고도 불렸으며, 제단에 제물을 바치며 제사를 올리는 대상이라는 뜻에서 엄숙한 자들이라고도 불렸다. 또 셋은 각각 티시포네(보복과 파괴), 메게라(원한), 그리고 알렉토(이름 붙일 수 없음)라고 불렸다. 이들은 다른 모든 신들보다 나이가 많았다.[57] 모계 시대의 유산으로서 이들은 부계 사회의 원칙을 따르지 않았으

분노의 여신들

며 오직 모계 씨족에게 죄를 지은 자들만을 벌했다.

분노의 여신들은 옛 법에 따라 용서할 수 없는 범죄인 모친살해를 저지른 혐의로 오레스테스를 쫓아갔다. 살해된 어머니의 피가 분노의 여신들에게로 흘러들어 이들의 분노를 일으키고, 그래서 자동적으로 이들이 범죄자에게 달라붙게 되는 것으로 여겨졌다. 오레스테스는 살인의 죄책감을 떨치기 위해 자신의 손가락 하나를 물어뜯어 이른바 손가락 무덤 위에 놓아두었다.(이는 지금까지도 세계의 몇몇 지역에서는 통용되는 관습이다.)**58**

소포클레스는 이 분노의 여신들을 일컬어 "대지와 그림자의 딸들"이라고 불렀다. 아이스킬로스는 "영원한 밤의 아이들"이라고 불렀다. 두 별명 모두 분노의 여신들이 창조의 순간에 함께했던 최초의 어둠에서 나온 여성적 영의 소산이라는 믿음을 보여준다. 이는 여신은 자기가 낳은 모든 생명을 필연적으로 종결시키는 존재이기도 하다는, '여신의 저주'라는 태고의 개념에서 온 것이다. 어떤 이들은 이 여신들이 고르곤 같은 뱀의 피부에 검은 개의 얼굴, 박쥐 날개를 가진 괴물이라고 했다. 다른 이들은 채찍과 칼을 든

근엄하고도 아름다운 여인들이라고 했다. 심리학적으로 볼 때 이들은 '혼내는 어머니'의 형상이자, 어린아이가 느낄 법한 감정인, 죽음에 대한 공포나 양심의 가책이 투영된 존재들이었다.

가고일 Gargoyle

가고일은 엄밀히 말해 신화 속 존재가 아니라 중세 후기, 대성당 건축의 전성기에 발명된 존재다. 고딕 양식의 대성당은 그리스도교인들에게 지옥에 대한 악몽과 두려움을 일깨울 수 있도록 만든 **마귀**(악령) 형상인 가고일로 잔뜩 덮여 있었다. 이는 성스러운 건물이라면 악의 영향을 받지 않도록 추악하고 위협적인 돌 수호자가 필요하다는 고대 믿음의 연장선상에서 활용된 장치이기도 하다. 인간이 만든 마귀(악령)가 진짜 마귀(악령)를 쫓아낼 수 있다고 믿었던 것이다. 몇몇 교회에서는 가고일 석상 장식이 너무 과도했던 나머지, 교회가 천국 천사들이 아니라 지옥의 끔찍한 마귀들을 기리기 위해 지어진 것이 아닌가 하는 합리적인 의심이 들 정도였다.

지니
아시리아의 얕은 부조, BC 9세기

지니 Genie

지니의 모습을 그린 가장 오래된 그림들에는 황소나 수리의 가면을 쓴 날개 달린 천사가 있다. 생명나무를 낳는 여신 **아세라**처럼, 이들은 신성한 나무를 수태하는 모습으로 아시리아 및 바빌로니아 석판에 그려졌다. 초기 그리스도교 무덤에도 비슷한 형상의 지니가 수호천사의 모습으로 등장한다.[59]

이 말은 "낳는 자", 즉 남성 혈통의 조상 혼령을 의미하는 아랍어 '딘니djinni'에서 유래했다. 로마인들은 이를 '제니우스'로 바꾸었는데 의미는 같았고, 유노라고 알려진 여성적 조상 혼령에 상응하는 개념이었다. 물론 가부장제 사회에서 유노에 대한 일체의 언급은 결국 사라졌지만, '제니우스'라는 단어는 지금까지 남아 영감의 원천을 지닌 자(천재)를 뜻하게 되었다.

혼령(유령) Ghost

어떤 종교 체계에서나, 죽은 자들의 영혼에 대해 뿌리 깊게 남아 있는 공통된 믿음이 있다. (그들이 이후 어디로 갈지에 상

혼령
푸엘로 인디언의 인형

관없이) 생전 살았던 장소나 시신이 안치된 장소 주변을 한
동안 떠돌고 있으며, 살아 있는 이들은 마땅히 그들을 두려
워해야 한다는 믿음이다. 천국이나 지옥, 연옥에 대한 어떤
신학적인 주장도 유령(귀신)에 대한 이러한 민간신앙을 크
게 바꿔 놓지는 못한 듯하다. 여전히 많은 사람들이, 과거에
는 강령술이라 불렸고 지금은 심령론이라고 불리는 의식
들을 통해 죽은 자들의 혼령과 대화를 나눈다.

　고대 종교에서는 주변 환경 어디에든 혼령이 존재한다
고 믿었으며, 죽은 자들이 어떤 식으로든 자연에 녹아들거
나 동화된다고 여겼다. 그러니 자연은 죽은 선조들의 살아
있는 혼이 변형된 형태일 따름이었다. 혼령은 후손들이 벌
이는 축제나 여타 중요한 행사에 일원으로 초대되었다. 그
래서 잘 보존된 조상 두개골이 "잔치 속 죽음의 머리"라는
이름으로 살아 있는 가족들의 식사 자리에 놓이곤 했다. 이
러한 이유로 게르만어 계열에서 '혼령'과 '손님'은 같은 '가
이스트Geist'에서 파생되었다. 영국 북부에서는 두 단어의
발음이 똑같다.[60]

　고대 그리스에서 '혼령'의 동의어는 '영웅'이었는데, 영

혼들의 여왕, 위대한 여신 헤라에게 바쳐지는 존재였기 때문에 이렇게 불렸다.[61] 이와 유사한 유럽 신앙에 따르면 모든 혼령들은 유령 세계의 여왕인 헬 여신의 영토로 흘러들었고, 헬 여신은 그들을 지상으로 보내 새로운 아이로 다시 태어나게 했다. 세례를 받지 못한 채 죽은 아이들의 영혼을 다정하게 데려갈 때는 '홀다 부인'이라고 불리기도 했고(그리스도교 당국에서 이들을 지옥에서 영원히 고통받도록 내몬 것과는 상반되는 태도다.), 이 영혼들은 ('위대한 어머니'에게로) 돌아가는 어린이들이라는 뜻에서 '하임헨'이라고 불렸다.[62]

그리스도교인들은 일반적으로 혼령이 교회의 보호를 받지 못한 채 묻히면 땅 위를 "걸어 다닌다"고 믿었다. 그래서 모든 토속종교의 영혼들은 혼령(유령, 귀신)이 될 수 있었고, 산 자들을 만날 수 있었으며, 특히 토속종교에서 벌이는 '사자死者들의 축제' 핼러윈 때는 더욱 그러했다.

구울 Ghoul

구울이라는 단어는 아랍어 '그홀/그할라'에서 유래했는데, 아마도 켈트족 컬리어흐나 핀란드 칼마 등 '죽은 자를

먹는 여인'으로 유럽 전역에서도 발견된 바 있는, 탄트라 속 죽음의 여신 칼리 마의 이름과도 관련이 있을 것이다.[63] 인도의 신성한 예술품 속 칼리 마는 죽은 배우자인 시바 신의 내장을 게걸스럽게 먹어치우는 엽기적인 포즈를 취하고 있는데, 이는 시체를 집어삼키는 형태로 그려졌던 고대의 숱한 죽음의 여신들을 연상케 한다. 이러한 여성 정령은 묘지의 무시무시한 귀신으로 신화화되었고, 이들의 의례들은 남성의 시선에서는 금기시되는 것이었다.

물론 칼리 마는 단순히 오늘날 '구울'이라고 불리는 무섭게 생긴 귀신 이상의 존재였다. 칼리 마 여신의 이미지는 가부장제나 부성이 인정되기 훨씬 전, 어머니들만이 출산과 재탄생을 가능케 한다고 믿었던 태곳적 믿음의 차원으로 거슬러 올라간다. 그 당시엔 많은 지역에서 실제로 여성들이 죽은 자들을 먹었다. 그들의 영혼을 받아 임신함으로써 또 다른 삶을 탄생시킨다는 선의의 목적을 가지고 말이다. 식인 풍습이 희생과 교감의 의례 등 상징적인 모방 행위로 대체된 이후에도 '죽음 여신'은 여전히 독수리나 까마귀, 개, 돼지 등 시체를 먹는 존재로 묘사되었으며, 그 동물들은 전부 그녀의 신성한 변형물들이었다.

'집어삼키는 자 칼리'가 만물을 낳았다가 다시 삼키는 대지를 상징한 것은 자연스럽다. 칼리의 숭배자들은 이렇게 말했다. "그녀는 모든 존재를 삼킨다. 사나운 이빨로 만물을 씹어 먹는다."[64] 요기(수행자)들은 여신이 자신들을 낳아주고 사랑해 주는 자애로운 어머니라고 주장했지만, 한편으로 "칼리가 파괴자이자 집어삼키는 자임을 알지 못한다면" 여신에 대한 이해는 "불완전할 수밖에 없다"고 보았다.[65] 이러한 미묘한 철학적 주장은 죽은 연인을 집어삼키는 '어머니 구울'을 그린 끔찍한 그림들에 잘 묘사되어 있다. 여신이 엽기적이고 두려운 진짜 이유는 이후 여신이 '처녀 어머니 마야'가 되어 다시, 또다시, 그리고 영원히 그 연인을 낳으리라는 데 있었다.

거인 Giant

모든 건국신화에는 당대의 신들보다 먼저 세상을 지배한 원시 거인족에 대한 원형적인 관념이 담겨 있다. 어린 시절 꿈속에서 "거인들의 세계"를 방문했던 인간 보편의 경험에서 나온 관념이 분명하다. 거인들은 또한 어머니 **여신**의 통치와도 관련이 있었다. 북유럽 신화에 따르면 후대 신 프레이르, 뇨르드,• 오딘은 나이들고 지혜로운 거인족 여인들과의 결혼을 통해 신적인 힘을 얻었다.**66** 이 연장자들은 '리시'라고 불렸는데, 이는 현자라는 뜻의 산스크리트어 '리스히'에서 유래한 이름이다. 이 거인족은 동족의 피에 익사함으로써 최후를 맞이했다. 이 신화는 인도유럽인들이 벌인 피비린내 나는 고대 종족 학살을 의미할 수도 있고, 단순히 죽음이란 여성적인 달의 피에 잠기는 것이라고 여긴 고대의 믿음을 뜻할 수도 있다.**67** 여성적인 달의 피는 새롭게 다시 태어나는 몸을 만들어주는 마법의 물질로 여겨졌기 때문이다. 인도에서는 태고의 거인을 '다이티아'••라고 부르기도 했으며, 이들의 스승은 주로 여성적 마법과 관련된 행성이기도 한 **베누스**였다.

심지어 성경에서도 태초를 기술할 때 "세상에는 느빌림이라는 거인족이 있었"(「창세기」6:4)다고 밝힌다.••• 이들은 야훼 이전 시대 '세계영혼'인 네페시의 자손 네필림(네피림)이라고 불렸다. 이 '영혼'이 여성으로 여겨졌다는 것은

•
북유럽 신화에 나오는 신으로서, 반 신족의 최고신이다. 바다와 바람을 다스리며, 어부들을 보호한다. 자식들 중에는 프레이와 프레이야가 있다. 후에 거인족 출신의 스카디와 결혼하게 된다.

••
힌두 신화에 등장하는 아수라 종족으로, 카샤파와 디티의 후손이다. 이 종족의 대표적인 인물로는 히란야샤, 히란야카시푸, 마하발리가 있으며, 이들은 모두 지상을 지배하고 비슈누의 아바타 세 명을 정복해야 했다.

•••
"그때 그리고 그 뒤에도 세상에는 느빌림이라는 거인족이 있었는데 그들은 하느님의 아들들과 사람의 딸들 사이에서 태어난 자들로서 옛날부터 이름난 장사들이었다."

그리스 신화 속 헤라의 그림자 존재인 네펠레 여신을 통해 짐작해 볼 수 있다. 네펠레 여신은 그림자의 땅, 즉 조상 혼령들의 땅을 다스리는 존재로 헤카테나 페르세포네라는 이름과도 동일시될 수 있었다. 아담을 비롯한 초기 성경 속 인물들이 거인이었다는 주장은 종종 제기되었고(알렉산드리아의 필론도 그중 하나다.) 또 믿어졌다.[68] 하지만 가부장적인 작가들은 당연히 탄트라 경전에 쓰인 다음과 같은 전통은 무시했다. 그 전통에 따르면 고대 종족이 엄청나게 큰 몸집을 갖고 굉장한 장수를 누린 까닭은 그들 "생명의 중심"이 우주를 처음 만들고 탄생시킨 여신의 "피 속에 자리 잡고" 있었기 때문이다.[69]

영국에는 지금도 고대 거인 초상화가 남아 있는데, 도싯 지방 언덕에 백악으로 그려진 180피트 길이의 형상이다. 이는 케른아바스의 거인인데 음경이 발기된 모습으로 몽둥이를 들고 있다. 색슨족의 신 헤일('정력'이라는 뜻), 혹은 켈트족의 신 케르눈노스를 상징하는 것으로 보이는데, 케르눈노스는 이 마을 이름의 어원이기도 하고, 이후 그리스도교 수도사들이 수도원으로 삼겠다며 점령한 인근 신전

케른아바스의 거인
영국 도싯주

의 원래 주인이기도 하다. 오월제 기둥(메이폴) 의식을 위해 거인의 머리 위에는 울타리가 쳐져 있다. 이 고대 의식은 신과 여신의 성적 결합을 기념하는 것이었기에, 거인과 발터너(오월제) 성소가 가까이 위치하는 것은 고대 종교를 보존하려는 의도였던 것이 분명하다. 거인 이미지는 지금도 유럽의 **카니발**(사육제), 행진, 축일(성일) 등 민속 의식에 속속 드러난다. 1770년까지도 프랑스 북부의 두에에서 열린 하지 축제에는 '르 그랑 가양(le Grand Gayant, 위대한 거인)'이라 알려진 거대한 인형effigy이 모습을 드러냈다.[70]

고대 그리스 신화의 가장 오래된 기록 중 하나에 따르면 이 고대 거인들은 타이탄족으로 알려져 있다. 이들은 아버지 하늘과 어머니 대지 사이에서 난 자손들이었지만, 어머니가 부추겨 아버지를 공격했다. 이는 천사들의 반란에 관한 유대-그리스도교나 페르시아의 이야기와 유사한 내용이다. 타이탄족 크로누스는 '아버지 하늘(우라누스)'을 거세하고 죽인 다음 그의 성기를 바다에 던졌다. '어머니 지구'에 떨어진 그의 피 한 방울로부터 세 분노의 여신들과 물푸레나무 님프들이 생겨났다.[71]

고대 신들을 타이탄이라고 불렀던 고전적인 명칭은 르네상스 시대에 이르러 티타니아라는 요정 여왕의 이름으로 이어졌다. 티타니아는 모든 타이탄들의 근원인 어머니 대지를 일컫는 호칭이었다. 그러나 요정은 수천 년을 거치며 크기가 줄어들더니 인간보다 크지 *않게* 된 것은 물론, 점점 더 작아졌다.

노움 Gnome

노움은 대지(땅) 원소와 연관되는 정령이었다. 실프가 공기와, 운디네가 물과, 도롱뇽이 불과 연관된 것처럼 말이다. 이 이름은 그리스어 'gnome'(알다, 이 동사에서 파생된 명사 그노시스는 지식이라는 뜻)와 연결해 볼 수 있다. 땅속의 모든 생명체는 대지 어머니가 숨겨둔 비밀들을 알고 있기 때문이었다. 노움은 광산, 동굴, 구덩이 등 깊은 구멍 속에 살면서 바위, 돌, 광물, 보석, 채굴 기술, 그리고 산 밑바닥에 있는 마법 궁전에 관한 엄청난 지식을 가지고 있다고 여겨졌다.

노움은 게르만 민담에 숱하게 등장한다. 한때는 광부, 대장장이, 금속공들의 수호정령으로 섬겨지기도 했다. 일

부 지역에서는 지금도 오래된 광산 갱도와 동굴 속 미지의
통로에 노움이 살고 있고, 자기네 영역에 침범한 자들을 돌
로 파묻어 죽인다는 믿음이 남아 있다.

골렘   Golem

히브리어로 골렘은 그야말로 진흙, 점토, 엉긴 피 등 형체
없는 물질에 신적인 비밀 이름이 담긴 주문을 걸어 산주검
같은 괴물로 변화한 존재를 뜻했다. 폴란드의 랍비이자 유
명한 카발리스트인 켈름의 엘리야 등 유대계 마법사들이
골렘을 창조했다고 알려져 있다. 프랑켄슈타인 박사의 선
배들인 셈이다.[72]

골렘이라는 관념의 배후에는 아주 오래된, 근원적인 창
조 설화가 자리 잡고 있다. 태초의 혼돈 상태에서 모든 잠재
적 생명이 형체 없는 물질 상태로 태어났는데, 그것은 바로
"지하로부터 솟구쳐" 오른 어머니 티아마트(마아, 안나-닌)
라 불리는 존재의 자궁 속 피였다는 것이다. 그녀의 광활한
피의 바다는 액체도 아니고 고체도 아니었으며, 뜨겁지도
차갑지도 않았다. 모든 원소는 질서 없이 잠재적인 상태로

골렘

만 존재했다. 많은 신화에 따르면 여신의 말이 혼돈으로부터 질서를 일으켰고, 여신은 하나씩 이름을 부름으로써 각 물질의 형태를 창조해 냈다. 칼리 마와 창조적인 로고스에 관한 전설은 이 관념을 산스크리트라는 신성한 언어로 여전히 명확하게 표현하고 있다. 이 전설에서 칼리 마는 원시적인 피의 바다에 형태를 불어넣었다. 이후에 야훼 같은 남성 신들이 말만으로도 살아 숨 쉬는 우주를 탄생시킨다는 이 관념을 차용했다. 그리고 마침내 신비주의자들과 마법사들은 "최초의 물질"을 얻은 다음 거기에 대고 적절한 말을 건네면 자신들도 똑같이 할 수 있을지 모른다고 생각했다. 그러나 인간이 만든 골렘은 살아 있긴 해도 영혼은 없다. 오직 신만이 영혼을 만드는 법을 알고 있다고 믿어졌기 때문이다.

고르곤 Gorgon

툭 튀어나온 혀, 뱀의 피부, 거대한 송곳니를 가진 고르곤의 머리(고르고네움)는 고대에 남성들을 향한 경고로써 그림이나 조각에 자주 등장했다. 고르곤의 기본 의미는 다음

고르곤

과 같다. 여성적 신비를 멀리하라! 고르곤은 삼위일체 고르곤 중 맏이인 지혜로운 노파(크론) 메두사처럼 침입자들을 돌로 바꾸어버리겠다고 위협했다. **아테나**의 **아이기스**에 등장하는 고르곤 머리는 아테나의 크론 측면을 나타내는데, 그리스인들은 이를 아테나의 어머니 메티스(지혜)로 신화화했다. 하지만 메티스는 그리스 버전의 메두사일 뿐이었고, 고르고(고르곤)는 아테나의 나이 들고 파괴적인 측면을 뜻하는 칭호가 되었다. 고르곤의 머리는 신화가 주장하는 바와는 달리 테세우스가 리비아에서 가져온 게 아니었다. 그것은 리비아 왕실의 여신으로써 **알파벳**을 비롯한 문명 예술을 창조해 내고 탄생과 죽음의 여성적 비밀을 수호하던, 특히나 (남성에게는) 금지된 지혜로운 달의 **피**라는 신비의 수호자였던 아테나가 애초부터 지니고 있던 속성이었다.[73]

메두사 신화에서 피는 매우 중요했다. 메두사의 피는 죽어서조차 신의 영기를 품은 달의 말, 페가수스를 탄생시켰으니 말이다. 메두사가 지닌 **뱀**의 머리카락은 월경의 비밀을 상징했는데, 거의 모든 신화에서 남성들은 여성과 뱀의 이 신비로운 조합을 두려워하고 악마화했다. 중세 시대까지도 남성들은 월경하는 여성의 머리카락이 땅에 묻힌 채 달빛을 받으면 뱀으로 변한다고 주장했다.[74] 심지어 고르곤의 오래된 함의에 따라 월경혈을 보는 남성은 돌로 변할 수도 있다고 주장하기도 했다.

그레이스 Graces

벌거벗은 세 그레이스(카리테스)라는 전형적인 이미지에서 중앙의 여성은 우리를 완전히 등지고 서 있다. 이 이미지는 그리스와 로마 미술 전반에 걸쳐 수없이 반복해서 등장하며, 힌두교 사원에도 비슷한 형체가 새겨져 있다. 이는 삼중 여신을 나타내는 가장 인기 있는 그림 중 하나인데, 세 방향에서 바라본 모습이 모두 아름답고 세 여신이 마치 하나처럼 통합되어 있는 모습이다.

고전에서 그레이스의 이름은 아글라이아(눈부신), 탈리아(꽃피우는), 에우프로시네(마음의 기쁨)였다. 파시테아, 칼레, 유프로시네 등 그보다 더 오래된 이름들도 있었는데, 모두 이들이 받드는 아프로디테의 또 다른 칭호들이었다.

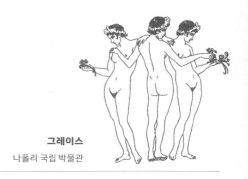

그레이스
나폴리 국립 박물관

'파시테아 칼레 유프로시네'는 합쳐서 "모두에게 아름다운 기쁨의 여신"이라는 뜻이었다.[75] 아프로디테 역시 한때는 삼위일체 여신이었다. 파우사니아스•에 따르면 여신의 카리테스(그레이스)들은 오르코메노스에서 숭배되었는데, 거기서 이들은 천국에서 떨어졌다고 하는 아주 오래된 돌기둥 세 개로 표현되었다.[76] 호메로스는 계절을 의인화한 것으로 보이는 두 그레이스, 파시테아와 칼레만 언급했는데, 아테나이인들은 이 둘을 탈로(싹 틔움)와 카르포(시듦)라는 두 여신이라 불렀다. 아테나이에서 두 그레이스는 아우쿠소(늘어남)와 헤게모네(통달)라는 이름으로 숭배를 받았다.[77]

어쨌든 카리테스는 매우 오래된 존재들이다. 이들이 내주는 카리스(그레이스, 은혜)는 아름다움, 친절, 사랑, 부드러움, 즐거움, 창조성, 예술성, 관능 등 여신이 내리는 선물이었다. 그런데 카리스의 의미는 믿음이나 소망보다 더 큰 가치인 카리타스(「고린도인들에게 보내는 첫째 편지」 13장 전체)라는 단어로 『신약 성경』에 편입되면서 상당히 바뀌었다. 이 단어는 때로는 '사랑'으로, 때로는 '자선'으로 번역되는데,

• 파우사니아스는 2세기 그리스의 여행자이자 지리학자로, 하드리아누스, 안토니누스 피우스, 마르쿠스 아우렐리우스와 동시대 사람이다. 고대 그리스 곳곳을 직접 돌아다니며 집필한 『그리스 이야기』로 유명하며, 이 책은 고전 문학과 현대 고고학을 연결 짓는 중요한 연결 고리가 되었다고 한다.

그린맨

후자의 경우 가난한 자들에게 자선을 베풀면 천국에 갈 수 있다는 초기 그리스도교 믿음에 기반을 둔다. 여신이 선사하는 '은혜'라는 관능적이고 기쁨 가득한 함의는 대부분 사라지고 말았다.

그린맨 Green Man

그린맨은 오래된 교회의 전통적인 장식이었다. 보통 기둥에 얼굴이 조각되었는데, 나뭇잎에 완전히 가려 있거나 나무줄기나 가지에 덮인 듯한 모습이었다. 다른 이름으로는 그린조지, 잭오그린 Jack-in-the-Green, 리프맨 Leaf Man, 오월의 왕 May King 등이 있다. 이들은 나무정령의 상징을 따르고 있는데, 봄철 민속 축제에서 나뭇잎 옷을 입은 남자들이 이 정령 역할을 맡았다.[78] 그린맨이 조각된 기둥은 본래 신성한 나무가 있던 자리에 세워졌을 가능성이 높다. 흔히 부활절 월요일에 초록의 조지(그린조지) 의식●이 거행되는 것은 그가 희생된 나무 구세주의 또 다른 버전이었음을 암시한다. 이는 또 토속종교의 관행이 그리스도교에까지 이어지고 있음을 나타낸다.

● 그린조지나 잭오그린 역할을 맡은 남자들이 녹색 가지, 잎, 꽃으로 덮인 나무 모양 틀을 뒤집어쓰고 오월제 행렬에서 운반한다.

그리핀

그리핀　　　　　　　　　　　　　　　　　Griffin

신화에 등장하는 수많은 합성체 동물 중 하나인 그리핀은
바빌론과 페르시아에서 유명한 존재들의 합성체에서 유
래했다. 고대의 케루빔처럼 날개가 있고, 수리의 머리에 염
소의 수염, 그리고 사자 몸통을 지닌 정령의 모습을 하고 있
다. 계절의 상징으로서 그리핀은 태양, 황금 사과, 별의 보
석을 비롯한 여러 천체 현상의 수호자들이 되었다. 여러 전
설에 그리핀이 보물을 지키는 존재로 그토록 자주 등장하
는 이유도 이 때문이다.[79]

그로테스크　　　　　　　　　　　　　　Grotesque

그로테스크는 말 그대로 그리스도교 이전 유럽인들이 신
적인 존재들을 숭배하던 신성한 동굴, 즉 "그로토(작은 동
굴)에서 나온 존재"다. 이 동굴에는 합성체 동물 신들과 자
연 정령들이 조각되어 있었던 게 분명한데, 그중 일부를 초
기 교회가 사람들을 끌어들이기 위해 교회 내부로 편입시
킨 것이다. 전도자들은 토착민들이 사용하는 신령한 이미
지들을 취해 교회의 체계에 통합하라는 지시를 받았다. 그

그로테스크
독일 프라이부르크 대성당

럼으로써 토속종교의 기도와 순례가 그리스도교 신에게
향하는 것처럼 만들었다. 토속종교가 쇠퇴하고 본래의 그
로테스크한 형상들의 의미가 잊힌 뒤에도 거의 모든 교회
에는 그로테스크를 놓아두는 것이 관습이 되었다.

하그 Hag

하그를 못생긴 늙은 마녀로 그리는 대중적인 만화의 이미
지는 하그의 원래 의미를 완전히 잊어버린 것이다. 하그(하
기아)는 그리스도교 이전 유럽의 여성 샤먼 또는 모계 족장
으로서 자연, 치유, 점술, 기술과 예술, **여신**의 전통에 박식
한 '거룩한 여인' 혹은 지혜로운 여성을 뜻했다. 죽은 자들
의 여왕인 헬의 어머니는 앙구르보다(아이언우드의 하그)로
알려져 있었다. 스코네의 하그는 켈트족에게 왕을 선택해
주는 존재였다. 그 영혼은 유명한 스코네의 돌 안에 깃들어
있다고 믿어지며, 지금도 웨스트민스터 사원의 대관식 왕
좌 아래에 놓여 있다. 그리스도교 전통에서는 하그가 전도
자의 저주에 의해 돌로 변했다고 한다.[80]

모든 여성 장로들과 마찬가지로 가부장제 사회에서 하

하그

그는 대체로 경멸적인 의미로 폄훼되었다. 그러나 이전에 이들이 지녔던 영적 권위의 흔적은 여전히 남아 있다. 16세기 영어 문헌에서 '하그'는 '요정'과 동의어였다.[81] 새해 축제는 '하그메나(하그의 달)'라고 불렸다. 성직자들은 그 의식이 집 안에 악마가 있다는 의미라고 주장했지만 말이다.[82] 크론(지혜로운 노파)이라는 말처럼, 하그 역시 한때는 여신의 영혼을 품은 노년 여성을 뜻했다. 완경 후 몸 안에 남은 "지혜로운 피"가 위대한 지혜를 가져다준다고 믿었던 것이다.

하르피 Harpy

그리스 신화 속 썩은 고기를 먹는 하르피는 '뜯는 자'라는 뜻이다. 아마도 독수리 어머니를 기리기 위해 제사 때 하프를 뜯고 독수리 깃털로 만든 의복을 입었던 크레테의 장례 여사제로부터 발전한 것으로 보인다. 이들의 이집트식 이름은 무트/네크베트였다. 심지어 이시스조차도 독수리로 화하곤 했는데, 이는 죽은 자들을 실어 나른다는 의미였다. 여성의 머리와 가슴을 지닌 하르피 독수리의 이미지는

하르피
뉘른베르크 무기

여성들이 하늘에 있는 새들을 향해 죽은 자들을 내어주는 의례를 통제했던 고대의 문화 관습에서 비롯되었다.(독수리 참고)

그리스 신화에 따르면 이아손이 황금양털을 찾으러 아르고선(아르고나우타이)을 타고 가다가 트라세 동부에서 하르피 둘을 만났는데 선원들이 이들을 무찌르고 크레테섬의 동굴로 쫓아냈다고 한다.[83] 가부장적 사제 집단이 장례 의식을 장악하며 여사제들을 폄훼하기 시작하자 이들은 더러운 존재로 묘사되었다. 하지만 하르피도 **분노의 여신**들처럼 남성들이 두려워하는 죽음 여신의 무시무시한 상징으로 여겨지기도 했다. 중세 문장紋章에서 하르피는 악의적인 함의 없이 오직 위협적이고 위풍당당한 힘을 지닌 승리의 상징으로 쓰였다.[84]

히포캄푸스 **Hippocampus**

히포캄푸스는 말을 닮은 바다 괴물이라는 뜻으로 본래 '바다의 말'이라는 뜻이다. 여성 **인어**와 남성 인어가 존재했기에, 널리 퍼진 미신에 따르면 히포캄푸스는 인어들이 타고

히포캄푸스
네덜란드 목판화

다니는 말이었다. 이 관념은 아마도 바다의 신이 타는 백마를 묘사한 고전 문헌에서 비롯되었을 것이다. 시적인 상상 속에서는 파도가 밀려올 때 물보라가 일며 히포캄푸스가 갈기를 휘날리는 모습이 그려졌다. 이따금 **넵투누스의 전차**를 히포캄푸스들이 끌었다고 진짜로 믿는 사람들이 많았다.[85]

홉고블린   Hobgoblin

고블린이라는 단어는 정령을 뜻하며, 동굴이나 산의 정령인 코볼트와 같은 어근에서 파생된 것으로 추정된다. 그러나 홉고블린은 고대 로마의 라레스나 페나테스처럼 **화로**(호브)의 정령으로, 조상 **혼령** 또는 선조들의 벽난로를 지키는 수호자였다. **문지방** 아래나 중앙 화덕 밑에 가족의 시신을 묻던 고대의 관습으로 인해, 조상들의 혼령은 오랫동안 집에 거하며 집안을 보호해 준다고 여겨졌다. 훗날 시신을 묻는 새로운 관습이 생기고 시신을 매장하는 별도의 장소가 생긴 이후까지도 그랬다. 그리스도교가 들어선 뒤로는 모든 토속종교적 조상들은 일부 악마화되었고, 다른 고

홉고블린

블린들처럼 홉고블린도 시시한 마귀로 재해석되었다.

히드라 Hydra

오늘날 히드라는 공립 중학교 과학 시간에 현미경으로 연못의 물방울을 관찰하면 흔히 볼 수 있는, 섬모가 흔들리는 자그마한 폴립(원통형 해양 고착 생물)으로 알려져 있다. 그러나 그리스 신화 속 히드라는 뱀 여인 에키드나•에게서 태어난 물 괴물로, 결국 헤라클레스의 열두 과업 중 하나로 죽임을 당했다.[86] 머리는 전부 독사였는데, 헤라클레스가 하나씩 잘라낼 때마다 그 자리에 두 개의 머리가 더 자라났다. 어떤 해결책을 써봐도 점점 더 많은 문제가 생겨나는 것 같을 때 "히드라의 머리 같다"고 표현하는 이유다.

그리스의 히드라 이미지는 오징어나 문어를 모티프로 삼은 것처럼 보인다. 하지만 신화 속 존재로서 히드라는 깨끗한 물을 상징하며 심지어는 플라타너스나무 아래에서 산다고도 한다. 어떤 이들은 히드라의 많은 머리들이 물의 여사제들의 연합을 상징한다고 했고, 다른 이들은 아미모네강••이 벌린 수많은 입을 상징한다고 보기도 했다. 머리

• 그리스어로 살모사라는 뜻. 상반신은 아름다운 여성이지만, 하반신은 이름 그대로 똬리를 튼 커다란 뱀이다. 많은 신화 속 괴물들의 어머니. 히드라와 카마이라도 낳았고 아들 오르토스와의 관계에서 스핑크스 등을 낳았다. 일설에는 대지의 여신인 동시에 대지와의 관계가 깊은 괴물을 많이 낳은 가이아의 딸이라고 한다(아버지는 타르타로스). 고슴도치의 한 종류에 이 이름이 붙었고, 또 선인장의 한 종류에도 이 이름이 붙었다.

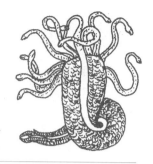

히드라
그리스 항아리

의 수는 문헌마다 달랐다. 어디서는 일곱 개, 다른 데서는
아홉 개, 또 다른 이들은 50개나 100개라고 하기도 했다.

임프 Imp

일반적으로 지옥 거주자라고 알려진 임프는 '봉오리, 새싹,
또는 자손'을 뜻하는 단어에서 유래했으며, 달리 말해 어린
마귀(악령)였다. 죽은 조상들이 지하세계에서 **혼령**(유령)으
로 살아간다고 믿었던 토속신앙에서 비롯된 개념이다. 작
은 임프들은 어린 나이에 죽은 이들로 여겨졌을 수도 있다.
영혼과 그림자를 동일시하는 고대의 인식에 따라 이들은
전부 새까만 색이었다. 죽은 자들은 그림자, 즉 '니벨룽겐
(그림자 인간)'이었으며, 영혼이 결여된 존재들에게는 그림
자가 드리우지 않는다고 믿었다.

토속종교의 유령이든 신이든 모두 그리스도교 당국에
의해 **악마**로 낙인찍혔기에, 임프의 정의는 기분 나쁜 모든
존재, 심지어 지상에서도 마녀의 **파밀리아**라고 여겨지는
평범한 동물들에까지 확장되었다. 마녀재판 기록에 따르
면 피해자 여성의 개, 고양이, 또는 여타의 반려동물들이

●●
그리스 신화에서 중요한 역할
을 하는 강이지만 샘에 가깝
다. 저자가 히드라가 "플라타
너스나무 아래 산다"고 할 때
그 위치가 바로 아미모네샘이
다. 하데스가 지하세계로 내
려간 곳, 헤라클레스가 히드
라를 죽인 곳, 지역 주민들이
매년 비옥한 토양과 성공적인
수확을 위해 신에게 기도를 드
린 곳이기도 하다.

임프

여성의 임프라고 불렸다.

그리스도교에서 덧씌운 또 다른 관념은 반항적인 아이들이 마귀에 사로잡혀서 그렇다는 것이다. 이들은 세례 당시 엑소시즘이 용납될 수 없는 이유로 실패했거나, 체인질링(요정 어린이가 인간 어린이의 몸으로 들어간 것)이라고 여겨졌다. 그래서 짓궂은 아이는 종종 '(지옥의) 임프'라고 불리곤 했다. 오늘날 이 단어는 악마화된 의미를 대부분 잃어버렸다. 이제 "임프 같은"이라는 표현은 대체로 귀여운 무언가를 묘사할 때 쓰인다.

인큐버스(인쿠부스)   Incubus

고대 세계의 사원에는 대체로 깨달음이나 치유를 원하는 이들이 영적 재생이나 부르심을 기대하며 '인큐베이트(기도하며 자며 하룻밤을 보내는 것)'할 수 있는 **자궁**방이 있었다. 주임사제들은 자궁방의 수행원이라는 뜻의 인쿠바이(인쿠부스들)였는데, 이후 그리스도교 신학에서는 여성들을 유혹하는 **마귀**(악령)로 바뀌었다. 남성적 불안과 섹스에 대한 공포로 인해 음탕한 인큐버스(인쿠부스)에 관한 이야기가

인큐버스(인쿠부스)

숱하게 만들어졌는데, 여성이 한번 인큐버스에 관심을 빼앗기면 다시는 한낱 인간 남성으론 만족하지 못하게 될 만큼 몹시 능력이 좋은 애인으로 묘사되었다.[87]

종교 당국은 이들이 아이를 낳을 수 있는지 여부를 고심하느라 상당한 시간을 허비했다. 결국 인큐버스가 여성의 형태인 서큐버스(스쿠부스 또는 수쿠바)의 모습을 하고서 잠든 남성과 성교해 에로틱한 꿈을 통해 몽정하게 만듦으로써 임신할 수 있다는 의견이 주를 이루었다.[88] 어떤 이들은 '밤의 하그'라고도 알려진 수쿠부스가 다시금 인쿠버스로 변신해 남성의 몸에서 얻은 정액으로 인간 여성을 임신시킬 수도 있다고 했다.[89] 수 세기 동안 온갖 종류의 에로틱한 침대 위 환상과 공포는 인쿠비(인쿠부스들)와 수쿠바이(수쿠부스들)의 섹스 습성을 상상하는 데서 비롯되었다.

카키나   Kachina

카키나는 호피족을 비롯한 몇몇 푸에블로 인디언 부족들이 숭배했던 다신교적 정령 집단이다. 많은 카키나는 비, 태양, 농작물, 동물 등을 관장하는 자연의 정령이다. 몇몇은

카키나
호피족 나타스카 정령

법이나 부족의 행동 강령을 관장하기도 한다. 카키나는 인디언이 아닌 이들 사이에서도 널리 알려졌는데, 인디언들이 고대의 디자인을 엄밀히 고수하며 만들어 파는 재미난 카키나 인형들 덕분이다.

코볼트   Kobold

코볼트는 눈에 띄는 법이 거의 없었다. 광산이나 땅 밑의 어두운 구멍에서 독일 광부들이 본 것은 빛나는 코볼트의 눈동자뿐이었다. 이들은 **노움**이나 난쟁이들과 딱히 구별되지 않았다. 어떤 이들에 따르면 코볼트를 다스리는 것은 티타니아의 배우자인 요정 왕 알베리히●였다.(윌리엄 셰익스피어의 『한여름밤의 꿈』 극중 인물로 잘 알려진 다른 이름은 오베론이다.) 티타니아는 헬레니즘 이전 시대 타이탄(대지 거인)과 연결되는 존재인데, 타이탄 신화 대부분은 말을 타는 아마존 부족 시기까지 거슬러 올라간다. 거듭 말하지만 코볼트라는 단어는 그리스어 카발로이, 즉 말 타는 자라는 뜻으로부터 유래했을 듯하다.

광물질 코발트는 코볼트에서 따온 이름인데, 코발트를

● 게르만계 튜턴족 신화에서는 명계의 왕으로 알려져 있다. 역시 게르만 전설인 『디트리히 폰 베른의 이야기』에도 등장한다. 여기서 알베리히는 우연히 사슴 사냥을 나온 디트리히에게 붙잡혀 보검 나겔링을 갖고 있는 거인 그림과 마녀 힐데가 사는 곳을 알려줄 테니 풀어달라고 간청한다. 디트리히가 알베리히의 안내를 받고 간 곳엔 과연 나겔링이 있었고 디트리히는 이 보검을 이용해 힐데와 그림을 쓰러트린 후 보물을 손에 넣는다. 그 보물 중엔 결코 부서지지 않는 투구가 하나 포함되어 있었는데 디트리히는 이 투구에 방금 죽인 힐데와 그림의 이름을 따 힐데그림이란 이름을 붙여주었다. 알베리히는 중세 독일의 영웅 서사시 『니벨룽의 노래』에도 난쟁이로 등장한다. 개구리나 뱀으로 변신할 수 있다.

함유한 광석을 제련하는 것이 어렵다는 이유에서였다. 광부들은 이 광물이 코볼트의 주술에 걸려 있다고 주장했다.

라미아   Lamia

라미아의 전형적인 이미지는 여성의 머리와 가슴을 지닌 **뱀**이었다. 본래 라미아는 리비아의 뱀 여신으로, 그리스인들에게는 메두사로, 이집트인들에게는 네이트라고 불렸다.[90] 라미아는 바빌론의 데르 지역에서 뱀의 몸을 가진 여인으로 숭배되었는데, 쿤달리니 뱀을 지나칠 정도로 닮은 모습이다.

헬레니즘 시대 그리스인들은 라미아를 인간화하여 자신들의 신 제우스에 의해 순결을 잃고 임신해 여러 아이를 낳았다고 보았다. 그러나 다른 한편으로 고르곤 같은 얼굴로 자신이 낳은 아이들을 집어삼키는 존재이기도 했다. 자신이 탄생시킨 존재들을 앗아가는 고대 **여신**과 똑같은 방식으로 말이다. 후대 그리스도교 전통에서는 라미아들을 뱀처럼 생긴 여성 악마 또는 뱀으로 변신할 수 있는 마녀들이라고 묘사했다. 6세기 성인이자 저술가인 브라가의 성 마

라미아

르티누스는 라미아들이 강과 숲에 사는 여성 악마라고 썼다.[91] 수 세기가 흐른 뒤, 존 키츠는 뱀 여인에 관한 공상적인 시를 쓰고 '라미아'라는 제목을 붙였다.

레비아탄

레비아탄은 위대한 **뱀**신의 히브리어 이름으로, 가나안 북부에서는 로탄/라우탄, 그리스에서는 라돈, 이집트에서는 사타/아펩이라고 불렸다. 라돈은 헤라의 정원에 있는 **생명나무**에 매달린 신령한 열매를 지키는 수호신으로, 에덴동산에 등장하는 장면은 이를 모방한 이야기로 보인다. '꿈틀거리는 자'라는 뜻의 레비아탄은 모세가 숭배하기 시작했으나 훗날 히즈키야(히스기야)에게 망신을 당한 **뻔뻔한 뱀** 네후슈탄의 다른 칭호이기도 했다.(「열왕기하」 18:4)● 사제 계층인 레위 지파의 이름은 히브리 뱀신인 레비아탄에서 따온 것이다. 1세기 영지주의 유대인들은 그를 오피온(뱀, 오피스)이라는 이름으로 숭배했으며, 그가 진정한 천상세계의 왕이었는데 야훼가 그의 왕국을 **빼앗았다**고 했다.[92]

그리스도교에서 레비아탄을 악마화하고 유명한 지옥의

● "그(히즈키야)는 산당들을 철거하고 석상들을 부수고 아세라 목상들을 찍어버렸다. 그리고 모세가 만들었던 구리뱀을 산산조각 내었다. 이스라엘 사람들이 그때까지 느후스탄이라고 불리우던 그 구리뱀에게 제물을 살라 바치고 있었던 것이다."

레비아탄
16세기 그림

존재로 바꿔놓은 것은 바로 이 신이 야훼의 라이벌 신이었기 때문이다. 이와 동시에 바다뱀 레비아탄은 (오케아노스와 마찬가지로) 고래와 동일시되었고, 지금도 고래는 시적인 맥락에서는 레비아탄이라고 불리기도 한다.

마카브르 Macabre

마카브르는 중세 성사극에서 핵심적인 역할을 한 프랑스식 죽음의 상징으로, 배우는 보통 해골 의상을 입거나 커다란 낫 또는/그리고 모래시계를 들고 무대에 올랐다. '죽음의 무도(마카브르 춤, 독일어로는 토텐탄츠)'는 이 연극의 하이라이트로, 관객에게 죽음의 공포와 병적인 속성이 지척에 도사리고 있으며, 그렇기 때문에 더더욱 자기 안에 존재하는 불멸의 영혼에 집중해야 한다는 사실을 일깨워주었다.

15세기 종교 팸플릿에 실린 삽화를 보면 당시 예술가들에겐 골격 해부학에 대한 개념이 거의 없었음을 알 수 있다. 교회에서 인체의 실제 구조를 연구하려는 목적으로 시체를 사용하는 것을 금지했던 까닭이다. 그러나 이들은 아는 게 거의 없는 상황에서도 최선을 다해 생동감 있고 매혹적

마카브르

●
이들은 원래 남성과 여성으로 이루어진 두 명의 고행자였다. 묘지 근처에서 깊은 명상에 잠겨 있던 그들은 몰래 다가온 도둑을 알아차리지 못했다. 도둑은 두 사람을 참수해 흙 속에 던져버렸고, 두 사람은 다음 단계의 수행에 도달할 수 없게 되었다. 그래서 이들은 묘지를 지나가는 도둑과 범죄자를 잡는 혼령이 되었다. 티베트 승려들은 매년 두 차례 이를 재현하는 의식에서 춤을 추고 나팔을 분다. 이 춤은 죽음과 재생의 상징이기도 하다. 해골 형태는 생명의 무상함과 영원한 변화를 상기시켜준다. 묘지의 수호신으로 묘지와 화장터의 주인으로 알려져 있다.

●●
모든 오리샤족의 어머니이자 인류의 어머니. 특히 나이지리아의 오군강과 쿠바와 브라질의 바다의 수호신인 오리샤이다. 모성애가 강하고 보호심이 강하며 모든 자녀를 깊이 돌보고 위로하고 슬픔을 씻어주는 것으로 알려져 있다. 여성의 불임을 치료할 수 있다고 하며, 소라껍질은 여신의 부를 상징한

인 그림을 그려냈다.

유럽 성사극 속 마카브르는 초기 르네상스 시대 동양의 영향을 보여준다. 그로부터 수 세기 전, 인도와 티베트에서는 해골 복장을 한 사제들이 비슷한 춤을 추었던 것이다. '시타파티'●라고 불린 죽음의 무도는 남녀 한 쌍이 시체를 발아래 두고 두개골이 달린 지팡이를 손에 든 채 춤을 추는 것이 특징이다.[93]

인어

Mermaid

인어는 **여신**이라는 존재를 우주의 **자궁**인 바다와 연결하는 까마득한 전통으로부터 만들어졌다. 물고기 꼬리를 지닌 아프로디테, 그와 비슷한 시리아의 인어 여신 '티르가타(아타르가티스)'는 물고기 꼬리를 지닌 또 다른 존재인 팔레스타인의 여신 '데르세토(데르의 고래)'와 동일시되었다.[94] 여성 인어와 남성 인어는 허리 위쪽으로는 인간이며 그 밑으로는 물뱀인 나가스라는 존재로 인도에서도 나타난다. 이들은 샘물과 강에 살며 수중 궁전의 보물을 지켰다.[95] 아프리카의 인어 여신으로 널리 알려진 예마야(예모야, 예모자,

예만자)●●는 머리카락이 기다란 녹색 해초 가닥이었고 조개껍데기 장신구를 단 모습이었다고 전해진다.

중세 연금술 문헌에서 인어는 왕관을 쓰고 깨달음의 젖을 흘리는 '철학자들의 사이렌'으로 묘사되었다. 보통 나체로 묘사되었지만, 그림에서와 같이 몇몇 문헌에서는(아마도 이후에 추가된 내용일 것이다.) 수수한 상의를 걸친 모습으로 그려지기도 했다. 19세기 말까지도 자국 해역에서 발견되는 모든 인어는 왕실 소유라는 주장이 영국 법령에 들어 있었다.[96]

가장 잘 알려진 전설 속 인어는 아무래도 레몽 드 푸아티에●●●와 결혼해 루시냥에 자신만의 성(샤토드루시냥)을 지은 멜뤼진(멜뤼지나)●●●●일 것이다. 멜뤼진은 일주일에 하루는 철저히 프라이버시를 지키며 욕조 안에 들어갔는데, 그때마다 물고기 꼬리가 나타났기 때문이다. 하지만 결국 비밀이 탄로나 추방당하고 말았다. 전해지는 이야기에 따르면 멜뤼진은 보름달이 뜰 때마다 자녀들을 보살피기 위해 돌아왔다고 한다. 루시냥에서 멜뤼진의 통곡 소리가 들려오면 왕이 죽었다는 뜻이다.[97]

다. 쉽게 화가 나지 않지만 한번 화가 나면 격렬한 홍수처럼 파괴적이고 폭력적일 수 있다.

●●●
1136년부터 안티오키아의 공작이었다. 비잔티움 제국과 분쟁을 벌였으며 이슬람의 누르앗딘과 전투에서 붙잡혀 처형당했다. 프랑스 중서부 푸아티에 출신이다.

●●●●
특히 프랑스, 룩셈부르크, 저지대 북부 및 서부 지역과 관련이 있다. 1308년부터 1437년까지 신성 로마 제국과 보헤미아 왕국, 헝가리 왕국을 통치한 림부르크-룩셈부르크가, 잉글랜드 왕국을 통치한 앙주가, 키프로스 왕국, 킬리키아 아르메니아 왕국, 예루살렘 왕국을 통치한 뤼지냥가 등의 가문들은 민화와 중세 문학에서 멜뤼진의 후손으로 묘사된다. 자기가 목욕하는 모습을 보지 않았다고 맹세하는 귀족과 결혼한 다음, 그 맹세가 깨지면 그를 떠나 날개를 펴고 변신하는 패턴이 모든 이야기에서 반복된다. 『파르치팔』과 『로엔그린』에 영감을 준 백조기사 전설과도 유사하다.

동양의 미노타우로스인 야마

미노타우로스 Minotaur

황소 가면을 쓴 지하세계의 왕으로 고대 크레테의 미로에 사는 미노타우로스는 지금도 힌두교와 불교 예술에서 모습을 드러낸다. 역시나 황소 가면을 쓴 야마●는 지하 미로의 지배자다. 크레테 설화에 따르면 그는 신성한 황소 타우로스와 왕 미노스가 결합된 존재로, 실제로는 '달에 바쳐진 자'라는 뜻을 가진 여러 왕들을 한데 일컫는 이름이었다. 희생제물이 된 이집트의 황소 신 아피스와 마찬가지로, 미노타우로스는 제물로 바쳐진 동물이자 황소 가면(왕족이 쓰던 것)을 쓴 존재이기도 했다.

이로 인해 고전 신화 속 미노타우로스는 크레테 여왕 파시파에와 희생제물이 된 황소 사이의 기괴한 정사로 탄생한 인간-황소 괴물로 묘사되었다. 이 신화의 진짜 의미는 "소뿔을 쓴 달의 여사제와 황소 가면을 쓴 미노스 왕이 참나무 아래서 결혼 의례를 치렀다."는 내용이다.[98]

테세우스가 미로 안에 들어가 미노타우로스를 죽였다는 이야기는 아테나이와 크레테 간의 전쟁을 상징한 것이 분명하다. 또 테세우스가 크레테 배의 깃발에 그려진 "바

● 원래 고대 인도의 브라흐만교에서 사후세계를 관장하는 신으로 인도의 불교가 중국으로 전래되는 과정에서 인도식 불교의 야마라자(야마)가 도교의 중국식 태산부군과 혼합되어 염라대왕이 되었다고 한다.

다의 황소"를 죽였다는 주장도 있는데, 그 그림에는 미노스 왕실 토템이었던 달 황소가 그려져 있다.

무사이(뮤즈) Muse

음유시인들은 종종 자신들만의 뮤즈에 대해 이야기하곤 했다. 많은 경우 아내나 연인 등 인간 여성의 형상을 한 뮤 즈는 남성 시인의 창조적 에너지를 일깨워 주는 존재였다. 여성이 영감을 주고 남성이 창조한다는 것이 지론이었다. 사실상 여성의 내면에는 진정한 예술적 창조성이 없다는 성차별적인 주장이었다. 하지만 본래 무사이는 불로써 남 녀 모두의 마음을 비추는 여신이었다. 힌두교의 샤크티 여 신처럼 무사이는 자신이 재능을 불어넣어 준 이들에게 좌 도左道●●를 가르쳐주었다. 우리는 지금도 창의적인 사람들 이 "천부적인" 재능이 있다고 표현한다.

　가장 오래된 전통에 따르면 무사이는 삼중여신을 상징 하는 삼인조였다. 그중 첫째는 '기억'을 뜻하는 므네모시네 로, 이 여신 없이는 시인이 시를 읊는 게 불가능했기에 가장 중요한 선물이었다.[99] 세 그레이스처럼 태초의 세 무사이

●●
은비학, 밀교에서 마술 행위 를 나누는 이분법이다. 산스크 리트어로 좌도를 바마마르가, 우도를 닥시나카라라고 한다. 선악의 구분은 아니지만 서양 에서 이 힌두교 개념을 수용하 면서 좌도를 악한 것(흑마술), 우도를 선한 것(백마술)으로 오해한 이들도 있다고 한다.

무사이

바버라 워커 타로 덱 중 컵 7번 카드

들은 어떠한 예술 분야에서든 평균 이상의 역량을 보여주었다. 이후에는 아홉 명으로 늘어났다(**무사이의 별** 참고). 알렉산드리아에 있는 무사이들의 위대한 신전은 '뮤지엄'이라고 불렸다. 현대의 박물관과는 달리 이곳은 예술 학교에 가까웠는데, 초기 그리스도교 시대에 파괴되었다.[100] 그럼에도 무사이의 이름을 따서 '음악music'과 '즐거움amusement'이라는 명사, 그리고 내적인 영감을 탐구한다는 뜻의 '사색하다muse'라는 동사가 탄생했다.

닉시 Nixie

게르만 전설에 따르면 닉시는 **인어**처럼 물고기 꼬리를 지닌 물의 정령이었다. 닉시는 그리스 신화의 네레이데스를 많이 닮았는데, 이들은 강, 샘물, 웅덩이, 호수, 바다의 여성 정령이자 자연 일반의 여신이었다가 후대에 격하된 존재였다. 네레이데스는 그리스도교 당국에 의해 "여자 악마들"이라고 불렸으며, 그들의 우두머리는 뱀 꼬리를 지닌 **라미아**였다.[101] 닉시의 또 다른 이름은 운디네였다. 원초적 어머니에게서 난 첫 아이이자 물에 깃든 존재로, 밀레토스학파

닉시
16세기 목판화

의 창시자인 탈레스는 물을 우주의 양수와도 같은, 모든 것에 앞서는 최초의 물질이라고 칭한 바 있다.[102]

세계 창조 당시 어두운 물의 심연을 떠돌던 원시적 여신을 숭배한 밀교 이름은 닉스('밤 어머니'라는 뜻)였다. 이 여신은 훗날 성경에서 성별을 바꾼 후 심연(깊은 구멍)을 따라 움직이는 성령이 되었다.[103] 닉시는 아마도 이 여신의 딸들일 것이다. 게르만 전통에서 이들의 어머니 이름은 '뇌트'인데, 역시나 '밤 어머니'라는 뜻이다.[104]

노른   Norns

스칸디나비아 설화 속 노른들은 삼중여신의 가장 오래되고 신비로운 형상 중 하나다. 그리스의 모이라이나 색슨족의 **이상한 자매들**처럼, 이들은 각각 과거, 현재, 미래를 상징했다. "되다, 되어가고 있다, 될 것이다."[105] 이들은 세계나무 뿌리에 자리한 마법의 자궁-동굴에 살면서 모든 존재의 운명을 결정했다. 사람들은 달의 세 가지 위상인 초승달, 보름달, 그믐달을 이들의 모습으로 여겼다. 노른들은 하늘 아버지(오딘)와 다른 모든 신을 다스리며 이들 삶의 기한

노른들

을 정하고, 최후의 날에 모든 신을 종말에 이르게 할 우주의 질서를 세웠다.[106]

노른들은 칼리처럼 창조자이자 보존하는 자이며 동시에 파괴자인 위대한 인도유럽 여신을 모티브로 삼는데, 이들은 신비로운 생명의 샘인 우르다르브루느르(우르드의 우물)●도 관장했다. 우르드는 노른들의 맏이로, 어머니 대지의 이름과 어원이 같으며 고대작센어로는 기묘한 Weird '운명'을 뜻했다. 위르드, 우르드 Wurd, Urd, 우르트 Urth, 웨르드 등으로도 불린다. 노른들 중 둘째는 베르단디, 셋째는 스쿨드라고 불렸는데, 색슨족은 죽음의 여신이라는 뜻으로 '스카디'라고도 칭했다. 스칸디나비아라는 지역 전체가 이 이름을 따라 지어졌다. 스코틀랜드 역시 스카디의 이름을 라틴어로 표기한 스코티아에서 따왔다.[107]

다른 여성적 삼위일체와 마찬가지로 노른들의 유산도 그리스도교의 삼위일체로 흡수되었다. 가부장제 전통하에서 이들은 '요정'이나 '마녀'로 단순화되었지만, 그리스도교가 세상을 장악한 천 년의 시간 동안 무시무시한 힘의 아우라를 간직했다.

●
노르드 신화에 나오는 우물 또는 샘물이다. 『고 에다』 및 『신 에다』에서 언급되며, 두 문헌에서 모두 세계나무 위그드라실 아래에 있고 노르니르 세 자매(우르드, 베르단디, 스쿨드)와 관련된다.

님프
그리스 얕은 부조

님프 Nymph

'님파이아이'라고 불렸던 고대 그리스 신전들은 신성한 샘들 가까이 있었다. 이 신전들을 운영했던 이들은 결혼을 하지 않은 여사제들로 이루어진 단체^{college}들이었다. 복수형으로 님파이라고 불리는 이들은 본래 결혼적령기의 젊은 여성을 뜻했다. 결혼을 하지 않아 *처녀*의 원래 의미 그대로 남성에게서 독립적인 존재로 여겨졌다. 훗날 이들이 제우스, 헤르메스, 프리아포스 등의 신전을 받들게 되었을 때 님프들이 '신의 신부'가 되어 신비로운 결혼식을 올렸기에 이 단어는 신부를 뜻하게 되었다.[108] 로마 시대에 이르면 님파이에는 결혼식 전용으로 쓰이는 신전을 가리켰다.[109]

중세 시대에 이르면 '님프'는 요정, 마녀, 혹은 나무 님프나 강 님프, 산 님프 등과 같은 자연 정령과 동의어가 되었다. 이들의 성적인 함의는 전설 속에서 달의 영향을 받아 난잡하게 지내는 기간(님포마니아)으로 보존되었다.

오그르 Ogre

오그르라는 단어는 '죽음의 주님'이라고 불린 노르드족

오그르

의 신 오딘의 칭호 위그('끔찍한 자'라는 뜻)에서 파생된 말이다.[110] 오그르는 종종 **키클롭스**처럼 눈이 하나인 존재로 나타났다. 이는 오딘이 마법과 룬 주문에 관한 여성들의 비밀을 알아내려고 눈 하나를 포기한 외눈 신이었던 까닭이다. 오딘은 다른 모든 토속종교 신들과 더불어 악마화된 데다 특히나 더 무시무시한 존재로 묘사되었기에, 사람들은 오그르를 추하고 악한 존재이면서 엄청난 힘과 파괴력을 지닌, 사람을 닮은 괴물로 그리는 것을 좋아했다.

우로보로스 Ouroboros

우로보로스는 대부분의 사람들이 지구가 평평한 원반 모양이라고 생각하던 시절 지구를 둘러싸고 있다고, 혹은 신비로운 '세계의 알'을 품고 있다고 여긴 위대한 '세계 뱀'의 이름으로 영지주의에서 사용되었다. 이 뱀을 부르는 다른 이름들로는, 근동 지역의 타우투스^{Taaut},● 이집트의 토트 혹은 사타, 그리스의 **헤르메스** 혹은 제우스 메일리키오스, 인도의 바스키, 그리고 오피스파 그리스도교인들이 예수 그리스도와 동일시했던 오피온(오피스) 등이 있다. 유대계

● 산쿠니아톤은 페니키아에서 문자를 발명했다고 전해지는 신-인간으로, BC 20세기경 고대 페니키아의 현자이자 사제, 작가이다. 에우세비오스의 『복음의 예비^{Praeparatio Evangelica}』에는 산쿠니아톤의 페니키아 역사를 비블로스(1~2세기경 페니키아 출신 로마 역사가)가 정리한 내용이 수록되어 있다. 산쿠니아톤에 따르면 타우투스는 이집트와 알렉산드리아의 토트, 그리스의 헤르메스와 같은 존재라고 되어 있다.

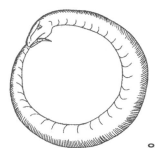

우로보로스

영지주의자들에게는 '나하시/네후스탄'이라고 불렸는데, 모세가 숭배하기 시작했지만 이후 히즈키야(히스기아)가 무너뜨렸다.(『민수기』 21:8, 『열왕기하』 18:4)● 이 신적 존재는 이전에 존재한 네후스타 여신이었으며, 힌두교에서 세상을 창조한 뱀의 이름 중 하나인 나후스하와 동일할지도 모른다.**111** 뱀 항목을 참고하라.

여러 전통에 따르면 '세계의 알'을 보호하는 최초의 뱀은 여성이자 어미 뱀으로, 인도의 무한자 아난타 또는 이집트의 감싸는 자 메헨(우아지트, 부토, 우라에우스라고도 불린다.) 등이 그 예시다. 수컷 뱀은 가부장제가 단단히 확립된 후에야 알의 수호자가 되었다. 수컷 뱀이 자신의 꼬리를 삼키는 행위(끝없는 순환의 고리를 만들기 위해서)는 암컷 뱀이 수컷을 삼켜 스스로 수정한다는 원시적 관념에 근거한 것이다. 플리니우스●●가 발표한 이 개념은 그리스도교 유럽 전역에서 엄숙히 받아들여졌다.**112** 때로 우로보로스는 중성적 존재이기도 했고, 짝짓기하는 한 쌍의 뱀이 서로의 꼬리를 삼키는 모습으로 그려지기도 했다.

한때 이 뱀의 이미지는 자연의 모든 생명을 상징하는 것

● "야훼께서 모세에게 대답하셨다. '너는 불뱀을 만들어 기둥에 달아놓고 뱀에게 물린 사람마다 그것을 쳐다보게 하여라. 그리하면 죽지 아니하리라.'" "그는 산당들을 철거하고 석상들을 부수고 아세라 목상들을 찍어버렸다. 그리고 모세가 만들었던 구리뱀을 산산조각 내었다. 이스라엘 사람들이 그때까지 느후스탄이라고 불리우던 그 구리뱀에게 제물을 살라 바치고 있었던 것이다."

●● 가이우스 플리니우스 세쿤두스, 흔히 대플리니우스라고 부른다. 1세기경 고대 로마의 박물학자, 정치인, 군인. 로마 제국의 해외 영토 총독을 역임하는 한편, 자연계를 아우르는 백과사전 『박물지』를 저술했다.

으로 강력한 숭배의 대상이었다. 여성인지 남성인지 중성인지 모를 그것의 이미지 아래에는 종종 그리스어로 '헨토판(Hen to pan, Hen Kai Pan, 하나이자 모든 것)'이라는 제목이 붙어 있었다.[113] 우로보로스는 지구의 모든 땅을 감싼 외해를 인격화한 물뱀 오케아노스와 동일시되기도 했다. 노르드인들은 이를 '미드가르드-보름'이라고 불렀다.[114] 일본에는 바다의 용 코시가 있었는데, 러시아 민담에 등장하는 불멸의 코시케이, 즉 지하세계를 에워싸고 있는 거대한 뱀도 이와 상통하는 존재다.[115] 이 뱀들은 그리스도교에서 말하는 '거대한 뱀' 사탄과도 분명 닮은 점이 있다. 어떤 이들은 지금도 거대한 뱀이 땅 밑에서 꿈틀거리면 지진이 일어난다고 이야기한다.

파리(페리)   Peri

파리(페리)는 페르시아-아랍 버전의 요정, 즉 가부장제 이전(이슬람교 이전) 시대의 유물이자 대체로 여성인 정령이다. 파리들이 '딘니', 즉 타락한 천사들이라는 주장도 있었다. 혹은 인도의 샤크티처럼 여성적인 영혼의 안내자들이라고

페리
16세기 페르시아 모형

하는 이들도 있었다. 수피교도들은 개개의 남성에게 존재하는 페리를 그의 피르('여주인에 대한 사랑'이라는 뜻)라고 받아들였는데, 이는 마치 탄트라교의 요기니(여성 수행자)처럼 성적 신비주의의 스승이라는 뜻이다. 때로 파리는 죽은 영웅이나 현자에게 성적인 기쁨을 선사하는 천상의 **님프** '후리'와 동일한 존재라고 여겨지기도 했다.

이러한 모든 관념과 더불어 이 요정 동반자는 남성 영혼 안에 있는 여성적인 부분, 즉 아니마나 프시케로 여겨지기도 했다. 이 개념은 가장 오래된 모계사회의 믿음 중 하나로부터 전승된 개념으로, 부성이 인식되고 인정되기 훨씬 전부터 진화해 온 것이다. 다시 말해, 여성적인 원리란 생명을 주며 생각하고 느끼고 살아 있는 영인데, 이것이 어머니에게서 모든 아이들에게 심어지며 모든 세대에 걸쳐 되풀이된다는 것이다. 이런 관념은 훗날 유럽 교회에서 원죄가 대물림된다고 상상한 방식과 상당히 유사하다. 아르메니아에서는 파리가 남성이 지닌 여성적이며 감수성 풍부한 영혼이라는 점을 많은 이들이 이해하고 있다. 남성들은 애정을 표현할 때 이렇게 말한다. "나의 파리는 당신을 깊이 사랑합니다."**116**

파리는 일종의 **무사이(뮤즈)**로 볼 수도 있다. 영감의 내적 원천이거나, 사랑하는 이와의 관계에서 외적으로 주어지는 고양된 감흥이라는 점에서 그렇다.

푸카

아일랜드 전설 속 푸카는 마법의 동물 정령으로, 주로 **말**의 모습을 띠었지만 사람 형상으로도 나타날 수 있었다. 푸카를 본다는 것은 죽음의 징조였다. 푸카가 말의 모습으로 그려진 것은 켈트족 종교에서 목숨이 다한 영웅들을 낙원으로 데려다주는 말 정령에 대한 믿음을 따른 듯하다. 그리스 신화 속 날개 달린 말처럼 말이다.

요정 같은 존재인 푸카는 고대 영어로 'puca'로 쓰이는데, 같은 어원에서 스푸크(유령)과 퍽(요정)도 유래했다.**117** 요정에 대한 이러한 고대의 믿음은 퍽스타운, 퍽페어Puck Fair 등 아일랜드 지방 이름, 축제 이름으로 지금까지 남아 있다.**118** 푸카는 지금도 외지거나 외딴 곳, 특히나 습지나 늪지대에서 이따금 목격담이 나온다.

푸카

스코틀랜드의 호수에 사는 변
신 능력이 있는 물귀신이다.
보통 말의 형상을 하고 있지만
사람의 모습을 할 수도 있다.
일부 기록에서는 켈피가 사람
으로 변신했을 때에도 발굽
이 남아 있다고 하는데, 이는
1786년 로버트 번스의 시 「악
마 전상서」가 보여주는 것처
럼 켈피를 사탄과 결부시키는
그리스도교적 암시를 풍긴다.
특정한 요정의 한 종류를 가리
키기보다는 물귀신 전체를 가
리키는 대명사로 사용되기도
한다. 네스호의 괴물도 켈피
의 일종이다.

스코틀랜드에서는 이 존재를 켈피°라고도 불렀다. 이
존재는 때론 바다표범의 형상, 때론 파도의 포말 같은 갈기
를 한 백마의 형상으로 나타나는 물의 정령이었다. 백마의
경우 인도유럽 지역에서는 바다(마리아)에서 태어난 우주
적인 신 혹은 구원자 영웅의 재림을 상징하는 중요한 존재
였다. 힌두교도들은 그를 부처의 최종적 현현이라는 뜻으
로 '칼키 아바타라'라고 불렀는데, 이는 이후에 비슈누의
화신 중 하나가 되었다. 세상의 종말에 마지막으로 등장할
때, 신은 백마(칼킨)를 타거나 혹은 백마(칼킨)로 나타날 것
이라고 전한다.[119]

프시코폼포스 · Psychopomp

그리스어로 프시코폼포스는 저승으로 가는, 저승에 있는,
혹은 저승을 통과하는 영혼들의 '안내자', '지도자', '운반
자'를 뜻했다. 헤르메스, 카론, 페르세포네, 오르페우스, 죽
음의 개들, 날개 달린 말들, 하르피, 그리고 썩은 고기를 먹
는 독수리 등을 프시코폼포스라고 불렀다. 천사, 발키리,
또 영혼들을 "푸른 초원"으로 인도하는 "선한 목자" 오시

리스 같은 구세주도 프시코폼포스였다. 인도에서는 죽은 자들의 왕인 야마, 이와 언어적 혈통이 같은 페르시아의 이마(찬란한 자)도 프시코폼포스였다. 그리스도교인들은 독실한 자들을 천국으로 인도하는 그리스도 예수는 물론이고 다양한 **성인**들 역시 프시코폼포스라고 여겼다. 평신도들은 이 과정을 구원^{salvation}으로 이해했다.

프시코폼포스의 개념은 죽음의 불가피성에 대한 인간의 인식, 그리고 죽음을 있는 그대로 직면하지 않고 회피하고자 하는 인간적 욕망만큼이나 오래되었을 것이다. 그랬기에 이집트의 오시리스 숭배자는 구세주를 향한 확고한 믿음을 지니고 이렇게 말한 바 있다. "나는 부식되지 않고 썩지 않을 것이며, 부패하지 않을 것이며, 벌레로 변하지 않을 것이며, 어떤 식으로든 변형되지 않을 것이다. [……] 나는 살 것이요, 나는 살 것이다. 나는 번성할 것이요, 나는 번성할 것이요, 나는 번성할 것이다. 나는 평화 속에 깨어날 것이다."[120]

레버넌트 Revenant

말 그대로 '다시 돌아오는 자'라는 뜻으로, 보통 죽음으로
부터 어떤 방법으로든 빠져나와 지상으로 돌아온 인간의
모습으로 그려진다. **혼령(유령), 뱀파이어**, 또 서인도 지역
의 좀비처럼 걸어 다니는 시체 형상 등이 그 예다. 그리스도
교에서는 죽은 자들의 영혼이 지상에서 떠난다고 가르쳤
지만, 그리스도교 공동체와 심지어는 그리스도교 신학 전
반에 걸쳐서도 시체가 마술적이거나 악마적인 수단을 통
해 다시 움직일 수 있다는 미신이 만연했다. 죽은 영혼이 살
아 있는 듯 움직일지도 모른다는 공포가 널리 퍼져 있었기
에 묘지는 항상 기피의 대상이었다. 레버넌트에 대한 믿음
의 중요한 원인은 아마도 꿈속에 나타나는 죽은 자들의 형
상이었을 것이다. 사람들은 꿈에서 본 이미지들을 현실이
라 믿는 경향이 있었기 때문이다.

　상징으로서 레버넌트는 죽음의 공포와 환생에 대한 고
대적 믿음이라는 두 가지 유산을 모두 보여준다. 전 세계에
보편적으로 존재하는 이런 상징은 사람들로 하여금 죽은
자들이 어떤 식으로든 돌아올 수 있다고 안심하게 만드는

측면도 있었다. 하지만 죽음이라는 사실로 인해 영영 변해 버렸기에 죽은 자들은 산 자들에게 적대적이거나, 그들을 질투하거나, 뱀파이어의 경우처럼 피에 굶주린 존재로 나타나기도 했다. 토속종교 전통에서는 종종 죽은 자들의 귀환을 흉내 냄으로써 공포를 해소하기도 했는데, 이는 **핼러윈** 유령들에게서 보이는 것처럼 지금까지도 장난스럽게 지속되고 있다.

성인 Saint

그리스도교의 성인숭배는 유일신을 섬기는 척하면서 사람들이 원했던 토속종교의 다신교 사상을 보존하려 했던 전략이었다. 실제로 수많은 토속종교의 신들이 그리스도교로 편입되어 가짜 성인으로 새롭게 꾸려졌으며, 그럼으로써 이들을 향한 대중들의 숭배가 다른 데로 향하지 않고 교회에 이익을 가져다줄 수 있게끔 했다. 성인 만들기가 성행하기 시작한 것은 9세기부터였는데, 당시 성인 전기 작가들은 옛 토속종교 영웅들에게 가상의 생애와 순교 이야기를 열심히 덧붙였고, 수익성 높은 유물을 찾기 위해 오래된

● 6~7세기경. 성인언행록 전통에 따르면 아일랜드에서 대륙으로 선교 여행을 떠난 골롬바노의 제자이자 전통적인 열두 명의 동반자 중 한 명이었다. (현재 스위스 지역) 숲을 여행하던 갈루스가 저녁이 되어 쉬면서 불에 손을 녹이고 있을 때 곰한 마리가 숲에서 나타나 돌격했다. 성자는 곰을 꾸짖었고, 곰은 두려워하며 나무 위로 몸을 숨겼다. 잠시 후 곰은 장작을 모아 갈루스에게 가져다주고 함께 몸을 녹였고, 남은 시간 동안 갈루스의 동반자, 파밀리아가 되었다. 그래서 성 갈루스는 항상 곰과 같이 그려진다.

●● 1130-1166. 특히 전염병이 창궐할 때 기리는 성녀. 1624년 전염병이 이탈리아의 팔레르모를 덮쳤을 때 로살리아는 병든 여성에게 모습을 보이고, 사냥꾼에게 자신의 유해가 있는 장소를 알려주었다. 유해를 가져와 성녀가 말한 대로 세 번 도시를 행진한 후 전염병은 멈췄다. 이때부터 팔레르모의 수

공동묘지를 샅샅이 뒤져 성유물이라고 알려진 것들을 찾아냈다. "그들은 해골에 이름을 붙이고 그 이름을 대할 적절한 행위들을 만들어냈다."[121]

성인전에 포함된 토속종교 신들 중에는 디아나, 아르테미스, 카스토르와 폴룩스, 헬리오스, 바쿠스, 디오니소스, 네레우스, 아프로디테, 메르쿠리우스, 실바누스, 심지어는 부처도 있었다.[122] 아크라이 지역의 위대한 여신 키벨레의 다양한 이미지들은 한꺼번에 산토니('성인들'이라는 뜻)로 시성되었다.[123] 700여 년 전 네로와 디오클레티아누스 황제 등의 치하에서 벌어진 유명한 로마 박해의 순교자들 이야기도 이 시기에 발명되었다. 실제 로마 시대 당시의 순교에 관한 구체적인 기록이 존재하지 않았기 때문이다. 성인 이야기의 저자들은 오래된 묘비에서 무작위로 이름을 골라 순교 이야기를 필요에 따라 만들어냈다. 실제 로마에서는 일반적으로 종교적 관용이 기본 정책이었기에, 로마 시대와 비교도 되지 않는 박해를 일삼고 훨씬 더 많은 순교자를 야기한 것은 초기 그리스도교 교회였다.[124]

성인들은 알고 보니 탁월하게 유능한 모금전문가(펀드레

이저)들이기도 했다. 성유물은 치유의 부적으로 수요가 굉장했고, 이러한 의학적 활용에는 언제나 금전적 기부가 따랐다. 14세기에는 성인의 뼈를 담근 포도주를 마시면 정신병이 낫는다고 믿어지기도 했다. 물에 담근 성인의 머리카락 한 올은 속을 비워주는 약으로 널리 쓰였다. 성 갈루스●의 무덤 앞에서 타오르는 램프의 기름은 종양 치료에 권장되었다.[125] 유럽 전역의 교회들은 각자 자기네 지역의 성인에게서 나온 손가락뼈, 치아, 옷 조각, 머리카락, 두개골을 비롯한 납골묘의 여러 부스러기들이 기적적인 치료 효과를 낸다고 홍보했는데, 이것들은 대부분은 유럽 최고의 장인이 보석으로 장식한 금제나 은제 성유물함에 담겼고 천문학적인 가치를 자랑했다. 그런데 이런 성유골에는 많은 경우 인간의 유해가 사용되지도 않았다. 그 유명한 로살리아 성인●●의 치유의 뼈는 염소 뼈로 밝혀졌고, 성녀 우르술라●●●의 뼈 1만 1000개 대부분은 돼지 뼈였다.

중세 교회는 그리스도보다도 성인들의 전설과 숭배에 더 많은 관심을 쏟았는데, 이는 아무래도 성인들이 더 수익성이 좋을 뿐 아니라 인간의 자연스러운 다신교적 성향

호성인으로 숭배되었으며, 유해가 발견된 동굴에 성소가 세워졌다. 2020년 팔레르모의 일부 시민들은 코로나19로부터 도시를 보호하기 위해 로살리아의 기도를 청했다.

●●●

성녀와 그를 따르는 처녀들이 순례를 마치고 돌아오다가 쾰른에서 훈족 아틸라에게 살해당했다는 이야기는 10세기에 기록된 성인전에서 유래했는데, 이 성인전은 6세기에 독일 쾰른의 고대 그리스도인들 묘지에서 젊은 여인들의 유골이 발견된 것에 바탕을 두고 있다. 묘비에는 열한 살 난 여자아이 우르술라의 이름이 기록되어 있었다. 이에 대한 해석이 와전되어 그녀가 1만 1000명의 처녀들과 함께 순교했다는 전설이 생겨났다. 『황금전설』은 다시 이야기를 개작하며 최초의 동정녀 순교자들과 성 아우리시오나 아카키오와 같은 성인들의 전설에 나오는 내용을 뒤섞었다.

을 만족시켜 주었기 때문이다.[126] 오늘날에도 숭배되는 가
장 유명한 성인들 중 일부는 사실 역사와는 거리가 멀다. 잉
글랜드, 스코틀랜드, 아일랜드, 웨일스의 수호성인은 전부
가상의 인물이다. 프랑스의 수호성인인 생드니(성 디오니시
오)는 신탁의 능력이 있는 머리를 숭배하던 오르피즘 신비
주의에서 중요한 신인 디오니소스를 변형시킨 것에 불과하
다. 몽마르트(순교자의 산)에서 참수당한 생드니가 자신의
잘린 머리를 팔 밑에 끼우고 지금의 수도원 자리로 걸어갔
다는 얼토당토않은 전설이 생겨난 이유다.[127] 생드니를 1세
기 실존인물로 오해되었던 디오니시우스 주교와 동일시하
려는 시도도 있었다. 하지만 근대에 이르러 이 디오니시우
스도 허구의 인물이고 그의 저술 역시 6세기에 쓰여진 것
임이 밝혀지면서 이런 시도는 물거품이 되었다.[128]

사티로스 Satyr

사티로스는 그리스인들이 '판'이라고 불렀던 폰과 마찬가
지로 야생 자연의 뿔 달린 신을 형상화한 존재였다. 특히나
성적 욕망의 정령을 대표하는 존재가 되었는데, 이 때문에

섹스를 죄악시하는 그리스도교 당국은 사티로스를 편하게 **악마**로 여길 수 있었다. 그리스인들은 이집트 신 아멘-라를 사티로스의 신적 형상인 판과 동일시했는데, 이는 판이 헬레네인들이 만들어낸 변변찮은 숲의 정령이 아니라 적어도 일부 지역에서는 강력한 천상의 왕으로 여겨졌다는 사실을 보여준다. 그리스에서 아멘-라의 신령한 도시 켐미스(아크비트)●는 '파노폴리스'라고 불리기도 했다. 이는 '판의 도시'라는 뜻으로, 정교한 종교 장식을 뜻하는 단어 '파노플리'도 여기서 유래했다. 그리스 작가들은 이 도시에 "판과 사티로스가 살았다"고 말하곤 했다.**129**

위의 그림 속 로마 사티로스의 머리 위엔 한 번 꼬인 숫양 뿔이 수평으로 뻗어나간 모습으로 그려져 있는데, 이집트 신을 나타낼 때 흔히 쓰이는 표현이다.

바다뱀　　　　　　　　　　　　　**Sea Serpent**

바다뱀은 나라를 불문하고 모든 선원들이 가장 좋아하는 기이한 이야기로, 아마도 바다를 둘러싼 거대한 뱀이라는 고대 이미지에서 유래했을 것이다(우로보로스 참고). 이들은

●
아크비트는 하이집트왕의 범람지라는 뜻이며 고대 도시 부토 근처의 삼각주 북부에 위치해 있다. 호루스는 이 아크비트의 파피루스 덤불 혹은 떠다니는 섬에서 이시스에 의해 양육되었다고 알려져 있다. 그리스어로 켐미스로 번역된다.

바다뱀
프톨레마이오스 시대 지도, 1584년

종종 눈에 띄었다. 선원들은 멀리서 고래나 알락돌고래●가 연이어 물 위로 솟구쳐 뛰어오르는 모습을 보았는데, 휘어 있는 등이 마치 파도치는 물속에서 모습을 드러내는 바다뱀의 전형적인 이미지를 연상시켰던 것이다. 곰치처럼 뱀을 닮은 커다란 해양 동물들도 전설에 한몫했을 것이다. 바다뱀은 육지에서 멀리 떨어진 미지의 신비로운 심연을 상징했다. 배 한 척을 통째로 집어삼킬 수 있다고 여겨진 "삼키는 괴물"은 사실상 바다 그 자체였다. 거대한 바다용의 이미지는 오늘날까지도 살아남아 있는데, 네스호의 괴물이 대표적인 예다.

사이렌　　　　　　　　　　　　　　　　Siren

양 갈래 꼬리를 가진 사이렌은 **인어**와 **실라나기그** 사이에서 합성된 존재다. 수 세기 동안 교회 장식에 흔히 쓰였다. 유럽의 많은 대성당에는 기둥, 아치, 처마 돌림띠, 성가대석을 비롯한 다양한 표면에 사이렌이 그려져 있다.

　사이렌이 인기 있었던 이유 중 하나는 프리메이슨 같은 중세 비밀 단체에서 부여한 신비로운 의미 때문이었다. 연

●
대서양 연안에 사는 점박이 돌고래, 가장 빠른 고래로 알려져 있다.

금술 문헌에서는 이를 '철학자들의 사이렌', 즉 물고기 꼬리를 지닌 '아프로디테 마리나'의 또 다른 버전으로 보았는데, 이는 자연의 신비를 계시해 주는 바다의 여신이었다. 실라나기그처럼 도발적인 포즈를 취하고 있기에 특히나 여성의 성적 신비를 연상시키는 존재이기도 했다.

　중세의 사이렌은 호메로스가 그리스 배들에게 그토록 위협적이라고 여겼던 사이렌과는 전혀 다른 존재다. 후자는 인어가 아니라 리비아의 키레네에 사는 여성들이었다. 키레네는 동명의 아마존 여왕이 세운 도시였는데, 이 여왕은 사자와 씨름할 정도로 힘이 셌다고 알려져 있었다.[130] 이 신화는 아마도 사자 위에 타거나 사자가 끄는 전차에 앉은 리비아 여신의 그림icon에서 유래했을 것이다.

　사이렌에 관한 가장 오래된 토속신앙의 그림들 중 하나는 600년경 발트해 연안의 고틀랜드에 있는 돌에 새겨진 것이다. 나체의 여신 프레이야-네르투스는 얼굴을 꼿꼿이 든 채 앉은 자세를 취하고 있는데, **실라나기그**처럼 다리를 활짝 벌리고 있다. 물고기 꼬리가 아니라 인간의 다리다. 양손에는 거대한 **뱀**을 들고 있는데, 자세 때문에 그녀의 몸이 마치 치유의 **카두케우스**의 중앙 축처럼 보인다.[131] 후대에는 여신의 발이 두 뱀의 꼬리와 분간하기 어렵게 그려졌는데, 이 이미지가 훗날 고딕 양식에 쓰인 사이렌의 형상으로 이어졌다.

영혼 Soul

*불멸의 영혼*이라는 말은 본래 **혼령**(유령)과 같은 의미였다. 즉 인간이 죽은 뒤에도 그의 지각(의식)을 관장하는 어떤 부분은 계속 실재한다는 개념이다. 하지만 어떤 단서도 붙지 않은 그냥 영혼은 그야말로 진정한 의미의 상징이다. 영혼이 개인의 생각, 감정, 기억, 태도, 애정, 희망, 두려움의 총합, 즉 인격 전체(그 인격이 불멸이건 필멸이건)를 뜻한다는 점에서 그렇다. 그림으로 표현되는 경우는 드물지만, 이 관념 자체가 상징이다.

고대인들은 다양한 부위로 이루어진 합성체로서의 영혼을 상상했는데, 이는 혈액이나 심장, 간 같은 신체 부위나, 비밀스러운 이름에 자리를 잡고 있다. 심지어는 그림자나 어딘가에 비친 모습처럼 외부에 자리 잡은 경우도 있다.

이 경우 **뱀파이어**처럼 영혼이 없는 생물에겐 그림자가 없고 거울에 비치지도 않는다는 미신적 믿음으로 발전했다. 모계 중심적이던 시대에는 생기(생명)를 불어넣는 중요한 영이 **피**에 있다는 생각이 거의 보편적이었다. 이 피의 물질이 달의 영향을 받으면서, 자궁 안에 있는 인간이 제대로 된 형태를 띠게 된다는 것이다. 사람들은 아이를 만드는 어머니의 월경혈이 심장에서 직접 나온다고 믿었고, 그래서 심장 혹은 '심장의 피'가 영혼과 동의어가 된 것이다.[132] 어머니는 영혼을 주는 존재였다. 에룰루스(헤룰루스)●라고 불리는 고대 로마의 왕은 어머니로부터 세 개의 영혼을 받았기에 세 번 죽어야 했다.[133]

　가부장적 종교들은 자연히 이런 개념을 아버지에게 유리하게끔 뒤바꾸려 했다. 그들은 영혼의 여러 형태 중 한 종류를 포착했다. 그것은 바로 **숨**(호흡)에 자리 잡고 있는 영혼이었는데, 아버지나 부계의 신들이 말을 하거나 숨을 내쉼으로써 불어넣을 수 있는 종류의 영혼이었다. 영지주의 문헌에서는 아담에게 영혼을 부여한 것이 이브의 어머니인 **소피아** 조에의 숨결이라고 했지만, 성경 저자들은

●
베르길리우스의 『아이네이스』에 등장하는 인물로 프레네스테의 왕. 어머니는 페로니아 여신이고, 태어날 때 어머니로부터 세 개의 영혼과 세 개의 무기를 받았다고 한다.

다.[134] 여전히 프시케, 프네우마, 아니마, 알마 등 '영혼'을
뜻하는 대부분의 단어는 여성형으로 남아 있었음에도 불
구하고, 남성 중심적인 교회 신학자들은 아버지만이 아이
에게 '영혼'을 줄 수 있으며, 영혼의 본질(정수)은 남성의 정
액에 자리 잡고 있다는 관념을 확립하는 데 결국 성공했다.
심지어 성직자들은 여성에게는 아무런 영혼이 없다고까지
주장하기도 했다. 660년 낭트에서 열린 공의회에서는 여
성에게 (불멸이든 아니든) 어떤 종류의 영혼도 없다고 공표했
다.● 16세기 말, 성직자들은 새로이 발견된 아메리카 대륙
의 원주민 여성이 동물과 인간의 중간쯤 되는 영혼 없는 존
재라고 선언했다. 동방 정교회는 표트르 대제 시대까지도
"영혼을 지닌 존재"를 집계할 때 남성들의 수만 셌다.[135] 여
성에게도 영혼이 있다는 사실이 인정된 이후에도 여성들
은 구원의 기획 안에 포함되지 않는 경우가 종종 있었다. 기
욤 포스텔●●은 현대 심리학자들보다 앞서 남성과 여성의
영혼, 즉 아니무스와 아니마를 상정한 다음, 남성의 영혼은
그리스도에 의해 구원받지만 여성의 영혼은 그렇지 못하

● 랭스의 성 니바르두스가 주재했다고 알려진 이 660년(658년?) 낭트공의회에서는 20개의 교회법(canon)이 공표되었는데 그중 세 번째 법령에서는, 사제가 어떤 여자와도 같은 집에서 사는 것을 금지하고 여자가 제단 근처에 가거나 거기서 사제를 기다리는 것도 금지하며 제단 난간 안에 앉는 것도 금지하고 있다.

●● 16세기 프랑스의 언어학자, 동양학자, 천문학자, 카발리스트, 외교관, 지도제작자. 보편주의 세계 종교를 옹호하고 일본 토착종교가 그리스도교의 한 형태이며 십자가를 숭배했다는 증거를 제시하기도 했다. 그리스도교 교회의 통일을 끝없이 옹호했으며 다른 종교에 대한 관용을 보여주었다. 예수회에서 공부하기도 했지만 정식 회원 자격을 얻지는 못했다. 고전 언어뿐 아니라 아랍어, 히브리어, 시리아어, 셈어 등 다양한 언어에 재능을 보였다.

며 여성 구원자를 기다려야 한다고 말했다.[136]

　죽은 자들의 영혼과 대화를 나누는 행위는 가부장적 신학의 또 다른 약점이었다. 고대 여사제들과 그 이데올로기적 후손들인 마녀들이 그 권리를 지녔기 때문이었다. 사울이 엔도르의 여성 영매를 찾아갔던 사건에 대한 기록(『사무엘상』 28장)●●●을 보면, 성경은 강령술 면담을 금지하는 것처럼 보인다. 하지만 실제로는 교회의 고위층 사제들 상당수가 죽은 자들과 강령술 같은 대화를 나눈 것으로 기록되어 있다. 아마도 여성이 수행하지 않는 경우, 또 교회가 찬조하는 경우 허용되는 행위였던 것 같다. 1675년에는 수도사 알베르 드 생 자크가 『죽은 자들의 경험으로 산 자들에게 빛을』이라는 책을 출간했는데, 이 책에는 강령술을 통해 연옥에서 소환된 영혼들과 대화한 내용, 사후세계에 관한 그들의 발언이 담겨 있었다.[137]

스핑크스　　　　　　　　　　Sphinx

오이디푸스 왕의 이야기를 다루는 고전 비극에서 스핑크스 형상을 한 **여신**의 저주로 이 모든 비극이 시작되었다는

●●●
사울이 블레셋과의 전투를 앞두고 야훼에게 도움을 청하지만 답을 주지 않자, 무당을 찾아 죽은 선지자 사무엘의 영을 강령술로 불러내고, 사무엘은 야훼가 사울을 떠났기에 사울은 전투에서 패하고 죽을 것이라고 알려주는 내용이다.

점에 주목하는 사람은 거의 없다. 이 여신의 원형은 바로 암사자 형상의 파괴자인 이집트의 하토르이다. 오이디푸스는 테베의 모계 사회를 전복시키고 영원한 왕이 되기 위해 신성한 스핑크스 조각상을 절벽에서 던져 부숴버렸다. 여신의 그 유명한 수수께끼를 맞히며 도전하기도 했다. 스핑크스는 복수했다. 어떤 이야기들에서는 오이디푸스가 눈이 멀었을 뿐 아니라 여신의 신성한 숲에서 **분노의 여신들**에 의해 죽임을 당했다고 한다.[138]

스핑크스는 이집트에서만이 아니라 헬레니즘 이전 그리스에서도 여성의 신성을 상징하는 이미지였다. 오이디푸스로 하여금 근친상간으로 추정되는 결혼을 하도록 이끈 것은 부성을 인정하지 않는nonrecognition 고대의 관습이다. 사실 고대의 모든 왕은 선왕과 아무런 관계가 없었으며 그저 여왕이 선택한 후계자였을 뿐인데도 선왕의 아들이라고 불렸던 것이다. 오이디푸스의 신화적 아버지의 이름 라이오스는 '왕'이라는 것 외에는 아무런 뜻도 없는 말이다.

그리스 버전의 스핑크스는 신적인 속성을 암시하기 위해 날개를 달고 있었다.

시빌라   **Sybil**

쿠마이(고대 그리스의 도시)의 신탁 여사제들은 로마에서 가
장 힘있는 여성들 중 한 부류였는데, 이들을 시빌라라고 불
렀다. 이는 '동굴에 사는 자'라는 뜻으로 키벨레 여신의 이
름과 같은 의미였다. 키벨레 여신 신앙은 쿠마이 시빌라의
특별한 명령에 따라 로마로 전파되었다. 여신이 사는 동굴
과 그 근처 호수는 지하세계로 들어가는 입구로 여겨졌는
데, 여기서 여사제는 죽은 자들의 영혼을 소환하여 자문을
구할 수 있었다.[139]

　　BC 2세기에 로마의 작가 마르쿠스 테렌티우스 바로●
는 열한 명의 위대한 시빌라들의 특징을 묘사한 바 있다. 시
빌라 페르시카는 등불을 들고 다녔고 발밑에는 **뱀** 한 마리
를 두었다. 시빌라 리비에아는 타오르는 **횃불**을 들고 있었
다. 시빌라 에리트레이아는 흰 **장미**와 **칼**을 들고 있었다. 시
빌라 심메리아는 십자가를 들었다. 시빌라 쿠마나의 상징
물은 고대 돌 구유다. 시빌라 델피카는 가시로 만든 **왕관**을
썼다. 시빌라 카니아는 **갈대**와 **양초**를 지고 있었다. 시빌라
프리기아는 부활을 예언하는 자로, 깃발을 들고 있었다. 시

●
고대 로마의 문학가. 공화정
말기의 내란에서 반 카이사르
입장을 취했으나 카이사르 사
후에는 조용한 연구로 여생을
보냈다. 지리·고대학·법률·철
학 등 광범위한 분야에 걸쳐
600권이 넘는 저작을 저술했
으나 현재는 『농사론』, 『라틴
어론』(일부), 『풍자기』(일부)만
이 전해진다.

빌라 티베르티나는 동물 가죽을 입고 **막대** 꾸러미를 들었다. 시빌라 헬레스폰티나는 꽃이 피어나는 나뭇가지를 들었다. 시빌라 에우로파는 검을 들었다.**140**

시빌라의 특성들 중 몇 가지는 그리스도교에 동화되기 적절한 것들이어서, 초기 그리스도교인들은 시빌라의 서적들●을 보존했고, 나아가 시빌라들이 그리스도의 출현을 예언했다고 주장하기 위해 상당 부분을 새로 썼다. 결국에는 시빌라들도 다른 모든 마법의 힘을 지닌 여성들과 마찬가지로 악마화되었지만, 그래도 사람들은 여전히 시빌라의 존재를 믿었다. 15세기에 "달의 작용으로 정신이 이상해진" 돈 안톤 푸마토라는 이탈리아 사제가 몬테시빌라산에 있는 동굴에서 아름다운 여인들이 음탕하게 손짓하는 모습을 보았다고도 한다.**141** 같은 시기, 마술 서적들에는 시빌라를 불러내는 주술들이 많이 등장한다. "요정들 중에서도 복된 처녀 시빌리아여, 내가 당신을 불러냅니다. 부디 나타나시어 [……] 언제나 내게 좋은 조언을 주시고, 땅속에 감춰진 보물과 그 밖의 모든 것을 가져와 내게 기쁨을 주시기를, 내 뜻을 이루어주시기를 원합니다."**142**

● 신화와 고전에 따르면 (공화정 이전) 전설 시기의 일곱 번째이자 마지막 왕 타르퀴니우스 수페르부스의 치세 동안 로마에 와서 아홉 권의 신탁집을 전한 것도 쿠마이의 시빌라였다. 시빌라가 왕에게 신탁집을 팔려고 했지만 왕은 값이 비싸다고 거절했다. 왕이 거절할 때마다 시빌라는 신탁집을 세 권씩 불태웠다. 마침내 왕은 마지막 남은 세 권을 사서 카피톨리움의 유피테르 신전에 보관했다. 시빌라는 임무를 마치고 사라졌다. 공화정 시절, 아우구스투스 시절까지도 이 신탁집들은 로마 종교에 지대한 영향을 미쳤다고 한다. 불행, 기적, 초자연적인 사건들이 발생하면 이 책들을 뒤져 새로운 종교적 조처들을 시행했다고 한다. 이 책들을 보존하고 참고하는 일을 맡은 특별 관리들도 있었다.

실프 Sylph

실프는 본래 4원소 정령 중 하나로, 공기로 만들어졌거나 공기를 상징하는 것으로 여겨졌다. 나머지는 땅의 정령 노움, 물의 정령 운디네, 불의 정령인 도롱뇽이었다. 공기 정령은 본질상으로는 숨결-영혼, 즉 혼령(유령)과 똑같은 존재였다. 선조가 마지막 숨을 내쉴 때 그 몸을 떠난 영혼으로, 눈에 보이지는 않지만 공기 중이나 하늘에서 대기의 일부로 존재했다.

한때는 보편적으로 믿어졌던 환생의 원리에 인해, 이러한 선조의 영혼이 새로운 몸으로 다시 태어난 것으로 보여질 때, 그를 실프라고 부르기도 했다. 유럽의 몇몇 부족의 여성 샤먼들은 스스로를 새로 태어난 공기 정령이라 여기기도 했다. 바람 속에서 그들에게 말을 건네는 영묘한 ethereal 자연의 신들처럼 실프라고 불렸기 때문이다. 몇몇 지역에서는 실프와 마녀가 거의 동의어가 되기도 했다. 카롤루스 대제(샤를마뉴)의 칙령(이후 아들인 루도비쿠스 1세 피우스가 개정한 칙령의 내용도 동일하다.)에서는 실프가 "나타나는" 것(아마도 한데 모이는 것을 뜻했을 것으로 짐작된다.)을 금지

트리톤
16세기 판화

했고, 이에 대해 법적으로 엄중한 처벌을 내리겠다고 위협했다.**143**

트리톤   Triton

트리톤은 소라껍질로 만든 나팔을 불어 폭풍우를 일으키는, 물고기 꼬리가 달린 강/바다의 신으로 그려진다. 이들은 "바다의 통치자 삼중 달 여신"의 세 자녀 중 하나인 트리톤의 후손들로 보인다. 호메로스는 이 달 여신을 "모든 것을 둘러싸는 삼위일체"라는 뜻의 암피트리테*라고 불렀다. 트리톤이라는 이름은 '3일째'라는 뜻이며, 원래는 초승달과 연관된 여성적 이름이었지만 후에 역시 남성화되었다. 이아손이 황금 양털을 찾으러 아르고선(아르고나우타이)을 타고 가다 트리톤을 만났지만, 그 노여움을 진정시켜 배를 지중해 쪽으로 끌어주도록 부탁했고 트리톤이 그렇게 해주었다는 고전 신화가 남아 있다.**144**

유럽 지도제작자들은 종종 트리톤을 네레이데스(또는 **인어**)에 대응하는 남성으로, 그들의 배우자로 여겨 지도상 바다가 있는 부분에 이들을 그려 넣었다. 배를 타고 험난한

*
네레우스와 도리스의 딸들인 바다의 님프 네레이데스 중 한 명으로 네레이데스의 노래를 지휘한 장본인이다. 고전 신화에서는 포세이돈에게 납치당했다거나 돌고래에 의해 포세이돈에게로 보내졌다고도 한다. 하지만 이 책의 저자에 따르면 이런 결혼은 태고의 위대한 여신 중 하나였던 암피트리테가 이후에 가부장적 바다 신에게 자리를 빼앗기는 과정을 나타낸다고 한다.

트롤

바다를 지날 때 이 존재들을 실제로 목격하게 될 수도 있음을 암시하기 위해서였다.

트롤 Troll

트롤은 스칸디나비아인들이 상상한 산의 정령으로, 이들이 사는 동굴에 걸맞게 험준한 바위로 만들어진 몸을 지녔다. 어떤 트롤은 늘 다리 밑에 쪼그리고 앉았다가 부적절한 시간에 다리를 건너려는 인간들을 붙잡아 가기도 했다.

이 관념은 어지러이 쌓인 돌들과 어둑한 동굴, 절벽 면과 튀어나온 부분들에서 얼굴들이나 인간 같은 형상을 포착하는 인간의 본능적인 성향에서 비롯된 것이 분명하다. 나무와 마찬가지로 바위도 의인화(인격화)의 과정을 거치게 된 것이다. 악령 같은, 위협적인 트롤의 속성은 지형의 특성상 인간이 접근하기 어려운 산악지대나 바위가 많은 곳의 실제 위험에서 비롯되었을 것으로 보인다.

스코틀랜드 북부의 섬 지역에서 트롤은 언덕 아래나 바다에 사는 초자연적인 존재인 '트로우'로 변형되었다. 비참하고도 비이성적인 공포에 휩싸이면 이 신을 볼 수 있었

는데, 이런 공포를 판 신의 울부짖음이라는 뜻에서 '판-익
pan-ic'이라고 했다.[145]

유니콘 Unicorn

문장紋章에 많이 사용되는 유니콘 이미지는 바빌로니아와
이집트에서 계절을 상징하는 동물 옆모습을 그린 그림들
에서 시작해 수백 년에 걸쳐 발전했다. 여름의 사자에 맞서
뒷다리를 쳐드는 봄의 황소 그림에서는 황소의 두 뿔이 (옆
에서 보았으므로) 하나로 합쳐져 그려졌다. 마찬가지로 이집
트의 한 파피루스 스케치에는 계절의 힘겨루기를 표현하기
위해 사자와 염소(또는 가젤) 사이의 싸움이 그려져 있는데,
이때 염소 뿔이 (옆모습으로 그려져) 이마에서 뻗어 나온 하나
의 뿔로 합쳐져 있다. 사자와 유니콘은 각각 태양과 달을 상
징하는 것으로 알려져 있으며, 영국 문장coat of arms에는 지
금도 이 둘이 싸우는 모습이 그려져 있다. 이 유니콘의 얼굴
과 몸은 말의 형상이지만 여전히 염소 같은 수염을 달고 있
고 때로는 갈라진 발굽을 하고 있기도 하다.[146]

중앙아시아의 기마 부족들은 말에 인공 뿔을 달기도 했

유니콘
영국 문장

는데, 여기에는 마법의 힘을 상징하는 부적의 의미가 있었다. 시베리아의 매장터에서는 인공 가죽뿔이 달린 말의 두개골이 발견되기도 했다.[147] 이러한 관습에서 황도 12궁의 뿔 달린 동물과 말을 닮은 유니콘이 쉽게 혼동되었음을 알수 있다. 유니콘은 남근적 상징으로 여겨지기도 했는데, 이 동물이 언제나 처녀의 무릎 사이에 자신의 '뿔'을 두고 싶어 한다고 해석했던 것이다. 중세의 한 전설에 따르면 유니콘은 처녀를 향한 사랑 때문에 옴짝달싹 못 하는 상태가 되곤 해서, 사냥꾼들이 잡기에 수월했다고 한다. 전설이 자아내는 에로틱한 분위기에도 불구하고 그리스도교 성화에서는 유니콘을 그리스도와 동일시하여 성모 마리아의 마술적인 **비밀의 화원**(울타리 두른 정원)(자궁) 안에 있는 모습으로 표현하기도 했다.[148]

이마 한가운데에 뿔이 하나 나 있는 것으로 밝혀진 유일한 실제 동물은 코뿔소다. 이 때문에 이 불행한 동물은 신화 속 정력 넘치는 유니콘과 동일시되었고, '남근을 상징하는' 이 동물의 뿔은 오랫동안 발기부전을 낫게 하는 마법의 치료제로 여겨졌다. 이 믿음은 여전히 아시아에 널리 퍼져

있으며, 코뿔소는 조잡하고 그릇된 미신적 욕망을 충족시
킨답시고 멸종 직전까지 사냥을 당해야 했다.[149]

발키리 Valkyrie

북 유럽의 궁정시 스칼드[*]에서는 발키리를 '전쟁 처녀들'이
라고 불렀다. 발키리는 종종 전쟁을 즐기는 죽음의 천사나
시체를 파먹으러 전장으로 날아가는 까마귀로 그려졌다.
큰까마귀 깃털을 입고 다녔던 발키리는 고대작센어로는
'남자를 잡아먹는 여자들'이라는 뜻이었다. 죽은 전사들의
피는 스칼드에서 "큰까마귀의 음료"로 묘사되었다.[150]

발키리는 백조나 매, 암탕나귀로도 변신할 수 있는 변신
술사들이었다. 암탕나귀-여자mare-woman를 스웨덴어로 볼
바라고 불렀는데, 이는 장례 여사제를 뜻하는 다양한 고대
단어들 발라, 빌라, 윌라, 윌리 등과 관련이 있다. 이 단어들
모두 산스크리트어로 죽은 자들을 돌보는 천상의 님프를
뜻하는 '빌라사'와 연결된다.[151] 호전적인 오딘, 토르 등 에
시르[**] 숭배 문화에 따르면 발키리는 전투에서 용맹하게
싸우다 전사한 영웅들을 돌보는 존재였다. 어원으로 보건

[*] 스칼드는 사전적 의미로는 그 자체로 '시'를 의미하며, 바이 킹 시대에서 중세 시대까지 스칸디나비아 및 아이슬란드의 궁정에 소속된 시인들이 쓴 궁 정시를 말한다. 『에다』와 함께 고대 노르드어 시문학의 양 대 줄기를 이루는 장르이다. 궁정시를 쓴 시인들을 말하기 도 한다.

[**] 북유럽 신화의 신족으로 단수 형은 아스이다. 여성형은 아쉬 냐, 여성 복수형은 아쉬뉴르이 다. 우두머리는 오딘이다.

발키리

대 사람들은 발키리가 구름-말을 타고 죽은 전사들을 발할라로 데려간다고 믿었다.

발키리라는 칭호는 "죽임당할 자를 선택하는 자"라는 뜻이다. 「그림니르가 말하기를」●●●에 따르면 발키리는 총 열세 명이었는데, 이는 한 해를 이루는 월령●●●●의 숫자와도 같고, 자연스럽게 마녀 집회의 연간 개최 횟수와도 같았다. 다른 문헌에서는 발키리를 총 아홉 명이라고 서술하는데, 영웅을 낳은 아홉 **무사이**(뮤즈)와 아홉 명의 바다-처녀들의 수와 맞춘 것이다.[152] 전쟁과 약탈을 일삼은 남성중심 사회에서도 발키리는 강력한 여성적 상징이었다. 시인들은 시구르드(지크프리트)를 비롯해 많은 영웅들에게 발키리 연인이 있었다고 노래했다.

뱀파이어   Vampire

현대적 의미의 뱀파이어는 브램 스토커의 『드라큘라』와 그로부터 파생된 수많은 문학 및 영화들에 깊이 영향을 받은 상태이기 때문에, 원래의 뱀파이어가 어떤 관념이었는지 아는 사람은 거의 없다. 죽은 자들이 다시금 삶과 유사

●●●
『고 에다』의 신화 시가 중 하나이다. 이 시의 화자는 '그림니르'인데 이는 신 오딘이 변장한 모습 중 하나이다.

●●●●
lunation. 1월령은 약 29.5일로 12개월이 아니라 13개월이 된다.

드라큘라

한 겉모습을 갖추기 위해선 피가 필요하다는 생각은 호메로스 시대만큼이나 오래되었고, 사실은 그보다 더 오래되었을 것이다. 그 출발점은 달의 피(월경)를 생명 자체로, 모든 생명체의 본질로, 다시 태어나기를 기다리는 영혼을 위한 환생의 매개로 보는 태고의 견해이다. 그리스인들은 핏기 없는 지하세계의 그림자들이 언제나 피에 굶주려 있다고 여겼다. 오디세우스가 강령술을 통해 피를 바침으로써 죽은 동료들의 혼령(유령)을 소환할 수 있었던 것은 바로 그 까닭이다. 신들 역시 마찬가지로 피를 먹고 살았고 피의 제물을 통해 불러낼 수 있었다.

죽은 자들이 항상 피를 갈망하며, 충분히 피를 마시면 무한히 살 수 있다는 고대의 관념은 그 자체로 뱀파이어 이야기들을 수없이 탄생시켰다. 이에 더해 중세 초기에는 뱀파이어가 식인종과 동일시되는 경우도 상당히 많았다. 사람을 잡아먹는 뱀파이어는 대부분 여성으로 여겨졌던 것 같다. 가령 살리카 법전에 따르면 한 남자를 잡아먹은 혐의로 유죄 판결을 받은 여성-뱀파이어에게 8만 디나르의 벌금이 부과되었다.[153]

그리스도교 시대 전반에 걸쳐서 뱀파이어는 다른 초자
연적인 존재들, 그러니까 **마귀**(악령), **천사, 혼령**(유령), **요정**
등과 마찬가지로 실재하는 것으로 여겨졌다. 루소는 뱀파
이어의 실체란 신의 실체를 증명하는 데 필요한 것과 똑같
은 증거로 뒷받침된다고 주장했다. "공식 기록, 고위층 인
사들과 의사들과 성직자들과 판사들의 증언들 말이다. 사
법적 증거는 모든 것을 아우른다."**154** 유난히 뱀파이어 전
설이 성행했던 발칸 지역에서는 병을 사용해 뱀파이어를
포획하는 데 특화된 마술사들이 있었다. 발칸 사제들은 뱀
파이어로 의심되는 사람의 무덤에 나무 말뚝을 박는 고전
적인 기법을 20세기까지 행했다.**155**

늑대인간   Werewolf

늑대인간에 관한 미신은 동물 가죽이나 **가면**을 덮어씀으
로써 그 동물의 속성을 취할 수 있다는 토속종교의 믿음에
서 비롯되었다. 이러한 "모양 바꾸기" 관습은 황소신, 소여
신, 염소신, 말신, 멧돼지신, 숫양신을 탄생시켰을 뿐 아니
라 악어, 딱정벌레, 매, 하마, 자칼, 새들로 변신할 수 있었

늑대인간

던 이집트의 수많은 신적 존재들은 말할 것도 없고 인도의 원숭이, 코끼리, 호랑이, 코브라 신들까지도 낳았다. 늑대는 개나 독수리와 마찬가지로 프시코폼포스, 즉 죽은 자들을 실어나르는 존재로 숭배되었다. 늑대신 숭배자들은 늑대 가죽을 입고 스스로를 명예 늑대로 여겼다. 이러한 "늑대인간"들은 아르카디아의 리카이온산 정상에 있는 신전에서 '제우스 리카이오스(늑대 제우스)'를 모셨다. 제우스 숭배자들은 숲속에서 늑대로 9년을 지냈는데, 그 기간 동안 인육을 먹으면 다시 인간의 형상을 되찾는다고 여겨졌다. 늑대 제우스의 신전에 들어서면 사람의 그림자가 사라진다고도 했는데, 이것이 후일 늑대인간의 특징이 되었다. 서기 17세기까지도 라트비아 농민들은 하지, 성령강림절, 동짓날 밤이면 보리와 호밀, 귀리를 지옥으로 가져가는 "마법사sorcerers"들로부터 농작물을 구하기 위해 비슷한 방식으로 "늑대인간이 되었다".**156**

어떤 아일랜드 부족들은 조상이 늑대였다고 주장하며 늑대를 토템으로 삼아 도움을 청하고 치유를 기원했다. 그중 한 씨족clan은 매 7년째마다 저절로 늑대인간이 되었다

고 전해진다. 이러한 "되기"는 의례적인 변신이었던 것으로 보인다. 독일 민속에서 늑대 가죽을 입으면 늑대인간이 될 수 있다고 믿어졌던 것처럼 말이다.[157]

늑대 씨족들이 루파/페로니아('늑대들의 어머니'라는 뜻, 야생동물들의 수호신 디아나의 다른 칭호이기도 하다.)라 불리는 위대한 늑대여자She-Wolf 여신을 숭배했다는 사실을 생각해 보면 늑대인간이 악마화될 수밖에 없었던 이유가 무엇인지 깨닫게 된다. 이 여신은 후대에 마녀들의 여왕으로 선포되었다.[158]

와이번 Wyvern

와이번은 합성체의 합성체이다. **바실리스크**이면서 새의 다리와 뱀의 꼬리에 용의 머리를 얹은 존재였다. 히에로니무스 보스의 작품에서 볼 수 있듯, 중세 예술가들은 이질적인 동물의 신체 부위들, 때로는 인간의 신체 부위까지도 불가능할 것 같은 방식으로 결합해 내는 데 몹시 매혹되었다. 이러한 창조물은 사회적·심리적인 분열, 뿌리 깊은 불연속성, 혹은 부자연스러운 차이를 상징하는 것으로 받아들여

질 수 있다. 현실의 이모저모를 재구성하는 인간 정신의 눈 그 자체를 상징하는 셈이다.

6장

1 Graves, *G.M.* 1, 44.
2 Herodotus, 270.
3 Elworthy, 185.
4 Rose, 289.
5 Brier, 145.
6 d'Alviella, 186-190.
7 Jung, 55.
8 Budge, *A.T.*, 128.
9 Rose, 209.
10 Davidson, *P.S.*, 134.
11 Campbell, *Or.M.*, 73.
12 Jobes & Jobes, 121.
13 Frazer, *F.O.T.*, 62-65.
14 Lethaby, 239.
15 Barnstone, 78.
16 La Barre, 82.
17 Zimmer, 74.
18 Campbell, *M.I.*, 282-295.
19 d'Alviella, 228, 231.
20 G. Jobes 2, 1576.
21 d'Alviella, 194.
22 Graves, *W.G.*, 372.
23 Frankfort, 31.
24 Keuls, 357.
25 Cirlot, 17.
26 Johnson, 226.
27 Gage, 517.
28 Malvern, 28, 176.
29 *Epic of Gilgamesh*, 95.
30 Perry, 129.
31 Gage, 215-216.
32 Wedeck, 66.
33 Kunz, 32.
34 Miles, 93.
35 Kunz, 274.
36 Weston, 71.
37 Darrah, 47.
38 Markale, 110.
39 Spence, 246.
40 Markale, 181.
41 Kunz, 258.
42 Markale, 175.
43 Jung & von Franz, 121.
44 Hyde, 137.
45 Keuls, 391-392.
46 M. Smith, 66, 123.
47 Arens, 67.
48 Elworthy, 111.
49 Davidson, *P.S.*, 79.
50 de Lys, 431.
51 Leland, 237.
52 Teubal, 95.
53 Cirlot, 324.
54 Wilkins, 113.
55 d'Alviella, 178.
56 G. Jobes 1, 163.
57 Lethaby, 155.
58 Cirlot, 167.
59 Hall, 300.
60 Potter & Sargent, 229.
61 d'Alviella, 240.
62 Albright, 198.
63 Budge, *E.M.*, 60.
64 Jobes & Jobes, 108.
65 Whittick, 273.
66 G. Jobes 1, 284; 2, 1090.
67 Trachtenberg, 107.
68 Budge, *D.N.*, 247.
69 Cirlot, 47.
70 Lindsay, 379.
71 G. Jobes 1, 389.
72 Wilkins, 201.
73 *Mahanirvanatantra*, cvii.
74 Shah, 175.
75 *Epic of Gilgamesh*, 24.
76 d'Alviella, 92.
77 Simons, 141.
78 Briffault 3, 153-154.
79 Graves, *G.M.* 2, 388.
80 Stone, *A.M.W.* 2, 171.
81 Graves, *G.M.* 2, 403.
82 Dumézil, *A.R.R.* 1, 323-325.
83 Kunz, 40.
84 Trachtenberg, 145.
85 Rawson, *E.A.E.*, 30.
86 Knight, 132-139.
87 d'Alviella, 2.
88 Elworthy, 105.
89 Budge, *G.E.* 1, 422.
90 Knight, 96.
91 Zimmer, 147.
92 Cirlot, 39, 194.
93 Cirlot, 323.
94 Gaster, 769.
95 Budge, *A.T.*, 137.
96 Cirlot, 326.
97 Potter & Sargent, 28.
98 Aries, 47.
99 Trachtenberg, 105.
100 Barnstone, 586.
101 d'Alviella, 98, 256.
102 Cirlot, 217.
103 d'Alviella, 237-245.
104 Budge, *G.E.* 1, 24; Stone, *W.G.W.*, 92.
105 Martin, 172, 181-182, 187.
106 Budge, *E.L.*, 55,
107 Ibid., *A.T.*, 360.

108 Ibid., *G.E.* 2, 413.

109 d'Alviella, 205.

110 Whittick, 349.

111 Whittick, 352.

112 Lethaby, 129.

113 Cirlot, 316.

114 Whittick, 290.

115 Lethaby, 50.

7장

1 Walker, *W.E.M.S.*, 545.

2 *Mahanirvanatantra*, cvii.

3 Trachtenberg, 82.

4 Cirlot, 176.

5 Walker, *W.E.M.S.*, 67.

6 Cirlot, 6, 235.

7 Jobes & Jobes, 178.

8 Whittick, 305.

9 Hall, 188, 208.

10 Rank, 18.

11 Briffault 2, 605.

12 Campbell, *M.I.*, 339.

13 Cirlot, 22.

14 Frazer, *F.O.T.*, 418.

15 Attwater, 34.

16 G. Jobes 1, 198.

17 Cirlot, 29.

18 Turville-Petre, 276.

19 Green, 148.

20 Avalon, 423.

21 Wilkins, 146.

22 Seligmann, 70, 81.

23 J. H. Smith, 248.

24 Martin, 62, 505–506.

25 Keuls, 131.

26 G. Jobes 1, 238.

27 Duerr, 174.

28 Trigg, 86–87.

29 Hazlitt 2, 655.

30 de Lys, 467.

31 Walker, *W.E.M.S.*, 5539.

32 Miles, 221–222.

33 G. Jobes 2, 1712.

34 Hall, 115.

35 Attwater, 117.

36 *Book of the Dead*, 114.

37 Campbell, *Or.M.*, 182.

38 Turville-Petre, 42.

39 Rees & Rees, 47.

40 Davidson, *G.M.V.A.*, 129–130.

41 Jung & von Franz, 373.

42 Brewster, 230; Attwater, 190.

43 Baroja, 59.

44 Patai, 134.

45 Graves, *G.M.* 2, 253; Herodotus, 390.

46 Cirlot, 145.

47 Walker, *W.E.M.S.*, 793.

48 *Epic of Gilgamesh*, 27.

49 Lindsay, 125.

50 Hall, 112.

51 Cirlot, 41.

52 Walker, *W.E.M.S.*, 1014.

53 Vermaseren, 126.

54 Crawley 1, 250–251.

55 Scot, 71.

56 Dumézil, *M.F.*, 116.

57 Brewster, 342.

58 G. Jobes 1, 361.

59 Walker, *W.E.M.S.*, 828.

60 Kunz, 35.

61 Budge, *G.E.* 1, 188.

62 Frazer, *G.B.*, 463–477.

63 Guthrie, 161.

64 Miles, 107.

65 Dames, 110–114.

66 Hyde, 137.

67 Hitching, 210.

68 G. Jobes 1, 389; 2, 920.

69 Crawley 2, 124–125.

70 Thomas, 50.

71 *Mahanirvanatantra*, cxxi.

72 Wedeck, 66.

73 *Book of the Dead*, 273.

74 Budge, *E.L.*, 68.

75 Dumézil, *A.R.R.*, 636.

76 Budge, *G.E.* 1, 420.

77 Davidson, *G.M.V.A.*, 113.

78 Lindsay, 81.

79 Campbell, *P.C.M.*, 46.

80 Hall, 118; Walker, *W.E.M.S.*, 609.

81 Gimbutas, 198.

82 MacKenzie, 165.

83 Funk, 353.

84 Duerr, 124.

85 Hyde, 133.

86 Shah, 223.

87 Campbell. *W.A.P.*, 248–249.

88 Elworthy, 183.

89 Brown, 115–116.

90 Trachtenberg, 154.

91 Rawson, *E.A.E.*, 25.

92 Agrippa, 111.

93 Elworthy, 125, 301.

94 Frankfort, 31.

95 Zimmer, 34.

96 G. Jobes 1, 102.

97 *Forgotten Books*, 96.

98   Vermaseren, 80.

99   Budge, *E.M.*, 116.

100 G. Jobes 2, 921.

101 Trachtenberg, 169, 175.

102 Hazlitt 1, 75.

103 Trachtenberg, 184.

104 Cirlot, 109.

105 Spence, 339.

106 Trachtenberg, 127.

107 Barrett, 147–148.

108 Budge, *A.T.*, 62–67.

109 Trigg, 58.

110 Agrippa, 157.

111 Cirlot, 286.

112 Seligmann, 245.

113 Angus, 154, 202.

114 *Bardo Thodol*, lxvi.

115 Angus, 110, 154.

116 Budge, *E.M.*, 165.

117 Branston, 120.

118 Shah, 208.

119 Daraul, 170.

120 Green, 125.

121 Avalon, 231.

122 *Bardo Thodol*, 227.

123 Trachtenberg, 195.

124 *Larousse*, 204.

125 Leland, 99.

126 Frazer, *F.O.T.*, 435.

127 de Riencourt, 170.

128 Briffault 1, 372, 418.

129 Boulding, 252.

130 Phillips, 152.

131 M. Smith, 103.

132 Luck, 18.

133 Halliday, 47.

134 Scot, 188.

135 *Briffault* 3, 18.

136 *Branston*, 86.

137 Bromberg, 11.

138 Duerr, 362.

139 Trachtenberg, 124–125.

140 G. Jobes 2, 919.

141 von Hagen, 27.

142 Briffault 1, 466.

143 Green, 222.

144 Davidson, *P.S.*, 34.

145 Gifford, 80.

146 Frazer, *G.B.*, 396–402.

147 Graves, *W.G.*, 395.

148 Walker, *W.E.M.S.*, 803.

149 de Lys, 42.

150 Dumézil, *M.F.*, 133.

151 Cirlot, 268.

152 Brewster, 424.

153 Cirlot, 282.

154 Graves, *G.M.* 1, 94; *W.G.*, 357.

155 Joyce 1, 47.

156 G Jobes 2, 1440–1441.

157 Walker, *S.T.*

158 Trachtenberg, 98.

159 Jobes & Jobes, 79.

160 G. Jobes 1, 236.

161 Hyde, 198.

162 Gimbutas, 149.

163 Trachtenberg, 190.

164 Frazer, *F.O.T.*, 320.

165 Elworthy, 65.

166 G. Jobes 1, 90.

167 Brewster, 104.

168 Angus, 116.

169 Seligmann, 65.

170 Hazlitt 2, 608.

171 Pegg, 10.

172 Duerr, 176.

173 Graves, *G.M.* 1, 148.

174 *Larousse*, 93.

175 Funk, 282.

176 Joyce 1, 316.

177 *Larousse*, 37.

178 Cirlot, 359–360.

179 Angus, 251.

180 Graves, *G.M.* 2, 363.

181 Brewster, 65.

182 Attwater, 335.

183 Hall, 9.

184 J.H Smith, 240.

185 G. Jobes 2, 1671.

186 J.H Smith, 240.

187 Phillips, 112.

188 Halliday, 37.

189 Miles, 234.

190 Brewster 233–234.

191 G. Jobes 1, 244.

8장

1   Spence, 338.

2   Douglas, 8.

3   Thomas, 647.

4   Walker, *W.E.M.S.*, 640.

5   Sadock, Kaplan, & Freedman, 23.

6   Roberston, 36.

7   Dunham, 113.

8   Wimberly, 373.

9   Brier, 264.

10   Gifford, 51.

11   Warner, 57.

12   Spence, 152.

13   Wimberly, 409.

14   Miles, 242.

15 Duerr, 196.

16 G. Jobes 1, 179.

17 Thomas, 30.

18 Pepper & Wilcock, 217.

19 Reinach, 77.

20 Berger, 71.

21 Joyce 2, 388.

22 Hazlitt 1, 85-86.

23 de Lys, 127.

24 Dumézil, *A.R.R.* 2, 386-387.

25 Pegg, 109.

26 Wimberly, 372.

27 Thomas, 39.

28 Hitching, 210.

29 Walker, *W.E.M.S.*, 144.

30 Crawley 1, 319.

31 Cavendish, 104.

32 Barnstone, 417.

33 Briffault 3, 372.

34 Boulding, 365.

35 Zimmer, 205.

36 Budge, *E.L.*, 44.

37 *Book of the Dead*, 410.

38 Campbell, *M.1.*, 359.

39 Pagels, 74.

40 Robertson, 27.

41 Duerr, 306.

42 Douglas, 19.

43 Trachtenberg, 157.

44 *Larousse*, 204.

45 Thomas, 512-513.

46 Joyce 1, 265.

47 Miles, 192.

48 Gage, 375.

49 Walker, *W.E.M.S.*, 585-597.

50 Crawley 2, 124-128.

51 Walker, *W.E.M.S.*, 501-508.

52 Green, 73.

53 Perry, 10.

54 Frankfort, 125.

55 Beltz, 10-11.

56 Cavendish, 77, 127.

57 Perry, 159-161.

58 de Riencourt, 187.

59 Cavendish, 104.

60 Potter & Sargent, 49.

61 Trachtenberg, 115.

62 Rawson, *E.A.E.*, 234.

63 Gifford, 63, 120.

64 Robinson, 135.

65 Joyce 2, 439.

66 Pepper & Wilcock, 273.

67 Dames, 164-165.

68 G. Jobes 2, 968.

69 Walker, *W.E.M.S.*, 624.

70 Briffault 3, 198.

71 Avalon, 517.

72 Gelling & Davidson, 163.

73 Frazer, *G.B.*, 399, 720-721, 761.

74 Pegg, 29.

75 Brewster, 144.

76 Pegg, 86-87.

77 Hazlitt 1, 296.

78 Brasch, 174.

79 *Book of the Dead*, 567.

80 Wilkins, 42, 106.

81 Budge, *A.T.*, 437.

82 Walker, *W.E.M.S.*, 258.

83 *Larousse*, 160.

84 Thomas, 240.

9장

1 *Larousse*, 37.

2 Cirlot, 189.

3 Robinson, 141.

4 Barnston, 71.

5 Jung & von Franz, 136.

6 Malvern, 53.

7 Campbell, *M.I.*, 294.

8 Budge, *A.T.*, 209.

9 Patai, 32-34.

10 Albright, 121.

11 d'Alviella, 153.

12 Trachtenberg, 34.

13 Albright, 143, 210, 228.

14 d'Alviella, 202.

15 Budge, *G.E.* 1, 459.

16 Graves, *G.M.* 1, 149.

17 Hazlitt 1, 101.

18 Bachofen, 192.

19 *Larousse*, 211.

20 Koch, 23.

21 Walker, *W.E.M.S.*, 522.

22 G. Jobes 1, 841.

23 Baring-Gould, 494-497.

24 Potter & Sargent, 180.

25 G. Jobes 2, 1697.

26 Campbell, *M.I.*, 476.

27 *Book of the Dead*, 145.

28 Beltz, 10.

29 Avalon, 409.

30 Teubal, 99.

31 Avalon, 27.

32 Morton, 142, 144.

33 *Larousse*, 88.

34 d'Alviella, 94.

35 Shah, 196.

36 Borchardt, 122, 216.
37 Cirlot, 198.
38 Seligmann, 88.
39 Koch, 32.
40 Patai, 139.
41 Stone, *A.M.W.* 1, 126.
42 Walker, *W.E.M.S.*, 450–453; Stone, *A.M.W.* 1, 105–111.
43 Budge, *G.E.* 1, 92-93.
44 Stone, *W.G.W.*, 219.
45 Angus, 139.
46 Budge, *G.E.* 2, 220.
47 Beltz, 227.
48 Spence, 94.
49 Dumézil, *A.R.R.* 1, 328.
50 Scot, 323.
51 Whittick, 206.
52 Graves, *W.G.*, 184.
53 Elworthy, 353.
54 Williamson, 178.
55 Brewster, 415; Attwater, 184.
56 *Larousse*, 203.
57 Rose, 193; Reinach, 102.
58 Huson, 146.
59 Rose, 217.
60 Dumézil, *A.R.R.* 1, 201.
61 Rose, 116.
62 Waddell, 401.
63 d'Alviella, 180.
64 J. H. Smith, 48.
65 Whittick, 211.
66 Angus, 243.
67 *Larousse*, 27-28.
68 Seligmann, 39.
69 Frankfort, 61.
70 *Epic of Gilgamesh*, 24.

71 d'Alviella, 162.
72 Rawson, *A.T.*, 198.
73 Warner, 13.
74 Whittick, 247.
75 *Larousse*, 207.
76 Huson, 124.
77 Cirlot, 198.
78 Green, 85.
79 Silberer, 189.
80 Baring-Gould, 652.
81 Pepper & Wilcock, 159.
82 Budge, *G.E.* 2, 126.
83 Graves, *G.M.* 2, 25.
84 Markale, 155.
85 Walker, *W.E.M.S.*, 587.
86 Markale, 99.
87 Walker, *W.E.M.S.*, 33.
88 Cumont, *A.R.G.R.*, 28, 90.
89 Moakley, 55.
90 Agrippa, 147.
91 Patai, 147-149, 161, 177–178.
92 Mollenkott, 38.
93 Patai, 141-145.
94 *Larousse*, 214.
95 Briffault 3, 106.
96 Campbell, *M.I.*, 88.
97 Gaster, 804.
98 Robinson, 171-172.
99 Neumann, 56.
100 Gage, 47.
101 Evans-Wentz, 361-362.
102 *Larousse*, 323.
103 Branston, 152, 288.
104 Dames, 154.
105 *Mahanirvanatantra*, xl.
106 Waddell, 218.
107 Lindsay, 327.

108 d'Alviella, 189.
109 *Larousse*, 84; Budge, *E.L.*, 57.
110 Albright, 233.
111 J. H. Smith, 229.
112 Trachtenberg, 90.
113 Waddell, 117.
114 Budge, *A.T.*, 261.
115 Hazlitt 2, 656.
116 Branston, 122.
117 G. Jobes 1, 91.
118 Davidson, *G.M.*V.A., 57.
119 Dumézil, *A.R.R.* 1, 94; 2, 546.
120 J.H. Smith, 241.
121 Fisher, 383.
122 Trachtenberg, 43.
123 Brewster, 42.
124 Dumézil, *A.R.R.* 1, 322.
125 Lethaby, 81-82.
126 *Larousse*, 136.
127 Graves, *W.G.* 395.
128 G. Jobes 2, 1018.
129 J.H. Smith, 149.
130 Seligmann, 14.

10장

1 Budge, *G.E.* 2, 98, 360.
2 de Givry, 315.
3 Zimmer, 163.
4 Tennant, 183-184.
5 Abelard, 37.
6 Patai, 104, 115, 120, 122–123.
7 Cirlot, 43.
8 *Larousse*, 317.

9   Trachtenberg, 76, 89.
10 M. Smith, 109.
11 Spence, 26.
12 Seligmann, 44.
13 Goodrich, 177.
14 Pepper & Wilcock, 275.
15 Cirlot, 22.
16 Silberer, 139.
17 G. Jobes 1, 184.
18 Huxley, 156.
19 Chamberlain, 64-68.
20 Graves, *W.G.*, 256.
21 Graves, *G.M.* 1, 66, 253-254.
22 Lehner, 135.
23 G. Jobes 1, 316.
24 Hall, 134.
25 Rawson, *E.A.E.*, 152.
26 Rawson, *A.T.*, 165.
27 Glover, 59.
28 Trachtenberg, 34.
29 Evans-Wentz, 271.
30 Wedeck, 94.
31 Halliday, 119.
32 J. H. Smith, 238-241.
33 Walker, *W.E.M.S.*, 807-814.
34 Sjöö & Mor, 233.
35 de Givry, 49.
36 Sjöö & Mor, 298-314.
37 Thomas, 472, 476.
38 Cirlot, 83.
39 Duerr, 207.
40 Whittick, 236.
41 G. Jobes 1, 54.
42 Zimmer, 69.
43 Frazer, *F.O.T.*, 329.
44 Wimberly, 127.

45 Turville-Petre, 231.
46 Davidson, *G.M.V.A.*, 156.
47 Duerr, 43.
48 Wimberly, 407.
49 Rees & Rees, 41.
50 Evans-Wentz, 199, 203.
51 Wimberly, 170.
52 Thomas, 607, 610, 612.
53 Evans-Wentz, 279.
54 Walker, *W.E.M.S.*, 222.
55 G. Jobes 1, 821.
56 *Larousse*, 208.
57 Graves, *G.M.* 1, 122.
58 Ibid., *G.M.* 2, 67.
59 Whittick, 200.
60 Hazlitt 1, 27.
61 Halliday, 47.
62 Miles, 242.
63 *Larousse*, 306.
64 *Mahanirvanatantra*, 295-296.
65 Rawson, *A.T.*, 112.
66 Gelling & Davidson, 162.
67 Turville-Petre, 24, 231.
68 Tennant, 134.
69 *Mahanirvanatantra*, xlvii-xlviii.
70 Gelling & Davidson, 158.
71 Graves, *G.M.* 1, 37-39.
72 Trachtenberg, 85.
73 Boulding, 193.
74 Cirlot, 273.
75 Graves, *G.M.* 2, 14.
76 Dumézil, *A.R.R.* 1, 166.
77 Graves, *G.M.* 1, 55.
78 Frazer, *G.B.*, 146-149.
79 Whittick, 251.
80 Wimberly, 36.

81 Scot, 550.
82 Hazlitt 1, 296.
83 Graves, *G.M.* 2, 230.
84 Cirlot, 133.
85 Hall, 221.
86 Graves, *G.M.* 2, 108.
87 Walker, *W.E.M.S.*, 431-433.
88 Trachtenberg, 51.
89 Scot, 512.
90 Graves, *W.G.*, 246.
91 J. H. Smith, 240.
92 Graves, *W.G.*, 367.
93 G. Jobes 1, 344.
94 Baring-Gould, 497.
95 Tatz & Kent, 79.
96 Walker, *W.E.M.S.*, 652.
97 Baring-Gould, 478.
98 Graves, *G.M.* 1, 297.
99 Graves, *W.G.*, 377.
100 Walker, *W.E.M.S.*, 701.
101 Hyde, 146.
102 Campbell, *P.M.*, 64.
103 Gimbutas, 102.
104 Branston, 145, 152.
105 Campbell, *C.M.*, 121.
106 Branston, 208-209.
107 Graves, *G.M.* 1, 72.
108 Cirlot, 227.
109 Whittick, 246.
110 Branston, 114.
111 Walker, *W.E.M.S.*, 905.
112 Briffault 2, 667.
113 Cirlot, 235.
114 Branston, 96.
115 Lethaby, 168.
116 Kunz, 207.
117 Potter & Sargent, 295.

118 Pepper & Wilcock, 279-280.
119 G. Jobes 2, 904, 916.
120 *Book of the Dead*, 463-464.
121 Campbell, *Oc. M.*, 392.
122 Walker, *W.E.M.S.*, 880
123 Vermaseren, 68.
124 J. H. Smith, 40, 131; Angus, 277.
125 Abelard, 56.
126 Mâle, 176.
127 Hall, 98.
128 Walker, *W.E.M.S.*, 236.
129 Budge, *G.E.* 2, 22.
130 Huson, 177.
131 Sjöö & Mor, 321.
132 Walker, *W.E.M.S.*, 375.
133 Dumézil, *A.R.R.* 1, 244.
134 Robinson, 171-172.
135 Gage, 56-57.
136 Seligmann, 223.
137 Spence, 345.
138 Graves, *G.M.* 2, 10, 15, 396.
139 Graves, *W.G.*, 273.
140 Brewster, 415-417.
141 Duerr, 28.
142 Scot, 340.
143 Spence, 165.
144 Graves, *G.M.* 1, 61; 2, 246.
145 G. Jobes 2, 1600.
146 Brown, 146.
147 Davidson, *P.S.*, 57.
148 Williamson, 163.
149 Woods, 176.
150 Turville-Petre, 58.
151 Avalon, 199.
152 Branston, 191.
153 Spence, 164.
154 Seligmann, 302.
155 Hyde, 182-184.
156 Duerr, 34, 63.
157 Wedeck, 173, 179.
158 Walker, *W.E.M.S.*, 1068-1072.

참고문헌

Abelard, Miles R. *Physicians of No Value: The Repressed Story of Ecclesiastical Flummery*. Winter Park, FL: Reality Publications, 1979.

Agrippa, Henry Cornelius. *The Philosophy of Natural Magic*. Secaucus, NJ: University Books, 1974.

Albright, William Powell. *Yahweh and the Gods of Canaan*. New York: Doubleday, 1968.

Angus, S. *The Mystery-Religions*. New York: Dover, 1975.

Arens, W. *The Man-Eating Myth*. New York: Oxford University Press, 1979.

Aries, Philippe. *The Hour of Our Death*. New York: Knopf, 1981.

Arnheim, Michael. *Is Christianity True?* Buffalo, NY: Prometheus Books, 1984.

Attwater, Donald. *The Penguin Dictionary of Saints*. Baltimore: Penguin Books, 1965.

Avalon, Arthur. *Shakti and Shakta*. New York: Dover, 1978.

Bachofen, J. J. *Myth, Religion and Mother Right*. Princeton, NJ: Princeton University Press, 1967.

Baer, Randall N., & *Baer, Vicki V. Windows of Light: Quartz Crystals and Self Transformation*. San Francisco: Harper & Row, 1984.

Baer, Randall N., & Baer, Vicki V. *The Crystal Connection: A Guidebook for Personal and Planetary Ascension*. San Francisco: Harper & Row, 1987.

Bardo Thodol (W. Y. Evans-Wentz, trans.). London: Oxford University Press, 1927.

Baring-Gould, Sabine. *Curious Myths of the Middle Ages*. New York: University Books, 1967.

Barnstone, Willis, ed. *The Other Bible*. San Francisco: Harper & Row, 1984.

Baroja, Julio Caro. *The World of Witches*. Chicago: University of Chicago Press, 1965.

Barrett, C. K. *The New Testament Background*. New York: Harper & Row, 1961.

Beard, Mary R. *Woman as Force in History*. London: Collier-Macmillan, 1946.

Beltz, Walter. *God and the Gods: Myths of the Bible*. Harmondsworth, England: Penguin Books, 1983.

Benson, George Willard. *The Cross, Its History and Symbolism*. New York: Hacker Art Books, 1983.

Berger, Pamela. *The Goddess Obscured: Transformation of the Grain Protectress from Goddess to Saint*. Boston: Beacon, 1985.

Book of the Dead (E. A. Wallis Budge, trans.). New York: Bell, 1960.

Borchardt, Frank. *German Antiquity in Renaissance Myth*. Baltimore: Johns Hopkins University Press, 1971.

Boulding, Elise. *The Underside of History*. Boulder, CO: Westview Press, 1976.

Bowness, Charles. *Romany Magic*. New York: Samuel Weiser, 1973.

Branston, Brian. *Gods of the North*. London: Thames & Hudson, 1955.

Brasch, R. *How Did It Begin? Customs and Superstitions and Their Romantic Origins*. New York: Simon & Schuster, 1969.

Brennan, Martin. *The Stars and the Stones: Ancient Art and Astronomy in Ireland*. London: Thames & Hudson, 1984.

Brewster, H. Pomeroy. *Saints and Festivals of*

the *Christian Church*. New York: Frederick
A. Stokes, 1904.

Brier, Bob. *Ancient Egyptian Magic*. New York:
Quill, 1980.

Briffault, Robert. *The Mothers*. 3 vols. New
York: Macmillan, 1927.

Bromberg, Walter. *From Shaman to
Psychotherapist*. Chicago: Henry Regnery,
1975.

Brown, Robert. *Semitic Influence in Hellenic
Mythology*. New York: Arno, 1977.

Budge, Sir E. A. Wallis. *Amulets and Talismans*.
New York: University Books, 1968.

___. *Gods of the Egyptians*. 2 vols. New York:
Dover, 1969.

___. *Egyptian Magic*. New York: Dover, 1971.

___. *Dwellers on the Nile*. New York: Dover,
1977.

___. *Egyptian Language*. New York: Dover,
1977.

Campbell, Joseph. *The Hero with a Thousand
Faces*. Princeton, NJ: Princeton University
Press, 1949.

___. *The Masks of God: Primitive Mythology*.
New York: Viking, 1959.

___. *The Masks of God: Oriental Mythology*.
New York: Viking, 1962.

___. *The Masks of God: Occidental Mythology*.
New York: Viking, 1964.

___. *The Flight of the Wild Gander*. Chicago:
Henry Regnery, 1969.

___. *The Masks of God: Creative Mythology*.
New York: Viking, 1970.

___. *The Mythic Image*. Princeton, NJ:
Princeton University Press, 1974.

___. *The Way of the Animal Powers*. San
Francisco: Harper & Row, 1983.

Campbell, Joseph, ed. *Pagan and Christian
Mysteries: Papers from the Eranos
Yearbooks*. New York, Bollingen, 1955.

Cavendish, Richard. *Legends of the World*. New
York: Schocken Books, 1982. Chamberlain,
Basil Hall, trans. *The Kojiki: Records of
Ancient Matters*. Tokyo: Charles E. Tuttle,
1981.

Cirlot, J. E. *A Dictionary of Symbols*. New York:
Philosophical Library, 1962.

Crawley, Ernest. *The Mystic Rose*. 2 vols. New
York: Meridian Books, 1960.

Crowley, Aleister. *The Book of Thoth*. New York:
Samuel Weiser, 1969.

Cumont, Franz. *The Mysteries of Mithra*. New
York: Dover, 1956.

___. *Astrology and Religion Among the Greeks
and Romans*. New York: Dover, 1960.

Dake, H. C.; Fleener, Frank L..; and Wilson, Ben
Hur. *Quartz Family Minerals*. New York:
McGraw-Hill, 1938.

d'Alviella, Count Goblet. *The Migration of
Symbols*. New York: University Books,
1956.

Dames, Michael. *The Silbury Treasure*. London:
Thames & Hudson, 1976.

Daraul, Arkon. *A History of Secret Societies*.
Secaucus, NJ: Citadel Press, 1961.

Darrah, John. *The Real Camelot: Paganism and
the Arthurian Romance*. London: Thames &
Hudson, 1981.

Davidson, H. R. Ellis. *Pagan Scandinavia*. New
York: Frederick A. Praeger, 1967.

___. *Gods and Myths of the Viking Age*. New
York: Bell, 1981.

de Givry, Grillot. *Witchcraft, Magic and
Alchemy*. New York: Dover, 1971.

de Lys, Claudia. *The Giant Book of Superstitions*.
Secaucus, NJ: Citadel Press, 1979.

de Paor; Máire, and de Paor, Liam. *Early Christian Ireland*. London: Thames & Hudson, 1958.

de Riencourt, Amaury. *Sex and Power in History*. New York: Dell, 1974.

Derlon, Pierrre. *Secrets of the Gypsies*. New York: Ballantine Books, 1977.

de Santillana, Giorgio, and von Dechend, Hertha. *Hamlet's Mill: An Essay an Myth and the Frame of Time*. Boston: Gambit, Inc., 1969.

Desautels, Paul E. *The Gem Kingdom*. New York: Random House, n.d.

Douglas, Mary. *Natural Symbols: Explorations in Cosmology*. New York: Pantheon, 1970.

Duerr, Hans Peter. *Dreamtime: Concerning the Boundary Between Wilderness and Civilization* (Felicitas Goodman, trans.). Oxford, England: Basil Blackwell, 1985.

Duke, James A. *Handbook of Medicinal Herbs*. Boca Raton, FL: CRC Press, 1985.

Dumézil, Georges. *Archaic Roman Religion*. 2 vols. Chicago: University of Chicago Press, 1970.

___ . *From Myth to Fiction: The Saga of Hadingus.* Chicago: University of Chicago Press, 1973.

Dunham, Barrows. *Heroes and Heretics: A Political History of Western Thought*. New York: Knopf, 1964.

Eliade, Mircea. *Rites and Symbols of Initiation*. New York: Harper & Row, 1958.

Elworthy, Frederick. *The Evil Eye*. New York: Julian Press, 1958.

Emboden, William A. *Bizarre Plants: Magical, Monstrous, Mythical*. New York: Macmillan, 1974.

Epic of Gilgamesh. Harmondsworth, England: Penguin Books, 1960.

Evans-Wentz, W. Y. *The Fairy-Faith in Celtic Countries*. New York: University Books, 1966.

Fisher, Elizabeth. *Woman's Creation: Sexual Evolution and the Shaping of Society*. New York: Doubleday, 1979.

Forgotten Books of Eden. New York: Bell, 1980.

Frankfort, Henri. *Kingship and the Gods*. Chicago: University of Chicago Press, 1978.

Frazer, Sir James G. *The Golden Bough*. New York: Macmillan, 1922.

___ . *Folk-Lore in the Old Testament*. New York: Macmillan, 1927.

French, Marilyn. *Beyond Power: On Women, Men, and Morals*. New York: Simon & Schuster, 1985.

Funk, Wilfred. *Word Origins and Their Romantic Stories*. New York: Bell, 1978.

Gage, Matilda Joslyn. *Woman, Church and State: A Historical Account of the Status of Woman Through the Christian Ages: With Reminiscences of the Matriarchate*. New York: Amo, 1972.

Gaster, Theodor. *Myth, Legend and Custom in the Old Testament*. New York: Harper & Row, 1969.

Gelling, Peter, and Davidson, Hilda Ellis. *The Chariot of the Sun*. New York: Frederick A. Praeger, 1969.

Gems, Stones, and Metals for Healing and Attunement: A Survey of Psychic Readings. Heritage Publications, 1977.

Gifford, Edward S., Jr. *The Evil Eye*. New York: Macmillan, 1958.

Gimbutas, Marija. *The Goddesses and Gods of Old Europe: Myths and Cult Images*. Berkeley: University of California Press,

1974.

Glover, T. R. *The Conflict of Religions in the Early Roman Empire*. New York: Cooper Square, 1975.

Goodrich, Norma Lorre. *Medieval Myths*. New York: New American Library, 1977.

Grant, Michael. *Roman Myths*. New York: Scribner, 1971.

Graves, Robert. *The Greek Myths*. 2 vols. New York: Penguin Books, 1955.

____. *The White Goddess*. New York: Vintage Books, 1958.

Green, Miranda. *The Gods of the Celts*. Totowa, NJ: Barnes & Noble, 1986.

Groome, Francis Hindes. *Gypsy Folk Tales*. London: Herbert Jenkins, 1963.

Guthrie, W. K. C. *The Greeks and Their Gods*. Boston: Beacon, 1955.

Hall, James. *Dictionary of Subjects and Symbols in Art*. New York: Harper & Row, 1974.

Halliday, William Reginald. *Greek and Roman Folklore*. New York: Cooper Square, 1963.

Hawkins, Gerald S. *Stonehenge Decoded*. New York: Dell, 1965.

Hazlitt, W. Carew. *Faiths and Folklore of the British Isles*. 2 vols. New York: Benjamin Blom, 1965.

Herodotus. *The Histories* (Henry Cary, trans.). New York: D. Appleton, 1899.

Hitching, Francis. *Earth Magic*. New York: Pocket Books, 1978.

Hornung, Clarence P. *Hornung's Handbook of Designs and Devices*. New York: Dover, 1959.

Howard, Michael. *The Magic of the Runes: Their Origins and Occult. Power*. New York: Samuel Weiser, 1980.

Huson, Paul. *The Devil's Picturebook*. New York: Putnam, 1971.

Huxley, Francis. *The Way of the Sacred*. New York: Doubleday, 1974.

Hyde, Walter Woodburn. *Greek Religion and Its Survivals*. New York: Cooper Square, 1963.

Jobes, Gertrude. *Dictionary of Mythology, Folklore and Symbols*. 3 vols. New York: Scarecrow Press, 1962.

Jobes, Gertrude, and Jobes, James. *Outer Space*. New York: Scarecrow Press, 1964.

Johnson, Paul. *A History of Christianity*. New York: Atheneum, 1976.

Joyce, P. W. A *Social History of Ancient Ireland*. 2 vols. New York: Arno, 1980.

Jung, Carl Gustav. *Man and His Symbols*. New York: Doubleday, 1964.

Jung, Emma, and von Franz, Marie-Louise. *The Grail Legend*. New York: Putnam, 1970.

Keuls, Eva C. *The Reign of the Phallus: Sexual Politics in Ancient Athens*. New York: Harper & Row, 1985.

King, Francis. *Sexuality, Magic and Perversion*. Secaucus, NJ: Citadel Press, 1972.

Knight, Richard Payne. *A Discourse on the Worship of Priapus*. New York: University Books, 1974.

Koch, Rudolf. *The Book of Signs*. New York: Dover, 1955.

Kunz, George Frederick. *The Curious Lore of Precious Stones*. Philadelphia: Lippincott, 1913.

La Barre, Weston. *They Shall Take Up Serpents: Psychology of the Southern Snake-Handling Cult*. New York: Schocken Books, 1974.

Lapidary Journal. January 1987.

Larousse Encyclopedia of Mythology. London:

Hamlyn Publishing Group, 1968.

Lederer, Wolfgang. *The Fear of Women*. New York: Harcourt Brace Jovanovich, 1968.

Leek, Sybil. *Sybil Leek's Book of Herbs*. New York: Thomas Nelson, 1973.

Lehner, Ernst. *Symbols, Signs and Signets*. New York: Dover, 1969.

Leland, Charles Godfrey. *Gypsy Sorcery and Fortune Telling*. New York: University Books, 1962.

Lethaby, W. R. *Architecture, Mysticism and Myth*. New York: George Braziller, 1975.

Lindsay, Jack. *The Origins of Astrology*. New York: Barnes & Noble, 1971.

Lorusso, Julia, & Click, Joel. *Healing Stoned: The Therapeutic Use of Gems and Minerals*. Albuquerque, NM: Brotherhood of Life, 1985.

Luck, Georg. *Arcana Mundi*. Baltimore: Johns Hopkins University Press, 1985.

MacKenzie, Norman. *Secret Societies*. New York: Holt, Rinehart & Winston, 1967.

McLoughlin, Emmett. *Crime and Immorality in the Catholic Church*. New York: Lyle Stuart, 1962.

Mahanirvanatantra (Sir John Woodroffe, trans.). New York: Dover, 1972.

Mâle, Emile. *The Gothic Image*. New York: Harper & Row, 1958.

Malvern, Marjorie. Venus in Sackcloth. Carbondale: Southern Illinois University Press, 1975.

Markale, Jean. *Women of the Celts*. Rochester, VT: Inner Traditions International, 1986.

Martin, Walter. *The Kingdom of the Cults*. Minneapolis: Bethany House, 1985.

Miles, Clement A. *Christmas Customs and Traditions*. New York: Dover, 1976.

Moakley, Gertrude. *The Tarot Cards Painted by Bembo*. New York: New York Public Library, 1966.

Mollenkott, Virginia Ramey. *The Divine Feminine: The Biblical Imagery of God as Female*. New York: Crossroad, 1985.

Montagu, Ashley. *Sex, Man, and Society*. New York: Putnam, 1967.

Morton, Nelle. *The Journey Is Home*. Boston: Beacon, 1985.

Neumann, Erich. *Art and the Creative Unconscious*. Princeton, NJ: Princeton University Press, 1959.

Pagels, Elaine. *The Gnostic Gospels*. New York: Random House, 1979.

Patai, Raphael. *The Hebrew Goddess*. Ktav Publishing House, 1967.

Pegg, Bob. *Rites and Riots: Folk Customs of Britain and Europe*. Poole, Dorset, England: Blandford Press, 1981.

Pepper, Elizabeth, and Wilcock, John. *Magical and Mystical Sites*. New York: Harper & Row, 1977.

Perry, John Weir. *Lord of the Four Quarters*. New York: Macmillan, 1966.

Phillips, Guy Ragland. *Brigantia*. London: Routledge & Kegan Paul, 1976.

Potter, Stephen, and Sargent, Laurens. *Pedigree*. New York: Taplinger, 1974.

Pritchard, James B. *The Ancient Near East*. 2 vols. Princeton, NJ: Princeton University Press, 1958.

Rank, Otto. *The Myth of the Birth of the Hero*. New York: Vintage Books, 1959.

Raphaell, Katrina. *Crystal Enlightenment: The Transforming Properties of Crystals and Healing Stones*. New York: Aurora Press, 1985.

Rawson, Philip. *Erotic Art of the East*. New York: Putnam, 1968.

____. *The Art of Tantra*. Greenwich, CT: New York Graphic Society, 1973.

Rees, Alwyn, and Rees, Brinley. *Celtic Heritage*. New York: Grove, 1961.

Reinach, Salomon. *Orpheus*. New York: Horace Liveright, 1930.

Robertson, J. M. *Pagan Christs*. New York: University Books, 1967.

Robinson, James M., ed. *The Nag Hammadi Library in English*. San Francisco: Harper & Row, 1977.

Rose, H. J. *Religion in Greece and Rome*. New York: Harper & Bros., 1959.

Ross, Nancy Wilson. *Three Ways of Asian Wisdom*. New York: Simon & Schuster, 1966.

Sadock, B. J.; Kaplan, H. I.; and Freedman, A. M. *The Sexual Experience*. Baltimore: Williams & Wilkins, 1976.

Sanday, Peggy Reeves. *Female Power and Male Dominance: On the Origins of Sexual Inequality*. Cambridge: Cambridge University Press, 1981.

Schumann, Walter. *Gemstones of the World*. New York: Sterling, 1977.

Scot, Reginald. *Discoverie of Witchcraft*. Yorkshire, England: Rowmand & Littlefield, 1973.

Seligmann, Kurt. *Magic, Supernaturalism and Religion*. New York: Pantheon, 1948.

Shah, Idris. *The Sufis*. London: Octagon Press, 1964.

Silberer, Herbert. *Hidden Symbolism of Alchemy and the Occult Arts*. New York: Dover, 1971.

Simons, G. L. *Sex and Superstition*. New York: Harper & Row, 1973.

Sj   , Monica, and Mor, Barbara. *The Great Cosmic Mother: Rediscovering the Religion of the Earth*. San Francisco: Harper & Row, 1987.

Smith, Homer. *Man and His Gods*. Boston: Little, Brown, 1952.

Smith, John Holland. *The Death of Classical Paganism*. New York: Scribner, 1976.

Smith, Morton. *Jesus the Magician*. San Francisco: Harper & Row, 1978.

Spence, Lewis. *An Encyclopedia of Occultism: A Compendium of Information on the Occult Sciences, Occult Personalities, Psychic Science, Magic, Demonology, Spiritism, Mysticism and Metaphysics*. New York: University Books, 1960.

Stanton, Elizabeth Cady. *The Original Feminist Attack on the Bible*. New York: Arno, 1974.

Steenstrup, Johannes C. H. R. *The Medieval Popular Ballad*. Seattle: University of Washington Press, 1968.

Stein, Diane. *The Women's Spirituality Book*. St. Paul, MN: Llewellyn, 1987.

Stewart, Bob. *The Waters of the Gap: The Mythology of Aquae Sulis*. Bath, England: Pitman, 1981.

Stone, Merlin. *When God Was a Woman*. New York: Dial, 1976.

____. *Ancient Mirrors of Womanhood: Our Goddess and Heroine Heritage*. 2 vols. New York: New Sibylline Books, 1979.

Tatz, Mark, and Kent, Jody. *Rebirth*. New York: Anchor/Doubleday, 1977.

Tennant, F. R. *The Sources of the Doctrines of the Fall and Original Sin*. New York: Schocken Books, 1968.

Teubal, Savina J. *Sarah the Priestess: The First Matriarch of Genesis*. Athens, OH: Swallow,

1984.

Thomas, Keith. *Religion and the Decline of Magic*. New York: Scribner, 1971.

Trachtenberg, Joshua. *Jewish Magic and Superstition: A Study in Folk Religion*. New York: Atheneum, 1984.

Trigg, Elwood B. *Gypsy Demons and Divinities*. Secaucus, NJ: Citadel Press, 1973.

Turville-Petre, E. O. G. *Myth and Religion of the North*. New York: Holt, Rinehart & Winston, 1964.

Upanishads. New York: New American Library, 1957.

Vermaseren, Maarten J. *Cybele and Attis*. London: Thames & Hudson, 1977.

von Hagen, Victor W. *World of the Maya*. New York: New American Library, 1960.

Waddell, L. Austine. *Tibetan Buddhism*. New York: Dover, 1972.

Walker, Barbara G. *The Woman's Encyclopedia of Myths and Secrets*. San Francisco: Harper & Row, 1983.

____. *The Secrets of the Tarot: Origins, History, and Symbolism*. San Francisco: Harper & Row, 1984.

Warner, Marina. *Alone of All Her Sex: The Myth and Cult of the Virgin Mary*. New York: Knopf, 1976.

Watts, Alan W. *Myth and Ritual in Christianity*. New York: Grove, 1954.

Wedeck, Harry E. *A Treasury of Witchcraft*. Secaucus, NJ: Citadel Press, 1975.

Weston, Jessie L.. *From Ritual to Romance*. New York: Peter Smith, 1941.

White, Andrew D. *A History of the Warfare of Science with Theology in Christendom*. 2 vols. New York: George Braziller, 1955.

Whittick, Arnold. *Symbols: Signs and Their Meaning and Uses in Design*. Newton, MA: Charles T. Branford, 1971.

Wilkins, Eithne. *The Rose-Garden Game*. London: Victor Gallancz, 1969.

Williamson, John. *The Oak King, the Holly King, and the Unicorn*. New York: Harper & Row, 1986.

Wimberly, Lowry Charles. *Folklore in the English and Scottish Ballads*. New York: Dover, 1965.

Woods, William. *A History of the Devil*. New York: Putnam, 1974.

Wright, Thomas. *The Worship of the Generative Powers During the Middle Ages of Western Europe*. New York: Bell, 1957.

Zimmer, Heinrich. *Myths and Symbols in Indian Art and Civilization*. Princeton, NJ: Princeton University Press. 1946.

4
사각 모양

켈트 십자가
콥트 십자가
크로슬릿 십자가(십자가로
    만든 십자가)
별 십자가
갈라진 십자가
파테 십자가(끝이 넓은
    십자가)
사과 십자가(포메 십자가)
바람개비 십자가(포텐트
    십자가)
X형 십자가(솔타이어
    십자가)
보이드 십자가
위장된 십자가
대지의 다이아몬드
지구 기호
지구 사각형
그리스도교화된 지구 사각형
감마디온
그리스 십자가
꼬임 십자가(인터레이스
    십자가)
예루살렘 십자가
영원의 매듭(반장)
라틴 십자가
달 만자
달 십자가
마방진
몰타 십자가
마리아
모리스 사각형(모리스 게임판)
난디야바르타
뾰족한 십자가
보호 십자가

콰트르포일(네잎클로버)
방울뱀 만자
로마 만자
장미 십자가
룬 만자
성 베드로(페트로스)의
    십자가
태양 만자
정사각형(사각형)
태양새 만자
만자
테트라스켈리온
소원 우물
마녀 부적
늑대 십자가
세계 상징
보탄의 십자가

5
초자연적인 존재들

싱크포일(다섯잎클로버)
이중 푸르카
이중 사각형
여덟 겹 꼬임(8중
    인터레이스먼트)
항성
아프로디테의 꽃
육각별(헥사그램)
마법 육각별
소우주 인간
신비의 별
여신의 구각별
팔각별
페넬로페의 베짜기
오각별(펜타클)
오각별 꽃
고리 달린 오각별
주문 상징
별
무사이(뮤즈)의 별
일곱 자매의 별
팔괘
열두 각 꼬임(12각
    인터레이스먼트)
지하세계 기호
우주
베흠재판소

엉겅퀴
가시 사과
타임
담배
마편초
덩굴
약쑥
톱풀

에셀나무
나무 알파벳
생명나무
호두나무
버드나무
목재
주목나무

포도주

여성 상징 사전 2
신적인 존재와 의례

초판 1쇄 발행 2024년 12월 12일

지은이	바버라 G. 워커
옮긴이	여성 상징 번역 모임
발행인	김희진
편집	김희진, 황혜주
마케팅	이혜인
디자인	민혜원
제작	제이오
인쇄	민언프린텍
발행처	돌고래

출판등록	2021년 5월 20일
등록번호	제2021-000173호
주소	서울시 강남구 선릉로 704 12층 282호
이메일	info@dolgoraebooks.com
ISBN	979-11-988502-3-2 03210